Escritos da Série Cognitiva

Reitor
Valder Steffen Jr.

Reitor
Antonio José de Almeida Meirelles

Vice-reitor
Carlos Henrique Martins da Silva

Coordenadora Geral da Universidade
Maria Luiza Moretti

Conselho Editorial
Presidente
Alexandre Guimarães Tadeu de Soares

Conselho Editorial
Presidente
Edwiges Maria Morato

Amon Santos Pinho
Arlindo José de Souza Junior
Carla Nunes Vieira Tavares
Mical de Melo Marcelino
Sertório de Amorim e Silva Neto
Wedisson Oliveira Santos

Carlos Raul Etulain
Cicero Romão Resende de Araujo
Frederico Augusto Garcia Fernandes
Iara Beleli
Marco Aurélio Cremasco
Maria Teresa Duarte Paes
Pedro Cunha de Holanda
Sávio Machado Cavalcante
Verónica Andrea González-López

Comissão organizadora da coleção do Estudo Acadêmico
Alexandre Guimarães Tadeu de Soares (UFU)
Anselmo Tadeu Ferreira (UFU)
Carlos Arthur Ribeiro do Nascimento (PUC/SP)
Fausto Castilho (Unicamp) (In memoriam)
João Bortolanza (UFU)
Marcio Chaves-Tannús (UFU)
Marcos César Seneda (UFU)

Equipe de realização

Coordenação editorial: Eduardo Moraes Warpechowski
Revisão de Língua Portuguesa: Lúcia Helena Coimbra do Amaral
Revisão de normas técnicas: Paulo Sérgio Coelho de Sá Filho
Projeto gráfico e capa: Heber Silveira Coimbra
Diagramação: Luciano de Jesus Franqueiro
Revisão de provas: Cláudia de Fátima Costa

Coleção do Estudo Acadêmico 9

Charles Sanders Peirce

Escritos da Série Cognitiva

Introdução, tradução, notas e ensaio de leitura:
Cassiano Terra Rodrigues

Prefácio:
Lucia Santaella

Writings of Charles Sanders Peirce: A Chronological Edition. Volume 2: 1867-1871. Edward C. Moore, editor... et al. Bloomington, IN: Indiana University Press, 1984. © by Peirce Edition Project.
Writings of Charles Sanders Peirce: A Chronological Edition. Volume 3: 1872-1878. Christian J. W. Kloesel, editor... et al. Bloomington: Indiana University Press, 1986. © by Peirce Edition Project. Reprinted with permission of Indiana University Press.

Imagens: M.C. Escher. Spirals, 1953. National Gallery, Washington (EUA)

Dados Internacionais de Catalogação na Publicação (CIP)
Sistema de Bibliotecas da UFU, MG, Brasil.

P378e Peirce, Charles Sanders, 1839-1914.
     Escritos da Série Cognitiva / Charles Sanders Peirce ; tradução Cassiano Terra Rodrigues. Uberlândia; Campinas : Edufu; Editora da Unicamp, 2023.
     478 p.: il. ; (Estudo Acadêmico ; v. 9)

     Título original: Writings of Charles Sanders Peirce: a chronological edition.
     ISBN: 978-65-88055-04-5 (Edufu)
     ISBN: 978-85-268-1610-7 (Editora da Unicamp)
     Inclui bibliografia e índice.

     1. Filosofia. I. Rodrigues, Cassiano Terra, (Trad.), II. Título. III. Série.

CDU: 1

André Carlos Francisco
Bibliotecário - CRB-6/3408

Direitos reservados a

Editora da Universidade Federal de Uberlândia
Av. João Naves de Ávila, 2121 – Bloco 1S
Campus Santa Mônica
CEP 38.400-902 – Uberlândia – MG – Brasil
(34) 3239-4293
www.edufu.ufu.br

Editora da Unicamp
Rua Sérgio Buarque de Holanda, 421 – 3º andar
Campus Unicamp
CEP 13083-859 – Campinas – SP – Brasil
(19) 3521-7718 / 7728
www.editoraunicamp.com.br
vendas@editora.unicamp.br

Editoras associadas à

Associação Brasileira
das Editoras Universitárias

Sumário

Lucia Santaella

7 Prefácio: *Pensar* é máquina movida pelo desejo

Cassiano Terra Rodrigues

17 Agradecimentos
19 Introdução
25 Nota da edição

Charles Sanders Pierce
Escritos da Série Cognitiva

30 *On a New List of Categories*
31 Sobre uma nova lista de categorias

56 *Questions Concerning Certain Faculties Claimed for Man*
57 Questões concernentes a certas faculdades reivindicadas para o homem

104 *Some Consequences of Four Incapacities*
105 Algumas consequências de quatro incapacidades

184 *Gounds of Validity of the Laws of Logic: Further Consequences of Four Incapacities*
185 Fundamentos de validade das leis da lógica: consequências ulteriores de quatro incapacidades

262 *Fraser's The Works of George Berkeley*
263 Resenha da edição de A. C. Fraser das *Obras*, de Berkeley

328 *On a New Class of Observations, suggested by the principles of Logic*
329 Sobre uma nova classe de observações, sugerida pelos princípios da lógica

334 Bibliografia de obras usadas por C. S. Peirce
340 Notas da tradução

CASSIANO TERRA RODRIGUES
365 Ensaio de leitura: Realidade, lógica e verdade nos Escritos da Série Cognitiva, de C. S. Peirce

451 Bibliografia
467 Índice onomástico

Prefácio:
Pensar é máquina movida pelo desejo

Lucia Santaella[1]

Entro neste prefácio como quem pisa em ovos. É tamanha a competência do *Ensaio de leitura* de Cassiano Terra Rodrigues com base nos textos por ele selecionados e traduzidos de Charles Sanders Peirce, acompanhados por introdução, cuidadosas notas, índice onomástico e bibliografia, que, diante disso, minhas palavras correm o risco de soarem inócuas. Para evitar patinar em mera retórica despida de consequências pragmaticistas, escolho o caminho da justificativa de meu julgamento a respeito do acerto da seleção e da envergadura da introdução.

Os textos selecionados pertencem ao jovem Peirce. Há controvérsias entre os especialistas em Peirce sobre a validade dos seus textos de juventude quando comparados à sua produção na maturidade, em especial a partir de 1885, intensificando-se em valor após 1900. Para alguns, nos quatorze anos restantes de sua vida, de 1900 a 1914, Peirce produziu a parte mais significativa de sua obra. Entre os que postulam uma transformação aguda e opositiva entre o Peirce jovem e o maduro, encontra-se Thomas Short (2007, p. 27-56), que, aliás, apresenta o desenvolvimento da teoria dos signos como uma sequência de falhas que vão sendo corrigidas ao longo dos anos. Entre os que defendem não haver tal oposição, mas sim uma mera evolução natural e própria da obra de um pensador, coloca-se Joseph Ransdell (2007), para o qual o desenvolvimento proposto por Short não passa de ficção, sem qualquer suporte textual. Essa discórdia entre comentadores já deu o que falar na defesa até agressiva que John Deely (2006) tomou a favor da posição de Ransdell.

---

[1] Pesquisadora 1A do CNPq; professora da Pós-Graduação em Comunicação e Semiótica (PUC/SP); livre-docente em Ciências da Comunicação (ECA/USP).

De todo modo, disputas à parte, sou inclinada a concordar com esse último quando tomo como referência as palavras auto-críticas de Peirce sobre o desenvolvimento de sua obra. Diz ele: "Tanto quanto posso me lembrar, nenhuma conclusão definitiva de importância, à qual fui em algum momento levado, requereu retração, tais foram as vantagens dos métodos científicos de estudo. Modificações em detalhes e mudanças (muito esparsas), de relativa importância nos princípios, são as grandes alterações que fui levado a fazer" (L75, FV347)[2].

Essa declaração é perfeitamente válida para o texto com que Rodrigues abre suas traduções, "Sobre uma nova lista das categorias". Não faltam estudos sobre esse texto, assim como não faltam menções de valoração que Peirce fez sobre ele: "No dia 14 de maio de 1867, depois de três anos de pensamento quase insanamente concentrado, mal interrompido sequer para o sono, produzi a minha contribuição à filosofia na 'Nova lista de categorias'" (CP 8.213). Em outro momento, Peirce voltou à questão ao afirmar ter publicado "um texto de dez páginas que ou está inteiramente errado ou está entre as mais importantes generalizações filosóficas" (L75, B7). Já na velhice, em 1907, em uma carta a um amigo, Francis C. Russell, Peirce mencionou sua "Nova lista" como uma aquisição central (L387).

Fazia muita falta uma tradução da nova lista das categorias no contexto brasileiro. De fato, não seria exagero dizer que esse texto pode ser considerado como o embrião fundamental de cujo desenvolvimento dependem os alicerces do inteiro edifício lógico--filosófico de Peirce. As categorias são elementos irredutíveis encontrados na experiência e no mundo abstrato da pura matemática, daí sua função de esqueleto para toda a doutrina lógica de Peirce.

---

[2] L refere-se às cartas de Peirce; FV significa "final version" de L 75, seguido do número da página, adiante, B significa "variante B" da mesma carta. A carta 75 tem uma numeração que segue a organização do material feita por J. Ransdell citada a partir de uma cópia xerox. Uma cópia digital dessa carta pode ser encontrada no site *Arisbe*, indicada na Bibliografia.

Desde 1867, a primeira extração das categorias, no âmbito da lógica predicativa, passou pelas mais severas buscas de refutação, com o resultado de se tornarem cada vez mais irresistíveis. No princípio, ainda restritas à mente, expandiram-se do pensamento à natureza (**W** 5: 242-247). Peirce era um praticante das mais diversas ciências e, mesmo sem procurá-las, as categorias apareciam em todos os campos: no raciocínio, na metafísica, na psicologia, na física, inclusive no sistema nervoso etc.

Dezoito anos haviam-se passado, Peirce estava eufórico com seu projeto de um livro sob o título de "Uma adivinhação para o enigma" que, entre muitos outros, ficou inacabado (**CP** 1.354-1.416). De fato, essa versão indutiva das categorias não podia satisfazê-lo. Teve de esperar mais alguns anos pela confiança que a lógica dos relativos lhe traria para estruturar seu edifício filosófico com base na sua quase-ciência da fenomenologia, uma nova extração das categorias a céu aberto, despida de quaisquer apriorismos, de que resultou a famosa nomenclatura de primeiridade, secundidade e terceiridade.

Vale a pena mencionar esse percurso cujo gérmen encontra-se na "Nova lista". Desde Nietzsche, a filosofia abandonou a meta das categorias e junto com ela a edificação arquitetônica de um sistema inter-relacionado de disciplinas filosóficas. É preciso, no entanto, nadar contra a corrente, pois, embora as categorias não passem de "finos esqueletos do pensamento" (**CP** 1.355), a leitura atenta da obra peirciana pode nos levar a perceber que as ideias onipresentes de um, dois e três são pervasivas por toda a realidade. Que essa leitura deve começar com a "Nova lista" não resta a menor dúvida.

Não menos fundamentais são os textos que Rodrigues selecionou para dar sequência às suas traduções e comentários: os textos que ficaram conhecidos como a Série Cognitiva. Peirce também estava ciente da importância deles. Em uma carta ao irmão, afirmou: "Posso me permitir declarar que meus trabalhos filosóficos mais fortes foram (...) 'Sobre uma nova lista de Categorias' e

um texto, que apareceu em 1868, chamado 'Algumas consequências das quatro incapacidades'" (L845).

Com o risco certeiro da redundância, pois os comentários de Rodrigues deixam pouco a acrescentar, o texto sobre as quatro incapacidades e aquele que o antecede, "Certas faculdades reivindicadas para o homem", embora difíceis, especialmente pela originalidade das ideias que defendem, são uma joia de elegância em que Peirce, passo a passo, linha a linha, desconstrói os argumentos cartesianos. O empréstimo do verbo "desconstruir", do vocabulário derivado de Jacques Derrida, cabe aí com justeza. São muitos os filósofos ou críticos nem tão filosóficos que se insurgem contra Descartes, muitas vezes meramente confundido com o cartesianismo. Trata-se, porém, de uma crítica de fora que apenas arranha a muralha cartesiana, sem derrubá-la. Peirce, ao contrário, obstinadamente, não deixa pedra sobre pedra. Tudo isso com o respeito dos contra-argumentos.

Há dois pontos que merecem ênfase: a crítica ao intuicionismo e a natureza inalienavelmente sígnica do pensamento. Ao negar a explicação cartesiana da intuição, Peirce não jogou a criança fora com a água do banho. Seria absurdo negar que o ser humano tenha *insights*, isto é, grandes iluminações interiores nas descobertas científicas ou nos pequenos achados diante das surpresas do cotidiano. O que Peirce recusou é que haja intuições originárias, menos ainda que elas possam ser pontos de partida indubitáveis da verdade. Isso iria contra sua teoria de que toda premissa é também a conclusão de uma premissa anterior, ou seja, não há cognição que não seja precedida de uma cognição prévia.

É certo que o caminho para chegar a isso não foi simples, nem poderia deixar de ser longo. Para deixarmos, por enquanto, essa longa história mais curta, é preciso considerar que a crítica ao intuicionismo se fazia acompanhar pela concepção, cuja base Peirce extraíra de sua "Nova lista", de que todo pensamento se dá em signos. Segue-se, portanto, que todo pensamento deve se dirigir a outro, determinar outro pensamento. Estava aí já expressa

a lei da continuidade embutida na própria noção do signo em sua cadeia ininterrupta de produção de interpretantes, outros signos nos quais, como corpos vivos, a vida dos signos se desenrola no tempo. Mais do que isso, quando pensamos, surgimos como signos, portanto, à luz de Peirce, à pergunta sobre o que é o ser humano, a resposta que advirá não pode ser outra: o ser humano é signo. Todavia, compreender as consequências dessa afirmação é uma outra história, que exige acompanhar com dedicação atenta os níveis de complexidade que a teoria peirciana dos signos foi atingindo com o amadurecimento de sua obra.

De qualquer modo, é impressionante o quanto as sementes da noção de signo já estavam plantadas nesses textos de juventude, a saber, a realidade triádica do signo com que Peirce inaugurou a visão ternária do pensamento e da realidade, uma visão que continua a fazer falta para nos livrarmos de ninhos e ninhadas de dicotomias que, incorrigíveis, ainda pululam no pensamento ocidental. É na lógica ternária embutida na semiose ou ação do signo que pode ser encontrada, entre outros fatores, a fonte do falibilismo, síntese da filosofia de Peirce. O pensamento humano falha porque, na sua raiz, encontra-se a inevitável indeterminação de todo signo que é objetivamente geral na medida em que deixa para o intérprete o direito de completar a sua determinação. Mas o signo também é objetivamente vago na medida em que, ao deixar sua interpretação mais ou menos determinada, ele reserva a algum outro signo ou experiência possível a função de completar a determinação (Nadin, 1983, p. 157).

Tão matricial quanto os anteriores é o quarto texto selecionado no qual Peirce dá continuidade ao fulcro da questão que perseguiu por quase sessenta anos de trabalho: os tipos de raciocínio. Sua paixão pela lógica, despertada e nunca abandonada desde os 12 anos de idade, não foi por ele compreendida do modo como a lógica simbólica se desenvolveu do final do século XIX para cá. Embora tenha dado alguma contribuição a essa lógica e não deixasse de considerar sua importância, Peirce partiu de uma concepção de

Escritos da Série Cognitiva   11

lógica bem mais ampla que, no final de sua vida, foi batizada de "lógica considerada como semiótica". O que isso quer dizer? Por que, antes de completar 30 anos, estava tão preocupado com os tipos de raciocínio? A lógica *da ciência* foi seu ponto de partida, outra noção que temos novamente de acompanhar a contrapelo. Hoje, de fato, quase não se fala mais nisso.

Por lógica da ciência, Peirce entendia os métodos empregados pelas ciências. Ora, não há método que não seja guiado por raciocínios. Estes não são outra coisa senão pensamentos autocontrolados. Se todo pensamento se dá em signos e os signos não são apenas simbólicos, há uma tarefa prévia a ser enfrentada: o desenvolvimento de uma ciência dos signos, que ele chamou de semiótica, ou semeiótica, como preferia. Nesse sentido, embora hoje seja muito utilizada para a leitura e análise de processos correntes de signos verbais, visuais e sonoros, nos propósitos da obra de Peirce, a teoria dos signos é uma propedêutica para entender os raciocínios e as garantias que eles conseguem fornecer para a busca infinda da verdade, ideal e meta de toda ciência.

Antes de 30 anos, nestes textos aqui traduzidos por Rodrigues, Peirce deu início à sua longa jornada pelos caminhos do raciocínio. Além dos conceitos de dedução e indução tradicionalmente já correntes, para a definição dos quais Peirce contribuiu com pinceladas originais, foi introduzido aquele que deve ser o mais inédito, ou, pelo menos, aquele conceito que passou a garantir o fio condutor responsável pela ligação das várias partes do seu pensamento, a saber, o tipo de raciocínio que, no início, foi chamado de hipótese e, mais tarde, conforme foi ganhando traços de radicalidade, passou a ser chamado de abdução. Nesses textos de juventude, e mesmo naquele que ficou muito conhecido e que data de 1878, sob o título de "Dedução, indução e hipótese", publicado originalmente na *Popular Science Monthly* e traduzido no Brasil por Mota e Hegenberg já em 1972, Peirce ainda não havia chegado à versão mais radical da abdução como inferência lógica e, ao mesmo tempo, instintiva, fruto da capacidade humana de adivinhar os desígnios da natureza.

Nesse ponto, tanto o que antes era chamado de hipótese passou a ocupar o lugar da indução qualitativa ou abdutiva (L75, p. E168) quanto se resolveu a crucial questão sobre a origem das primeiras premissas da inferência abdutiva. Elas são inconscientes, daí sua aparência de originalidade. A noção peirciana da consciência como lago sem fundo (CP 7.547-7.558) nos permite compreender como se dá essa dinâmica sem que se tenha de recorrer a quaisquer subjetivismos para explicar a lógica da descoberta.

Embora, ao final da jornada, os tipos de raciocínio lhe parecessem satisfatórios para desenvolver o terceiro ramo da semiótica, a metodêutica, Peirce deu-se conta da incompletude da lógica ou semiótica. Esta não é autossuficiente. Precisa da ética e esta da estética. Todo pensamento lógico vem pela porta da percepção e sai pela porta da ação deliberada (CP 5.212). Esta, por sua vez, busca seu ideal no admirável. Nascem aí as ciências dos ideais que guiam a vida humana, as mais teoréticas dentre todas as ciências teóricas: a lógica ou semiótica, a ética e a estética, fundamentais para se encontrar a rota do pragmaticismo de Peirce, avesso ao finalismo da prática despida dos princípios guias do bem pensar.

Nos textos subsequentes, que comparecem neste livro e que, para Houser *et al.* (EP 1: 11-108), completam a Série Cognitiva, comparecem os primeiros passos do progressivo realismo peirciano, tema estudado sob os mais variados pontos de vista por um bom número de comentadores. O que merece, a meu ver, ser evidenciado é a concepção social da lógica enfaticamente defendida por Peirce. A lógica é social porque, no seu gérmen, todo signo é social. Mesmo o mais íntimo pensamento, que trocamos com nós mesmos, já é dialógico e, portanto, social: "Duas coisas são aqui bem importantes para se assegurar e lembrar. A primeira é que uma pessoa não é absolutamente um individual. Seus pensamentos são aquilo que ela 'está dizendo a si mesma', isto é, ao seu outro self que está vindo à vida no fluxo do tempo. Quando alguém pensa, é o seu self crítico que esse alguém está buscando persuadir, e todo pensamento, qualquer que seja, é um signo, e, na maior parte das vezes, tem a natureza da língua" (CP 5.421).

Junto com a concepção social da lógica, Peirce lutou pelo reconhecimento da lógica como ciência e, como tal, em permanente estado de metabolismo, visto que concebida como modo de vida de comunidades engajadas na busca de uma verdade cuja promessa não cessa de brilhar no longo caminho do tempo. Portanto, uma verdade a cada vez provisória, não apenas porque o pensamento humano é falível, mas também pelo fato de que o real é inexaurível.

A exortação juvenil de Peirce às vantagens de se estudar lógica e à sua dependência de uma comunidade de investigadores não soa a mim como um ufanismo nacionalista do mesmo modo que soa a Rodrigues. Atenho-me a muitas passagens, dentre as quais destaco aquela que foi objeto de muita discussão, devido a um erro nos *Collected Papers,* que foi corrigido na publicação dos *Writings* (**W** 2: 239) e do *Essential Peirce* (**EP** 1: 52): "Assim, a própria origem da concepção de realidade mostra que essa concepção envolve essencialmente a noção de uma COMUNIDADE, sem limites definidos, e capaz de um aumento *IN*definido de conhecimento". (p. 175 da tradução). Como se pode ver, nem a comunidade nem o conhecimento têm limites definidos. Portanto, estão longe de caber nas fronteiras de uma nação.

São inúmeras as passagens em que Peirce não esconde sua aguda crítica à sociedade e à cultura acadêmica do seu tempo — tendência que só se intensificou desde então —, em que a ciência não é concebida como investigação, mas como atividade produtiva, cujo produto, o conhecimento, é utilizado para fins instrumentais. Sobretudo, as marcas trágicas em sua própria vida atestam a aversão de Peirce à hipocrisia da sociedade em que viveu. Quanto ao compartilhamento de crenças e *modus vivendi* com a sua primeira mulher, Harriet Melusina Fay, isso também parece questionável, tanto é que o casamento foi um desastre e, por algum tempo, para os padrões então vigentes, Peirce "viveu em pecado" com uma imperdoavelmente desconhecida, Juliette Annette Froissy ou Juliette Pourtalai, da qual até hoje não se tem rastros.

14   Charles Sanders Peirce

Quanto à religiosidade, sim, Peirce era religioso, como era regra na sociedade norte-americana do período. Mas não faltam textos em que propõe a separação incisiva entre ciência e religião. Embora seja possível que religião e ciência convivam pacificamente em uma só pessoa, Peirce marcou a cisão entre seus propósitos de forma clara e precisa: "A profissão da *Open Court* é fazer um 'esforço para conciliar a religião com a ciência'. Isso é sábio? Não é uma busca por alcançar uma conclusão predeterminada? E isso não é um alvo anticientífico e antifilosófico? Essa luta não implica um defeito na integridade intelectual que tende a minar toda a saúde moral?" (**W** 8, p. 34).

Afinal, se assim não fosse, Peirce estaria alimentando uma incompatibilidade inconciliável entre uma marca de religiosidade no seu pensamento e a sua concepção falibilista da verdade, de resto, uma concepção que Rodrigues soube tão bem detectar já no alvorecer do pensamento de Peirce. Os comentadores já discutiram treze concepções de verdade em Peirce. Todavia, ao fim e ao cabo, sua obra nos leva a pensar que a verdade é uma esperança a ser cultivada por aqueles que acreditam no conhecimento e que cuidam dos destinos de seu crescimento. Quanto a isso, parece existir uma irrecusável concordância na comunidade, sem limites definidos, de estudiosos de Peirce. E para aqueles que cultivam o desejo de pertencer a essa comunidade, não poderia haver melhor caminho para começar do que este livro de Cassiano Terra Rodrigues.

Agradecimentos

Primeiramente, devo registrar o reconhecimento institucional à Fapesp, agência que financiou o meu mestrado (processo 98/00143-4), no qual comecei a estudar os textos ora traduzidos. Mais recentemente, uma parte do Ensaio de leitura compôs um relatório de pesquisa para a mesma agência (processo 18/05697-3). Ainda assim, não me furtarei a registrar que nunca obtive financiamento específico para levar a cabo o trabalho de tradução. Alguns sugeriram até mesmo que eu o financiasse do meu próprio bolso. Foi exatamente o que fiz, pagando pelos direitos de uso do texto original. Por isso, sinto-me liberado para agradecer apenas às contribuições diretas para que estas traduções viessem à luz.

Devo meus agradecimentos, então, às Editoras da Unicamp, minha *alma mater*, e da Universidade Federal de Uberlândia, por acolher o projeto e cobrir os custos despendidos; particularmente a Lúcia Helena Coimbra Amaral, Eduardo Moraes Warpechowski e Luciano de Jesus Franqueiro, pelo cuidadoso e acolhedor trabalho de revisão textual, editoração e diagramação, respectivamente; ao conselho editorial da Coleção do Estudo Acadêmico, na pessoa dos professores e amigos de muito tempo Hélio Azara de Oliveira, Marcos César Seneda e Alexandre Guimarães Tadeu de Soares.

Registro, ainda, uma palavra especial ao meu amigo Renato Rodrigues Kinouchi, pelas duas décadas de *peircistência* e, não menos, pela primeira revisão textual com a qual me presenteou. Outras palavras de agradecimento a Douglas Niño, não apenas pelo tempo de amizade *como también de interlocución en portunhol selvage y en todos los idiomas sobre esas cosas de filosofía que la gente diferenciada piensa que nosostros latinoamericanos no pensamos.* Agradeço também a Pedro Ivan de Sampaio, pela gentilíssima ajuda ao enviar-me de Paris as traduções francesas; a Tággidi Mar Ribeiro, pelas observações críticas a uma versão preliminar do Ensaio de leitura; a Priscila Monteiro Borges, Frank Thomas Sautter e a José Renato Salatiel, pela interlocução e pelo

encorajamento; a André De Tienne, cujo fino humor faz seu conhecimento da obra de Peirce parecer menos espantoso; a Bob Innis, um poliglota prontamente disposto a conversar sobre diferentes espécies de tradução; a Nathan Houser e a Winfried Noeth, pelo tempo despendido na identificação de alguns manuscritos de Peirce; a Roberto H. Pich, pela generosidade com que me ajudou com algumas questões de Duns Scotus, enviando-as integralmente traduzidas ao meu e-mail; ao meu amigo Humberto Zanardo Petrelli, cuja generosidade em ler de última hora o texto permitiu-me não apenas melhorar a tradução como ainda corrigi-la em vários pontos; e a outro amigo, André Luís Mota Itaparica, por me ajudar a localizar alguns enormes parágrafos de John Locke. Por fim, algumas palavras especiais seriam insuficientes para agradecer à Lúcia Santaella, pelo valioso Prefácio, mas também por tudo o que aprendi com ela e pela amizade carinhosa. A todas essas pessoas, minha mais sincera gratidão. Se cada uma delas contribuiu para o resultado ora em vista, a responsabilidade sobre a tradução e a interpretação aqui propostas é, evidentemente, toda minha.

Não posso deixar de registrar que meu trabalho dependeu em grande medida da Internet. De fato, a maneira como a pesquisa é feita, principalmente a bibliográfica, foi revolucionada nos últimos anos. E, no contexto de fechamento de livrarias e bibliotecas, não fosse pelo material gratuitamente disponibilizado em bancos de dados como o *Portal de Periódicos da Capes*, financiado com dinheiro público, mas também por iniciativas independentes, como o *Internet Archive*, fundado por Brewster Kahle, e o *Sci-Hub*, por Alexandra Elbakyan, não sei se conseguiria obter o mesmo resultado. Isso sem falar nos inúmeros dicionários e enciclopédias disponíveis *on-line*, e até em algumas máquinas de inteligência artificial de tradução. Registrei o que consultei em uma seção específica — Obras de referência — e devo reconhecer que essa foi tão só uma pequena parte do que auferi da Internet. Deixo, então, meus agradecimentos a quem, não sem esforço e por vezes contrariando poderes e interesses bastante fortes, busca contribuir para que a investigação continue na base da partilha pública do conhecimento e da sua expansão indefinida.

Introdução

Os seis textos reunidos neste volume contêm a gênese das principais ideias de Charles S. Peirce (1839-1914), isto é, contêm embrionariamente temas centrais de sua filosofia, os quais serão, posteriormente, aprofundados e mais bem desenvolvidos. Os cinco primeiros foram escritos e publicados entre 1867 e 1871; o último, em 1877. Assim reunidos, como se fizessem parte de um mesmo conjunto de escritos, vieram posteriormente a receber o rótulo genérico de *Série Cognitiva*, consagrado pelo projeto da edição crítica[1] e adotado no título deste volume. Tal organização possibilita compreender a sistematicidade do programa de pesquisa filosófico de Peirce, algo que as traduções já existentes de alguns dos mesmos escritos, por serem incompletas ou não os reunir, não conseguiam transmitir. Além disso, salvo melhor conhecimento, é a primeira vez que todos os textos aparecem assim organizados em língua portuguesa, e ao menos dois deles, adiante assinalados, nunca tinham sido traduzidos para o idioma pátrio.

A bem da verdade, os escritos ora apresentados fazem parte de diferentes séries de artigos e não foram pensados originalmente como partes de um mesmo conjunto. Não obstante, estão intimamente ligados no plano conceitual, a ponto de Peirce aludir explicitamente a essa conexão em momentos importantes. Essa é a principal justificativa para a sua publicação em um único volume. Além disso, como bem ressaltam não poucos comentadores, da perspectiva de uma visão geral da obra do filósofo, esses textos precoces mostram-se forte e coerentemente inter-relacionados, contendo, em germe, as principais teses do pensamento de seu autor[2]. Isso de modo al-

---

[1] Ver o sumário de **EP** 1, p. vii. Para o sistema de citação dos escritos de Peirce, ver as explicações sobre a Edição, adiante, bem como a Bibliografia, ao final.
[2] Apenas para exemplificar, não exaustivamente, ver as opiniões de Delaney 1984, p. xlii; Deledalle 1987, pp. 7-8 e 12-13; Hookway 1992, p. 15; Santaella 2004, p. 31;

gum significa que sem o conhecimento da obra tardia de Peirce os textos aqui reunidos restem incompreensíveis ou sob qualquer aspecto falhos. Obviamente, para quem conhece um pouco mais da filosofia de Peirce, fica evidente a coerência e a sistematicidade de seu pensamento filosófico já nesse momento inicial. E mesmo para quem não tem esse conhecimento, a leitura desses textos em conjunto apresenta uma introdução robusta ao pensamento do filósofo, no seu melhor e no seu pior. De toda maneira, o mais importante é o quanto esses textos podem ser interessantes por si mesmos, quero dizer, pelo que representam na história da filosofia e pelo que podem ainda nos fazer pensar. Por isso, entender o contexto de sua publicação e como eles se relacionam é sem dúvida importante[3].

Em 1859, Peirce graduou-se em Química em Harvard, tendo obtido a primeira distinção *summa cum laude* do curso. Logo em seguida, começou a estudar classificação zoológica com Louis Agassiz, abandonando o mestre e o estudo após tomar conhecimento do então recém-publicado *Sobre a origem das espécies*, de Charles Darwin. Por um breve período, em 1860, foi supervisor de provas da *Lawrence Scientific School* (Colégio Científico Lawrence), também em Harvard. No ano seguinte, começou a trabalhar como auxiliar de cálculo da *US Coast and Geodetic Survey* (Agência de Pesquisa Geodésica e Litorânea dos Estados Unidos), a agência científica mais importante do país naquela época, na qual, por 30 anos, teve uma carreira que passou pelas áreas da astronomia, geodesia, metrologia, espectroscopia e diversas outras ciências fortemente calcadas na matemática. Em 1863, teve um artigo publicado no *American Journal of Science* (Revista Americana de Ciência), no qual tece algumas observações sobre a função das explicações científicas no contexto da teoria química da interpenetração. Tal

---

2006, p. 125; Trout 2010, p. 69 *et seq.*

[3] Para a vida de Peirce, remeto o leitor a Deledalle 1987, um livro que pode ser considerado uma biografia intelectual; e, ainda, àquela que é a sua principal biografia, Brent 1998 (1ª ed. 1993). Não obstante, as introduções dos volumes **W** e **EP** são elucidativas.

currículo surtiu efeito e, em 1865, Peirce recebeu um convite para ministrar em Harvard um curso sobre a lógica das ciências experimentais. O curso foi preparado, mas não aconteceu, por falta de inscritos. O convite foi repetido e, em 1866, Peirce revisou e ministrou o curso, dessa vez no *Lowell Institute* (Instituto Lowell), ali mesmo em Cambridge, Massachusetts. Para um jovem recém completados 27 anos, era uma honra e tanto.

Outras honrarias adviriam em breve. Em janeiro de 1867, o jovem Charles foi eleito membro residente da *American Academy of Arts and Sciences* (AMACAD, Academia Americana de Artes e Ciências), fundada em 1780 e plenamente ativa até os dias de hoje. Nesse mesmo ano, ele apresentou cinco artigos à AMACAD, todos publicados em 1868, nos seus *Proceedings* (Anais). O terceiro texto dessa série, apresentado em 14 de maio de 1867 e publicado no n. 7 desses *Proceedings*, recebeu o título de "Sobre uma nova lista de categorias". É o artigo que abre este volume e foi considerado pelo próprio Peirce "talvez o menos insatisfatório, de um ponto de vista lógico", (**CP** 2.340, *c.* 1896) dentre os seus escritos, com um importante adendo: "por um longo tempo, a maioria das modificações que tentei fazer nele somente me levaram mais longe na direção errada" (*id.*). Tal autoavaliação, tão crítica quanto ambígua, não o impediu de afirmar que esse artigo continha a sua "única contribuição à filosofia" (**CP** 8.213, 1905).

Os três artigos seguintes foram publicados originalmente entre a primavera de 1868 e o inverno de 1868-1869, no então recém-fundado periódico filosófico *Journal of Speculative Philosophy* (JSP, Revista de Filosofia Especulativa), por incitação de seu editor, W. T. Harris, com quem Peirce debatera, em uma série de cartas, tópicos de filosofia hegeliana[4]. Por isso, foram escritos e pensados como partes de um conjunto só, unidos teoricamente pela crítica e consequente recusa do "espírito do cartesianismo". A bem da verdade, Peirce tomou a provocação de Harris como oportunidade para lapidar e sistematizar o essencial dos cursos de 1865 e 1866. Como resultado, esses artigos do

---

[4] Para esse debate, ver Agler e Stango, 2015.

JSP constituíram a primeira apresentação organizada do seu projeto filosófico e, com o tempo, passaram a ser entendidos como seminais, admitidamente, em vários aspectos pelo próprio autor. A ideia geral que vincula esses escritos é a constatação de que a ciência não poderia mais basear-se nos princípios epistemológicos e metodológicos que o espírito do cartesianismo incutira na filosofia moderna, inclusive nas críticas ao próprio cartesianismo. Daí que a teoria da predicação apresentada no artigo sobre a nova lista de categorias sirva de base para a argumentação desenvolvida nos três escritos posteriores, nos quais o leitor encontrará uma filosofia do conhecimento como um processo histórico e coletivo, inteiramente mediado por signos.

Os dois primeiros artigos para o JSP foram redigidos em 1867 e publicados em 1868. Intitulado "Questões concernentes a certas capacidades reivindicadas para o homem", o primeiro foi publicado no volume II, n. 2, do JSP, e o segundo, "Algumas consequências de quatro incapacidades", no n. 3 do mesmo volume. Apenas esses dois já foram anteriormente traduzidos para a língua portuguesa. Ainda assim, no Brasil, o segundo só foi publicado em forma mutilada. Aqui, esse artigo aparece pela primeira vez em sua integralidade. O terceiro artigo, considerado pelos editores de **W** o mais importante do trio (**W** 2: 527), é intitulado "Fundamentos de validade das leis da lógica: consequências ulteriores de quatro incapacidades" e foi escrito em 1868, mas publicado já em 1869, no volume II, n. 4, do JSP. Salvo melhor conhecimento, esse artigo é publicado em língua portuguesa pela primeira vez.

O quinto texto desta coletânea é a famosa resenha das *Obras* de Berkeley, reeditadas, em 1871, sob os cuidados do filósofo escocês Alexander Campbell Fraser. Essa resenha foi publicada originalmente no n. 113 da *North American Review* (Resenha Norte-Americana), em outubro do mesmo ano. Nela, Peirce não apenas remonta corretamente a epistemologia dos filósofos modernos à querela medieval dos universais, como ainda avança um primeiro argumento em favor de sua própria posição realista, por ele mesmo denominada, aqui, de "realismo escolástico", não sem consideráveis modificações rela-

tivamente à antiga doutrina. Essa contextualização mais ampla da discussão na história da filosofia permite entender melhor as teses defendidas nos artigos anteriores sobre a natureza da investigação, da realidade e da verdade, além das não desprezíveis considerações políticas presentes principalmente no texto sobre as leis da lógica, assim como na própria resenha.

Já o sexto e último texto aqui incluído foi escrito quase uma década depois, em 1877. Também inédito em língua portuguesa, a sua inclusão neste volume segue a mesma orientação dos responsáveis pela edição crítica dos escritos de Peirce. Intitulado "Sobre uma nova classe de observações, sugerida pelos princípios da lógica", trata-se de um manuscrito provavelmente planejado para apresentação oral, mas abandonado. Daí a sua brevidade, apenas três páginas. Nem por isso o texto é menos instigante. Segundo Santaella[5], ao desenvolver os argumentos do artigo sobre as consequências das incapacidades cognoscitivas, esse brevíssimo escrito antecipa conclusões a que chegariam, posteriormente, os teóricos da *Gestalt*.

Com isso, este livro contém boa parte das bases teóricas do programa de pesquisa filosófica de Peirce. Evidentemente, não é possível reduzir todo o desenvolvimento teórico do autor a tais textos, ainda mais porque, à exceção do último, todos foram planejados ou mesmo redigidos antes de o autor completar 30 anos. É bem verdade que, entre os comentadores da obra de Peirce, é comum buscar nos primeiros escritos do autor elementos para sustentar uma ou outra interpretação do conjunto de sua obra. No entanto, também é possível ler esses textos à luz de uma perspectiva investigativa, como um conjunto de pistas, evidências e questionamentos que, ao longo de sua vida, Peirce buscou explorar, responder ou mesmo veio a abandonar. Nesse sentido, cabe a nós, hoje, julgar o sucesso ou o fracasso das suas tentativas tendo em vista o que de sua filosofia ainda pode nos instigar.

---

[5] Santaella 2004, p. 59.

Nota da edição

Para a tradução dos textos aqui reunidos, foram utilizados os seguintes volumes da edição crítica, sob responsabilidade do *Peirce Edition Project*, da Universidade de Indiana, nos EUA:

Writings of Charles Sanders Peirce: A Chronological Edition. Volume 2.1867-1871. Edward C. Moore, editor... *et al.* Bloomington: Indiana University Press, 1984. © by Peirce Edition Project.
Volume 3.1872-1878. Christian J. W. Kloesel, editor... *et al.* Bloomington: Indiana University Press, 1986. © by Peirce Edition Project.

O texto original é reimpresso aqui com a permissão da *Indiana University Press*, tal e qual consta da edição referida. Após o título dos textos em inglês, há uma numeração que indica ou o número do manuscrito (segundo a numeração de Robin, 1967), ou a indicação das datas originais das publicações conhecidas de Peirce (segundo a numeração de Ketner, 2012), conforme o caso.

No texto em português, o ponto de mudança de página foi indicado com o número da página entre colchetes. Por exemplo, [222] indica o ponto de virada da página 221 para a 222, ou o mais perto dela quanto possível. Já no texto em inglês, a barra vertical - | - indica o ponto exato de mudança de página.

Na introdução e nas minhas notas, essa edição é sempre citada como **W**, com o número do volume e o da página na sequência. Por exemplo, **W** 3: 202 significa *Writings*, volume 3, página 202. Esse é o padrão de citação da convenção internacionalmente consolidada, igualmente seguida para as demais edições dos escritos de Peirce e explicada na bibliografia.

Além de indicar as mudanças de página, colchetes simples

— [ ] — são ou do próprio Peirce ou inserções da edição crítica. As minhas próprias intervenções aparecem entre colchetes em itálico — *[ ]*. Às vezes, recorri a essa prática para remeter a alguma nota explicativa da tradução ou para inserir traduções de citações feitas por Peirce no idioma original dos textos citados, buscando, sempre que possível, usar traduções já publicadas desses mesmos textos. Caso contrário, eu mesmo os traduzi, o que é perceptível pela ausência de referenciação ou indicação expressa. Noutras vezes, inseri algumas palavras na tradução, ausentes do original, para dar sentido à leitura. Evitei o expediente para algumas expressões latinas consagradas e tentei restringi-lo tanto quanto pude.

Especificamente quanto a "Fundamentos de validade das leis da lógica", é necessário lembrar que Peirce, em 1893, revisou esse escrito e acrescentou, de próprio punho à margem do artigo impresso, algumas poucas modificações ou observações ao texto original. Isso foi feito tendo em vista transformar o artigo em possível capítulo de um livro previsto para se chamar *A Search for a Method* (*Em busca de um método*, em tradução livre). Um esboço de sumário, supostamente para esse livro, constante no manuscrito 1583, permite identificar todos os artigos da Série Cognitiva, inclusive o da lista de categorias e a resenha sobre Berkeley. Como outros parecidos, esse projeto de livro nunca se concretizou. As anotações tardias de Peirce foram incorporadas *post mortem* ao texto pelos editores dos *Collected Papers*, a principal edição de seus escritos até o aparecimento dos volumes da edição crítica. Embora não alterem essencialmente o conteúdo, essas revisões trazem algumas nuanças de leitura e, por isso, foram incluídas aqui, mas não junto ao texto, e sim com as demais notas por mim acrescentadas ao final. Todas as notas do próprio Peirce foram mantidas no rodapé da página, indicadas com algarismos arábicos e reiniciadas a cada artigo, como na edição original.

As minhas notas de tradução, majoritariamente de natureza filológica ou hermenêutica, aparecem após a bibliografia das obras usadas por Peirce. Sempre que o caso exigiu, indiquei todas as de-

mais traduções para outros idiomas que consegui consultar. Como algumas dessas traduções são apenas parciais, de trechos escolhidos, só oportunamente são mencionadas. Algumas referências bibliográficas são também ocasionalmente fornecidas, bem como uma ou outra informação variada. No caso de outros clássicos, quando julguei ser útil ou necessária a especificação, informei o número da página da tradução para a língua portuguesa consultada.

Assim, busquei evitar os comentários filosóficos nas notas e, embora não possa assegurar ter conseguido fazê-lo, creio que ao menos não fui aleatório. De modo algum a compreensão do texto fica comprometida se as minhas notas não forem lidas. Espero apenas que apresentem alguma contribuição para o esclarecimento do sentido textual, uma vez que não são exaustivas. Suas minúcias talvez atraiam o interesse de leitores mais meticulosos, ou mesmo de outros tradutores, e, se isso acontecer, já terão se justificado. As minhas glosas filosóficas aos escritos ora traduzidos estão no Ensaio de leitura, ao final do volume, de forma a não sobrecarregar a leitura dos textos já de início. Também é forçoso assinalar que o Ensaio não passou ileso a todo o tempo do processo editorial, sofrendo mais modificações do que consegui registrar. Iniciado na Primavera de 2021, após 1 ano de pandemia de COVID-19, até poucos dias foi revisado antes do arremate final. Na minha própria leitura, isso significa que texto apresentado não deve ser considerado definitivo, o que seria contraditório não apenas com a sua própria natureza, como também com a filosofia de Peirce. Se consigno, aqui, tais informações, é para que a pertinência das minhas interpretações seja mais justamente avaliada em sua temporaneidade.

Escritos da Série Cognitiva
Charles Sanders Peirce

On a New List of Categories

P 32: *Presented* 14 May 1867

§1. This paper is based upon the theory already established, that the function of conceptions is to reduce the manifold of sensuous impressions to unity, and that the validity of a conception consists in the impossibility of reducing the content of consciousness to unity without the introduction of it.

§2. This theory gives rise to a conception of gradation among those conceptions which are universal. For one such conception may unite the manifold of sense and yet another may be required to unite the conception and the manifold to which it is applied; and so on.

§3. That universal conception which is nearest to sense is that of *the present, in general.* This is a conception, because it is universal. But as the act of *attention* has no connotation at all, but is the pure denotative power of the mind, that is to say, the power which directs the mind to an object, in contradistinction to the power of thinking any predicate of that object,—so the conception of *what is present in general*, which is nothing but the general recognition of what is contained in attention, has no connotation, and therefore no proper unity. This conception of the present in general, or IT in general, is rendered in philosophical language by the word "substance" in one of its meanings. Before any comparison or discrimination can be made between what is present, what is present must have been recognized as such, as *it*, and subsequently the metaphysical parts which are recognized by abstraction are attributed to this *it*, but the *it* cannot itself be made a predicate. This *it* is thus neither predicated of a subject, nor in a subject, and accordingly is identical with the conception of substance.

§4. The unity to which the understanding reduces impressions is the unity of a proposition. This unity consists in the connection of

Sobre uma nova lista de categorias

§1. Este escrito baseia-se na teoria já estabelecida de que a função das concepções é reduzir o múltiplo das impressões sensórias à unidade, e de que a validade de uma concepção consiste na impossibilidade de, sem a sua introdução, reduzir o conteúdo da consciência à unidade. §2. Essa teoria dá origem a uma concepção de gradação entre as concepções que são universais. E isso porque uma tal concepção pode unir o múltiplo dos sentidos e ainda outra ser requerida para unir a concepção e o múltiplo ao qual é aplicada, e assim por diante. §3. A concepção universal que está mais próxima dos sentidos é aquela de *o presente, em geral.* Essa é uma concepção, porque é universal. No entanto, como o ato de *atenção* absolutamente não tem conotação, mas é o puro poder denotativo da mente, quer dizer, o poder que direciona a mente a um objeto, em oposição ao poder de pensar qualquer predicado desse objeto – assim também a concepção de *o que está presente em geral,* a qual nada mais é do que o reconhecimento geral de que aquilo que está contido na atenção não tem conotação e, portanto, propriamente nenhuma unidade. Essa concepção de o presente em geral, ou ISTO em geral, é traduzida em linguagem filosófica pela palavra "substância" em um de seus significados. Antes de qualquer comparação ou discriminação poder ser feita entre o que está presente, o que está presente tem de ter sido reconhecido como tal, como *isto,* e, subsequentemente, as partes metafísicas que são reconhecidas por abstração vêm a ser atribuídas a esse *isto,* mas o *isto* não pode, ele mesmo, ser feito um predicado. Esse *isto,* assim, não é nem predicado de um sujeito, nem está em um sujeito, e, dessa maneira, é idêntico à concepção de substância. §4. A unidade à qual o entendimento reduz as impressões é a unidade de uma proposição. Essa unidade consiste na conexão do predicado com o sujeito, de maneira que aquilo que está implicado na cópula,

the predicate with the subject; and, therefore, that which is implied in the copula, or the conception of *being,* is that which completes the | work of conceptions of reducing the manifold to unity. The copula (or rather the verb which is copula in one of its senses) means either *actually is* or *would be,* as in the two propositions, "There *is* no griffin," and "A griffin *is* a winged quadruped." The conception of *being* contains only that junction of predicate to subject wherein these two verbs agree. The conception of being, therefore, plainly has no content.

If we say "The stove is black," the stove is the *substance,* from which its blackness has not been differentiated, and the *is,* while it leaves the substance just as it was seen, explains its confusedness, by the application to it of *blackness* as a predicate.

Though *being* does not affect the subject, it implies an indefinite determinability of the predicate. For if one could know the copula and predicate of any proposition, as " . . . is a tailed-man," he would know the predicate to be applicable to something supposable, at least. Accordingly, we have propositions whose subjects are entirely indefinite, as "There is a beautiful ellipse," where the subject is merely *something actual or potential;* but we have no propositions whose predicate is entirely indeterminate, for it would be quite senseless to say, "*A* has the common characters of all things," inasmuch as there are no such common characters.

Thus substance and being are the beginning and end of all conception. Substance is inapplicable to a predicate, and being is equally so to a subject.

§5. The terms "prescision" and "abstraction," which were formerly applied to every kind of separation, are now limited, not merely to mental separation, but to that which arises from *attention to* one element and *neglect of* the other. Exclusive attention consists in a definite conception or *supposition* of one part of an object, without any supposition of the other. Abstraction or prescision ought to be carefully distinguished from two other modes of mental separation, which may be termed *discrimination* and *dissociation.*

ou a concepção de *ser*, é, portanto, o que completa o [50] trabalho das concepções de reduzir o múltiplo à unidade. A cópula (ou, antes, o verbo que é cópula em um de seus sentidos) significa ou *de fato é* ou *seria*, como nas duas proposições: "Não *existe* um grifo" e "Um grifo é um quadrúpede alado". A concepção de *ser* contém somente aquela junção do predicado ao sujeito, na qual esses dois verbos concordam. A concepção de ser, portanto, evidentemente não tem conteúdo.

Se dizemos "O forno é preto", o forno é a *substância* da qual a sua pretidão não foi diferenciada, e o é, embora deixe a substância exatamente como a vimos, explica a indistinção da substância pela aplicação a ela da *pretidão* como um predicado.

Embora *ser* não afete o sujeito, não obstante implica uma determinabilidade indefinida do predicado, visto que, se alguém pudesse conhecer a cópula e o predicado de qualquer proposição, como "... é um homem com cauda", essa pessoa saberia que o predicado é aplicável a algo supositício, pelo menos. Dessa forma, temos proposições cujos sujeitos são inteiramente indefinidos, como "Há uma bela elipse", na qual o sujeito é meramente *algo efetivo ou potencial*, mas não temos proposições cujo predicado seja inteiramente indeterminado, pois seria totalmente sem sentido dizer "*A* tem as características comuns de todas as coisas", tendo em vista que tais características comuns não existem.

Assim, substância e ser são o começo e o fim de toda concepção. Substância não é aplicável a um predicado, e ser, igualmente, não o é a um sujeito.

§5. Os termos "prescisão"[i] e "abstração", anteriormente aplicados a toda espécie de separação, são agora limitados, não somente à separação mental, mas àquilo que surge da *atenção a* um único elemento e da *desconsideração do* outro. A atenção exclusiva consiste em uma concepção definida ou *suposição* de uma única parte de um objeto, sem qualquer suposição da outra. A abstração, ou prescisão, deve ser cuidadosamente diferenciada de outros dois modos de separação mental, os quais podem ser chamados de *discriminação* e *dissociação*. A discriminação tem a ver meramente com as essências

Discrimination has to do merely with the essences of terms, and only draws a distinction in meaning. Dissociation is that separation which, in the absence of a constant association, is permitted by the law of association of images. It is the consciousness of one thing, without the necessary simultaneous consciousness of the other. Abstraction or prescision, therefore, supposes a greater separation than discrimination, but a less separation than dissociation. Thus I can discriminate red from blue, space from color, and color from space, but not red | from color. I can prescind red from blue, and space from color (as is manifest from the fact that I actually believe there is an uncolored space between my face and the wall); but I cannot prescind color from space, nor red from color. I can dissociate red from blue, but not space from color, color from space, nor red from color.

Prescision is not a reciprocal process. It is frequently the case, that, while *A* cannot be prescinded from *B*, *B* can be prescinded from *A*. This circumstance is accounted for as follows. Elementary conceptions only arise upon the occasion of experience; that is, they are produced for the first time according to a general law, the condition of which is the existence of certain impressions. Now if a conception does not reduce the impressions upon which it follows to unity, it is a mere arbitrary addition to these latter; and elementary conceptions do not arise thus arbitrarily. But if the impressions could be definitely comprehended without the conception, this latter would not reduce them to unity. Hence, the impressions (or more immediate conceptions) cannot be definitely conceived or attended to, to the neglect of an elementary conception which reduces them to unity. On the other hand, when such a conception has once been obtained, there is, in general, no reason why the premises which have occasioned it should not be neglected, and therefore the explaining conception may frequently be prescinded from the more immediate ones and from the impressions.

§6. The facts now collected afford the basis for a systematic method of searching out whatever universal elementary conceptions

dos termos, e só resulta em alguma distinção de significação. A dissociação é aquela separação que, na ausência de uma associação constante, é permitida pela lei de associação de imagens. É a consciência de uma única coisa, sem a necessária consciência simultânea da outra. Portanto, a abstração, ou prescisão, supõe uma separação mais forte do que a discriminação, mas mais fraca do que a dissociação. Dessa forma, posso discriminar vermelho de azul, espaço de cor e cor de espaço, mas não vermelho [51] de cor. Posso prescindir vermelho de azul e espaço de cor (como é evidente com base no fato de que efetivamente creio que há um espaço sem cor entre minha face e a parede), mas não posso prescindir cor de espaço, nem vermelho de cor. Posso dissociar vermelho de azul, mas não espaço de cor, cor de espaço, nem vermelho de cor.

A prescisão não é um processo recíproco. Frequentemente é o caso de que, embora *A* não possa ser prescindido de *B*, *B* pode ser prescindido de *A*. Essa circunstância é explicada da seguinte maneira. Concepções elementares surgem unicamente por ocasião da experiência, isto é, são produzidas pela primeira vez de acordo com uma lei geral cuja condição é a existência de certas impressões. Ora, se uma concepção não reduz à unidade as impressões de que decorre, trata-se de mera adição arbitrária a elas, e concepções elementares não surgem assim arbitrariamente. No entanto, se as impressões pudessem ser compreendidas definitivamente sem a concepção, essa última não as reduziria à unidade. Por conseguinte, as impressões (ou concepções mais imediatas) não podem, de maneira definitiva, nem serem concebidas nem se pode prestar atenção a elas, sob pena de uma concepção elementar que as reduz à unidade ser negligenciada[ii]. Por outro lado, no momento em que uma concepção dessas foi obtida, não há, em geral, razão alguma pela qual as premissas que a ocasionaram não devam ser negligenciadas e, portanto, a concepção explicativa pode frequentemente ser prescindida das mais imediatas e das impressões.

§6. Os fatos ora coligidos fornecem a base para um método sistemático de procura de quaisquer concepções elementares universais que possam ser intermediárias entre o múltiplo da substância e a unidade do

there may be intermediate between the manifold of substance and the unity of being. It has been shown that the occasion of the introduction of a universal elementary conception is either the reduction of the manifold of substance to unity, or else the conjunction to substance of another conception. And it has further been shown that the elements conjoined cannot be supposed without the conception, whereas the conception can generally be supposed without these elements. Now, empirical psychology discovers the occasion of the introduction of a conception, and we have only to ascertain what conception already lies in the data which is united to that of substance by the first conception, but which cannot be supposed without this first conception, to have the next conception in order in passing from being to substance.

It may be noticed that, throughout this process, *introspection* is not resorted to. Nothing is assumed respecting the subjective ele- | -ments of consciousness which cannot be securely inferred from the objective elements.

§7. The conception of *being* arises upon the formation of a proposition. A proposition always has, besides a term to express the substance, another to express the quality of that substance; and the function of the conception of being is to unite the quality to the substance. Quality, therefore, in its very widest sense, is the first conception in order in passing from being to substance.

Quality seems at first sight to be given in the impression. Such results of introspection are untrustworthy. A proposition asserts the applicability of a mediate conception to a more immediate one. Since this is *asserted*, the more mediate conception is clearly regarded independently of this circumstance, for otherwise the two conceptions would not be distinguished, but one would be thought through the other, without this latter being an object of thought, at all. The mediate conception, then, in order to be *asserted* to be applicable to the other, must first be considered without regard to this circumstance, and taken immediately. But, taken immediately, it transcends what is given (the more immediate conception), and

ser. Foi mostrado que a ocasião da introdução de uma concepção elementar universal é ou a redução do múltiplo da substância à unidade ou, ainda, a conjunção de outra concepção à substância. E mostrou-se ainda que os elementos conjuminados não podem ser supostos sem a concepção, ao passo que a concepção pode geralmente ser suposta sem esses elementos. Além disso, a psicologia empírica descobre a ocasião da introdução de uma concepção, e, para termos a próxima concepção na ordem, na passagem do ser à substância, temos somente de determinar qual concepção já está presente nos dados, a qual é unida àquela de substância pela primeira concepção, mas que não pode ser suposta sem essa primeira concepção.

É possível observar-se que, nesse processo, não se recorre à *introspecção*. Nada é assumido respectivamente aos [52] elementos subjetivos da consciência que não possa ser inferido com segurança dos elementos objetivos.

§7. A concepção de *ser* emerge da formação de uma proposição. Uma proposição sempre tem, além de um termo para exprimir a substância, outro termo para exprimir a qualidade dessa substância, e a função da concepção de ser é unir a qualidade à substância. A qualidade, portanto, em seu sentido mais amplo, é a primeira concepção para passar do ser à substância.

A qualidade parece, à primeira vista, estar dada na impressão. Esses resultados de introspecção não são dignos de confiança. Uma proposição assere a aplicabilidade de uma concepção mediada a uma mais imediata. Uma vez que isso é *asserido*, a concepção mais mediada é considerada com clareza independentemente dessa circunstância, pois, de outra maneira, as duas concepções não seriam distinguidas, mas uma seria pensada por meio da outra, sem essa última ser, de modo algum, um objeto de pensamento. A concepção mediada, então, para ser *asserida* como aplicável à outra, tem primeiro de ser considerada independentemente dessa circunstância e tomada imediatamente. Tomada imediatamente, porém, ela transcende o que está dado (a concepção mais imediata) e sua aplicabilidade à última é hipotética. Tome-se, por exemplo, a proposição: "Este forno é pre-

its applicability to the latter is hypothetical. Take, for example, the proposition, "This stove is black." Here the conception of *this stove* is the more immediate, that of *black* the more mediate, which latter, to be predicated of the former, must be discriminated from it and considered *in itself,* not as applied to an object, but simply as embodying a quality, *blackness*. Now this *blackness* is a pure species or abstraction, and its application to *this stove* is entirely hypothetical. The same thing is meant by "the stove is black," as by "there is blackness in the stove." *Embodying blackness* is the equivalent of *black*.[1] The proof is this. These conceptions are applied indifferently to precisely the same facts. If, therefore, they were different, the one which was first applied would fulfil every function of the other; so that one of them would be superfluous. Now a superfluous conception is an arbitrary fiction, whereas elementary conceptions arise only upon the requirement of experience; so that a superfluous elementary conception is impossible. Moreover, the conception of a pure abstraction is indispensable, because we cannot comprehend an agreement of two things, except as an agreement in some respect, | and this respect is such a pure abstraction as blackness. Such a pure abstraction, reference to which constitutes a *quality* or general attribute, may be termed a *ground*.

Reference to a ground cannot be prescinded from being, but being can be prescinded from it.

§8. Empirical psychology has established the fact that we can know a quality only by means of its contrast with or similarity to another. By contrast and agreement a thing is referred to a correlate, if this term may be used in a wider sense than usual. The occasion of the introduction of the conception of reference to a ground is the reference to a correlate, and this is, therefore, the next conception in order.

Reference to a correlate cannot be prescinded from reference to a ground; but reference to a ground may be prescinded from reference to a correlate.

---

[1] This agrees with the author of *De Generibus et Speciebus, Ouvrages Inédits d'Abé-lard*, p. 528.

to". Aqui, a concepção de *este forno* é a mais imediata e a de *preto* é a mais mediada; essa última, para ser predicada da primeira, tem de ser discriminada dela e considerada *em si mesma*, e não como aplicada a um objeto, mas simplesmente como se incorporasse uma qualidade, a *pretidão*. Ora, essa *pretidão* é uma espécie pura ou abstração, e sua aplicação a *este forno* é inteiramente hipotética. Quer-se dizer a mesma coisa com "o forno é preto" que com "há pretidão no forno". *Incorporar a pretidão* é o equivalente de *preto*.[1] A prova é esta. Essas concepções são aplicadas indiferentemente precisamente aos mesmos fatos. Se, portanto, fossem diferentes, aquela que primeiro foi aplicada desempenharia todas as funções da outra, de modo que uma delas seria supérflua. De mais a mais, uma concepção supérflua é uma ficção arbitrária, ao passo que concepções elementares sur-- gem unicamente pela exigência da experiência. Desse modo, uma concepção elementar supérflua é impossível. Além do mais, a concepção de uma abstração pura é indispensável, porque não podemos compreender um acordo de duas coisas, exceto como um acordo sob algum *aspecto*, [53] e esse *aspecto* é uma abstração tão pura quanto a pretidão. Essa abstração pura, referência à qual constitui uma *qualidade* ou atributo geral, pode ser denominada um *fundamento*.

A referência a um fundamento não pode ser prescindida do ser, mas o ser pode ser prescindido dela.

§8. A psicologia empírica estabeleceu o fato de que só somos capazes de conhecer uma qualidade por meio de sua diferença ou semelhança em relação à outra[iii]. Por diferença e acordo, uma coisa é referida a um correlato, se esse termo puder ser usado em um sentido mais amplo que o usual. A ocasião da introdução da concepção de referência a um fundamento é a referência a um correlato, e esta é, portanto, a próxima concepção na ordem.

A referência a um correlato não pode ser prescindida da referência a um fundamento, mas a referência a um fundamento pode ser prescindida da referência a um correlato.

---

[1] Isso está de acordo com o autor de *De Generibus et Speciebus, Ouvrages Inédits d'Abelard*, p. 528[iv].

§9. The occasion of reference to a correlate is obviously by comparison. This act has not been sufficiently studied by the psychologists, and it will, therefore, be necessary to adduce some examples to show in what it consists. Suppose we wish to compare the letters p and b. We may imagine one of them to be turned over on the line of writing as an axis, then laid upon the other, and finally to become transparent so that the other can be seen through it. In this way we shall form a new image which mediates between the images of the two letters, inasmuch as it represents one of them to be (when turned over) the likeness of the other. Again, suppose we think of a murderer as being in relation to a murdered person; in this case we conceive the act of the murder, and in this conception it is represented that corresponding to every murderer (as well as to every murder) there is a murdered person; and thus we resort again to a mediating representation which represents the relate as standing for a correlate with which the mediating representation is itself in relation. Again, suppose we look out the word *homme* in a French dictionary; we shall find opposite to it the word *man,* which, so placed, representes *homme* as representing the same two-legged creature which *man* itself represents. By a further accumulation of instances, it would be found that every comparison requires, besides the related thing, the ground, and the correlate, also a *mediating representation which represents the relate to be a representation of the same correlate which this mediating representation itself represents.* Such a mediating representation may be termed na *interpretant,* | because it fulfils the office of an interpreter, who says that a foreigner says the same thing which he himself says. The term "representation" is here to be understood in a very extended sense, which can be explained by instances better than by a definition. In this sense, a word represents a thing to the conception in the mind of the hearer, a portrait represents the person for whom it is intended to the conception of recognition, a weaththercock represents the direction of the wind to the

§9. A ocasião de referência a um correlato se dá obviamente por comparação. Esse ato não foi estudado suficientemente pelos psicólogos e, portanto, será necessário aduzir alguns exemplos para mostrar em que consiste. Suponha-se que desejamos comparar as letras p e b. Podemos imaginar uma delas virada de cabeça para baixo, por sobre a linha da escrita como se esta fosse um eixo, e então posta sobre a outra, e, finalmente, translúcida de modo à outra poder ser vista através dela. Dessa maneira, formaremos uma nova imagem que medeia entre as imagens das duas letras, tendo em vista que essa imagem representa uma delas, como a semelhança (quando virada) da outra. Vamos supor, além disso, que concebemos que um assassino está em relação com uma pessoa assassinada. Nesse caso, concebemos o ato do assassinato e, nessa concepção, está representado que a cada assassino (assim como a cada assassinato) há uma pessoa assassinada correspondente, e, assim, recorremos de novo a uma representação mediadora que representa que o relato está por um correlato com o qual a própria representação mediadora está em relação[v]. De mais a mais, vamos supor que examinamos a palavra *homme* em um dicionário francês. Veremos, oposta a ela, a palavra *homem*, que, assim colocada, representa *homme* como representando a mesma criatura bípede que a própria palavra *homem* representa. Ao acumularmos mais casos, descobriríamos que toda comparação requer, além da coisa relacionada, do fundamento, e do correlato, também uma *representação mediadora que representa o relato como uma representação do mesmo correlato que essa representação mediadora ela mesma representa*. Essa representação mediadora pode ser denominada um *interpretante*, **[54]** porque satisfaz a função de um intérprete, que diz que um estrangeiro diz a mesma coisa que ele mesmo diz. O termo "representação" deve ser entendido aqui em um sentido muito estendido, o qual pode ser mais bem explicado por casos do que por uma definição. Nesse sentido, uma palavra representa uma coisa para a concepção na mente do ouvinte, um retrato representa a pessoa para quem ele é pretendido à concepção de reconheci-

conception of him who understands it, a barrister represents his client to the judge and jury whom he influences.

Every reference to a correlate, then, conjoins to the substance the conception of a reference to an interpretant; and this is, therefore, the next conception in order in passing from being to substance.

Reference to an interpretant cannot be prescinded from reference to a correlate; but the latter can be prescinded from the former.

§10. Reference to an interpretant is rendered possible and justified by that which renders possible and justifies comparison. But that is clearly the diversity of impressions. If we had but one impression, it would not require to be reduced to unity, and would therefore not need to be thought of as referred to an interpretant, and the conception of reference to an interpretant would not arise. But since there is a manifold of impressions, we have a feeling of complication or confusion, which leads us to differentiate this impression from that, and then, having been differentiated, they require to be brought to unity. Now they are not brought to unity until we conceive them together as being *ours*, that is, until we refer them to a conception as their interpretant. Thus, the reference to an interpretant arises upon the holding together of diverse impressions, and therefore it does not join a conception to the substance, as the other two references do, but unites directly the manifold of the substance itself. It is, therefore, the last conception in order in passing from being to substance.

§11. The five conceptions thus obtained, for reasons which will be sufficiently obvious, may be termed *categories*. That is,

BEING,
Quality (Reference to a Ground),
Relation (Reference to a Correlate),
Representation (Reference to an Interpretant),
SUBSTANCE. |

mento, uma biruta representa a direção do vento para a concepção daquele que a compreende, um advogado representa o seu cliente para o juiz e para o júri que ele influencia.

Toda referência a um correlato, então, conjumina à substância a concepção de uma referência a um interpretante, a qual é, portanto, a próxima concepção a passar de ser à substância.

A referência a um interpretante não pode ser prescindida da referência a um correlato, mas a segunda pode ser prescindida da primeira.

§10. A referência a um interpretante é possibilitada e justificada por aquilo que possibilita e justifica a comparação. Isso, porém, é claramente a diversidade de impressões. Se tivéssemos somente uma única impressão, ela não necessitaria ser reduzida à unidade e, portanto, não necessitaria ser concebida como referida a um interpretante, e a concepção de referência a um interpretante não surgiria. No entanto, já que há um múltiplo de impressões, temos um sentimento de complicação, ou confusão, o qual nos leva a diferenciar esta impressão daquela, e, então, tendo sido diferenciadas, torna-se necessário trazê-las à unidade. Ora, elas não são trazidas à unidade até que as concebamos juntas como *nossas*, isto é, até que as refiramos a uma concepção como interpretante delas. Assim, a referência a um interpretante surge pela sustentação de diversas impressões juntas e, portanto, não junta uma concepção à substância, como as outras duas referências fazem, mas une diretamente o múltiplo da própria substância. Trata-se, portanto, da última concepção a passar de ser a substância.

§11. As cinco concepções assim obtidas, por razões que ficarão suficientemente óbvias, podem ser denominadas *categorias*. Isto é,

SER

    Qualidade (Referência a um Fundamento),
    Relação (Referência a um Correlato),
    Representação (Referência a um Interpretante),
SUBSTÂNCIA. [55]

The three intermediate conceptions may be termed accidents. §12. This passage from the many to the one is numerical. The conception of a *third* is that of an object which is so related to two others, that one of these must be related to the other in the same way in which the third is related to that other. Now this coincides with the conception of an interpretant. Na *other* is plainly equivalent to a *correlate*. The conception of second differs from that of other, in implying the possibility of a third. In the same way, the conception of *self* implies the possibility of na *other*. The *Ground* is the self abstracted from the concreteness which implies the possibility of an other.

§13. Since no one of the categories can be prescinded from those above it, the list of supposable objects which they afford is,

What is.
> Quale—that which refers to a ground,
> Relate—that which refers to ground and correlate,
> Representamen—that which refers to ground, correlate, and interpretant.

It.

§14. A quality may have a special determination which prevents its being prescinded from reference to a correlate. Hence there are two kinds of relation.

1st. That of relates whose reference to a ground is a prescindible or internal quality.

2d. That of relates whose reference to a ground is an unprescindible or relative quality.

In the former case, the relation is a mere *concurrence* of the correlates in one character, and the relate and correlate are not distinguished. In the latter case the correlate is set over against the relate, and there is in some sense na *opposition*.

As três concepções intermediárias podem ser denominadas acidentes.

§12. Essa passagem dos muitos ao único é numérica. A concepção de um *terceiro* é a de um objeto que está relacionado de tal modo a dois outros que um deles tem de estar relacionado com o outro da mesma maneira que o terceiro está relacionado com esse outro. Ora, isso coincide com a concepção de um interpretante. Um *outro* é evidentemente equivalente a um *correlato*. A concepção de segundo difere da de outro, ao implicar a possibilidade de um terceiro. Da mesma maneira, a concepção de *self*[vi] implica a possibilidade de um *outro*. O *Fundamento* é o self abstraído da concretude que implica a possibilidade de um outro.

§13. Já que nem uma sequer das categorias pode ser prescindida das outras acima dela, a lista de suposítícios objetos que fornecem é:

O que é:

Quale – aquilo que se refere a um fundamento.

Relato – aquilo que se refere a um fundamento e a um correlato.

Representamen – aquilo que se refere a um fundamento, a um correlato e a um interpretante.

Isto.

§14. Uma qualidade pode ter uma determinação especial que a impeça de ser prescindida de referência a um correlato. Disso, decorre haver duas espécies de relação:

1ª. a de relatos cuja referência a um fundamento é uma qualidade prescindível ou interna;

2ª. a de relatos cuja referência a um fundamento é uma qualidade imprescindível ou relativa.

No primeiro caso, a relação é uma mera *coincidência*[vii] dos correlatos em uma única característica, e o relato e o correlato não estão distinguidos. No segundo caso, o correlato é estabelecido contrariamente ao relato e há, em algum sentido, uma *oposição*.

Relates of the first kind are brought into relation simply by their agreement. But mere disagreement (unrecognized) does not constitute relation, and therefore relates of the second kind are only brought into relation by correspondence in fact.

A reference to a ground may also be such that it cannot be prescinded from a reference to an interpretant. In this case it may be termed na *imputed* quality. If the reference of a relate to its ground | can be prescinded from reference to an interpretant, its relation to its correlate is a mere concurrence or community in the possession of a quality, and therefore the reference to a correlate can be prescinded from reference to an interpretant. It follows that there are three kinds of representations.

1st. Those whose relation to their objects is a mere community in some quality, and these representations may be termed *Likenesses.*

2d. Those whose relation to their objects consists in a correspondence in fact, and these may be termed *Indices* or *Signs.*

3d. Those the ground of whose relation to their objects is an imputed character, which are the same as *general signs,* and these may be termed *Symbols.*

§15. I shall now show how the three conceptions of reference to a ground, reference to an object, and reference to an interpretant are the fundamental ones of at least one universal science, that of logic. Logic is said to treat of second intentions as applied to first. It would lead me too far away from the matter in hand to discuss the truth of this statement; I shall simply adopt it as one which seems to me to afford a good definition of the subject-genus of this science. Now, second intentions are the objects of the understanding considered as representations, and the first intentions to which they apply are the objects of those representations. The objects of the understanding, considered as representations, are symbols, that is, signs which are at least potentially general. But the rules of logic hold good of any symbols, of those which are written or spoken as well as of those which are thought. They have no immediate

Relatos do primeiro tipo são trazidos em relação simplesmente por seu acordo. Contudo, o mero desacordo (não reconhecido) não constitui relação e, portanto, relatos do segundo tipo são trazidos em relação somente por correspondência de fato. Uma referência a um fundamento pode também ser tal que não possa ser prescindida de uma referência a um interpretante. Nesse caso, ela pode ser denominada uma qualidade *imputada*. Se a referência de um relato ao seu fundamento [56] pode ser prescindida da referência a um interpretante, sua relação com o seu correlato é uma mera coincidência ou comunidade na posse de uma qualidade e, portanto, a referência a um correlato pode ser prescindida da referência a um interpretante. Segue-se que há três tipos de representações:

1°. aquelas cuja relação com seus objetos é uma mera comunidade em alguma qualidade. Essas representações podem ser denominadas *Semelhanças*;

2°. aquelas cuja relação com seus objetos consiste em uma correspondência de fato. Elas podem ser denominadas Índices ou *Signos*;

3°. aquelas cujo fundamento de sua relação com seus objetos é uma característica imputada, as quais são o mesmo que *signos gerais*. Elas podem ser denominadas *Símbolos*.

§15. Mostrarei agora como as três concepções, de referência a um fundamento, referência a um objeto e referência a um interpretante, são as fundamentais de pelo menos uma ciência universal, a lógica. Diz-se que a lógica trata das segundas intenções tais quais aplicadas às primeiras. Discutir a verdade dessa declaração me levaria longe demais da questão à mão. Irei adotá-la simplesmente como uma [declaração] que me parece proporcionar uma boa definição do gênero de assunto dessa ciência. Assim, as segundas intenções são os objetos do entendimento considerados como representações, e as primeiras intenções às quais se aplicam são os objetos dessas representações. Os objetos do entendimento, considerados como representações, são símbolos, isto é, signos que são ao menos potencialmente gerais. Mas as regras da lógica valem para quaisquer símbolos, para aqueles que são escritos ou falados assim como para

application to likenesses or indices, because no arguments can be constructed of these alone, but do apply to all symbols. All symbols, indeed, are in one sense relative to the understanding, but only in the sense in which also all things are relative to the understanding. On this account, therefore, the relation to the understanding need not be expressed in the definition of the sphere of logic, since it determines no limitation of that sphere. But a distinction can be made between concepts which are supposed to have no existence except so far as they are actually present to the understanding, and external symbols which still retain their character of symbols so long as they are only *capable* of being understood. And as the rules of logic apply to these latter as much as to the former (and though only through the former, yet this character, since it belongs to all things, is no limitation), it follows that logic has for its subject-genus all symbols and not merely concepts.[2] We come, therefore, to this, that logic treats of the reference of symbols in general to their objects. In this view it is one of a trivium of conceivable sciences. The first would treat of the formal conditions of symbols having meaning, that is of the reference of symbols in general to their grounds or imputed characters, and this might be called formal grammar; the second, logic, would treat of the formal conditions of the truth of symbols; and the third would treat of the formal conditions of the force of symbols, or their power of appealing to a mind, that is, of their reference in general to interpretants, and this might be called formal rhetoric.

---

[2] Herbart says: "Unsre sämmtlichen Gedanken lassen sich von zwei Seiten betrachten; theils als Thätigkeiten unseres Geistes, theils in Hinsicht dessen, *was* durch sie gedacht wird. In letzterer Beziehung heissen sie *Begriffe*, welches Wort, indem es das *Begriffene* bezeichnet, zu abstrahiren gebietet von der Art und Weise, wie wir den Gedanken empfangen, produciren, oder reproduciren mögen." But the whole difference between a concept and an external sign lies in these respects which logic ought, according to Herbart, to abstract from.

aqueles que são pensados. Elas não têm aplicação imediata a semelhanças ou índices, porque nenhum argumento pode ser construído somente com eles, mas valem, sim, para todos os símbolos. Com efeito, todos os símbolos são, em certo sentido, relativos ao entendimento, mas apenas no sentido de que todas as coisas também são relativas ao entendimento. De acordo com essa interpretação, portanto, a relação com o entendimento não precisa ser expressa na definição da esfera da lógica, já que ela não determina limitação alguma dessa esfera. Contudo, uma distinção pode ser feita entre conceitos que supostamente não têm existência — exceto pelo fato de estarem efetivamente presentes no entendimento — e símbolos externos que ainda retêm o seu caráter de símbolos, na medida em que são somente *capazes* de serem entendidos. E como as regras da lógica valem para esses últimos tanto quanto para os primeiros (e embora somente por meio dos primeiros, ainda assim, essa característica, já que pertence a todas as coisas, não é limitação alguma), segue-se que a lógica tem como gênero de assunto todos os símbolos, e não meramente [57] conceitos.[2] Chegamos, portanto, a isto: a lógica trata da referência dos símbolos em geral aos seus objetos. Nessa visão, ela faz parte de um *trivium* de ciências concebíveis. A primeira *[dessas ciências]* trataria das condições formais para que os símbolos tivessem significação, isto é, da referência dos símbolos em geral a seus fundamentos ou características imputadas, e pode-

---

[2] Herbart diz: "Unsre sämmtlichen Gedanken lassen sich von zwei Seiten betrachten; theils als Thätigkeiten unseres Geistes, theils in Hinsicht dessen, was durch sie gedacht wird. In letzterer Beziehung heissen sie Begriffe, welches Wort, indem es das Begriffene bezeichnet, zu abstrahiren gebietet von der Art und Weise, wie wir den Gedanken empfangen, produciren, oder reproduciren mögen." *[Lehrbuch zur Einleitung in die Philosophie*, p. 77: "Todos os nossos pensamentos deixam-se considerar de duas maneiras. Por um lado, como atividades de nosso espírito, por outro, relativamente ao que é pensado por meio deles. Na última relação, são chamados de conceitos, palavra essa que, por designar o que é concebido, requer que abstraiamos do modo e da maneira como podemos receber, produzir ou reproduzir o pensamento"]. No entanto, toda a diferença entre um conceito e um signo externo está nesses aspectos de que a lógica deveria, de acordo com Herbart, abstrair-se.

There would be a general division of symbols, common to all these sciences; namely, into,

1°: Symbols which directly determine only their *grounds* or imputed qualities, and are thus but sums of marks or *terms;*

2°: Symbols which also independently determine their *objects* by means of other term or terms, and thus, expressing their own objective validity, become capable of truth or falsehood, that is, are *propositions;* and,

3°: Symbols which also independently determine their *interpretants,* and thus the minds to which they appeal, by premising a proposition or propositions which such a mind is to admit. These are *arguments.*

And it is remarkable that, among all the definitions of the proposition, for example, as the *oratio indicativa,* as the subsumption of an object under a concept, as the expression of the relation of two concepts, and as the indication of the mutable ground of appearance, there is, perhaps, not one in which the conception of reference to an object or correlate is not the important one. In the same way, the conception of reference to an interpretant or third, is always prominent in the definitions of argument.

In a proposition, the term which separately indicates the object of the symbol is termed the subject, and that which indicates the ground is termed the predicate. The objects indicated by the subject (which are always potentially a plurality,—at least, of phases or | appearances) are therefore stated by the proposition to be related to one another on the ground of the character indicated by the predicate. Now this relation may be either a concurrence or an opposition. Propositions of concurrence are those which are usually considered in logic; but I have shown in a paper upon the classification of arguments that it is also necessary to consider separately propositions of opposition, if we are to take account of such arguments as the following:—

ria ser chamada de gramática formal; a segunda, a lógica, trataria das condições formais da verdade dos símbolos; e a terceira trataria das condições formais da força dos símbolos, ou de seu poder de apelar a uma mente[viii], isto é, a sua referência em geral a interpretantes, e poderia ser chamada de retórica formal.

Haveria uma divisão geral dos símbolos, comuns a todas as ciências, a saber, em:

1º. símbolos que determinam diretamente somente seus *fundamentos* ou qualidades imputadas, e, assim, são somente somas das marcas ou *termos*;

2º. símbolos que também determinam independentemente seus *objetos* por meio de outro termo ou termos, e, assim, expressando sua própria validade objetiva, tornam-se capazes de verdade ou falsidade, isto é, são *proposições*; e

3º. símbolos que também determinam independentemente seus *interpretantes*, e assim as mentes às quais se dirigem, ao estabelecerem como premissas uma proposição ou proposições que essa mente deve admitir. Esses são *argumentos*.

E é notável que, dentre todas as definições da proposição, por exemplo, como a *oratio indicativa*[ix], como a subsunção de um objeto sob um conceito, como a expressão da relação de dois conceitos, e como a indicação do fundamento mutável de aparência, talvez não haja uma única em que a concepção de referência a um objeto ou correlato não seja a *[concepção]* importante. Da mesma maneira, a concepção de referência a um interpretante ou terceiro é sempre proeminente nas definições de argumento.

Em uma proposição, o termo que indica o objeto separadamente do símbolo é denominado o sujeito, e aquilo que indica o fundamento é denominado o predicado. Os objetos indicados pelo sujeito (os quais são sempre potencialmente uma pluralidade — ao menos de fases ou **[58]** aparências) são, portanto, afirmados pela proposição como relacionados uns com os outros sobre o fundamento da característica indicada pelo predicado. De mais a mais, essa relação pode ser ou uma coincidência ou uma oposição. Proposições de coin-

Whatever is the half of anything is less than that of which it is the half;

A is half of B:

$\therefore A$ is less than B.

The subject of such a proposition is separated into two terms, a "subject nominative" and an "object accusative."

In an argument, the premises form a representation of the conclusion, because they indicate the interpretant of the argument, or representation representing it to represent its object. The premises may afford a likeness, index, or symbol of the conclusion. In deductive argument, the conclusion is represented by the premises as by a general sign under which it is contained. In hypotheses, something *like* the conclusion is proved, that is, the premises form a likeness of the conclusion. Take, for example, the following argument:—

M is, for instance, P', P'', P''', and P^{iv};

S is P', P'', P''', and P^{iv}:

$\therefore S$ is M.

Here the first premise amounts to this, that "P', P'', P''', and P^{iv}" is a likeness of M, and thus the premises are or represent a likeness of the conclusion. That it is different with induction another example will show.

S', S'', S''', and S^{iv} are taken as samples of the collection M;

S', S'', S''', and S^{iv} are P:

$\therefore$ All M is P.

cidência são aquelas usualmente consideradas na lógica. No entanto, como mostrei em um escrito sobre a classificação dos argumentos[x], também é necessário considerar separadamente proposições de oposição, se quisermos explicar argumentos tais como os seguintes:

O que quer que seja a metade de alguma coisa é menos do que aquilo de que é metade;
A é metade de *B*:
∴ *A* é menos do que *B*.

O sujeito de uma proposição desse tipo é separado em dois termos, um "sujeito nominativo" e um "objeto acusativo".

Em um argumento, as premissas formam uma representação da conclusão, porque indicam o interpretante do argumento, ou a representação que representa que ele representa o seu objeto. As premissas podem proporcionar uma semelhança, um índice ou símbolo da conclusão. No argumento dedutivo, a conclusão é representada pelas premissas como por um signo geral sob o qual está contido. Nas hipóteses, algo *como* a conclusão é provado, isto é, as premissas formam uma semelhança da conclusão. Tome-se, por exemplo, o seguinte argumento:

M é, por exemplo, P^I, P^{II}, P^{III} e P^{IV};
S é P^I, P^{II}, P^{III} e P^{IV}:
∴ S é M.

Aqui, a primeira premissa reduz-se a isto, que "P^I, P^{II}, P^{III} e P^{IV}" é uma semelhança de M, e, assim, as premissas são ou representam uma semelhança da conclusão. Outro exemplo mostrará que com a indução é diferente.

S^I, S^{II}, S^{III} e S^{IV} são tomados como amostras da coleção M;
S^I, S^{II}, S^{III} e S^{IV} são P:
∴ Todo M é P.

Hence the first premise amounts to saying that "S', S'', S''', and Sᶦᵛ" is an index of M. Hence the premises are an index of the conclusion.

The other divisions of terms, propositions, and arguments arise | from the distinction of extension and comprehension. I propose to treat this subject in a subsequent paper. But I will so far anticipate that, as to say that there is, first, the direct reference of a symbol to its objects, or its denotation; second, the reference of the symbol to its ground, through its object, that is, its reference to the common characters of its objects, or its connotation; and third, its reference to its interpretants through its object, that is, its reference to all the synthetical propositions in which its objects in common are subject or predicate, and this I term the information it embodies. And as every addition to what it denotes, or to what it connotes, is effected by means of a distinct proposition of this kind, it follows that the extension and comprehension of a term are in an inverse relation, as long as the information remains the same, and that every increase of information is accompanied by an increase of one or other of these two quantities. It may be observed that extension and comprehension are very often taken in other senses in which this last proposition is not true.

This is an imperfect view of the application which the conceptions which, according to our analysis, are the most fundamental ones find in the sphere of logic. It is believed, however, that it is sufficient to show that at least something may be usefully suggested by considering this science in this light.

Por conseguinte, a primeira premissa reduz-se a dizer que "S^I, S^{II}, S^{III} e S^{IV}" é um índice de M. Por conseguinte, as premissas são um índice da conclusão.

As outras divisões de termos, proposições e argumentos surgem [59] da distinção entre extensão e compreensão. Pretendo tratar desse assunto em um próximo escrito[xi]. De toda forma, anteciparei agora ao menos que, primeiro, há a referência direta de um símbolo aos seus objetos, ou sua denotação; segundo, a referência do símbolo ao seu fundamento, por meio do seu objeto, isto é, sua referência às características comuns dos seus objetos, ou a sua conotação; e, terceiro, sua referência a seus interpretantes por meio do seu objeto, isto é, sua referência a todas as proposições sintéticas em que seus objetos em comum são sujeito ou predicado, e a isso chamo a informação que o símbolo incorpora. E como toda adição ao que denota, ou ao que conota, é efetuada por meio de uma proposição distinta desse tipo, segue-se que, enquanto a informação permanecer a mesma, a extensão e a compreensão de um termo estão em uma relação inversa, e cada aumento de informação é acompanhado por um aumento de uma ou outra dessas duas quantidades. Pode-se observar que a extensão e a compreensão são muito frequentemente consideradas em outros sentidos, nos quais essa última proposição não é verdadeira.

Essa é uma visão imperfeita da aplicação que encontram as concepções que, de acordo com a nossa análise, são as mais fundamentais na esfera da lógica. Entretanto, acredita-se que é suficiente mostrar que ao menos alguma coisa pode ser utilmente sugerida ao se considerar essa ciência sob tal prisma.

Questions Concerning Certain Faculties Claimed for Man

P 26: *Journal of Speculative Philosophy* 2(1868):103-14

QUESTION 1. *Whether by the simple contemplation of a cognition, independently of any previous knowledge and without reasoning from signs, we are enabled rightly to judge whether that cognition has been determined by a previous cognition or whether it refers immediately to its object.*

Throughout this paper, the term *intuition* will be taken as signifying a cognition not determined by a previous cognition of the same object, and therefore so determined by something out of the sciousness.[1] Let me request the reader to note this. *Intuition* here will be nearly the same as "premise not itself a conclusion"; the only difference being that premises and conclusions are judgments, whereas an intuition may, as far as its definition states, be any kind of cognition whatever. But just as a conclusion (good or bad) is determined in the mind

---

[1] The word *intuitus* first occurs as a technical term in St. Anselm's *Monologium*. He wished to distinguish between our knowledge of God and our knowledge of finite things (and, in the next world, of God, also); and thinking of the saying of St. Paul, *Videmus nunc per speculum in ænigmate: tunc autem facie ad faciem*, he called the former *speculation* and the latter *intuition*. This use of "speculation" did not take root, because that word already had another exact and widely different meaning. In the middle ages, the term "intuitive cognition" had two principal senses, 1st, as opposed to abstractive cognition, it meant the knowledge of the present as present, and this is its meaning in Anselm; but 2d, as no intuitive cognition was allowed to be determined by a previous cognition, it came to be used as the opposite of discursive cognition (see Scotus, *In sententias*, lib. 2, dist. 3, qu. 9), and this is nearly the sense in which I employ it. This is also nearly the sense in which Kant uses it, the former distinction being expressed by his sensuous and *non-sensuous*. (See *Werke*, herausg. Rosenkrantz, Thl. 2, S. 713, 31, 41, 100, u. s. w.) An enumeration of six meanings of intuition may be found in Hamilton's *Reid*, p. 759.

Questões concernentes a certas faculdades reivindicadas para o homem

QUESTÃO 1. *Se, pela simples contemplação de uma cognição, independentemente de qualquer conhecimento prévio e sem raciocinar com base em signos, estamos corretamente capacitados ou não para julgar se essa cognição foi ou não determinada por uma cognição prévia ou se ela se refere mediada ou imediatamente ao seu objeto.*

Ao longo deste escrito, o termo *intuição* será considerado com o significado de uma cognição não determinada por uma cognição prévia do mesmo objeto e, portanto, determinada assim por algo fora da consciência[1]. Deixe-me pedir ao leitor que observe isso. *Intuição* aqui será quase o mesmo que "premissa que não é, ela mesma, uma conclusão". A única diferença é que as premissas e as conclusões são juízos, ao passo que uma intuição pode, tanto quanto declara a sua

---

[1] A palavra *intuitus* ocorre pela primeira vez como termo técnico no *Monologium*, de S. Anselmo *[cap. LXVI e LXX]*. Ele queria distinguir entre nosso conhecimento de Deus e nosso conhecimento das coisas finitas (e, no outro mundo, também de Deus) e, pensando no dito de São Paulo, "videmus nunc per speculum in aenigmate: tunc autem facie ad faciem" *[agora, vemos em espelho e de modo confuso; depois, será face a face, I Cor 13, 12]*, chamou o primeiro de *especulação* e o segundo de *intuição*. Esse uso de "especulação" não firmou raízes, porque essa palavra já tinha outro significado exato e largamente diferente. Na Idade Média, a expressão "cognição intuitiva" tinha dois sentidos principais: 1º. oposta à cognição abstrativa, significava o conhecimento do presente como presente, e este é seu significado para Anselmo; mas, 2º. como nenhuma cognição intuitiva podia ser determinada por uma cognição prévia, o termo passou a ser usado como o oposto de cognição discursiva (ver Scotus, *In Sententias, lib.* 2, *dist.* 3, *q.* 9 *[Editio Nova* (Vivès), v. 12, p. 201-233]), e esse é quase o mesmo sentido em que o emprego aqui. Esse sentido também se aproxima a como Kant usa o termo, a distinção anterior sendo expressa pelos seus *[termos]* sensível e não sensível (Ver *Werke*, herausg. Rosenkrantz, Thl. 2, S. 713, 31, 41, 100, *u.s.w. [Crítica da Razão Pura*, A 25/B 40-41; A 20-21/B 33-34; A 30-31/B 46-47; A 107-108]). Uma enumeração de seis significados de intuição pode ser encontrada no *Reid*, de Hamilton, p. 759.

of the reasoner by its premise, so cognitions not judgments may be determined by previous cognitions; and a cogni- | -tion not so determined, and therefore determined directly by the transcendental object, is to be termed an *intuition*.

Now, it is plainly one thing to have an intuition and another to know intuitively that it is an intuition, and the question is whether these two things, distinguishable in thought, are, in fact, invariably connected, so that we can always intuitively distinguish between an intuition and a cognition determined by another. Every cognition, as something present, is, of course, an intuition of itself. But the determination of a cognition by another cognition or by a transcendental object is not, at least so far as appears obviously at first, a part of the immediate content of that cognition, although it would appear to be an element of the action or passion of the transcendental *ego*, which is not, perhaps, in consciousness immediately; and yet this transcendental action or passion may invariably determine a cognition of itself, so that, in fact, the determination or non-determination of the cognition by another may be a part of the cognition. In this case, I should say that we had an intuitive power of distinguishing an intuition from another cognition.

There is no evidence that we have this faculty, except that we seem to *feel* that we have it. But the weight of that testimony depends entirely on our being supposed to have the power of distinguishing in this feeling whether the feeling be the result of education, old associations, etc., or whether it is an intuitive cognition; or, in other words, it depends on presupposing the very matter testified to. Is this feeling infallible? And is this judgment concerning it infallible and so on, *ad infinitum*? Supposing that a man really could shut himself up in such a faith, he would be, of course, impervious to the truth, "evidence-proof."

definição, ser qualquer tipo de cognição. Contudo, assim como uma conclusão (boa ou má) é determinada na mente de quem raciocina por sua premissa, da mesma forma as cognições que não são juízos podem ser determinadas por cognições prévias, e uma cognição [194] que não é assim determinada e, portanto, é determinada diretamente pelo objeto transcendental, deve ser denominada uma *intuição*.

Agora, é evidente que uma coisa é ter uma intuição e outra é saber intuitivamente que se trata de uma intuição, e a questão está em saber se essas duas coisas, distinguíveis em pensamento, estão, de fato, invariavelmente ligadas, de modo que ou somos capazes de sempre distinguir intuitivamente entre uma intuição e uma cognição determinada por outra ou não. Como algo presente, toda cognição é naturalmente uma intuição de si mesma. Contudo, a determinação de uma cognição por outra cognição ou por um objeto transcendental não é, ao menos tanto quanto à primeira vista pareça óbvio, uma parte do conteúdo imediato daquela cognição, embora pareça ser um elemento da ação ou da paixão do *ego* transcendental, que, talvez, não esteja imediatamente na consciência, e, ainda assim, essa ação ou paixão transcendental pode invariavelmente determinar uma cognição de si mesma, de modo que, de fato, a determinação ou não determinação da cognição por outra pode ser uma parte da cognição. Nesse caso, eu deveria dizer que temos um poder intuitivo de distinguir uma intuição de outra cognição.

Não há prova de termos essa faculdade, exceto que parecemos *sentir* tê-la. No entanto, o peso desse testemunho depende inteiramente do nosso suposto poder de distinguir, nesse sentimento, se ele é o resultado de educação, velhas associações etc., ou se é uma cognição intuitiva, ou seja, em outras palavras, depende de a própria matéria constatada ser pressuposta. Esse sentimento é infalível? E esse juízo a respeito dele é infalível? E assim por diante — *ad infinitum*? Supondo-se que um homem realmente pudesse se fechar nessa fé, é claro que ele não seria influenciável pela verdade, que seria "à prova de prova".

But let us compare the theory with the historic facts. The power of intuitively distinguishing intuitions from other cognitions has not prevented men from disputing very warmly as to which cognitions are intuitive. In the middle ages, reason and external authority were regarded as two coördinate sources of knowledge, just as reason and the authority of intuition are now; only the happy device of considering the enunciations of authority to be essentially indemonstrable had not yet been hit upon. All authorities were not considered as infallible, any more than all reasons; but when Berengarius said that the authoritativeness of any particular authority must rest upon reason, the proposition was scouted as opinionated, impious, and absurd. Thus, the credibility of authority was regarded by men of that time | simply as an ultimate premise, as a cognition not determined by a previous cognition of the same object, or, in our terms, as an intuition. It is strange that they should have thought so, if, as the theory now under discussion supposes, by merely contemplating the credibility of the authority, as a Fakir does his God, they could have seen that it was not an ultimate premise! Now, what if our *internal* authority should meet the same fate, in the history of opinions, as that external authority has met? Can that be said to be absolutely certain which many sane, well-informed, and thoughtful men already doubt?[2].

---

[2] The proposition of Berengarius is contained in the following quotation from his *De Sacra Cœna:* "*Maximi plane cordis est, per omnia ad dialecticam confugere, quia confugere ad eam ad rationem est confugere, quo qui non confugit, cum secundum rationem sit factus ad imaginem dei, suum honorem reliquit, nec potest renovari de die in diem ad imaginem dei.*" The most striking characteristic of medieval reasoning, in general, is the perpetual resort to authority. When Fredegisus and others wish to prove that darkness is a thing, although they have evidently derived the opinion from nominalistic-Platonistic meditations, they argue the matter thus: "God called the darkness, night"; then, certainly, it is a thing, for otherwise before it had a name, there would have been nothing, not even a fiction to name. Abelard thinks it worth while to cite Boëthius, when he says that space has three dimensions, and when he says that an individual cannot be in two places at once. The author of *De Generibus et Speciebus*, a

Mas comparemos a teoria com os fatos históricos. O poder de distinguir intuitivamente intuições de outras cognições não impediu que os homens disputassem muito ardentemente a respeito de quais cognições seriam intuitivas. Na Idade Média, a razão e a autoridade externa eram consideradas como duas fontes coordenadas de conhecimento, assim como a razão e a autoridade da intuição são agora; só que o feliz procedimento de considerar os enunciados da autoridade como essencialmente indemonstráveis não fora ainda inventado. As autoridades não eram consideradas todas infalíveis, não mais do que todas as razões. Entretanto, quando Berengário declarou que qualquer autoridade particular, para ser autoridade, deve se apoiar na razão, a proposição foi desdenhada como opiniática, ímpia e absurda. Assim, a credibilidade da autoridade foi considerada por homens daquela época **[195]** simplesmente como uma premissa última, como uma cognição não determinada por uma cognição prévia do mesmo objeto, ou, nos nossos termos, como uma intuição. É estranho que eles tivessem pensado assim, se pudessem, como a teoria ora sob discussão supõe, por meramente contemplar a credibilidade da autoridade, como um Faquir faz com seu Deus, ter entendido que não se tratava de uma premissa última! Ora, e se, na história das opiniões, nossa autoridade *interna* tivesse o mesmo destino que o dessa autoridade externa? É possível dizer que é absolutamente certo aquilo de que já duvidam muitos homens sãos, bem informados e sérios?[2].

---

[2] A proposição de Berengário está contida na seguinte citação do seu *De Sacra Cœna*: "Maximi plane cordis est, per omnia ad dialecticam confugere, quia confugere ad eam ad rationem est confugere, quo qui non confugit, cum secundum rationem sit factus ad imaginem Dei, suum honorem reliquit, nec potest renovari de die in diem ad imaginem Dei" [*apud* Prantl, *Geschichte*, v. 2, p. 72-75: "É em máximo grau evidente que buscar refúgio na dialética, em todas as circunstâncias, é característica das grandes almas, já que refugiar-se nela é refugiar-se na razão, e qualquer pessoa que ali não busque refúgio renuncia à sua honra e não pode renovar-se dia a dia para a imagem de Deus, uma vez que é feita à imagem de Deus segundo a razão"]. Em geral, a característica mais marcante do raciocínio medieval é o perpétuo recurso à autoridade. Quando Fredegiso [*apud* Prantl, *Geschichte*, v. 2, p. 17-19] e outros querem provar que a escuridão é uma coisa, embora tenham

Every lawyer knows how difficult it is for witnesses to distinguish between what they have seen and what they have inferred. This is particularly noticeable in the case of a person who is describing the performances of a spiritual medium or of a professed juggler. The difficulty is so great that the juggler himself is often astonished at the discrepancy between the actual facts and the statement of an intelligent witness who has not understood the trick. A part of the very complicated trick of the Chinese rings consists in taking two solid rings linked together, talking about them as though they were sepa- | -rate—taking it for granted, as it were—then pretending to put them together, and handing them immediately to the spectator that he may see that they are solid. The art of this consists in raising, at first, the strong suspicion that one is broken. I have seen McAlister do this with such success, that a person sitting close to him, with all his faculties straining to detect the illusion, would have been ready to swear that he saw the rings put together, and, perhaps, if the juggler had not professedly practised deception, would have considered a doubt of it as a doubt of his own veracity. This certainly seems to show that it is not always very easy to

---

work of a superior order, in arguing against a Platonic doctrine, says that if whatever is universal is eternal, the *form* and matter of Socrates, being severally universal, are both eternal, and that, therefore, Socrates was not created by God, but only put together, "*quod quantum a vero deviet, palam est.*" The authority is the final court of appeal. The same author, where in one place he doubts a statement of Boëthius, finds it necessary to assign a special reason why in this case it is not absurd to do so. *Exceptio probat regulam in casibus non exceptis.* Recognized authorities were certainly sometimes disputed in the twelfth century; their mutual contradictions insured that; and the authority of philosophers was regarded as inferior to that of theologians. Still, it would be impossible to find a passage where the authority of Aristotle is directly denied upon any logical question. "*Sunt et multi errores eius,*" says John of Salisbury, "*qui in scripturis tam Ethnicis, quam fidelibus poterunt inveniri: verum in logica parem habuisse non legitur.*" "*Sed nihil adversus Aristotelem,*" says Abelard, and in another place, "*Sed si Aristotelem Peripateticorum principem culpare possumus, quam amplius in hac arte recepimus?*" The idea of going without an authority, or of subordinating authority to reason, does not occur to him. |

Todo advogado sabe como é difícil para as testemunhas distinguir entre o que viram e o que inferiram. Isso é particularmente observável no caso de uma pessoa que esteja descrevendo as ações de um médium espiritual ou de um ilusionista profissional. A dificuldade é tão grande que o próprio ilusionista frequentemente se espanta com a discrepância entre os fatos existentes[xii] e a declaração de uma testemunha inteligente que não entendeu o truque. Uma parte do truque muito complicado dos anéis chineses resume-se a tomar dois anéis sólidos enlaçados, falar deles como se estivessem [196] separados — dando isso como certo, por assim dizer — e, então, fingindo enlaçá-los, entregá-los imediatamente

---

evidentemente derivado a opinião de meditações platônico-nominalistas, eles argumentam a matéria da seguinte maneira: "Deus chamou a escuridão de noite"; então, certamente, a escuridão é uma coisa, pois, se não fosse assim, nada haveria a nomear antes que tivesse um nome, nem mesmo uma ficção haveria. Abelardo acha que é válido citar Boécio, quando este diz que o espaço tem três dimensões e que um indivíduo não pode estar em dois lugares a uma só vez. O autor de *De Generibus et Speciebus*, uma obra de categoria superior, ao argumentar contra uma doutrina platônica, afirma que se tudo o que é universal é eterno, a forma e a matéria de Sócrates, sendo cada uma delas universal, são ambas eternas e, portanto, Sócrates não foi criado por Deus, mas somente ajuntado, e "quod quantum a vero deviet, palam est" [*De Generibus et Speciebus, op. cit.*, p. 179: "é claro o quanto se desvia da verdade"]. A autoridade é a corte suprema de apelação. O mesmo autor, duvidando em outro lugar de uma declaração de Boécio, acha necessário especificar uma razão especial porque nesse caso não é absurdo fazê-lo. Exceptio probat regulam in casibus non exceptis [*id., ibid.*, p. 517, 528, 535: "a exceção confirma a regra em casos não excepcionais"]. É certo que, às vezes, as autoridades reconhecidas no século XII foram contestadas; as suas contradições mútuas exigiam isso, e a autoridade dos filósofos era considerada inferior à dos teólogos. No entanto, seria impossível encontrar uma passagem em que a autoridade de Aristóteles quanto a qualquer questão de lógica fosse diretamente negada. "Sunt et multi errores eius," diz João de Salisbúria, "qui in scripturis tam Ethnicis, quam fidelibus poterunt inveniri: verum in logica parem habuisse non legitur" [*Metalogicus*, livro 4, cap. 27, p. 213: "Muitos são os seus [de Aristóteles] erros em lógica, conforme atestam igualmente os escritos dos cristãos e dos pagãos; mas é verdade que em lógica ele é incomparável"]. "Sed nihil adversus Aristotelem," diz Abelardo, e alhures, "Sed si Aristotelem Peripateticorum principem culpare possumus, quam amplius in hac arte recepimus?" [*De Generibus et Speciebus, ibid.*, p. 293 e 204: "Nada, porém, contra Aristóteles; mas se podemos achar falhas em Aristóteles, o príncipe dos peripatéticos, o quanto podemos confiar nessa técnica?"]. A ideia de seguir sem uma autoridade, ou de subordinar a autoridade à razão, não lhe ocorre. [197]

distinguish between a premise and a conclusion, that we have no infallible power of doing so, and that in fact our only security in difficult cases is in some signs from which we can infer that a given fact must have been seen or must have been inferred. In trying to give an account of a dream, every accurate person must often have felt that it was a hopeless undertaking to attempt to disentangle waking interpretations and fillings out from the fragmentary images of the dream itself.

The mention of dreams suggests another argument. A dream, as far as its own content goes, is exactly like an actual experience. It is mistaken for one. And yet all the world believes that dreams are determined, according to the laws of the association of ideas, &c., by previous cognitions. If it be said that the faculty of intuitively recognizing intuitions is asleep, I reply that this is a mere supposition, without other support. Besides, even when we wake up, we do not find that the dream differed from reality, except by certain *marks*, darkness and fragmentariness. Not unfrequently a dream is so vivid that the memory of it is mistaken for the memory of an actual occurrence.

A child has, as far as we know, all the perceptive powers of a man. Yet question him a little as to *how* he knows what he does. In many cases, he will tell you that he never learned his mother-tongue; he always knew it, or he knew it as soon as he came to have sense. It appears, then, that *he* does not possess the faculty of distinguishing, by simple contemplation, between an intuition and a cognition determined by others.

ao espectador para que este possa ver que são sólidos. A arte disso está em levantar, primeiramente, a forte suspeita de que um deles está quebrado. Eu vi McAlister[xiii] fazer isso com tanto sucesso que uma pessoa sentada perto dele, esforçando-se com todas as suas faculdades para detectar a ilusão, estaria pronta a jurar que viu os anéis serem juntados, e, se o ilusionista não tivesse professado abertamente praticar um engodo, talvez [essa pessoa] chegasse a considerar uma dúvida disso como uma dúvida de sua própria veracidade. Isso certamente parece mostrar que nem sempre é muito fácil distinguir entre uma premissa e uma conclusão, que não temos poder infalível algum de o fazer e que, de fato, nossa única segurança em casos difíceis está em alguns signos, com base nos quais podemos inferir que um dado fato obrigatoriamente foi visto ou deve ter sido inferido. Ao tentar dar uma explicação de um sonho, toda pessoa rigorosa deve ter sentido muitas vezes que foi um esforço inútil tentar desemaranhar interpretações e preenchimentos despertos das imagens fragmentárias do próprio sonho.

A menção aos sonhos sugere outro argumento. Um sonho, tanto quanto se considera seu conteúdo, é exatamente como uma experiência efetiva. É confundido com uma. E, no entanto, o mundo todo crê que os sonhos são determinados por cognições prévias, de acordo com as leis da associação de ideias etc. Se alguém afirmar que a faculdade de reconhecer intuitivamente as intuições está dormente, respondo que isso é uma mera suposição, sem outra sustentação. Além disso, mesmo quando acordamos, não achamos que o sonho diferiu da realidade, exceto por certas *marcas*, certa obscuridade e fragmentação. Não é raro que um sonho seja tão vívido que a memória dele é confundida com a memória de uma ocorrência de fato.

Até onde sabemos, uma criança tem todos os poderes perceptivos de um homem adulto. No entanto, questione-o quanto a *como* sabe o que sabe. Em muitos casos, ele dirá a você que nunca aprendeu a sua língua materna, que sempre a soube ou a soube tão logo passou a ter senso. Parece, então, que *ele* não tem a faculdade de distinguir, por simples contemplação, entre uma intuição e uma cognição determinada por outras.

Escritos da Série Cognitiva   65

There can be no doubt that before the publication of Berkeley's book on Vision, it had generally been believed that the third dimension of space was immediately intuited, although, at present, nearly all admit that it is known by inference. We had been contemplating | the object since the very creation of man, but this discovery was not made until we began to *reason* about it.

Does the reader know of the blind spot on the retina? Take a number of this journal, turn over the cover so as to expose the white paper, lay it sideways upon the table before which you must sit, and put two cents upon it, one near the left-hand edge, and the other to the right. Put your left hand over your left eye, and with the right eye look *steadily* at the left-hand cent. Then, with your right hand, move the right-hand cent (which is now plainly seen) *towards* the left hand. When it comes to a place near the middle of the page it will disappear—you cannot see it without turning your eye. Bring it nearer to the other cent, or carry it further away, and it will reappear; but at that particular spot it cannot be seen. Thus it appears that there is a blind spot nearly in the middle of the retina; and this is confirmed by anatomy. It follows that the space we immediately see (when one eye is closed) is not, as we had imagined, a continuous oval, but is a ring, the filling up of which must be the work of the intellect. What more striking example could be desired of the impossibility of distinguishing intellectual results from intuitional data, by mere contemplation?

A man can distinguish different textures of cloth by feeling; but not immediately, for he requires to move his fingers over the cloth, which shows that he is obliged to compare the sensations of one instant with those of another.

The pitch of a tone depends upon the rapidity of the succession of the vibrations which reach the ear. Each of those vibrations produces an impulse upon the ear. Let a single such impulse be made upon the ear, and we know, experimentally, that it is perceived. There is, therefore, good reason to believe that

Não pode haver dúvida de que, antes da publicação do livro de Berkeley sobre a visão, acreditava-se, em geral, que a terceira dimensão do espaço era intuída imediatamente, embora, atualmente, quase todos admitam que ela é conhecida por inferência. Vimos *contemplando* [197] o objeto desde a própria criação do homem, mas essa descoberta não foi feita até que começamos a *raciocinar* sobre ela.

O leitor conhece o ponto cego na retina? Pegue um número deste periódico, dobre a capa de modo a expor o papel branco, deite-o ao lado sobre a mesa diante da qual você deve se sentar e ponha dois centavos sobre o papel, um perto do extremo da mão esquerda e o outro à direita. Ponha a sua mão esquerda sobre o seu olho esquerdo e, com o olho direito, olhe *fixamente* para o centavo da mão esquerda. Então, com a sua mão direita, mova o centavo da mão direita (que agora é visto claramente) — *da direita para a esquerda*. Quando chegar a certo lugar perto do meio da página, ele desaparecerá — você não poderá vê-lo sem virar o olho. Traga-o para mais perto do outro centavo ou leve-o para mais longe e ele reaparecerá, mas, naquele ponto específico, ele não pode ser visto. Assim, parece que há um ponto cego quase no meio da retina, e isso é confirmado pela anatomia. Segue-se que o espaço que imediatamente vemos (quando um olho está fechado) não é, como imaginamos, uma oval contínua, mas é um anel, cujo preenchimento tem de ser obra do intelecto. Poderíamos desejar exemplo mais incisivo da impossibilidade de distinguir entre resultados intelectuais e dados intuitivos por mera contemplação?

Sentindo-as, um homem pode distinguir diferentes texturas de tecido, mas não imediatamente, pois ele precisa mover os seus dedos sobre o tecido, o que mostra que ele é obrigado a comparar as sensações de um instante com as de outro.

A altura de um tom depende da rapidez da sucessão das vibrações que chegam ao ouvido. Cada uma dessas vibrações produz um impulso sobre o ouvido. Deixe um único impulso ser feito sobre o ouvido, e sabemos, experimentalmente, que ele é percebido. Portanto, há boas razões para acreditar que cada um dos impulsos que forma um tom é percebido. Tampouco há qualquer razão para o con-

each of the impulses forming a tone is perceived. Nor is there any reason to the contrary. So that this is the only admissible supposition. Therefore, the pitch of a tone depends upon the rapidity with which certain impressions are successively conveyed to the mind. These impressions must exist previously to any tone; hence, the sensation of pitch is determined by previous cognitions. Nevertheless, this would never have been discovered by the mere contemplation of that feeling.

A similar argument may be urged in reference to the perception of two dimensions of space. This appears to be an immediate intuition. But if we were to *see* immediately an extended surface, our | retinas must be spread out in an extended surface. Instead of that, the retina consists of innumerable needles pointing towards the light, and whose distances from one another are decidedly greater than the *minimum visibile*. Suppose each of those nerve-points conveys the sensation of a little colored surface. Still, what we immediately see must even then be, not a continuous surface, but a collection of spots. Who could discover this by mere intuition? But all the analogies of the nervous system are against the supposition that the excitation of a single nerve can produce an idea as complicated as that of a space, however small. If the excitation of no one of these nerve-points can immediately convey the impression of space, the excitation of all cannot do so. For, the excitation of each produces some impression (according to the analogies of the nervous system), hence, the sum of these impressions is a necessary condition of any perception produced by the excitation of all; or, in other terms, a perception produced by the excitation of all is determined by the mental impressions produced by the excitation of every one. This argument is confirmed by the fact that the existence of the perception of space can be fully accounted for by the action of faculties known to exist, without supposing it to be an immediate impression. For this purpose, we must bear in mind the following facts of physio-psychology: 1. The excitation of a nerve does not of itself inform us where the extremity of it is situated. If, by a surgical operation, certain nerves are displaced, our sensations

trário. De modo que essa é a única suposição admissível. Portanto, a altura de um tom depende da rapidez com a qual certas impressões são sucessivamente transmitidas à mente. Essas impressões têm de existir previamente a qualquer tom. Por conseguinte, a sensação de altura é determinada por cognições prévias. Não obstante, isso nunca teria sido descoberto pela mera contemplação desse sentimento.

Um argumento parecido pode ser levantado relativamente à percepção de duas dimensões no espaço. Esta parece ser uma intuição imediata. No entanto, para que *víssemos* imediatamente uma superfície extensa, nossas [198] retinas teriam de se espalhar por sobre uma superfície extensa. Em vez disso, a retina constitui-se de inumeráveis agulhas que apontam para a luz, e cujas distâncias umas das outras são decididamente maiores do que o *mínimo visível*. Suponha-se que cada um desses pontos nervosos transmita a sensação de uma superficiezinha colorida. Ainda assim, o que imediatamente vemos, mesmo então, tem que ser não uma superfície contínua, mas uma coleção de pintas. Quem seria capaz de descobrir isso por mera intuição? Todas as analogias do sistema nervoso, porém, são contrárias à suposição de que a excitação de um único nervo pode produzir uma ideia tão complicada como a de um espaço, por menor que seja. Se a impressão de espaço não pode ser imediatamente transmitida pela excitação de nenhum desses pontos nervosos, tampouco a excitação de todos eles poderá fazê-lo. E isso porque a excitação de cada um produz alguma impressão (de acordo com as analogias do sistema nervoso), por conseguinte, a soma dessas impressões é uma condição necessária de qualquer percepção produzida pela excitação de todos, ou, em outros termos, uma percepção produzida pela excitação de todos é determinada pelas impressões mentais produzidas pela excitação de cada ponto[xiv]. Esse argumento é confirmado pelo fato de que a existência da percepção de espaço pode ser totalmente explicada pela ação das faculdades conhecidas, sem supor que se trata de uma impressão imediata. Para tal propósito, temos de ter em mente os seguintes fatos da fisiopsicologia: 1. a excitação de um nervo por si só não nos informa onde a extremidade dele está situada. Se, com uma cirurgia, certos

from those nerves do not inform us of the displacement. 2. A single sensation does not inform us how many nerves or nerve-points are excited. 3. We can distinguish between the impressions produced by the excitations of different nerve-points. 4. The differences of impressions produced by different excitations of similar nerve-points are similar. Let a momentary image be made upon the retina. By No. 2, the impression thereby produced will be indistinguishable from what might be produced by the excitation of some conceivable single nerve. It is not conceivable that the momentary excitation of a single nerve should give the sensation of space. Therefore, the momentary excitation of all the nerve-points of the retina cannot, immediately or mediately, produce the sensation of space. The same argument would apply to any unchanging image on the retina. Suppose, however, that the image moves over the retina. Then the peculiar excitation which at one instant affects one nerve-point, at a later instant will affect another. These will convey impressions which are very similar by 4, and yet which are | distinguishable by 3. Hence, the conditions for the recognition of a relation between these impressions are present. There being, however, a very great number of nerve-points affected by a very great number of successive excitations, the relations of the resulting impressions will be almost inconceivably complicated. Now, it is a known law of mind, that when phenomena of an extreme complexity are presented, which yet would be reduced toorder or mediate simplicity by the application of a certain conception, that conception sooner or later arises in application to those phenomena. In the case under consideration, the conception of extension would reduce the phenomena to unity, and, therefore, its genesis is fully accounted for. It remains only to explain why the previous cognitions which determine it are not more clearly apprehended. For this explanation, I shall refer to a paper upon a new list of categories, §5,[3] merely adding that just as we are able to recognize our friends by certain appearances, although we cannot possibly say what those appearances are and are

---

[3] *Proceedings of the American Academy,* May 14, 1867.

nervos são deslocados, as nossas sensações oriundas desses nervos não nos informam do deslocamento; 2. uma única sensação não nos informa quantos nervos ou pontos nervosos são excitados; 3. somos capazes de distinguir entre as impressões produzidas pelas excitações de diferentes pontos nervosos; 4. as diferenças de impressões produzidas pelas diferentes excitações de pontos nervosos parecidos são parecidas. Que seja produzida uma imagem momentânea sobre a retina. Pelo ponto 2, a impressão produzida com isso seria indiscernível daquilo que poderia ser produzido pela excitação de algum concebível nervo único. Não é concebível que a excitação momentânea de um único nervo venha a dar a sensação de espaço. Portanto, a excitação momentânea de todos os pontos nervosos da retina não pode, imediata ou mediatamente, produzir a sensação de espaço. O mesmo argumento valeria para qualquer imagem imutável na retina. Suponha-se, porém, que a imagem se move por sobre a retina. Então, a excitação peculiar que em um instante afeta um único ponto nervoso, em um instante posterior afetará outro. Segundo 4, esses pontos transmitirão impressões que são muito parecidas, e que, mesmo assim, [199] segundo 3, são distinguíveis. Daí que as condições para o reconhecimento de uma relação entre essas impressões estejam presentes. Havendo, todavia, uma grande quantidade de excitações sucessivas, as relações das impressões resultantes serão quase inconcebivelmente complicadas. Além disso, é uma conhecida lei da mente que, quando fenômenos de uma complexidade extrema estão presentes, os quais, não obstante, seriam reduzidos à *ordem*, ou à simplicidade mediada, pela aplicação de certa concepção, mais cedo ou mais tarde tal concepção surge na aplicação àqueles fenômenos. No caso sob consideração, a concepção de extensão reduziria os fenômenos à unidade e, portanto, sua gênese é explicada por completo. Resta explicar somente por que as cognições prévias que a determinam não são apreendidas mais claramente. Para essa explicação, devo fazer referência a um escrito relativo a uma nova lista de categorias, §5,[3]

---

[3] *Proceedings of the American Academy*, 14 de maio de 1867 [*"Sobre uma nova lista de categorias", neste volume*].

quite unconscious of any process of reasoning, so in any case when the reasoning is easy and natural to us, however complex may be the premises, they sink into insignificance and oblivion proportionately to the satisfactoriness of the theory based upon them. This theory of space is confirmed by the circumstance that an exactly similar theory is imperatively demanded by the facts in reference to time. That the course of time should be immediately felt is obviously impossible. For, in that case, there must be an element of this feeling at each instant. But in an instant there is no duration and hence no immediate feeling of duration. Hence, no one of these elementary feelings is an immediate feeling of duration; and, hence the sum of all is not. On the other hand, the impressions of any moment are very complicated,—containing all the images (or the elements of the images) of sense and memory, which complexity is reducible to mediate simplicity by means of the conception of time.[4] |

---

[4] The above theory of space and time does not conflict with that of Kant so much as it appears to do. They are in fact the solutions of different questions. Kant, it is true, makes space and time intuitions, or rather forms of intuition, but it is not essential to his theory that intuition should mean more than "individual representation." The apprehension of space and time results, according to him, from a mental process,—the "Synthesis der Apprehension in der Anschauung." (See *Critik d. reinen Vernunft*. Ed. 1781, pp. 98 *et seq*.) My theory is merely an account of this synthesis.

The gist of Kant's "Transcendental Æsthetic" is contained in two principles. First, that universal and necessary propositions are not given in experience. Second, that universal and necessary facts are determined by the conditions of experience in | general. By a universal proposition is meant merely, one which asserts something of *all* of a sphere,—not necessarily one which all men believe. By a necessary proposition, is meant one which asserts what it does, not merely of the actual condition of things, but of every possible state of things; it is not meant that the proposition is one which we cannot help believing. Experience, in Kant's first principle, cannot be used for a product of the objective understanding, but must be taken for the first impressions of sense with consciousness conjoined and worked up by the imagination into images, together with all which is logically deducible therefrom. In this sense, it may be admitted that universal and necessary propositions are not given in experience. But, in that case, neither are any inductive conclusions which might be drawn from experience, given in it. In fact, it is the peculiar function of induction to produce universal and necessary propositions. Kant points out, indeed, that

acrescentando apenas que, assim como somos capazes de reconhecer nossos amigos por certas aparências, embora não consigamos possivelmente dizer quais são essas aparências, e estejamos totalmente inconscientes de qualquer processo de raciocínio, assim também, em todo caso, quando o raciocínio nos é fácil e natural, as premissas afundam na insignificância e no oblívio proporcionalmente à satisfação da teoria baseada nelas, não importa o quão complexas possam ser. Essa teoria do espaço é confirmada pela circunstância de que os fatos exigem, de maneira imperativa, uma teoria exatamente similar no que diz respeito ao tempo. É obviamente impossível sentir imediatamente o curso do tempo, visto que, nesse caso, tem de haver um elemento desse sentimento em cada instante. Em um instante, porém, não há duração e, por conseguinte, não há sentimento imediato de duração. Por conseguinte, nenhum desses sentimentos elementares é um sentimento imediato de duração. E, por conseguinte, a soma de todos também não é. Por outro lado, as impressões de qualquer momento são muito complicadas — contendo todas as imagens (ou os elementos das imagens) de sentido e de memória, cuja complexidade é redutível à simplicidade mediada por meio da concepção de tempo[4]. **[200]**

---

[4] A teoria do espaço e do tempo apresentada não conflita tanto quanto possa parecer com a de Kant. De fato, são as soluções de questões diferentes. Kant, é verdade, faz de espaço e tempo intuições, ou, antes, formas de intuição, mas não é essencial à sua teoria que a intuição signifique mais do que "representação individual". A apreensão do espaço e do tempo resulta, de acordo com ele, de um processo mental – a *"Synthesis der Apprehension in der Anschauung"* (Ver *Kritik d. reinen Vernunft.* Ed. 1781, p. 98 *et seq.* [Da síntese da apreensão na intuição", *Crítica da Razão Pura]*). Minha teoria é somente uma interpretação dessa síntese.

O cerne da "Estética Transcendental" de Kant está contido em dois princípios. Primeiro, que proposições universais e necessárias não são dadas na experiência. Segundo, que fatos universais e necessários são determinados pelas condições da experiência em **[200]** geral. Por proposição universal, entende-se apenas uma proposição que assere algo de *toda* uma esfera – não necessariamente uma proposição em que todos os homens acreditam. Por proposição necessária, entende-se uma proposição que assere aquilo que assere não apenas sobre a condição de fato das coisas, mas a respeito de todo possível estado de coisas. Não se entende que não consigamos deixar de acreditar na proposição. A experiência, no primeiro princípio de Kant, não pode ser usada como um produto do entendimento objetivo, mas tem de ser considerada como as primeiras impressões dos

We have, therefore, a variety of facts, all of which are most readily explained on the supposition that we have no intuitive faculty of distinguishing intuitive from mediate cognitions. Some arbitrary hypothesis may otherwise explain any one of these facts; this is the only theory which brings them to support one another. Moreover, no facts require the supposition of the faculty in question. Whoever has studied the nature of proof will see, then, that there are here very strong reasons for disbelieving the existence of this faculty. These will become still stronger when the consequences of rejecting it have, in this paper and in a following one, been more fully traced out.

---

the universality and necessity of scientific inductions are but the analogues of philosophic universality and necessity; and this is true, in so far as it is never allowable to accept a scientific conclusion without a certain indefinite drawback. But this is owing to the insufficiency in the number of the instances; and whenever instances may be had in as large numbers as we please, *ad infinitum*, a truly universal and necessary proposition is inferable. As for Kant's second principle, that the truth of universal and necessary propositions is dependent upon the conditions of the general experience, it is no more nor less than the principle of Induction. I go to a fair and draw from the "grab-bag" twelve packages. Upon opening them, I find that every one contains a red ball. Here is a universal fact. It depends, then, on the condition of the experience. What is the condition of the experience? It is solely that the balls are the contents of packages drawn from that bag, that is, the only thing which determined the experience, was the drawing from the bag. I infer, then, according to the principle of Kant, that what is drawn from the bag will contain a red ball. This is induction. Apply induction not to any limited experience but to all human experience and you have the Kantian philosophy, so far as it is correctly developed. Kant's successors, however, have not been content with his doctrine. Nor ought they to have been. For, there is this third principle: "Absolutely universal propositions must be analytic." For whatever is absolutely universal is devoid of all content or determination, for all determination is by negation. The problem, therefore, is not how universal propositions can be synthetical, but how universal propositions appearing to be synthetical can be evolved by thought alone from the purely indeterminate.

Portanto, temos uma variedade de fatos, todos eles explicados o mais prontamente com base na suposição de que não temos faculdade intuitiva de distinguir entre cognições intuitivas e mediadas. Alguma hipótese arbitrária pode explicar de outra maneira qualquer um desses fatos. Contudo, a única teoria que os aduz para dar sustentação uns aos outros é esta. Além do mais, não há fatos que exijam a suposição da faculdade em questão. Quem quer que tenha estudado a natureza da demonstração verá, então, que há aqui razões muito fortes para desacreditar a existência dessa faculdade. Elas se tornarão ainda mais fortes

---

sentidos junto com a consciência e elaborada pela imaginação em imagens, junto com tudo o que for logicamente dedutível disso. Nesse sentido, é possível admitir que proposições universais e necessárias não são dadas na experiência. Nesse caso, porém, tampouco quaisquer conclusões indutivas que poderiam ser tiradas da experiência são dadas nela. De fato, a função peculiar da indução é produzir proposições universais e necessárias. Com efeito, Kant indica que a universalidade e a necessidade das induções científicas são somente os análogos da universalidade e da necessidade filosóficas, e isso é verdade, uma vez que aceitar uma conclusão científica sem certo desconto indefinido é algo absolutamente inadmissível. Contudo, isso se deve à insuficiência no número de instâncias, e sempre que as instâncias possam ser obtidas em número tão grande quanto desejarmos, *ad infinitum*, é possível inferir uma proposição verdadeiramente universal e necessária. Quanto ao segundo princípio kantiano, o de que a verdade de proposições universais e necessárias depende das condições da experiência geral, ele não é mais nem menos do que o princípio da Indução. Vou a uma feira e tiro doze pacotinhos de uma sacola. Ao abri-los, descubro que todos eles contêm uma bola vermelha. Eis um fato universal. Ele depende, então, da condição da experiência. Qual é a condição da experiência? É somente que as bolas são os conteúdos dos pacotes tirados dessa sacola, isto é, a única coisa que determinava a experiência era tirar da sacola. Infiro, então, de acordo com o princípio de Kant, que o que é tirado da sacola conterá uma bola vermelha. E isso é uma indução. Aplique-se a indução, não a qualquer experiência limitada, mas a toda experiência humana, e teremos a filosofia kantiana, tanto quanto ela for corretamente desenvolvida. Os sucessores de Kant, contudo, não têm se contentado com a doutrina dele. E nem deveriam, visto que há um terceiro princípio: "Proposições absolutamente universais têm de ser analíticas", pois tudo que é absolutamente universal é desprovido de todo conteúdo ou determinação, porquanto toda determinação se dá por negação. O problema, portanto, não é como as proposições universais podem ser sintéticas, mas como as proposições universais que parecem ser sintéticas podem ser desenvolvidas só pelo pensamento a partir do puramente indeterminado.

QUESTION 2. Whether we have an intuitive self-consciousness.

Self-consciousness, as the term is here used, is to be distinguished both from consciousness generally, from the internal sense, and from pure apperception. Any cognition is a consciousness of the object as represented; by self-consciousness is meant a knowledge of our- | -selves. Not a mere feeling of subjective conditions of consciousness, but of our personal selves. Pure apperception is the self-assertion of THE *ego*; the self-consciousness here meant is the recognition of my *private* self. I know that *I* (not merely *the* I) exist. The question is, how do I know it; by a special intuitive faculty, or is it determined by previous cognitions?

Now, it is not self-evident that we have such an intuitive faculty, for it has just been shown that we have no intuitive power of distinguishing an intuition from a cognition determined by others. Therefore, the existence or non-existence of this power is to be determined upon evidence, and the question is whether self-consciousness can be explained by the action of known faculties under conditions known to exist, or whether it is necessary to suppose an unknown cause for this cognition, and, in the latter case, whether an intuitive faculty of self-consciousness is the most probable cause which can be supposed.

It is first to be observed that there is no known self-consciousness to be accounted for in extremely young children. It has already been pointed out by Kant[5] that the late use of the very common word "I" with children indicates an imperfect self-consciousness in them, and that, therefore, so far as it is admissible for us to draw any conclusion in regard to the mental state of those who are still younger, it must be against the existence of any self-consciousness in them.

---

[5] *Werke*, vii (2), 11.

quando as consequências de a rejeitar forem desenvolvidas, neste e em outro escrito por vir.

QUESTÃO 2. *Se temos ou não uma autoconsciência intuitiva.*

A autoconsciência, conforme o termo é aqui usado, deve ser distinguida tanto da consciência em geral como do sentido interno e também da apercepção pura. Qualquer cognição é uma consciência do objeto tal qual representado. Por autoconsciência, queremos dizer um conhecimento de nós [201] mesmos. Não um mero sentimento de condições subjetivas de consciência, mas de nossos *selves* pessoais. A apercepção pura é a autoasserção de *O ego*, a autoconsciência aqui referida é o reconhecimento do meu self *privado*. Sei que *eu* (não meramente *o* eu) existo. A questão é: como sei isso? Por uma faculdade intuitiva específica, ou esse conhecimento é determinado por cognições prévias?

Ora, não é autoevidente que tenhamos essa faculdade intuitiva, pois acabou de ser mostrado que não temos nenhum poder intuitivo de distinguir uma intuição de uma cognição determinada por outras. Portanto, se a existência ou a inexistência desse poder é algo que tem de ser determinado por provas, a questão é se a autoconsciência pode ser explicada pela ação de faculdades conhecidas sob condições conhecidas ou se é necessário supor alguma causa desconhecida para essa cognição, e, em último caso, se uma faculdade intuitiva de autoconsciência é ou não a causa mais provável que pode ser suposta.

Deve-se primeiro observar que não há autoconsciência conhecida a ser explicada nas crianças extremamente jovens. Kant[5] já assinalou que o uso tardio entre as crianças da muito comum palavra "eu" indica uma autoconsciência imperfeita nelas, e isso, portanto, dado que nos seja permitido tirar qualquer conclusão a respeito do estado mental daqueles que são ainda mais jovens [do que nós], tem de ser contra a existência de qualquer autoconsciência nelas.

---

[5] *Werke*, vii (2), 11 [*Antropologia de um ponto de vista pragmático*, Ak 127, trad. bras. p. 27].

Escritos da Série Cognitiva 77

On the other hand, children manifest powers of thought much earlier. Indeed, it is almost impossible to assign a period at which children do not already exhibit decided intellectual activity in directions in which thought is indispensable to their well-being. The complicated trigonometry of vision, and the delicate adjustments of coördinated movement, are plainly mastered very early. There is no reason to question a similar degree of thought in reference to themselves.

A very young child may always be observed to watch its own body with great attention. There is every reason why this should be so, for from the child's point of view this body is the most important thing in the universe. Only what it touches has any actual and present feeling; only what it faces has any actual color; only what is on its tongue has any actual taste.

No one questions that, when a sound is heard by a child, he thinks, not of himself as hearing, but of the bell or other object as sounding. | How when he wills to move a table? Does he then think of himself as desiring, or only of the table as fit to be moved? That he has the latter thought, is beyond question; that he has the former, must, until the existence of an intuitive self-consciousness is proved, remain an arbitrary and baseless supposition. There is no good reason for thinking that he is less ignorant of his own peculiar condition than the angry adult who denies that he is in a passion.

The child, however, must soon discover by observation that things which are thus fit to be changed are apt actually to undergo this change, after a contact with that peculiarly important body called Willy or Johnny. This consideration makes this body still more important and central, since it establishes a connection between the fitness of a thing to be changed and a tendency in this body to touch it before it is changed.

Por outro lado, as crianças manifestam poderes de pensamento muito precocemente. Com efeito, é quase impossível determinar um período em que as crianças já não exibam atividade intelectual decidida em direções nas quais o pensamento é indispensável ao seu bem-estar. A complicada trigonometria da visão e os delicados ajustes do movimento coordenado são plenamente dominados muito cedo. Não há razão para questionar um grau semelhante de pensamento relativamente a si mesmas.

Sempre é possível observar uma criança muito jovem olhando o próprio corpo com grande atenção. Há total razão para que isso ocorra, pois, do ponto de vista da criança, esse corpo é a coisa mais importante no universo. Somente o que ele toca é efetiva e presentemente sentido de alguma maneira, somente o que ele encara tem efetivamente alguma cor, somente o que está em sua língua tem efetivamente algum gosto.

Ninguém questiona que, quando um som é ouvido por uma criança, ela não pensa que ela está ouvindo, mas que o sino ou outro objeto está soando. [202] Como é quando ela quer mover uma mesa? Será que então ela pensa nela mesma como desejante ou somente na mesa como pronta para ser movida? Não há questão quanto a ela ter o segundo pensamento. Se tem o primeiro, isso tem de permanecer uma suposição arbitrária e sem fundamento, até que a existência de uma autoconsciência intuitiva seja provada. Não há nenhuma boa razão para pensar que uma criança é menos ignorante de sua condição peculiar do que um adulto zangado que nega estar possuído por alguma paixão.

A criança, contudo, tem de descobrir logo, por observação, que as coisas que assim estão prontas para serem mudadas são de fato suscetíveis a passar por essa mudança após um contato com aquele corpo peculiarmente importante chamado Joãozinho ou Zezinho. Essa consideração faz com que esse corpo seja ainda mais importante e central, já que estabelece uma conexão entre a adequabilidade de uma coisa para ser mudada e uma tendência nesse corpo para tocá-la antes de ser mudada.

Escritos da Série Cognitiva 79

The child learns to understand the language; that is to say, a connection between certain sounds and certain facts becomes established in his mind. He has previously noticed the connection between these sounds and the motions of the lips of bodies somewhat similar to the central one, and has tried the experiment of putting his hand on those lips and has found the sound in that case to be smothered. He thus connects that language with bodies somewhat similar to the central one. By efforts, so unenergetic that they should be called rather instinctive, perhaps, than tentative, he learns to produce those sounds. So he begins to converse.

It must be about this time that he begins to find that what these people about him say is the very best evidence of fact. So much so, that testimony is even a stronger mark of fact than *the facts themselves*, or rather than what must now be thought of as the *appearances* themselves. (I may remark, by the way, that this remains so through life; testimony will convince a man that he himself is mad.) A child hears it said that the stove is hot. But it is not, he says; and, indeed, that central body is not touching it, and only what that touches is hot or cold. But he touches it, and finds the testimony confirmed in a striking way. Thus, he becomes aware of ignorance, and it is necessary to suppose a *self* in which this ignorance can inhere. So testimony gives the first dawning of self-consciousness.

But, further, although usually appearances are either only confirmed or merely supplemented by testimony, yet there is a certain remarkable class of appearances which are continually con- | -tradicted by testimony. These are those predicates which we know to be emotional, but which *he* distinguishes by their connection with the movements of that central person, himself (that the table wants moving, etc.). These judgments are generally denied by others. Moreover, he has reason to think that others, also, have such judgments which are quite denied by all the rest. Thus, he adds to the conception of appearance as the actualization

A criança aprende a entender a linguagem, quer dizer, uma conexão entre certos sons e certos fatos torna-se estabelecida na sua mente. Ela já notou antes a ligação entre esses sons e os movimentos dos lábios dos corpos de alguma forma parecidos com o corpo central, e tentou o experimento de colocar sua mão naqueles lábios e descobriu que o som, nesse caso, fica abafado. Dessa forma, ela conecta essa linguagem com corpos algo parecidos com o corpo central. Com esforços — tão sem energia que deveriam, talvez, ser chamados de instintivos, mais do que de tentativos — ela aprende a produzir esses sons. Assim ela começa a conversar.

Deve ser por volta dessa época que ela começa a descobrir que a melhor prova dos fatos é o que essas pessoas em volta dela dizem. Tanto é assim que o testemunho é uma marca do fato muito mais forte do que *os próprios fatos*, ou, antes, daquilo que agora tem de ser concebido como as próprias *aparências* (posso observar, a propósito, que isso dura a vida toda. O testemunho convencerá um homem de que ele, ele mesmo, é louco). Uma criança ouve dizer que o forno é quente. Mas não é, diz ela, e, de fato, esse corpo central não está tocando o forno, e somente o que esse *[corpo]* toca é quente ou frio. No entanto, ela o toca e surpreendentemente descobre a confirmação do testemunho. Assim, ela se torna ciente da ignorância e é necessário supor um *self* ao qual essa ignorância possa inerir. Assim, o testemunho dá o primeiro alvorecer da autoconsciência.

Contudo, além disso, mesmo que as aparências em geral sejam ou somente confirmadas ou meramente suplementadas pelo testemunho, ainda assim há certa classe notável de aparências que o testemunho contradiz **[203]** continuadamente. É o caso daqueles predicados que *nós* sabemos ser emocionais, mas que *ela* distingue pela ligação deles com os movimentos dessa pessoa central, ela mesma (que a mesa quer se mover etc.). Esses juízos são geralmente negados por outros. Além do mais, ela tem razão para pensar que os outros também têm esses juízos que são completamente negados por todos os restantes. Assim, à concepção de aparência como a concretização do fato[xv], ela acrescenta outra, a de aparência como

of fact, the conception of it as something *private* and valid only for one body. In short, error appears, and it can be explained only by supposing a *self* which is fallible.

Ignorance and error are all that distinguish our private selves from the absolute *ego* of pure apperception.

Now, the theory which, for the sake of perspicuity, has thus been stated in a specific form, may be summed up as follows: At the age at which we know children to be self-conscious, we know that they have been made aware of ignorance and error; and we know them to possess at that age powers of understanding sufficient to enable them then to infer from ignorance and error their own existence. Thus we find that known faculties, acting under conditions known to exist, would rise to self-consciousness. The only essential defect in this account of the matter is, that while we know that children exercise *as much* understanding as is here supposed, we do not know that they exercise it in precisely this way. Still the supposition that they do so is infinitely more supported by facts, than the supposition of a wholly peculiar faculty of the mind.

The only argument worth noticing for the existence of an intuitive self-consciousness is this. We are more certain of our own existence than of any other fact; a premise cannot determine a conclusion to be more certain than it is itself; hence, our own existence cannot have been inferred from any other fact. The first premise must be admitted, but the second premise is founded on an exploded theory of logic. A conclusion cannot be more certain than that some one of the facts which support it is true, but it may easily be more certain than any one of those facts. Let us suppose, for example, that a dozen witnesses testify to an occurrence. Then my belief in that occurrence rests on the belief that each of those men is generally to be believed upon oath. Yet the fact testified to is made more certain than that any one of those men is generally to be believed. In the same way, to the developed mind of man, his own existence is sup- | -ported

algo privado e válido somente para um único corpo. Em suma, o *erro* aparece e pode ser explicado somente pela suposição de um *self* que é falível.

A ignorância e o erro são tudo o que distingue nossos *selves* privados do *ego* absoluto da apercepção pura.

Ora, a teoria que, em nome da perspicuidade, foi até aqui exposta de uma forma específica, pode ser resumida da seguinte maneira: na idade em que sabemos que as crianças são autoconscientes, sabemos que elas passaram a ser cientes da ignorância e do erro, e sabemos que elas possuem, nessa idade, suficientes poderes de entendimento para capacitá-las a, então, inferir a sua própria existência tomando como base a ignorância e o erro. Dessa maneira, descobrimos que faculdades conhecidas, agindo sob condições conhecidas, emergiriam à autoconsciência. O único defeito essencial nessa explicação da matéria é que, embora saibamos que as crianças exercitem o *mesmo tanto* de entendimento *quanto* aqui se supõe, não sabemos se elas o fazem precisamente dessa maneira. Ainda assim, a suposição de que o fazem encontra infinitamente mais apoio nos fatos do que a suposição de uma faculdade totalmente peculiar da mente.

O único argumento em favor da existência de uma autoconsciência intuitiva de que vale a pena tomar conhecimento é o seguinte: estamos mais certos de nossa própria existência do que de qualquer outro fato; uma premissa não pode determinar que uma conclusão seja mais certa do que ela mesma é; por conseguinte, nossa existência não pode ter sido inferida de qualquer outro fato. A primeira premissa tem de ser admitida, mas a segunda está baseada em uma teoria explodida da lógica. Uma conclusão não pode ser mais segura do que é verdadeiro um fato específico qualquer dentre os que a sustentam, mas ela pode facilmente ser mais segura do que qualquer um desses fatos[xvi]. Suponhamos, por exemplo, que uma dúzia de testemunhas testemunhem uma ocorrência. Então, a minha crença nessa ocorrência se baseia na crença de que, em geral, devemos acreditar em cada uma dessas pessoas, pois estão

by *every other fact*, and is, therefore, incomparably more certain than any one of these facts. But it cannot be said to be more certain than that there is another fact, since there is no doubt perceptible in either case.

It is to be concluded, then, that there is no necessity of supposing an intuitive self-consciousness, since self-consciousness may easily be the result of inference.

QUESTION 3. *Whether we have an intuitive power of distinguishing between the subjective elements of different kinds of cognitions.*

Every cognition involves something represented, or that of which we are conscious, and some action or passion of the self whereby it becomes represented. The former shall be termed the objective, the latter the subjective, element of the cognition. The cognition itself is an intuition of its objective element, which may therefore be called, also, the immediate object. The subjective element is not necessarily immediately known, but it is possible that such an intuition of the subjective element of a cognition of its character, whether that of dreaming, imagining, conceiving, believing, etc., should accompany every cognition. The question is whether this is so.

It would appear, at first sight, that there is an overwhelming array of evidence in favor of the existence of such a power. The difference between seeing a color and imagining it is immense. There is a vast difference between the most vivid dream and reality. And if we had no intuitive power of distinguishing between what we believe and what we merely conceive, we never, it would seem, could in any way distinguish them; since if we did so by reasoning, the question would arise whether the argument itself was believed or conceived, and this must be answered before the conclusion could have any force. And thus there would be a *regressus ad infinitum*. Besides, if we do not know that we believe, then, from the nature of the case, we do not believe.

sob juramento. No entanto, o fato testemunhado torna-se mais certo do que o fato de que, em geral, devemos crer em qualquer uma daquelas pessoas. Da mesma maneira, para a mente desenvolvida do homem, a sua própria existência é [204] apoiada por *todo outro fato* e é, portanto, incomparavelmente mais certa do que qualquer um desses fatos. No entanto, não é possível dizer que é mais certa do que o fato de haver outro fato, já que não há dúvida perceptível em qualquer um dos casos.

Deve-se concluir, então, que não há necessidade de supor uma autoconsciência intuitiva, já que a autoconsciência pode facilmente ser o resultado da inferência.

QUESTÃO 3. *Se temos ou não um poder intuitivo de distinguir entre os elementos subjetivos de diferentes tipos de cognições.*

Toda cognição envolve algo representado, ou aquilo de que estamos cônscios, bem como alguma ação ou paixão do self, pela qual ela se torna representada. O primeiro elemento da cognição será denominado objetivo, e o segundo, subjetivo. A própria cognição é uma intuição de seu elemento objetivo que também pode, portanto, ser denominado de objeto imediato. Não é necessário que o elemento subjetivo seja conhecido imediatamente, mas é possível que tal intuição do elemento subjetivo de uma cognição de seu caráter, seja o de sonhar, imaginar, conceber, acreditar etc., deva acompanhar toda cognição. A questão é se isto é assim ou não.

À primeira vista, poderia parecer que há um vastíssimo leque de provas em favor da existência de tal poder. A diferença entre ver uma cor e imaginá-la é imensa. Há uma vasta diferença entre o sonho mais vívido e a realidade. E se não tivéssemos poder intuitivo algum de distinguir entre o que cremos e o que meramente concebemos, parece que nunca conseguiríamos distinguir as duas coisas de maneira alguma, porquanto, se o fizéssemos por raciocínio, surgiria a questão de saber se o próprio argumento seria acreditado ou concebido, o que tem de ser respondido antes de a conclusão poder ter qualquer força. E, dessa forma, haveria um *re-*

But be it noted that we do not intuitively know the existence of this faculty. For it is an intuitive one, and we cannot intuitively know that a cognition is intuitive. The question is, therefore, whether it is necessary to suppose the existence of this faculty, or whether then the facts can be explained without this supposition.

In the first place, then, the difference between what is imagined or dreamed and what is actually experienced, is no argument in favor of the existence of such a faculty. For it is not questioned that there | are distinctions in what is present to the mind, but the question is, whether independently of any such distinctions in the immediate *objects* of consciousness, we have any immediate power of distinguishing different modes of consciousness. Now, the very fact of the immense difference in the immediate objects of sense and imagination, sufficiently accounts for our distinguishing those faculties; and instead of being an argument in favor of the existence of an intuitive power of distinguishing the subjective elements of consciousness, it is a powerful reply to any such argument, so far as the distinction of sense and imagination is concerned.

Passing to the distinction of belief and conception, we meet the statement that the knowledge of belief is essential to its existence. Now, we can unquestionably distinguish a belief from a conception, in most cases, by means of a peculiar feeling of conviction; and it is a mere question of words whether we define belief as that judgment which is accompanied by this feeling, or as that judgment from which a man will act. We may conveniently call the former *sensational*, the latter *active* belief. That neither of these necessarily involves the other, will surely be admitted without any recital of facts. Taking belief in the sensational sense, the intuitive power of reorganizing it will amount simply to the capacity for the sensation which accompanies the judgment. This sensation, like any other, is an object of consciousness; and therefore the capacity for it implies

gressus ad infinitum. Além disso, se não sabemos que acreditamos, então, da natureza do caso, não acreditamos.

Mas note-se que não sabemos intuitivamente da existência dessa faculdade, visto tratar-se de uma faculdade intuitiva, e não somos intuitivamente capazes de saber que uma cognição é intuitiva. A questão, portanto, é se é necessário supor a existência dessa faculdade ou se os fatos podem então ser explicados sem essa suposição.

Em primeiro lugar, então, a diferença entre o que é imaginado ou sonhado e o que é de fato experimentado não é argumento em favor da existência de tal faculdade, visto que não se questiona que [205] há distinções naquilo que está presente à mente, mas a questão é se, independentemente de quaisquer distinções desse tipo nos *objetos* imediatos da consciência, nós temos ou não qualquer poder imediato de distinguir diferentes modos de consciência. Ora, o próprio fato da imensa diferença entre os objetos imediatos da sensação e da imaginação explica suficientemente que nós distinguimos essas faculdades, e, em vez de ser um argumento em favor da existência de um poder intuitivo de distinguir os elementos subjetivos da consciência, tal fato é antes uma poderosa réplica a qualquer argumento desse tipo, na medida em que se trata da distinção entre sensação e imaginação.

Passando à distinção entre crença e concepção, encontramos a declaração de que o conhecimento da crença é essencial à sua existência. Ora, é inquestionável que, na maior parte dos casos, somos capazes de distinguir uma crença de uma concepção por meio de um sentimento peculiar de convicção, e trata-se de mera questão de palavras se definimos crença como o juízo que é acompanhado por esse sentimento ou como o juízo com base no qual um homem agirá. Podemos convenientemente chamar o primeiro de crença *sensorial* e o segundo de crença *ativa*. Certamente, admitir-se-á sem qualquer recurso aos fatos que nenhuma delas implica necessariamente a outra. Considerando a crença no sentido sensorial, o poder intuitivo de reorganizá-la redundará simplesmente na

no intuitive recognition of subjective elements of consciousness. If belief is taken in the active sense, it may be discovered by the observation of external facts and by inference from the sensation of conviction which usually accompanies it.

Thus, the arguments in favor of this peculiar power of consciousness disappear, and the presumption is again against such a hypothesis. Moreover, as the immediate objects of any two faculties must be admitted to be different, the facts do not render such a supposition in any degree necessary.

QUESTION 4. *Whether we have any power of introspection, or whether our whole knowledge of the internal world is derived from the observation of external facts.*

It is not intended here to assume the reality of the external world. Only, there is a certain set of facts which are ordinarily regarded as external, while others are regarded as internal. The question is whether the latter are known otherwise than by inference from the | former. By introspection, I mean a direct perception of the internal world, but not necessarily a perception of it *as* internal. Nor do I mean to limit the signification of the word to intuition, but would extend t to any knowledge of the internal world not derived from external observation.

There is one sense in which any perception has an internal object, namely, that every sensation is partly determined by internal conditions. Thus, the sensation of redness is as it is, owing to the constitution of the mind; and in this sense it is a sensation of something internal. Hence, we may derive a knowledge of the mind from a consideration of this sensation, but that knowledge would, in fact, be an inference from redness as a predicate of something external. On the other hand, there are certain other feelings—the emotions, for example—which appear to arise in the first place, not as predicates at all, and to be referable to the mind alone. It would seem, then, that by means of these, a knowledge of the mind may be obtained, which is not inferred from any character of outward things. The question is whether this is really so.

capacidade para a sensação que acompanha o juízo. Essa sensação, como qualquer outra, é um objeto de consciência e, portanto, a capacidade para ela não implica reconhecer intuitivamente elementos subjetivos de consciência. Se a crença for tomada no sentido ativo, ela pode ser descoberta pela observação de fatos externos e por inferência baseada na sensação de convicção que normalmente a acompanha.

Dessa maneira, os argumentos em favor desse peculiar poder de consciência desaparecem e mais uma vez temos de presumir contrariamente a tal hipótese. Além do mais, como é necessário admitir que os objetos imediatos de quaisquer duas faculdades são diferentes, os fatos não tornam tal suposição em qualquer grau necessária.

QUESTÃO 4. *Se temos qualquer poder de introspecção, ou se todo o nosso conhecimento do mundo interno é derivado da observação dos fatos externos.*

Não se pretende, aqui, supor a realidade do mundo externo. Apenas que há certo conjunto de fatos que são ordinariamente considerados como externos, enquanto outros são considerados como internos. A questão é saber se os últimos são conhecidos de outra maneira que não por meio de inferência baseada nos [206] primeiros. Por introspecção quero dizer uma percepção direta do mundo interno, mas não necessariamente uma percepção dele *como* interno. Tampouco intenciono limitar a significação da palavra à intuição, mas eu a estenderia a qualquer conhecimento do mundo interno não derivado da observação externa.

Há um único sentido em que qualquer percepção tem um objeto interno, a saber, que todas as sensações são parcialmente determinadas por condições internas. Assim, a sensação de vermelhidão é como é devido à constituição da mente, e, nesse sentido, é uma sensação de algo interno. Por conseguinte, podemos derivar um conhecimento da mente de uma consideração dessa sensação, mas esse conhecimento seria, de fato, uma inferência baseada na vermelhidão como um predicado de algo externo. Por outro lado,

Although introspection is not necessarily intuitive, it is not self-evident that we possess this capacity; for we have no intuitive faculty of distinguishing different subjective modes of consciousness. The power, if it exists, must be known by the circumstance that the facts cannot be explained without it.

In reference to the above argument from the emotions, it must be admitted that if a man is angry, his anger implies, in general, no determinate and constant character in its object. But, on the other hand, it can hardly be questioned that there is some relative character in the outward thing which makes him angry, and a little reflection will serve to show that his anger consists in his saying to himself, "this thing is vile, abominable, etc.," and that it is rather a mark of returning reason to say, "I am angry." In the same way any emotion is a predication concerning some object, and the chief difference between this and an objective intellectual judgment is that while the latter is relative to human nature or to mind in general, the former is relative to the particular circumstances and disposition of a particular man at a particular time. What is here said of emotions in general, is true in particular of the sense of beauty and of the moral sense. Good and bad are feelings which first arise as predicates, and therefore are either predicates of the not-I, or are determined by previous | cognitions (there being no intuitive power of distinguishing subjective elements of consciousness).

It remains, then, only to inquire whether it is necessary to suppose a particular power of introspection for the sake of accounting for the sense of willing. Now, volition, as distinguished from desire, is nothing but the power of concentrating the attention, of abstracting. Hence, the knowledge of the power of abstracting may be inferred from abstract objects, just as the knowledge of the power of seeing is inferred from colored objects.

há certos outros sentimentos — as emoções, por exemplo — que aparentam surgir em primeiro lugar de modo algum como predicados, mas parecem poder referir-se somente à mente. Poderia ser, então, que algum conhecimento da mente pudesse ser obtido por meio deles, conhecimento esse que não é inferido de qualquer característica das coisas exteriores. A questão é se isso é realmente assim ou não.

Embora a introspecção não seja necessariamente intuitiva, não é autoevidente que possuímos essa capacidade, pois não temos faculdade intuitiva de distinguir diferentes modos subjetivos de consciência. Esse poder, se existe, tem de ser conhecido pela circunstância de que os fatos não podem ser explicados sem ele.

Relativamente ao argumento acima baseado nas emoções, temos de admitir que se um homem está zangado, sua ira, em geral, não implica nenhum caráter determinado e constante em seu objeto. Por outro lado, porém, dificilmente poderíamos questionar que há alguma característica relativa na coisa exterior que o deixa zangado, e um pouco de reflexão bastará para mostrar que sua ira equivale a ele dizer a si mesmo: "esta coisa é vil, abominável etc.", e que dizer "estou zangado" é, antes, um sinal de que a razão está retornando. Da mesma maneira, qualquer emoção é uma predicação que diz respeito a algum objeto, e a principal diferença entre isso e um juízo intelectual objetivo é que, embora esse último seja relativo à natureza humana ou à mente em geral, a emoção relaciona-se com circunstâncias particulares e com a disposição de um homem particular em um momento particular. O que aqui se diz sobre as emoções, em geral, é verdadeiro para o senso de beleza e para o senso moral, em particular. O bom e o ruim são sentimentos que surgem primeiro como predicados e, portanto, ou são predicados do não-eu ou são determinados por cognições [207] prévias (não havendo poder intuitivo de distinguir elementos subjetivos de consciência).

Resta, então, somente inquirir se é mesmo necessário supor um poder particular de introspecção por causa de uma explicação para o senso de querer. Ora, a volição, tal qual se distingue do dese-

It appears, therefore, that there is no reason for supposing a power of introspection; and, consequently, the only way of investigating a psychological question is by inference from external facts.

QUESTION 5. *Whether we can think without signs.*

This is a familiar question, but there is, to this day, no better argument in the affirmative than that thought must precede every sign. This assumes the impossibility of an infinite series. But Achilles, as a fact, will overtake the tortoise. *How* this happens, is a question not necessary to be answered at present, as long as it certainly does happen.

If we seek the light of external facts, the only cases of thought which we can find are of thought in signs. Plainly, no other thought can be evidenced by external facts. But we have seen that only by external facts can thought be known at all. The only thought, then, which can possibly be cognized is thought in signs. But thought which cannot be cognized does not exist. All thought, therefore, must necessarily be in signs.

A man says to himself, "Aristotle is a man; *therefore*, he is fallible." Has he not, then, thought what he has not said to himself, that all men are fallible? The answer is, that he has done so, so far as this is said in his therefore. According to this, our question does not relate to *fact*, but is a mere asking for distinctness of thought.

From the proposition that every thought is a sign, it follows that every thought must address itself to some other, must determine some other, since that is the essence of a sign. This, after all, is but another form of the familiar axiom, that in intuition, i.e. in the immediate present, there is no thought, or, that all which is reflected upon has past. *Hinc loquor inde est.* That, since any thought, there must have been a thought, has its analogue in the fact that, since any past time, there must have been an infinite series of times. To say, there- | -fore, that thought cannot happen in an instant, but requires a time, is but another

jo, nada mais é do que o poder de concentrar a atenção, de abstrair. Por conseguinte, o conhecimento do poder de abstrair pode ser inferido de objetos abstratos, assim como o conhecimento do poder de ver é inferido de objetos coloridos.

Parece, portanto, que não há razão para supor um poder de introspecção, e, consequentemente, a única maneira de investigar uma questão psicológica é por inferência baseada em fatos externos.

QUESTÃO 5. *Se podemos ou não pensar sem signos.*

Esta é uma questão conhecida, mas, até o presente dia, não há melhor argumento afirmativo do que o fato de que o pensamento tem de preceder todo signo. Isso supõe a impossibilidade de uma série infinita. Mas Aquiles, de fato, ultrapassará a tartaruga. *Como* isso se dá é uma questão que não precisa ser respondida agora, uma vez que certamente é o que acontece.

Se buscarmos a luz dos fatos externos, os únicos casos de pensamento que conseguiremos encontrar são de pensamentos em signos. Evidentemente, nenhum outro pensamento pode ser provado por fatos externos. Mas vimos que só por via dos fatos externos o pensamento pode de todo modo ser conhecido. Então, o único pensamento de que é possível ter cognição é o pensamento em signos. Mas o pensamento do qual não podemos ter cognição não existe[xvii]. Todo pensamento, portanto, tem necessariamente de existir em signos.

Um homem diz a si mesmo: "Aristóteles é um homem; *portanto*, é falível". Então, não terá ele pensado o que ele não disse a si mesmo, que todos os homens são falíveis? A resposta é que ele o fez, tendo em vista que isso está dito em seu *portanto*. De acordo com isso, nossa questão não se relaciona com *fato*, mas é uma simples pergunta por distinção de pensamento.

Da proposição de que todo pensamento é um signo, segue-se que todo pensamento tem de se dirigir para algum outro pensamento, tem de determinar algum outro pensamento, já que essa é a essência de um signo. Afinal, essa é somente outra forma do axioma conhecido de que, na intuição, isto é, no presente imediato,

way of saying that every thought must be interpreted in another, or that all thought is in signs.

QUESTION 6. *Whether a sign can have any meaning, if by its definition it is the sign of something absolutely incognizable.*

It would seem that it can, and that universal and hypothesis propositions are instances of it. Thus, the universal proposition, "all ruminants are cloven-hoofed," speaks of a possible infinity of animals, and no matter how many ruminants may have been examined, the possibility must remain that there are others which have not been examined. In the case ofa hypothetical proposition, the same thing is still more manifest; for such a proposition speaks not merely of the actual state of things, but of every possible state of things, all of which are not knowable, inasmuch as only one can so much as exist.

On the other hand, all our conceptions are obtained by abstractions and combinations of cognitions first occurring in judgments of experience. Accordingly, there can be no conception of the absolutely incognizable, since nothing of that sort occurs in experience. But the meaning of a term is the conception which it conveys. Hence, a term can have no such meaning.

If it be said that the incognizable is a concept compounded of the concept *not* and *cognizable*, it may be replied that not is a mere syncategorematic term and not a concept by itself.

If I think "white," I will not go so far as Berkeley and say that I think of a person seeing, but I will say that what I think is of the nature of a cognition, and so of anything else which can be experienced. Consequently, the highest concept which can be reached by abstractions from judgments of experience— and therefore, the highest concept which can be reached at all— is the concept of something of the nature of a cognition. *Not,* then, or *what is other than,* if a concept, is a concept of the cognizable. Hence, not-cognizable, if a concept, is a concept of the form "*A*, not-*A*," and is, at least, self-contradictory. Thus, ignorance and error can only be conceived as correlative to

não há pensamento, ou seja, que tudo sobre o quanto refletimos tem passado. *Hinc loquor inde est*[xviii]. O fato de que deve ter existido algum pensamento, uma vez que há qualquer pensamento, tem seu análogo no fato de que deve ter existido uma série infinita de tempos, uma vez que há qualquer tempo passado[xix]. Portanto, dizer [208] que o pensamento não pode acontecer em um instante, mas requer algum tempo, é somente outra maneira de dizer que todo pensamento tem de ser interpretado em outro, ou que todo o pensamento existe em signos.

QUESTÃO 6. *Se um signo pode ou não ter qualquer significado, supondo-se que, por sua definição, ele é o signo de algo absolutamente incognoscível.*

Parece que sim, e que as proposições universais e hipotéticas são casos desse signo. Assim, a proposição universal: "todos os ruminantes são biungulados" fala de uma possível infinidade de animais, e não importa quantos ruminantes tenham sido examinados, tem de restar a possibilidade de que outros não foram examinados. No caso de uma proposição hipotética, a mesma coisa é ainda mais manifesta, pois tal proposição não fala somente do estado efetivo de coisas, mas de todo estado de coisas possível, dos quais nem todos são cognoscíveis, visto que somente um único pode existir.

Por outro lado, todas as nossas concepções são obtidas por abstrações e combinações de cognições que primeiro ocorrem em juízos de experiência. Dessa forma, não pode existir concepção do absolutamente incognoscível, já que nada desse tipo ocorre na experiência. Mas o significado de um termo é a concepção que ele veicula. Por conseguinte, um termo não pode ter esse significado.

Se for dito que o incognoscível é um conceito composto do conceito *não* e de *cognoscível*, pode-se responder que *não* é um mero termo sincategoremático, e não é um conceito por si mesmo.

Se penso "branco", não irei tão longe quanto Berkeley[xx], e tampouco direi que penso em uma pessoa que vê, mas direi que o que penso é da natureza de uma cognição, e, assim, de qualquer outra coisa que possa ser experimentada. Consequentemente, o

a real knowledge and truth, which latter are of the nature of cognitions. Over against any cognition, there is an unknown but knowable reality; but over against all possible cognition, there is only the self-contradictory. In short, *cognizability* (in its widest sense) and *being* are not merely metaphysically the same, but are synonymous terms.

To the argument from universal and hypothetical propositions, | the reply is, that though their truth cannot be cognized with absolute certainty, it may be probably known by induction.

QUESTION 7. *Whether there is any cognition not determined by a previous cognition.*

It would seem that there is or has been; for since we are in possession of cognitions, which are all determined by previous ones, and these by cognitions earlier still, there must have been a *first* in this series or else our state of cognition at any time is completely determined, according to logical laws, by our state at any previous time. But there are many facts against the last supposition, and therefore in favor of intuitive cognitions.

On the other hand, since it is impossible to know intuition that a given cognition is not determined by a previous one, the only way in which this can be known is by hypothetic inference from observed facts. But to adduce the cognition by which a given cognition has been determined is to explain the determinations of that cognition. And it is the only way of explaining them. For something entirely out of consciousness which may be supposed to determine it, can, as such, only be known and only adduced in the determinate cognition in question. So, that to suppose that a cognition is determined solely by something absolutely external, is to suppose its determinations incapable of explanation. Now, this is a hypothesis which is warranted under no circumstances, inasmuch as the only possible justification for a hypothesis is that it explains the facts, and to say that they are explained and at the same time to suppose them inexplicable is self-contradictory.

mais alto conceito que pode ser alcançado por abstrações baseadas em juízos de experiência — e, portanto, o mais alto conceito que pode de qualquer maneira ser alcançado — é o conceito de algo da natureza de uma cognição. Então, se *não* ou *o que é diferente de* forem conceitos, são conceitos do cognoscível. Por conseguinte, se não cognoscível for um conceito, é um conceito da forma "*A*, não *A*" e é, no mínimo, autocontraditório. Assim, a ignorância e o erro só podem ser concebidos como correlativos a um conhecimento e a uma verdade reais, e esses últimos são da natureza de cognições. Oposta a qualquer cognição há uma realidade desconhecida, mas cognoscível; mas oposta a toda cognição possível há somente o autocontraditório[xxi]. Em suma, *cognoscibilidade* (no seu sentido mais amplo) e ser não são meramente os mesmos, metafisicamente, mas são termos sinônimos.

A resposta ao argumento baseado nas proposições universais e hipotéticas **[209]** é que, embora a verdade delas não possa ser cognoscida com certeza absoluta, provavelmente pode ser conhecida por indução.

QUESTÃO 7. *Se há ou não qualquer cognição não determinada por uma cognição prévia.*

Parece que há ou que tem havido, pois já que possuímos cognições, as quais são todas determinadas por outras cognições prévias, e estas por outras cognições ainda mais anteriores, deve ter havido uma *primeira* nessa série, ou então nosso estado de cognição em qualquer momento é completamente determinado, de acordo com leis lógicas, por nosso estado em qualquer momento prévio. Mas há muitos fatos contra a última suposição e, portanto, em favor das cognições intuitivas.

Por outro lado, já que é impossível saber intuitivamente que uma dada cognição não é determinada por uma cognição prévia, a única maneira de se saber isso é por inferência hipotética baseada em fatos observados. Mas aduzir a cognição pela qual uma dada cognição foi determinada é explicar as determinações dessa cognição. E essa é a única maneira de explicá-las, já que algo inteira-

If it be objected that the peculiar character of *red* is not determined by any previous cognition, I reply that that character is not a character of red as a cognition; for if there be a man to whom red things look as blue ones do to me and *vice versa*, that man's eyes teach him the same facts that they would if he were like me.

Moreover, we know of no power by which an intuition could be known. For, as the cognition is beginning, and therefore in a state of change, at only the first instant would it be intuition. And, therefore, the apprehension of it must take place in no time and be an event occupying no time.[6] Besides, all the cognitive faculties we know of are relative, and consequently their products are relations. But the | cognition of a relation is determined by previous cognitions. No cognition not determined by a previous cognition, then, can be known. It does not exist, then, first, because it is absolutely incognizable, and second, because a cognition only exists so far as it is known.

The reply to the argument that there must be a first is as follows: In retracing our way from conclusions to premises, or from determined cognitions to those which determine them, we finally reach, in all cases, a point beyond which the consciousness in the determined cognition is more lively than in the cognition which determines it. We have a less lively consciousness in the cognition which determines our cognition of the third dimension than in the latter cognition itself; a less lively consciousness in the cognition which determines our cognition of a continuous surface (without a blind spot) than in this latter cognition itself; and a less lively consciousness of the impressions which determine the sensation of tone than of that sensation itself. Indeed, when we get near enough to the external this is the universal rule. Now let any horizontal line represent a cognition, and let the length of the line serve to measure (so to speak) the liveliness of consciousness in that cognition. A point, having no length, will, on this principle,

---

[6] This argument, however, only covers a part of the question. It does not go to show that there is no cognition undetermined except by another like it.

mente fora da consciência que possa supostamente determiná-la só pode ser conhecido e aduzido, como tal, na cognição determinada em questão. Desse modo, supor que uma cognição só é determinada por algo absolutamente externo é supor que suas determinações são inexplicáveis. Ora, essa é uma hipótese que em circunstância alguma se sustenta, tendo em vista que a única justificação possível para uma hipótese é que ela explique os fatos, e dizer que os fatos são explicados, e, ao mesmo tempo, supor que são inexplicáveis, é autocontraditório.

Se a objeção for que a característica peculiar de *vermelho* não é determinada por qualquer cognição prévia, replico que essa não é uma característica do vermelho como uma cognição, pois se existisse um homem para quem as coisas vermelhas fossem parecidas como as azuis me parecem, e vice-versa, os olhos desse homem ensinariam a ele os mesmos fatos que o ensinariam se ele fosse como eu.

Além do mais, não sabemos de nenhum poder pelo qual uma intuição possa ser conhecida, pois, como a cognição está começando e, portanto, em um estado de mudança, somente no primeiro momento ela seria intuição e, portanto, a apreensão dela não pode acontecer em tempo algum e tem de ser um evento que não ocupe tempo[6]. Além disso, todas as faculdades cognitivas que conhecemos são relativas e, consequentemente, seus produtos são relações. Mas a [210] cognição de uma relação é determinada por cognições prévias. Não é possível, então, conhecer nenhuma cognição que não seja determinada por uma cognição prévia. Ela não existe, então, primeiro, porque é absolutamente incognoscível, e segundo, porque uma cognição só existe na medida em que é conhecida.

A resposta ao argumento de que deve haver uma primeira cognição é a seguinte. Ao rastrear nosso caminho das conclusões de volta às premissas, ou das cognições determinadas de volta àquelas que as determinaram, finalmente chegamos, em todos os

---

[6] Esse argumento, porém, só cobre parte da questão. Ele não chega a mostrar que não há cognição alguma que seja subdeterminada, exceto por outra como ela.

represent an object quite out of consciousness. Let one horizontal line below another represent a cognition which determines the cognition represented by that other and which has the same object as the latter. Let the finite distance between two such lines represent that they are two different cognitions. With this aid to thinking, let us see whether "there must be a first." Suppose an inverted triangle ▽ to be gradually dipped into water. At any date or instant, the surface of the water makes a horizontal line across that triangle. This line represents a cognition. At a subsequent date, there is a sectional line so made, higher upon the triangle. This represents another cognition of the same object determined by the former, and having a livelier consciousness. The apex of the triangle represents the object external to the mind which determines both these cognitions. The state of the triangle before it reaches the water, represents a state of cognition which contains nothing which determines these subsequent cognitions. To say, then, that if there be a state of cognition by which all subsequent cognitions of a certain object are not determined, there must subsequently be some cognition of that object not determined by previous cognitions of the same object, is to say that when that triangle is dipped into the water there must be a sectional line made by the surface of the water lower than which no surface line had been made in that | way. But draw the horizontal line where you will, as many horizontal lines as you please can be assigned at finite distances below it and below one another. For any such section is at some distance above the apex, otherwise it is not a line. Let this distance be a. Then there have been similar sections at the distances $\frac{1}{2}a$, $\frac{1}{4}a$, $1/8a$, $1/16a$, above the apex, and so on as far as you please. So that it is not true that there must be a first. Explicate the logical difficulties of this paradox (they are identical with those of the Achilles) in whatever way you may. I am content with the result, as long as your principles are fully applied to the particular case of cognitions determining one another. Deny motion, if it seems proper to do so; only then deny the process of determination

casos, a um ponto além do qual a consciência na cognição determinada é mais vívida do que na cognição que a determina. Temos uma consciência menos vívida na cognição que determina a nossa cognição da terceira dimensão do que na última cognição ela mesma; uma consciência menos vívida na cognição que determina nossa cognição de uma superfície contínua (sem um ponto cego) do que nessa última cognição ela mesma; e uma consciência menos vívida das impressões que determinam a sensação de tom do que dessa própria sensação. Com efeito, quando chegamos bastante perto do externo, essa é a regra universal. Agora, para representar uma cognição, vamos supor uma linha horizontal qualquer e vamos supor que a extensão dessa linha sirva para medir (por assim dizer) a vivacidade de consciência nessa cognição. Segundo esse princípio, um ponto, que não tem extensão, representará um objeto totalmente fora da consciência. Seja uma linha horizontal abaixo de outra, para representar uma cognição que determina a cognição representada por essa outra linha e que tem o mesmo objeto que a última. Seja uma distância finita entre essas duas linhas para representar que são duas cognições diferentes. Com esse auxílio para pensar, vejamos se "deve haver um primeiro" ou não. Suponha-se que um triângulo invertido ∇ seja gradualmente mergulhado na água. Em um momento ou instante qualquer, a superfície da água traça uma linha horizontal que cruza o triângulo. Essa linha representa uma cognição. Em um momento subsequente, há uma linha seccional feita do mesmo modo, mais acima no triângulo. Essa linha representa outra cognição do mesmo objeto determinada pela primeira, e com uma consciência mais vívida. O vértice do triângulo representa o objeto externo à mente que determina ambas as cognições. O estado do triângulo antes de chegar à água representa um estado de cognição que não contém nada que determine essas cognições subsequentes. Dizer, então, que, se houver um estado de cognição pelo qual todas as cognições subsequentes de certo objeto não estão determinadas, deverá haver subsequentemente alguma cognição desse objeto não determinada por cognições prévias do

of one cognition by another. Say that instants and lines are fictions; only say, also, that states of cognition and judgments are fictions. The point here insisted on is not this or that logical solution of the difficulty, but merely that cognition arises by a *process* of beginning, as any other change comes to pass.

In a subsequent paper, I shall trace the consequences of these principles, in reference to the questions of reality, of individuality, and of the validity of the laws of logic.

mesmo objeto, é dizer que, quando esse triângulo for mergulhado na água, tem de haver uma linha seccional feita pela superfície da água abaixo da qual nenhuma linha superficial fora feita daquela [211] maneira. Contudo, desenhe a linha horizontal onde quiser. É possível indicar tantas linhas horizontais quantas você quiser, em distâncias finitas, abaixo dela e uma abaixo da outra. Isso porque qualquer secção desse tipo está a alguma distância do vértice, pois, de outra maneira, não seria uma linha. Seja essa distância a. Então, houve secções similares nas distâncias de $\frac{1}{2}$ a, $\frac{1}{4}$ a, $\frac{1}{8}$ a, $\frac{1}{16}$ a, acima do vértice, e assim por diante até onde você quiser. Desse modo, não é verdade que tem de existir um primeiro. Examine as dificuldades lógicas desse paradoxo (são idênticas às do de Aquiles) tão meticulosamente como queira. Ficarei satisfeito com o resultado, desde que os princípios que você usar sejam integralmente aplicados ao caso particular das cognições que determinam umas às outras. Negue o movimento, se parecer apropriado, e somente então negue o processo de determinação de uma cognição por outra. Diga que os instantes e as linhas são ficções, diga somente, também, que os estados de cognição e os juízos são ficções. O ponto enfatizado aqui não é uma ou outra solução lógica da dificuldade, mas somente que a cognição surge por meio de um *processo* de começar, assim como acontece qualquer outra mudança.

Em um próximo artigo, desenvolverei as consequências desses princípios com respeito às questões da realidade, da individualidade e da validade das leis da lógica.

Some Consequences of Four Incapacities

P 27: *Journal of Speculative Philosophy* 2(1868):140-57

Descartes is the father of modern philosophy, and the spirit of Cartesianism—that which principally distinguishes it from the scholasticism which it displaced—may be compendiously stated as follows:

1. It teaches that philosophy must begin with universal doubt; whereas scholasticism had never questioned fundamentals.

2. It teaches that the ultimate test of certainty is to be found in the individual consciousness; whereas scholasticism had rested on the testimony of sages and of the Catholic Church.

3. The multiform argumentation of the middle ages is replaced by | a single thread of inference depending often upon inconspicuous premises.

4. Scholasticism had its mysteries of faith, but undertook to explain all created things. But there are many facts which Cartesianism not only does not explain, but renders absolutely inexplicable, unless to say that "God makes them so" is to be regarded as an explanation.

In some, or all of these respects, most modern philosophers have been, in effect, Cartesians. Now without wishing to return to scholasticism, it seems to me that modern science and modern logic require us to stand upon a very different platform from this.

1. We cannot begin with complete doubt. We must begin with all the prejudices which we actually have when we enter upon the study of philosophy. These prejudices are not to be dispelled by a maxim, for they are things which it does not occur to us *can* be questioned. Hence this initial scepticism will be a mere self-deception, and not real doubt; and no one who follows the Cartesian method will ever be satisfied until he has formally recovered all those beliefs which in form he has given up. It is, therefore, as useless a preliminary as going to the North Pole would be in order to get to Constantinople

Algumas consequências de quatro incapacidades

Descartes é o pai da filosofia moderna e o espírito do cartesianismo — pelo qual ela se distingue principalmente da escolástica, a qual substituiu — pode ser exposto resumidamente da seguinte maneira: 1. o cartesianismo ensina que a filosofia tem de começar com a dúvida universal, ao passo que a escolástica nunca questionou os fundamentos; 2. o cartesianismo ensina que o teste último da certeza deve ser encontrado na consciência individual, ao passo que a escolástica se baseava no testemunho dos sábios e da Igreja Católica; 3. a argumentação multiforme da Idade Média é substituída por [212] uma única linha de inferência que depende frequentemente de premissas inconspícuas; 4. a escolástica tinha seus mistérios de fé, mas buscava explicar todas as coisas criadas. Há, porém, muitos fatos que o cartesianismo não só não explica, como torna absolutamente inexplicáveis, a menos que dizer que "Deus os fez assim" deva ser considerado como uma explicação.

Em alguns, ou em todos esses aspectos, a maioria dos filósofos modernos foi, de fato, cartesiana. Agora, sem desejar retornar à escolástica, parece-me que a ciência e a lógica modernas exigem que nos firmemos em uma plataforma bastante diferente dessa.
1. Não podemos começar com a dúvida completa. Temos de começar com todos os preconceitos que de fato temos quando entramos no estudo da filosofia. Esses preconceitos não devem ser dissipados por uma máxima, pois são coisas que não nos ocorrem que *possam* ser questionadas. Daí que esse ceticismo inicial seja um mero fazer-se de sonso[xxii], e não dúvida real, e ninguém que siga o método cartesiano jamais se satisfará até que tenha formalmente recuperado

by coming down regularly upon a meridian. A person may, it is true, in the course of his studies, find reason to doubt what he began by believing; but in that case he doubts because he has a positive reason for it, and not on account of the Cartesian maxim. Let us not pretend to doubt in philosophy what we do not doubt in our hearts.

2. The same formalism appears in the Cartesian criterion, which amounts to this: "Whatever I am clearly convinced of, is true." If I were really convinced, I should have done with reasoning, and should require no test of certainty. But thus to make single individuals absolute judges of truth is most pernicious. The result is that metaphysicians will all agree that metaphysics has reached a pitch of certainty far beyond that of the physical sciences;—only they can agree upon nothing else. In sciences in which men come to agreement, when a theory has been broached, it is considered to be on probation until this agreement is reached. After it is reached, the question of certainty becomes an idle one, because there is no one left who doubts it. We individually cannot reasonably hope to attain the ultimate philosophy which we pursue; we can only seek it, therefore, for the *community* of philosophers. Hence, if disciplined and candid minds carefully examine a theory and refuse to accept it, this ought to create doubts in the mind of the author of the theory himself. |

3. Philosophy ought to imitate the successful sciences in its methods, so far as to proceed only from tangible premises which can be subjected to careful scrutiny, and to trust rather to the multitude and variety of its arguments than to the conclusiveness of any one. Its reasoning should not form a chain which is no stronger than its weakest link, but a cable whose fibres may be ever so slender, provided they are sufficiently numerous and intimately connected.

todas aquelas crenças de que, em forma, desistiu. Como preliminar, portanto, esse método é tão inútil quanto ir ao Polo Norte para chegar a Constantinopla descendo regularmente por um meridiano. É verdade que, no curso de seus estudos, uma pessoa pode encontrar razão para duvidar do que começou acreditando, mas, nesse caso, ela duvida porque tem uma razão positiva para duvidar, e não por causa da máxima cartesiana. Não vamos fingir duvidar em filosofia do que não duvidamos nos nossos corações.

2. O mesmo formalismo aparece no critério cartesiano que se reduz ao seguinte: "Tudo aquilo de que estou claramente convencido é verdadeiro". Se eu estivesse realmente convencido, deveria prescindir do raciocínio e não exigir mais nenhum teste de certeza. Mas fazer dos indivíduos, dessa maneira, juízes absolutos da verdade é demasiado pernicioso. O resultado é que todos os metafísicos concordarão que a metafísica alcançou um grau de certeza muito além do das ciências físicas, só que eles não poderão concordar sobre mais nada. Nas ciências em que os homens chegam ao acordo, quando uma teoria é proposta, ela é considerada provável até que esse acordo seja alcançado. Após ter sido alcançado, a questão da certeza se torna inócua, porque não resta mais ninguém que duvide dela. Como indivíduos, não podemos racionalmente esperar atingir a filosofia última que perseguimos, podemos somente buscá-la, portanto, para a *comunidade* dos filósofos. Por conseguinte, se mentes disciplinadas e cândidas examinarem cuidadosamente uma teoria e se recusarem a aceitá-la, isso deveria criar dúvidas na mente do próprio autor da teoria. [213]

3. A filosofia, em seus métodos, deveria imitar as ciências bem-sucedidas até o ponto de proceder somente com base em premissas tangíveis que possam ser submetidas ao escrutínio cuidadoso, e de confiar antes na multiplicidade e na variedade de seus argumentos do que na conclusividade de um único qualquer. Seu raciocínio não deve formar uma corrente que não seja mais forte do que seu elo mais fraco, mas um cabo cujas fibras podem ser finíssimas, contanto que sejam suficientemente numerosas e estejam intimamente conectadas.

4. Every unidealistic philosophy supposes some absolutely inexplicable, unanalyzable ultimate; in short, something resulting from mediation itself not susceptible of mediation. Now that anything *is* thus inexplicable can only be known by reasoning from signs. But the only justification of an inference from signs is that the conclusion explains the fact. To suppose the fact absolutely inexplicable, is not to explain it, and hence this supposition is never allowable.

In the last number of this journal will be found a piece entitled "Questions concerning certain Faculties claimed for Man," which has been written in this spirit of opposition to Cartesianism. That criticism of certain faculties resulted in four denials, which for convenience may here be repeated:

1. We have no power of Introspection, but all knowledge of the internal world is derived by hypothetical reasoning from our knowledge of external facts.

2. We have no power of Intuition, but every cognition is determined logically by previous cognitions.

3. We have no power of thinking without signs.

4. We have no conception of the absolutely incognizable.

These propositions cannot be regarded as certain; and, in order to bring them to a further test, it is now proposed to trace them out to their consequences. We may first consider the first alone; then trace the consequences of the first and second; then see what else will result from assuming the third also; and, finally, add the fourth to our hypothetical premises.

In accepting the first proposition, we must put aside all prejudices derived from a philosophy which bases our knowledge of the external world on our self-consciousness. We can admit no statement concerning what passes within us except as a hypothesis necessary to explain what takes place in what we commonly call the external world. Moreover when we have upon such grounds assumed one faculty or mode of action of the mind, we cannot, of course, adopt any other hypothesis for the purpose of explaining any fact which can | be explained by our first supposition, but must

4. Toda filosofia não idealista supõe algo último absolutamente inexplicável, inanalisável, em suma, algo que resulta da mediação sem em si mesmo ser suscetível de mediação. Ora, só se pode saber que qualquer coisa *é* inexplicável dessa maneira por meio de raciocínio baseado em signos. Mas a única justificativa de uma inferência baseada em signos é que a conclusão explica o fato. Supor que o fato é absolutamente inexplicável é não o explicar, e, por conseguinte, jamais essa suposição pode ser admitida.

No último número deste periódico encontra-se um artigo, intitulado "Questões concernentes a certas faculdades reivindicadas para o homem"[xxiii], que foi escrito nesse espírito de oposição ao cartesianismo. Essa crítica de certas faculdades resultou em quatro negações, que, por conveniência, podem ser repetidas aqui:

1. Não temos nenhum poder de Introspecção, mas todo conhecimento do mundo interno é derivado por raciocínio hipotético de nosso conhecimento de fatos externos.

2. Não temos nenhum poder de Intuição, mas toda cognição é determinada logicamente por cognições prévias.

3. Não temos nenhum poder de pensar sem signos.

4. Não temos nenhuma concepção do absolutamente incognoscível.

Essas proposições não podem ser consideradas como certas, e, para trazê-las a mais um teste ainda, propõe-se agora desenvolvê-las em suas consequências. Podemos primeiramente considerar só a primeira; então, tirar as consequências da primeira e da segunda; então, ver o que mais resultará da admissão também da terceira; e, finalmente, adicionar a quarta às nossas premissas hipotéticas.

Ao aceitar a primeira proposição, temos de pôr de lado todos os preconceitos derivados de uma filosofia que baseia nosso conhecimento do mundo externo em nossa autoconsciência. Não podemos admitir declaração alguma concernente ao que se passa dentro de nós, a não ser como uma hipótese necessária para explicar o que acontece no que comumente chamamos de mundo externo. Além do mais, quando sobre tais fundamentos admitirmos uma única faculdade ou modo de ação da mente, é claro que não poderemos adotar

carry the latter as far as it will go. In other words, we must, as far as we can do so without additional hypotheses, reduce all kinds of mental action to one general type.

The class of modifications of consciousness with which we must commence our inquiry must be one whose existence is indubitable, and whose laws are best known, and, therefore (since this knowledge comes from the outside), which most closely follows external facts; that is, it must be some kind of cognition. Here we may hypothetically admit the second proposition of the former paper, according to which there is no absolutely first cognition of any object, but cognition arises by a continuous process. We must begin, then, with a *process* of cognition, and with that process whose laws are best understood and most closely follow external facts. This is no other than the process of valid inference, which proceeds from its premise, A, to its conclusion, B, only if, as a matter of fact, such a proposition as B is always or usually true when such a proposition as A is true. It is a consequence, then, of the first two principles whose results we are to trace out, that we must, as far as we can, without any other supposition than that the mind reasons, reduce all mental action to the formula of valid reasoning.

But does the mind in fact go through the syllogistic process? It is certainly very doubtful whether a conclusion—as something existing in the mind independently, like an image—suddenly displaces two premises existing in the mind in a similar way. But it is a matter of constant experience, that if a man is made to believe in the premises, in the sense that he will act from them and will say that they are true, under favorable conditions he will also be ready to act from the conclusion and to say that that is true. Something, therefore, takes place within the organism which is equivalent to the syllogistic process.

qualquer outra hipótese com o propósito de explicar qualquer fato que possa [214] ser explicado pela nossa primeira suposição, mas teremos de levá-la até onde ela for. Em outras palavras, enquanto pudermos assim proceder sem hipóteses adicionais, temos de reduzir todos os tipos de ação mental a um único tipo geral.

A classe das modificações da consciência com a qual temos de começar nossa inquirição tem de ser tal que a sua existência seja indubitável e as suas leis sejam as mais bem conhecidas e, portanto (já que esse conhecimento vem de fora), que siga os fatos externos o mais de perto possível, isto é, tem de ser alguma espécie de cognição. Podemos, aqui, admitir hipoteticamente a segunda proposição do escrito anterior, de acordo com a qual não há nenhuma cognição absolutamente primeira de qualquer objeto, surgindo a cognição, porém, por meio de um processo contínuo. Temos de começar, então, com um *processo* de cognição, e com aquele processo cujas leis são mais bem compreendidas e seguem mais de perto os fatos externos. Não se trata de outro processo que o da inferência válida, o qual procede da sua premissa, *A*, à sua conclusão, *B*, somente se, de fato, uma proposição tal como *B* for sempre ou usualmente verdadeira quando uma proposição tal como *A* for verdadeira. Então, é uma consequência dos dois primeiros princípios, cujos resultados devemos desenvolver, que temos de reduzir toda ação mental à fórmula do raciocínio válido, e até onde o conseguirmos, sem qualquer outra suposição a não ser a de que a mente raciocina.

Mas a mente passa de fato pelo processo silogístico? Por certo, é bastante duvidoso se uma conclusão — como algo que existe independente na mente, como uma imagem — chega mesmo a deslocar repentinamente duas premissas existentes na mente. Mas é uma questão de experiência constante o fato de que, se um homem passa a acreditar nas premissas, no sentido de que agirá com base nelas e dirá que são verdadeiras, segundo condições favoráveis ele também estará pronto a agir com base na conclusão e a dizer que ela é verdadeira. Portanto, algo acontece dentro do organismo que é equivalente ao processo silogístico.

A valid inference is either *complete* or *incomplete*. An incomplete inference is one whose validity depends upon some matter of fact not contained in the premises. This implied fact might have been stated as a premise, and its relation to the conclusion is the same whether it is explicitly posited or not, since it is at least virtually taken for granted; so that every valid incomplete argument is virtually complete. Complete arguments are divided into *simple* and *complex*. A complex argument is one which from three or more premises concludes what might have been concluded by successive steps in | reasonings each of which is simple. Thus, a complex inference comes to the same thing in the end as a succession of simple inferences.

A complete, simple, and valid argument, or syllogism, is either *apodictic* or *probable*. An apodictic or deductive syllogism is one whose validity depends unconditionally upon the relation of the fact inferred to the facts posited in the premises. A syllogism whose validity should depend not merely upon its premises, but upon the existence of some other knowledge, would be impossible; for either this other knowledge would be posited, in which case it would be a part of the premises, or it would be implicitly assumed, in which case the inference would be incomplete. But a syllogism whose validity depends partly upon the *non-existence* of some other knowledge, is a *probable* syllogism.

A few examples will render this plain. The two following arguments are apodictic or deductive:

1. No series of days of which the first and last are different days of the week exceeds by one a multiple of seven days; now the first and last days of any leap-year are different days of the week, and therefore no leap-year consists of a number of days one greater than a multiple of seven.

2. Among the vowels there are no double letters; but one of the double letters *(w)* is compounded of two vowels: hence, a letter compounded of two vowels is not necessarily itself a vowel.

Uma inferência válida ou é *completa* ou *incompleta*. Uma inferência incompleta é aquela cuja validade depende de alguma questão de fato não contida nas premissas. Esse fato implicado poderia ter sido declarado como uma premissa, e, seja ele explicitamente postulado ou não, a sua relação com a conclusão é a mesma, uma vez que ao menos virtualmente ele é pressuposto. Desse modo, todo argumento incompleto válido é virtualmente completo. Argumentos completos distinguem-se em *simples* e *complexos*. Um argumento complexo é aquele que de três ou mais premissas conclui o que poderia ter sido concluído por passos sucessivos em [215] raciocínios que são, cada um deles, simples. Assim, uma inferência complexa é no fim a mesma coisa que uma sucessão de inferências simples.

Um argumento completo, simples e válido, ou silogismo, é ou *apodítico* ou *provável*. Um silogismo apodítico, ou dedutivo, é aquele cuja validade depende incondicionalmente da relação do fato inferido com os fatos postulados nas premissas. Um silogismo cuja validade não dependesse exclusivamente de suas premissas, mas da existência de algum outro conhecimento, seria impossível, pois ou esse outro conhecimento seria postulado, caso em que seria uma parte das premissas, ou seria implicitamente suposto, caso em que a inferência estaria incompleta. Mas um silogismo cuja validade depende parcialmente da *in-existência* de algum outro conhecimento é um silogismo *provável*.

Uns poucos exemplos deixarão isso claro. Os dois argumentos seguintes são apodíticos ou dedutivos:

1. Nenhuma série de dias, da qual o primeiro e o último são dias diferentes da semana, excede um múltiplo de sete dias por um; ora, o primeiro e o último dias de qualquer ano bissexto são dias diferentes da semana e, portanto, nenhum ano bissexto é composto de um número de dias maior, por um, do que um múltiplo de sete.

2. Dentre as vogais não há letras duplas; mas uma das letras duplas (*w*) é composta de duas vogais: por conseguinte, uma letra composta de duas vogais não é necessariamente ela mesma uma vogal[xxiv].

In both these cases, it is plain that as long as the premises are true, however other facts may be, the conclusions will be true. On the other hand, suppose that we reason as follows:—"A certain man had the Asiatic cholera. He was in a state of collapse, livid, quite cold, and without perceptible pulse. He was bled copiously. During the process he came out of collapse, and the next morning was well enough to be about. Therefore, bleeding tends to cure the cholera." This is a fair probable inference, provided that the premises represent our whole knowledge of the matter. But if we knew, for example, that recoveries from cholera were apt to be sudden, and that the physician who had reported this case had known of a hundred other trials of the remedy without communicating the result, then the inference would lose all its validity.

The absence of knowledge which is essential to the validity of any probable argument relates to some question which is determined by the argument itself. This question, like every other, is whether certain objects have certain characters. Hence, the absence of know- | -ledge is either whether besides the objects which, according to the premises, possess certain characters, any other objects possess them; or, whether besides the characters which, according to the premises, belong to certain objects, any other characters not necessarily involved in these belong to the same objects. In the former case, the reasoning proceeds as though all the objects which have certain characters were known, and this is *induction*; in the latter case, the inference proceeds as though all the characters requisite to the determination of a certain object or class were known, and this is *hypothesis*. This distinction, also, may be made more plain by examples.

Suppose we count the number of occurrences of the different letters in a certain English book, which we may call *A*. Of course, every new letter which we add to our count will alter the relative number of occurrences of the different letters; but as we proceed with our counting, this change will be less and less. Suppose that

Em ambos os casos, é claro que, enquanto as premissas forem verdadeiras, não importa o que possam ser outros fatos, as conclusões serão verdadeiras. Por outro lado, suponha-se que raciocinemos da seguinte maneira: "certo homem tinha cólera-morbo. Ele estava em estado de colapso, lívido, gelado e sem pulso perceptível. Foi sangrado copiosamente. Durante o processo, ele saiu do colapso, e, na manhã seguinte, estava suficientemente bem para se levantar. Portanto, a sangria tende a curar o cólera". Essa é uma inferência provável e legítima, contanto que as premissas representem todo o nosso conhecimento da questão. Mas se soubéssemos, por exemplo, que recuperações de cólera podem ser repentinas, e que o médico que relatou esse caso conhecera uma centena de outras tentativas do remédio sem comunicar o resultado, então a inferência perderia toda a sua validade.

A ausência de conhecimento que é essencial à validade de qualquer argumento provável relaciona-se a alguma questão que é determinada pelo próprio argumento. Essa questão, como toda outra, é se certos objetos têm ou não certas características. Por conseguinte, a ausência de conhecimento [216] ou é se há ou não há outros objetos que possuam certas características além daqueles que, de acordo com as premissas, também as possuem, ou se, além das características que, de acordo com as premissas, pertencem a certos objetos, quaisquer outras características não necessariamente implicadas nessas [premissas] também pertencem aos mesmos objetos. No primeiro caso, o raciocínio procede como se todos os objetos que têm certas características fossem conhecidos, e isso é a *indução*; no segundo caso, a inferência procede como se todas as características requeridas para a determinação de certo objeto ou classe fossem conhecidas, e isso é a *hipótese*. Também essa distinção pode ser tornada mais clara por exemplos.

Vamos supor que contemos o número de ocorrências das diferentes letras em certo livro em inglês, que podemos chamar de *A*. Naturalmente, toda nova letra que adicionarmos à nossa conta alterará o número relativo de ocorrências das diferentes letras.

we find that as we increase the number of letters counted, the relative number of *e*'s approaches nearly 11¼ *per cent* of the whole, that of the *t*'s 8½ *per cent*, that of the *a*'s 8 *per cent*, that of the *s*'s 7½ *per cent*, &c. Suppose we repeat the same observations with half a dozen other English writings (which we may designate as *B, C, D, E, F, G*) with the like result. Then we may infer that in every English writing of some length, the different letters occur with nearly those relative frequencies.

Now this argument depends for its validity upon our *not* knowing the proportion of letters in any English writing besides *A, B, C, D, E, F,* and *G*. For if we know it in respect to *H,* and it is not nearly the same as in the others, our conclusion is destroyed at once; if it is the same, then the legitimate inference is from *A, B, C, D, E, F, G,* and *H,* and not from the first seven alone. This, therefore, is na *induction.*

Suppose, next, that a piece of writing in cypher is presented to us, without the key. Suppose we find that it contains something less than 26 characters, one of which occurs about 11 *per cent* of all the times, another 8½ *per cent,* another 8 *per cent,* and another 7½ *per cent.* Suppose that when we substitute for these *e, t, a,* and *s,* respectively, we are able to see how single letters may be substituted for each of the other characters so as to make sense in English, provided, however, that we allow the spelling to be wrong in some cases. If the writing is of any considerable length, we may infer with great probability that this is the meaning of the cipher. |

The validity of this argument depends upon there being no other known characters of the writing in cipher which would have any weight in the matter; for if there are—if we know, for example, whether or not there is any other solution of it—this must be allowed its effect in supporting or weakening the conclusion. This, then, is *hypothesis.*

Conforme damos seguimento à nossa contagem, porém, essa mudança passa a ser cada vez menor. Suponha-se que descobrimos que, conforme aumentamos o número de letras contadas, o número relativo de *ee* se aproxima de quase 11¼ *por cento* do todo, que o de *tt* de 8½ *por cento*, o de *aa* 8 *por cento*, o de *ss* 7½ *por cento* etc. Suponha-se que repitamos as mesmas observações com meia dúzia de outros escritos em inglês (que podemos designar como *B*, *C*, *D*, *E*, *F*, *G*) com resultado parecido. Podemos, então, inferir que em todo escrito em inglês de alguma extensão as diferentes letras ocorrem aproximadamente com essas frequências relativas.

Assim, esse argumento depende, para sua validade, de nós *não* sabermos a proporção das letras em qualquer escrito em inglês além de *A*, *B*, *C*, *D*, *E*, *F* e *G*, dado que, se a conhecermos relativamente a *H*, e ela não for aproximadamente a mesma que nos outros, nossa conclusão é destruída de um só golpe; se for a mesma, então a inferência legítima é baseada em *A*, *B*, *C*, *D*, *E*, *F*, *G* e *H*, e não apenas nas primeiras sete. Portanto, essa é uma *indução*.

Vamos supor, em seguida, que uma peça de escrita cifrada nos seja apresentada sem a chave. Suponha-se que descubramos que ela contém pouco menos de 26 caracteres, um dos quais ocorre cerca de 11 *por cento* de todas as vezes; outro, 8½ *por cento*; outro, 8 *por cento*; e outro, 7½ *por cento*. Suponha-se que quando substituímos esses caracteres por *e*, *t*, *a* e *s*, respectivamente, conseguimos ver como as letras singulares podem vir a substituir cada um dos outros caracteres de modo a fazer sentido em inglês, contanto, porém, que admitamos erros de soletração em alguns casos. Se a escrita tiver uma extensão considerável, podemos inferir com grande probabilidade que esse é o significado da cifra. [217]

A validade desse argumento depende de não haver quaisquer outros caracteres conhecidos da escrita cifrada que possam vir a ter qualquer peso na questão, pois, se existissem — se viermos a saber, por exemplo, que há ou não qualquer outra solução da escrita —, teríamos de admitir os efeitos disso em apoiar ou enfraquecer a conclusão. Essa, então, é a *hipótese*.

All valid reasoning is either deductive, inductive, or hypothesis; or else it combines two or more of these characters. Deduction is pretty well treated in most logical text-books; but it will be necessary to say a few words about induction and hypothesis in order to render what follows more intelligible. Induction may be defined as an argument which proceeds upon the assumption that all the members of a class or aggregate have all the characters which are common to all those members of this class concerning which it is known, whether they have these characters or not; or, in other words, which assumes that that is true of a whole collection which is true of a number of instances taken from it at random. This might be called statistical argument. In the long run, it must generally afford pretty correct conclusions from true premises. If we have a bag of beans partly black and partly white, by counting the relative proportions of the two colors in several different handfuls, we can approximate more or less to the relative proportions in the whole bag, since a sufficient number of handfuls would constitute all the beans in the bag. The central characteristic and key to induction is, that by taking the conclusion so reached as major premise of a syllogism, and the proposition stating that such and such objects are taken from the class in question as the minor premise, the other premise of the induction will follow from them deductively. Thus, in the above example we concluded that all books in English have about 11¼ *per cent* of their letters *e*'s. From that as major premise, together with the proposition that *A, B, C, D, E, F,* and *G* are books in English, it follows deductively that *A, B, C, D, E, F,* and *G* have about 11¼ *per cent* of their letters *e*'s. Accordingly, induction has been defined by Aristotle as the inference of the major premise of a syllogism from its minor premise and conclusion. The function of an induction is to substitute for a series of many subjects, a single one which embraces them and an indefinite number of others. Thus it is a species of "reduction of the manifold to unity."

Todo raciocínio válido ou é dedutivo, ou indutivo ou hipotético, ou, então, combina duas ou mais dessas características. A dedução está muito bem tratada na maioria dos livros escolares. Quanto à indução e a hipótese, porém, será necessário dizer algumas palavras para tornar o que vem a seguir mais inteligível. A indução pode ser definida como um argumento que procede segundo a suposição de que todos os membros de uma classe ou agregado têm todas as características que são comuns a todos aqueles membros dessa classe, sobre os quais se sabe se têm ou não essas características[xxv], ou, em outras palavras, [é o argumento] que supõe que aquilo que é verdadeiro para um número de casos tirados aleatoriamente de uma coleção é verdadeiro para toda a coleção. Esse argumento poderia ser chamado de estatístico. Em longo prazo, ele tem em geral que fornecer conclusões bastante corretas, baseadas em premissas verdadeiras. Se temos um saco de feijões, em parte pretos e em parte brancos, pela contagem de proporções relativas das duas cores em vários diferentes punhados, podemos nos aproximar mais ou menos das proporções relativas no saco todo, uma vez que uma quantidade suficiente de punhados comporia a totalidade dos feijões no saco. A característica central, e a chave para a indução, é o fato de que, ao considerarmos a conclusão assim alcançada como a premissa maior de um silogismo, e, como premissa menor, a proposição que declara que tais e tais objetos são tomados da classe em questão, a outra premissa da indução decorrerá dedutivamente delas. Assim, no exemplo acima, concluímos que todos os livros em inglês têm cerca de 11¼ *por cento* de *ee* entre suas letras. Disso, como premissa maior, junto com a proposição de que *A, B, C, D, E, F* e *G* são livros em inglês, decorre dedutivamente que *A, B, C, D, E, F* e *G* têm cerca de 11¼ *por cento* de *ee* entre suas letras. Assim sendo, a indução foi definida por Aristóteles como a inferência da premissa maior de um silogismo com base em sua premissa menor e em sua conclusão. A função de uma indução é substituir uma série de muitos sujeitos por um único que os abarque e a um número indefinido de outros. Assim, é uma espécie de "redução do múltiplo à unidade".

Hypothesis may be defined as an argument which proceeds upon the assumption that a character which is known necessarily to in- | -volve a certain number of others, may be probably predicated of any object which has all the characters which this character is known to involve. Just as induction may be regarded as the inference of the major premise of a syllogism, so hypothesis may be regarded as the inference of the minor premise, from the other two propositions. Thus, the example taken above consists of two such inferences of the minor premises of the following syllogisms:

1. Every English writing of some length in which such and such characters denote *e, t, a,* and *s,* has about 11¼ *per cent* of the first sort of marks, 8½ of the second, 8 of the third, and 7½ of the fourth;
This secret writing is an English writing of some length, in which such and such characters denote *e, t, a,* and *s,* respectively:
∴ This secret writing has about 11¼ *per cent* of its characters of the first kind, 8½ of the second, 8 of the third, and 7½ of the fourth.

2. A passage written with such an alphabet makes sense when such and such letters are severally substituted for such and such characters.
This secret writing is written with such an alphabet.
∴ This secret writing makes sense when such and such substitutions are made.

The function of hypothesis is to substitute for a great series of predicates forming no unity in themselves, a single one (or small number) which involves them all, together (perhaps) with an indefinite number of others. It is, therefore, also a reduction of a manifold to unity.[1] Every deductive syllogism may be put into the form |

---

[1] Several persons versed in logic have objected that I have here quite misapplied the term *hypothesis,* and that what I so designate is an argument from *analogy.* It is a sufficient reply to say that the example of the cipher has been given as an apt illustration of hypothesis by Descartes (Rule 10, *Œuvres choi-*

A hipótese pode ser definida como um argumento que procede segundo a suposição de que uma característica, a qual se sabe que envolve [218] necessariamente certo número de outras características, pode provavelmente ser predicada de qualquer objeto que tenha todas as características que esta sabidamente envolve. Assim como a indução pode ser considerada como a inferência da premissa maior de um silogismo, da mesma forma a hipótese pode ser considerada como a inferência da premissa menor, com base nas outras duas proposições. Dessa maneira, o exemplo considerado acima equivale a duas dessas inferências das premissas menores dos seguintes silogismos:

1. Todo escrito em inglês de alguma extensão, no qual certos caracteres denotam *e, t, a* e *s*, tem cerca de 11¼ *por cento* da primeira sorte de marcas, 8½ da segunda, 8 da terceira e 7½ da quarta;
Este escrito secreto é um escrito em inglês de alguma extensão, no qual certos caracteres denotam *e, t, a* e *s*, respectivamente:
∴ Este escrito secreto tem cerca de 11¼ *por cento* de seus caracteres da primeira espécie, 8½ *por cento* da segunda, 8 da terceira e 7½ da quarta.

2. Uma passagem escrita com certo alfabeto faz sentido quando certos caracteres são separadamente substituídos por certas letras. Este escrito secreto é escrito com esse alfabeto.
∴ Este escrito secreto faz sentido quando certas substituições são feitas.

A função da hipótese[xxvi] é substituir uma grande série de predicados que neles mesmos não formam uma unidade por um único (ou um pequeno número) que os envolva a todos, junto (talvez) com um número indefinido de outros predicados. Portanto, é também uma redução de um múltiplo à unidade[15]. Todo silogismo dedutivo pode ser posto na forma [219]

---

[1] Várias pessoas versadas em lógica objetaram que usei o termo *hipótese*, aqui, de maneira totalmente equivocada, e que aquilo que designo assim é um argumento por *ana-*

sies: Paris, 1865, page 334), by Leibniz (*Nouveaux Essais,* lib. 4, ch. 12, § 13, Ed. Erdmann, p. 383 *b*), and (as I learn from D. Stewart; *Works,* vol. 3, pp. 305 et seqq.) by Gravesande, Boscovich, Hartley, and G. L. Le Sage. The term *Hypothesis* has been used in the following senses:—1. For the theme or proposition forming the subject of discourse. 2. For an assumption. Aristotle divides *theses* or propositions adopted without any reason into definitions and hypotheses. The latter are propositions stating the existence of something. Thus the geometer says, "Let there be a triangle." 3. For a condition in a general sense. We are said to seek other things than happiness ἐξ ὑποθέσως conditionally. The best republic is the ideally perfect, the second the best on earth, the third the best ἐξ ὑποθέσως under the circumstances. Freedom is the ὑπόθεσις or condition of democracy. 4. For the antecendent of a hypothetical proposition. 5. For an oratorical question which assumes facts. 6. In the *Synopsis* of Psellus, for the reference of a | subject to the things it denotes. 7. Most commonly in modern times, for the conclusion of an argument from consequence and consequent to antecedent. This is my use of the term. 8. For such a conclusion when too weak to be a theory accepted into the body of a science.I give a few authorities to support the seventh use: *Chauvin.—Lexicon Rationale,* 1st Ed.—"Hypothesis est propositio, quæ assumitur ad probandam aliam veritatem incognitam. Requirunt multi, ut hæc hypothesis vera esse cognoscatur, etiam antequam appareat, an alia ex eâ deduci possint. Verum aiunt alii, hoc unum desiderari, ut hypothesis pro vera admittatur, quod nempe ex hac talia deducitur, quæ respondent phænomenis, et satisfaciunt omnibus difficultatibus, quæ hac parte in re, et in iis quæ de ea apparent, occurrebant." *Newton.*—"Hactenus phnomena coelorum et maris nostri per vim gravitatis exposui, sed causam gravitatis nondum assignavi. . . . Rationem vero harum gravitatis proprietatum ex phænomenis nondum potui deducere, et hypotheses non fingo. Quicquid enim ex phænomenis non deducitur, *hypothesis* vocanda est. . . . In hâc Philosophiâ Propositiones deducuntur ex phænomenis, et redduntur generales per inductionem." *Principia. Ad fin. Sir Wm. Hamilton.*—"*Hypotheses,* that is, propositions which are assumed with probability, in order to explain or prove something else which cannot otherwise be explained or proved."—*Lectures on Logic* (Am. Ed.), p. 188. "The name of *hypothesis* is more emphatically given to provisory suppositions, which serve to explain the phenomena in so far as observed, but which are only asserted to be true, if ultimately confirmed by a complete induction."— Ibid., p. 364. "When a phenomenon is presented which can be explained by no principle afforded through experience, we feel discontented and uneasy; and there arises an effort to discover some cause which may, at least provisionally, account for the outstanding phenomenon; and this cause is finally recognized as valid and true, if, through it, the given phenomenon is found to obtain a full and perfect explanation. The judgment in which a phenomenon is referred to such a problematic cause, is called a *Hypothesis.*"—Ibid., pp. 449, 450. See also *Lectures on Metaphysics,* p. 117. *J. S. Mill.*—"An hypothesis is any

122   Charles Sanders Peirce

logia. É uma resposta suficiente dizer que o exemplo da cifra foi dado como uma ilustração adequada da hipótese por Descartes (Regra 10, *Oeuvres choisies:* Paris, 1865, p. 334, [trad. port. p. 58-59]), *por Leibniz (Nouveaux Essais, lib.* 4, cap. 12, § 13, Ed. Erdmann, p. 383 *b [*trad. bras. p. 325*])* e (conforme aprendo com D. Stewart, *Works,* v. 3, p. 305 *et seq.*) por Gravesande, Boscovich, Hartley e G. L. Le Sage. O termo *Hipótese* foi usado nos seguintes sentidos: — 1. para o tema ou proposição que forma o assunto do discurso; 2. para uma suposição. Aristóteles divide *teses* ou proposições adotadas sem qualquer razão em definições e hipóteses *[Segundos Analíticos,* 1,2,72a15]. As últimas são proposições que declaram a existência de algo. Assim, o geômetra diz: "Seja um triângulo"; 3. para uma condição em um sentido geral. Diz-se que procuramos outras coisas que não a felicidade ἐξ ὑποθέσεως *[ex hypothéseos],* condicionalmente. A melhor república é a idealmente perfeita, a segunda é a melhor na terra, a terceira é a melhor ἐξ ὑποθέσεως, segundo as circunstâncias. A liberdade é a ὑπόθεσις *[hypóthesis]* ou condição da democracia; 4. para o antecedente de uma proposição hipotética; 5. para uma questão oratória que supõe fatos; 6. na *Synopsis* de PsELO *[*ver n.t. xxvi*],* para a referência **[219]** de um sujeito às coisas que denota; 7. mais comumente nos tempos modernos, para a conclusão de um argumento baseado na consequência e no consequente para o antecedente. Esse é meu uso do termo; 8. para uma conclusão como essa, quando for fraca demais para ser uma teoria aceita no corpo de uma ciência. Cito umas poucas autoridades para sustentar o sétimo uso: *Chauvin, Lexicon Rationale,* 1ª ed.: "Hypothesis est propositio, quæ assumitur ad probandam aliam veritatem incognitam. Requirunt multi, ut hæc hypothesis vera esse cognoscatur, etiam antequam appareat, an alia ex eâ deduci possint. Verum aiunt alii, hoc unum desiderari, ut hypothesis pro vera admittatur, quod nempe ex hac talia deducitur, quæ respondent phænomenis, et satisfaciunt omnibus difficultatibus, quæ hac parte in re, et in iis quæ de ea apparent, occurrebant. *[Uma hipótese é uma proposição que é suposta a fim de testar a verdade do que ainda não se sabe. Muitos exigem que, para uma hipótese a ser identificada como verdadeira, não importa quão verdadeira ela possa parecer ser antes, seja possível deduzir outras coisas dela. Outros, porém, dizem que uma única coisa é necessária para uma hipótese ser verdadeira, a saber, que tais coisas devem ser dedutíveis dela conforme correspondam aos fenômenos e satisfaçam todas as dificuldades encontradas, por um lado, na coisa, e, por outro, no que dela surja.]*" Newton: "Hactenus phnomena coelorum et maris nostri per vim gravitatis exposui, sed causam gravitatis nondum assignavi. . . . Rationem vero harum gravitatis proprietatum ex phænomenis nondum potui deducere, et hypotheses non fingo. Quicquid enim ex phænomenis non deducitur, *hypothesis* vocanda est. . . . In hâc Philosophiâ Propositiones deducuntur ex phænomenis, et redduntur generales per inductionem." *Principia. Ad fin.* [*"*Escólio Geral" dos *Principia,* livro II, trad. bras. p. 331: "*Explicamos até aqui os fenômenos dos céus e de nosso mar pelo poder da gravidade, mas ainda não designamos a causa deste poder. [...] Todavia, ainda não fui capaz de descobrir a causa destas propriedades da gravidade a partir dos fenômenos, e não construo hipóteses. Pois tudo aquilo que não é deduzido a partir dos fenômenos é para ser chamado de uma* hipótese. *[...] Nesta filosofia as proposições particulares são inferidas a partir dos fenômenos, sendo depois generalizadas pela indução"].*

If *A*, then *B;*
But *A:*
∴ B.

| And as the minor premise in this form appears as antecedent or reason of a hypothetical proposition, hypothetic inference may be called reasoning from consequent to antecedent.

---

supposition which we make (either without actual evidence, or on evidence avowedly insufficient), in order to endeavor to deduce from it conclusions in accordance with facts which are known to be real; under the idea that if the conclusions to which the hypothesis leads are known truths, the hypothesis itself either must be, or at least is likely to be true."—*Logic* (6th Ed.), vol. 2, p. 8. *Kant.*—"*If all the consequents of a cognition are true, the cognition itself is true. . . . It is allowable, therefore, to conclude from consequent to a reason, but without being able to determine this reason. From the complexus of all consequents alone can we conclude the truth of a determinate reason. . . . The difficulty with this *positive* and *direct* mode of inference *(modus ponens)* is that the totality of the consequents cannot be apodeictically recognized, and that we are therefore led by this mode of inference only to a probable and *hypothetically* true cognition (Hypotheses)."—*Logik* by Jäsche, *Werke,* ed. Rosenkranz and Schubert, vol. 3, p. 221. "A hypothesis is the judgment of the truth of a reason on account of the sufficiency of the consequents."—Ibid., p. 262. *Herbart.* "We can make hypotheses, thence deduce consequents, and afterwards see whether the latter accord with experience. Such suppositions are termed hypotheses."—*Einleitung; Werke,* vol. 1, p. 53. *Beneke.*—"Affirmative inferences from consequent to antecedent, or hypotheses."—*System der Logik,* vol. 2, p. 103. There would be no difficulty in greatly multiplying these citations. |

Se *A*, então *B*;

Mas *A*:

∴ *B*.

[220] E, como a premissa menor nessa forma aparece como antecedente ou razão de uma proposição hipotética, a inferência hipotética pode ser chamada de raciocínio do consequente ao antecedente.

Sir W. Hamilton: "*Hipóteses*, isto é, proposições que são supostas com probabilidade, para explicar ou provar alguma outra coisa que não pode de outra maneira ser explicada ou provada". *Lectures on Logic* (ed. americana), p. 188. "O nome de *hipótese* é mais enfaticamente dado a suposições provisórias que servem para explicar os fenômenos tanto quanto sejam observados, mas que são afirmadas como verdadeiras apenas se forem definitivamente confirmadas por uma indução completa". *Ibid.*, p. 364. "Quando um fenômeno que não pode ser explicado por nenhum princípio fornecido pela experiência é apresentado, nós nos sentimos descontentes e inquietos, e surge um esforço para descobrir alguma causa que possa, pelo menos provisoriamente, explicar o fenômeno saliente. E essa causa é finalmente reconhecida como válida e verdadeira, se, por meio dela, descobrirmos que o fenômeno dado adquire uma explicação completa e perfeita. O julgamento no qual um fenômeno é referido a uma causa tão problemática é chamado de *Hipótese*". *Ibid.*, p. 449, 450. Ver também *Lectures on Metaphysics*, p. 117. *J. S. Mill:* "Hipótese é a suposição que se faz (seja sem prova atual, seja com provas reconhecidamente insuficientes) para tentar deduzir dela conclusões concordantes com fatos reais, na ideia de que se as conclusões às quais a hipótese conduz são verdades conhecidas, a hipótese em si ou deve ser verdadeira ou pelo menos verossimilhante". *Logic* (6ª ed.), v. 2, p. 8 [trad. bras. ligeiramente modificada, p. 229]. *Kant:* "*Se todos os consequentes de um conhecimento são verdadeiros, então o próprio conhecimento é verdadeiro ... De sorte que, do consequente, pode-se inferir um fundamento, mas sem poder determinar esse fundamento. Somente do conjunto de todos os consequentes se pode inferir, a respeito de um fundamento determinado, que ele é verdadeiro. ... No outro modo de inferir (modus ponens), positivo e direto, há a dificuldade de que a totalidade dos consequentes não pode ser conhecida apoditicamente. De maneira que esse modo de inferir conduz apenas a um conhecimento provável e hipoteticamente verdadeiro (hipóteses)". Logik de Jäsche, Werke, ed. Rosenkranz e Schubert, v. 3, p. 221 [Manual dos cursos de lógica geral Ak 52, trad. bras. p. 107]. "Uma hipótese é um assentimento do juízo à verdade de um fundamento em consideração da suficiência de seus consequentes". Ibid., p. 262 [Manual dos cursos de lógica geral Ak 84, trad. bras. p. 171]. Herbart:* "Podemos fazer hipóteses e daí deduzir os consequentes, e, depois disso, ver se esses últimos concordam com a experiência. Essas suposições são denominadas de hipóteses". *Einleitung, Werke*, v. 1, p. 53. *Beneke:* "Inferências afirmativas do consequente ao antecedente, ou hipóteses". *System der Logik*, v. 2, p. 103. Não haveria dificuldade em multiplicar grandemente essas citações. [220]

The argument from analogy, which a popular writer upon logic calls reasoning from particulars to particulars, derives its validity from its combining the characters of induction and hypothesis, being analyzable either into a deduction or an induction, or a deduction and a hypothesis.

But though inference is thus of three essentially different species, it also belongs to one genus. We have seen that no conclusion can be legitimately derived which could not have been reached by successions of arguments having two premises each, and implying no fact not asserted.

Either of these premises is a proposition asserting that certain objects have certain characters. Every term of such a proposition stands either for certain objects or for certain characters. The conclusion may be regarded as a proposition substituted in place of either premise, the substitution being justified by the fact stated in the other premise. The conclusion is accordingly derived from either premise by substituting either a new subject for the subject of the premise, or a new predicate for the predicate of the premise, or by both substitutions. Now the substitution of one term for another can be justified only so far as the term substituted represents only what is represented in the term replaced. If, therefore, the conclusion be denoted by the formula,

$$S \text{ is } P;$$

and this conclusion be derived, by a change of subject, from a premise which may on this account be expressed by the formula,

$$M \text{ is } P,$$

then the other premise must assert that whatever thing is represented by S is represented by M, or that

O argumento por analogia, chamado por um escritor popular de lógica de raciocínio dos particulares aos particulares[xxvii], deriva sua validade da combinação que faz entre as características da indução e da hipótese, e é analisável ou em uma dedução ou em uma indução, ou em uma dedução e uma hipótese.

No entanto, embora a inferência seja assim de três espécies essencialmente diferentes, ela também pertence a um único gênero. Vimos que não é possível derivar legitimamente nenhuma conclusão que possivelmente não tenha sido alcançada por sucessões de argumentos que têm, cada um, duas premissas que não implicam nenhum outro fato além dos que foram asseridos[xxviii].

Cada uma dessas premissas é uma proposição que assere que certos objetos têm certas características. Todos os termos dessas proposições significam ou certos objetos ou certas características. A conclusão pode ser considerada como uma proposição substituta no lugar de qualquer uma das premissas, substituição essa justificada pelo fato declarado na outra premissa. Assim sendo, a conclusão é derivada de qualquer uma das premissas pela substituição quer do sujeito da premissa por um novo sujeito, quer do predicado da premissa por um novo predicado, quer ainda sendo feitas ambas as substituições. Além disso, a substituição de um termo por outro só pode ser justificada uma vez que o termo substituto represente somente o que é representado no termo substituído. Se, portanto, a conclusão for denotada pela fórmula

$$S \text{ é } P,$$

e essa conclusão for derivada, por uma mudança de sujeito, de uma premissa que, por causa disso, pode ser expressa pela fórmula

$$M \text{ é } P,$$

então a outra premissa tem de asserir que qualquer coisa que é representada por S é representada por M, ou que

Every S is an M;

while, if the conclusion, S is P, is derived from either premise by a change of predicate, that premise may be written |

S is M;

and the other premise must assert that whatever characters are implied in P are implied in M, or that

Whatever is M is P.

In either case, therefore, the syllogism must be capable of expression in the form,

S is M; M is P:
$\therefore S$ is P.

Finally, if the conclusion differs from either of its premises, both in subject and predicate, the form of statement of conclusion and premise may be so altered that they shall have a common term. This can always be done, for if P is the premise and C the conclusion, they may be stated thus:

The state of things represented in P is real,
and
The state of things represented in C is real.

In this case the other premise must in some form virtually assert that every state of things such as is represented by C is the state of things represented in P.

All valid reasoning, therefore, is of one general form; and in seeking to reduce all mental action to the formulæ of valid inference, we seek to reduce it to one single type.

$$Todo\ S\ é\ um\ M,$$

ao passo que, se a conclusão, S é P, for derivada de uma qualquer das premissas por uma mudança de predicado, essa premissa pode ser escrita [221]

$$S\ é\ M,$$

e a outra premissa tem de asserir que quaisquer características que estão implicadas em P estão implicadas em M, ou que

$$O\ que\ quer\ que\ seja\ M\ é\ P.$$

Em qualquer dos casos, portanto, o silogismo tem de ser capaz de ser expresso na forma

$$S\ é\ M;\ M\ é\ P:$$
$$\therefore\ S\ é\ P.$$

Finalmente, se a conclusão difere de qualquer uma das suas premissas, tanto no sujeito quanto no predicado, a forma como conclusão e premissa são declaradas pode ser alterada de modo a que venham ter um termo comum. Isso sempre pode ser feito, pois, se P é a premissa e C a conclusão, elas podem ser declaradas assim:

O estado de coisas representado em P é real,

e

O estado de coisas representado em C é real.

Nesse caso, de alguma forma, a outra premissa tem de asserir virtualmente que todo estado de coisas tal como é representado por C é o estado de coisas representado em P.

Portanto, todo raciocínio válido é de uma única forma geral, e, ao buscar reduzir toda ação mental às fórmulas da inferência válida, buscamos reduzi-la a um único tipo.

An apparent obstacle to the reduction of all mental action to the type of valid inferences is the existence of fallacious reasoning. Every argument implies the truth of a general principle of inferential procedure (whether involving some matter of fact concerning the subject of argument, or merely a maxim relating to a system of signs), according to which it is a valid argument. If this principle is false, the argument is a fallacy; but neither a valid argument from false premises, nor an exceedingly weak, but not altogether illegitimate, induction or hypothesis, however its force may be over-estimated, however false its conclusion, is a fallacy.

Now words, taken just as they stand, if in the form of an argument, | thereby do imply whatever fact may be necessary to make the argument conclusive; so that to the formal logician, who has to do only with the meaning of the words according to the proper principles of interpretation, and not with the intention of the speaker as guessed at from other indications, the only fallacies should be such as are simply absurd and contradictory, either because their conclusions are absolutely inconsistent with their premises, or because they connect propositions by a species of illative conjunction, by which they cannot under any circumstances be validly connected.

But to the psychologist an argument is valid only if the premises from which the mental conclusion is derived would be sufficient, if true, to justify it, either by themselves, or by the aid of other propositions which had previously been held for true. But it is easy to show that all inferences made by man, which are not valid in this sense, belong to four classes, viz.: 1. Those whose premises are false; 2. Those which have some little force, though only a little; 3. Those which result from confusion of one proposition with another; 4. Those which result from the indistinct apprehension, wrong application, or falsity, of a rule of inference. For, if a man were to commit a fallacy not of either of these classes, he would, from true premises conceived with perfect distinctness, without being led astray by any

Um obstáculo que aparece à redução de toda ação mental ao gênero das inferências válidas é a existência do raciocínio falacioso. Todo argumento implica a verdade de um princípio geral de procedimento inferencial (seja envolvendo alguma questão de fato sobre o assunto do argumento, seja simplesmente uma máxima relativa a um sistema de signos) segundo o qual ele é um argumento válido. Se esse princípio for falso, o argumento será uma falácia, mas nem um argumento válido baseado em premissas falsas, nem uma indução ou hipótese sobremaneira fracas e, todavia, não completamente ilegítimas, por mais que as suas forças sejam superestimadas, por mais falsas que sejam as suas conclusões, nada disso é uma falácia.

Ora, as palavras, tomadas apenas assim como se apresentam, se estiverem na forma de um argumento, [222] implicam, desse modo, todo e qualquer fato que possa ser necessário para tornar o argumento conclusivo, de modo que, para o lógico formal — o qual só tem que se haver com o significado das palavras de acordo com os princípios próprios de interpretação, e não com a intenção do falante tal qual estimada com base em outras indicações —, as únicas falácias seriam aquelas que são simplesmente absurdas e contraditórias, seja por causa de suas conclusões serem absolutamente inconsistentes com suas premissas, seja porque conectam proposições por uma espécie de conjunção ilativa, pela qual não conseguem sob quaisquer circunstâncias ser validamente conectadas.

Para o psicólogo, porém, um argumento é válido somente se as premissas das quais a conclusão mental é derivada forem suficientes, se verdadeiras, para justificar a conclusão, quer por si mesmas, quer com o auxílio de outras proposições que tenham sido anteriormente sustentadas como verdadeiras. Mas é fácil mostrar que todas as inferências feitas pelo homem, que não são válidas nesse sentido, pertencem a quatro classes, a saber: 1. aquelas cujas premissas são falsas; 2. aquelas que têm alguma força pequena, ainda que só um pouco; 3. aquelas que resultam de confusão de uma proposição com outra; 4. aquelas que resultam de apreensão indistinta, aplicação errada ou falsidade de uma regra de inferência, pois, se um homem cometesse uma

prejudice or other judgment serving as a rule of inference, draw a conclusion which had really not the least relevancy. If this could happen, calm consideration and care could be of little use in thinking, for caution only serves to insure our taking all the facts into account, and to make those which we do take account of, distinct; nor can coolness do anything more than to enable us to be cautious, and also to prevent our being affected by a passion in inferring that to be true which we wish were true, or which we fear may be true, or in following some other wrong rule of inference. But experience shows that the calm and careful consideration of the same distinctly conceived premises (including prejudices) will insure the pronouncement of the same judgment by all men. Now if a fallacy belongs to the first of these four classes and its premises are false, it is to be presumed that the procedure of the mind from these premises to the conclusion is either correct, or errs in one of the other three ways; for it cannot be supposed that the mere falsity of the premises should affect the procedure of reason when that falsity is not known to reason. If the fallacy belongs to the second class and has some force, however little, it is a legitimate probable argument, and belongs to | the type of valid inference. If it is of the third class and results from the confusion of one proposition with another, this confusion must be owing to a resemblance between the two propositions; that is to say, the person reasoning, seeing that one proposition has some of the characters which belong to the other, concludes that it has all the essential characters of the other, and is equivalent to it. Now this is a hypothetic inference, which though it may be weak, and though its conclusion happens to be false, belongs to the type of valid inferences; and, therefore, as the *nodus* of the fallacy lies in this confusion, the procedure of the mind in these fallacies of the third class conforms to the formula of valid inference. If the fallacy belongs to the fourth class, it either results from wrongly applying or misapprehending a rule of inference, and

falácia que não fosse de nenhuma dessas classes, ele — de premissas verdadeiras concebidas com perfeita caracterização distintiva[xxix], sem ser desviado por qualquer preconceito ou outro juízo que sirva como regra de inferência — tiraria uma conclusão que realmente não teria a menor relevância. Se isso pudesse acontecer, a consideração calma e o cuidado teriam pouca utilidade no pensar, pois a precaução só serve para nos assegurar de que levamos em conta todos os fatos e para tornar distintos os fatos que consideramos. Tampouco a frieza pode fazer algo mais que nos habilitar a sermos cuidadosos, e também nos prevenir de sermos afetados por uma paixão para inferir que é verdadeiro o que desejamos que fosse, ou o que tememos que pudesse ser verdadeiro, ou a seguir alguma outra regra errada de inferência. Mas a experiência mostra que a consideração calma e cuidadosa das mesmas premissas distintamente concebidas (inclusive os preconceitos) assegurará o pronunciamento do mesmo juízo por todos os homens. Ora, se uma falácia pertence à primeira dessas quatro classes e suas premissas são falsas, é de se presumir que o proceder da mente, indo dessas premissas para a conclusão, ou está correto ou erra em uma das outras três maneiras, pois não é possível supor que a mera falsidade das premissas afete o procedimento da razão quando essa falsidade não é conhecida pela razão. Se a falácia pertence à segunda classe e tem alguma força, por menor que seja, trata-se de um argumento provável legítimo e pertence ao [223] gênero das inferências válidas. Se for da terceira classe e resultar da confusão de uma proposição com outra, essa confusão tem de ser devida a uma semelhança entre as duas proposições, quer dizer, a pessoa que raciocina, vendo que uma proposição tem algumas das características que pertencem à outra, conclui que uma proposição tem todas as características essenciais da outra e equivale a ela. Ora, embora possa ser fraca e sua conclusão venha a ser falsa, essa é uma inferência hipotética pertencente ao gênero das inferências válidas, e, portanto, como o *nodus* da falácia está nessa confusão, o procedimento da mente nessas falácias da terceira classe conforma-se à fórmula da inferência válida. Se a falácia pertence à quarta classe, ou ela resulta de aplicação errônea ou da

so is a fallacy of confusion, or it results from adopting a wrong rule of inference. In this latter case, this rule is in fact taken as a premise, and therefore the false conclusion is owing merely to the falsity of a premise. In every fallacy, therefore, possible to the mind of man, the procedure of the mind conforms to the formula of valid inference.

The third principle whose consequences we have to deduce is, that, whenever we think, we have present to the consciousness some feeling, image, conception, or other representation, which serves as a sign. But it follows from our own existence (which is proved by the occurrence of ignorance and error) that everything which is present to us is a phenomenal manifestation of ourselves. This does not prevent its being a phenomenon of something without us, just as a rainbow is at once a manifestation both of the sun and of the rain. When we think, then, we ourselves, as we are at that moment, appear as a sign. Now a sign has, as such, three references: 1st, it is a sign *to* some thought which interprets it; 2d, it is a sign *for* some object to which in that thought it is equivalent; 3d, it is a sign, *in* some respect or quality, which brings it into connection with its object. Let us ask what the three correlates are to which a thought-sign refers.

1. When we think, to what thought does that thought-sign which is ourself address itself? It may, through the medium of outward expression, which it reaches perhaps only after considerable internal development, come to address itself to thought of another person. But whether this happens or not, it is always interpreted by a subsequent thought of our own. If, after any thought, the current of ideas flows on freely, it follows the law of mental association. In that case, | each former thought suggests something to the thought which follows it, i.e. is the sign of something to this latter. Our train of thought may, it is true, be interrupted. But we must remember that, in addition to the principal element of thought at any moment, there are a hundred things in our mind to which but a small

incompreensão de uma regra de inferência, e, então, é uma falácia de confusão, ou resulta da adoção de uma regra errada de inferência. Nesse último caso, essa regra é de fato considerada como uma premissa e, portanto, a conclusão falsa é devida meramente à falsidade de uma premissa. Portanto, em toda falácia possível à mente do homem, o procedimento da mente conforma-se à fórmula da inferência válida.

O terceiro princípio cujas consequências temos de deduzir é que, em qualquer tempo em que estivermos a pensar, teremos presente à consciência algum sentimento, alguma imagem, concepção ou outra representação que serve como signo. Contudo, segue-se de nossa própria existência (a qual é provada pela ocorrência da ignorância e do erro) que tudo que está presente para nós é uma manifestação fenomênica de nós mesmos. Isso não impede que seja um fenômeno de algo fora de nós, assim como um arco-íris é, a uma só vez, uma manifestação tanto do sol quanto da chuva. Quando pensamos, então, nós mesmos, assim como estamos naquele momento, aparecemos como um signo. Ora, um signo tem, como tal, três referências: 1º. é um signo *para* algum pensamento que o interpreta; 2º. é um signo *por* algum objeto ao qual ele, naquele pensamento, equivale; 3º. é um signo *em* algum aspecto ou qualidade que o coloca em conexão com seu objeto[xxx]. Perguntemos o que são os três correlatos aos quais o signo-pensamento[xxxi] se refere.

1. Quando pensamos, a qual pensamento se dirige esse signo-pensamento que somos? Pelo meio de expressão externa, à qual chega talvez somente após considerável desenvolvimento interno, ele acaso pode vir a se dirigir ao pensamento de outra pessoa. Contudo, isso aconteça ou não, ele é sempre interpretado por um pensamento subsequente nosso. Se, após qualquer pensamento, a corrente de ideias flui livremente, ela segue a lei de associação mental. Nesse caso, **[224]** cada pensamento anterior sugere algo ao pensamento que o segue, ou seja, é o signo de algo para esse último. Nosso curso de pensamento pode, é verdade, ser interrompido. Mas temos de recordar que, adicionalmente ao elemento principal do pensamento em qualquer momento, há uma centena de coisas em nossa mente a que somente

Escritos da Série Cognitiva   135

fraction of attention or consciousness is conceded. It does not, therefore, follow, because a new constituent of thought gets the uppermost, that the train of thought which it displaces is broken off altogether. On the contrary, from our second principle, that there is no intuition or cognition not determined by previous cognitions, it follows that the striking in of a new experience is never an instantaneous affair, but is an *event* occupying time, and coming to pass by a continuous process. Its prominence in consciousness, therefore, must probably be the consummation of a growing process; and if so, there is no sufficient cause for the thought which had been the leading one just before, to cease abruptly and instantaneously. But if a train of thought ceases by gradually dying out, it freely follows its own law of association as long as it lasts, and there is no moment at which there is a thought belonging to this series, subsequently to which there is not a thought which interprets or repeats it. There is no exception, therefore, to the law that every thought-sign is translated or interpreted in a subsequent one, unless it be that all thought comes to an abrupt and final end in death.

2. The next question is: For what does the thought-sign stand— what does it name—what is its *suppositum?* The outward thing, undoubtedly, when a real outward thing is thought of. But still, as the thought is determined by a previous thought of the same object, it only refers to the thing through denoting this previous thought. Let us suppose, for example, that Toussaint is thought of, and first thought of as a *Negro,* but not distinctly as a man. If this distinctness is afterwards added, it is through the thought that a *Negro* is a *man;* that is to say, the subsequent thought, *man,* refers to the outward thing by being predicated of that previous thought, *Negro,* which has been had of that thing. If we afterwards think of Toussaint as a general, then we think that this Negro, this man, was a general. And so in every case the subsequent thought denotes what was thought in the previous thought.

uma pequena fração de atenção ou consciência é concedida. Portanto, por causa de um novo constituinte de pensamento conseguir o máximo *[de atenção]*, *[disso]* não se segue que o curso de pensamento que ele desloca seja quebrado completamente. Ao contrário, de nosso segundo princípio, segundo o qual não há intuição ou cognição não determinada por cognições anteriores, decorre que o surgimento repentino de uma nova experiência nunca é um caso instantâneo, mas é um *evento* que ocupa tempo e que vem a acontecer por um processo contínuo. Sua proeminência na consciência, portanto, deve provavelmente ser a consumação de um processo crescente, e, se for assim, não há causa suficiente para que o pensamento que logo antes fora o principal venha a cessar abrupta e instantaneamente. No entanto, se um curso de pensamento, ao morrer gradualmente, vem a cessar, enquanto durar ele segue livremente a sua própria lei de associação e não há momento algum no qual exista um pensamento pertencente a essa série em seguida do qual não exista também um pensamento que o interprete ou repita. Não há exceção, portanto, à lei de que todos os signos-pensamentos são traduzidos ou interpretados em algum outro subsequente, a menos que aconteça de todo o pensamento chegar a um término abrupto e final na morte.

2. A próxima questão é: pelo que está o signo-pensamento — o que ele nomeia —, qual é o seu *suppositum*? A coisa externa, sem dúvida, quando uma coisa externa real é concebida. Contudo, ainda assim, dado que o pensamento é determinado por um pensamento prévio do mesmo objeto, ele só se refere à coisa por denotar esse pensamento prévio. Suponhamos, por exemplo, que Toussaint[xxxii] é concebido, e concebido num primeiro momento como um *Negro*, mas não distintamente como um homem. Se essa característica distintiva for adicionada posteriormente, ela o será pelo pensamento de que um *Negro* é um *homem*, quer dizer, o pensamento subsequente, *homem*, se refere à coisa externa por ser predicado daquele pensamento prévio, *Negro*, o qual foi tido dessa coisa. Se, posteriormente, concebemos Toussaint como um general, então pensamos que esse Negro, esse homem, era um general. E assim em todos

Escritos da Série Cognitiva 137

3. The thought-sign stands for its object in the respect which is thought; that is to say, this respect is the immediate object of consciousness in the thought, or, in other words, it is the thought itself, | or at least what the thought is thought to be in the subsequent thought to which it is a sign.

We must now consider two other properties of signs which are of great importance in the theory of cognition. Since a sign is not identical with the thing signified, but differs from the latter in some respects, it must plainly have some characters which belong to it in itself, and have nothing to do with its representative function. These I call the *material* qualities of the sign. As examples of such qualities, take in the word "man" its consisting of three letters—in a picture, its being flat and without relief. In the second place, a sign must be capable of being connected (not in the reason but really) with another sign of the same object, or with the object itself. Thus, words would be of no value at all unless they could be connected into sentences by means of a real copula which joins signs of the same thing. The usefulness of some signs—as a weathercock, a tally, &c.—consists wholly in their being really connected with the very things they signify. In the case of a picture such a connection is not evident, but it exists in the power of association which connects the picture with the brain-sign which labels it. This real, physical connection of a sign with its object, either immediately or by its connection with another sign, I call the *pure demonstrative application* of the sign. Now the representative function of a sign lies neither in its material quality nor in its pure demonstrative application; because it is something which the sign is, not in itself or in a real relation to its object, but which it is *to a thought,* while both of the characters just defined belong to the sign independently of its addressing any thought. And yet if I take all the things which have certain qualities and physically connect them with another series of things, each to each, they become fit to be signs. If they are not regarded as such they are not actually signs, but they are so in the same sense, for example, in which an

os casos o pensamento subsequente denota o que foi pensado no pensamento prévio.

3. O signo-pensamento está pelo seu objeto no aspecto que é pensado, quer dizer, esse aspecto é o objeto imediato da consciência no pensamento[xxxiii], ou, em outras palavras, é o próprio pensamento, **[225]** ou, ao menos, o que se pensa que o pensamento é no pensamento subsequente para o qual ele é um signo.

Agora, temos de considerar duas outras propriedades dos signos que são de grande importância na teoria da cognição. Já que um signo não é idêntico à coisa significada, mas difere dela em alguns aspectos, ele deve evidentemente ter algumas características que pertençam a ele em si, e que nada têm a ver com sua função representativa. A elas chamo de qualidades *materiais* do signo. Como exemplos de tais qualidades, considere-se a palavra "homem", constituída por cinco letras — em uma figura, ela é plana e sem relevo. Em segundo lugar, um signo tem de ser capaz de estar conectado (não na razão, mas realmente) com outro signo do mesmo objeto, ou com o próprio objeto. Dessa forma, as palavras não teriam absolutamente valor algum a menos que pudessem ser conectadas em sentenças por meio de uma cópula real que junta signos da mesma coisa. A utilidade de alguns signos — como um catavento, um cômputo etc. — equivale totalmente a estarem realmente conectados com as próprias coisas que significam. No caso de uma figura, essa conexão não é evidente, mas existe no poder de associação que conecta a figura com o signo-mental que a rotula. Essa conexão real, física, de um signo com seu objeto, seja imediatamente ou por sua conexão com outro signo, chamo de *aplicação demonstrativa pura* do signo. Ora, a função representativa de um signo não está nem na sua qualidade material nem na sua aplicação demonstrativa pura, porquanto é algo que o signo é, não em si mesmo ou em uma relação real para com seu objeto, mas *para um pensamento*, ao passo que ambas as características agora definidas pertencem ao signo independentemente de se dirigirem a qualquer pensamento. E, ainda, se tomo todas as coisas que têm certas qualidades e as conecto fisicamente com outra série de coisas, cada uma a cada uma, elas se

unseen flower can be said to be *red,* this being also a term relative to a mental affection.

Consider a state of mind which is a conception. It is a conception by virtue of having a *meaning,* a logical comprehension; and if it is applicable to any object, it is because that object has the characters contained in the comprehension of this conception. Now the logical comprehension of a thought is usually said to consist of the thoughts contained in it; but thoughts are events, acts of the mind. Two thoughts are two events separated in time, and one cannot literally be contained in the other. It may be said that all thoughts exactly | similar are regarded as one; and that to say that one thought contains another, means that it contains one exactly similar to that other. But how can two thoughts be similar? Two objects can only be *regarded* as similar if they are compared and brought together in the mind. Thoughts have no existence except in the mind; only as they are regarded do they exist. Hence, two thoughts cannot *be* similar unless they are brought together in the mind. But, as to their existence, two thoughts are separated by an interval of time. We are too apt to imagine that we can frame a thought similar to a past thought, by matching it with the latter, as though this past thought were still present to us. But it is plain that the knowledge that one thought is similar to or in any way truly representative of another, cannot be derived from immediate perception, but must be an hypothesis (unquestionably fully justifiable by facts), and that therefore the formation of such a representing thought must be dependent upon a real effective force behind consciousness, and not merely upon a mental comparison. What we must mean, therefore, by saying that one concept is contained in another, is that we normally represent one to be in the other; that is, that we form a particular kind of judgment,[2] of which the subject signifies one concept and the predicate the other.

---

[2] A judgment concerning a minimum of information, for the theory of which see my paper on Comprehension and Extension, in the *Proceedings of the American Academy of Arts and Sciences,* vol. 7, p. 426.

tornam adequadas para serem signos. Se não são consideradas dessa forma, não são efetivamente signos, mas são signos no mesmo sentido, por exemplo, em que se pode dizer que uma flor que não é vista é *vermelha*, sendo este termo também relativo a alguma afecção mental.

Considere-se um estado mental que é uma concepção. É uma concepção em virtude de ter um *significado*, uma compreensão lógica[xxxiv], e, se é aplicável a qualquer objeto, é porque esse objeto tem as características contidas na compreensão dessa concepção. Ora, é usual dizer que a compreensão lógica de um pensamento se resume aos pensamentos contidos nele. Mas os pensamentos são eventos, atos da mente. Dois pensamentos são dois eventos separados no tempo, e um não pode literalmente estar contido no outro. É possível declarar que todos os pensamentos exatamente [226] similares são considerados como um só, e também que, se um único pensamento contém outro, isso significa que ele contém um pensamento que é exatamente similar àquele outro. Mas como podem dois pensamentos serem semelhantes? Dois objetos só podem ser considerados como semelhantes se são comparados e reunidos na mente. Pensamentos não têm existência, a não ser na mente e tão só enquanto são considerados. Por conseguinte, dois pensamentos não podem *ser* semelhantes a menos que sejam reunidos na mente. No entanto, quanto à sua existência, dois pensamentos estão separados por um intervalo de tempo. Também somos capazes de imaginar que podemos formular um pensamento similar a um pensamento passado combinando-o com o último, como se esse pensamento passado ainda estivesse presente para nós. Mas é evidente que o conhecimento de que um único pensamento é similar a outro, ou de qualquer maneira verdadeiramente representativo de outro, não pode ser derivado de uma percepção imediata, mas tem de ser uma hipótese (inquestionavelmente de todo justificável por fatos), e que, portanto, a formação de tal pensamento representador tem de ser dependente de uma força efetiva real por trás da consciência, e não meramente de uma comparação mental. Portanto, o que temos de querer dizer quando dizemos que um conceito

No thought in itself, then, no feeling in itself, contains any others, but is absolutely simple and unanalyzable; and to say that it is composed of other thoughts and feelings, is like saying that a movement upon a straight line is composed of the two movements of which it is the resultant; that is to say, it is a metaphor, or fiction, parallel to the truth. Every thought, however artificial and complex, is, so far as it is immediately present, a mere sensation without parts, and therefore, in itself, without similarity to any other, but incomparable with any other and absolutely *sui generis*.[3] Whatever is wholly incomparable with anything else is wholly inexplicable, because explanation consists in bringing things under general laws or under natural classes. Hence every thought, in so far as it is a feeling of a peculiar | sort, is simply an ultimate, inexplicable fact. Yet this does not conflict with my postulate that that fact should be allowed to stand as inexplicable; for, on the one hand, we never can think, "This is present to me," since, before we have time to make the reflection, the sensation is past, and, on the other hand, when once past, we can never bring back the quality of the feeling as it was *in and for itself,* or know what it was like *in itself,* or even discover the existence of this quality except by a corollary from our general theory of ourselves, and then not in its idiosyncrasy, but only as something present. But, as something present, feelings are all alike and require no explanation, since they contain only what is universal. So that nothing which we can truly predicate of feelings is left inexplicable, but only something which we cannot reflectively know. So that we do not fall into the contradiction of making the Mediate immediable. Finally, no present actual thought (which is a mere feeling) has

---

[3] Observe that I say *in itself.* I am not so wild as to deny that my sensation of red to-day is like my sensation of red yesterday. I only say that the similarity can *consist* only in the physiological force behind consciousness,—which leads me to say, I recognize this feeling the same as the former one, and so does not consist in a community of sensation.

está contido em outro é que, normalmente, representamos que um está no outro, isto é, formamos um tipo particular de juízo[2] cujo sujeito significa um conceito e o predicado significa o outro.

Então, nenhum pensamento em si mesmo, nenhum sentimento em si mesmo, contém quaisquer outros, mas é absolutamente simples e inanalisável, e dizer que é composto de outros pensamentos e sentimentos é como dizer que um movimento sobre uma linha reta é composto de dois movimentos dos quais é o resultante. Em outras palavras, é uma metáfora, ou ficção, paralela à verdade. Todo pensamento, não importa quão artificial e complexo, uma vez que está imediatamente presente, é uma mera sensação sem partes e, portanto, em si mesmo, sem semelhança com qualquer outro, mas incomparável com qualquer outro e absolutamente *sui generis*[3]. O que quer que seja totalmente incomparável com qualquer outra coisa é totalmente inexplicável, porque a explicação consiste em subsumir as coisas a leis ou classes gerais. Por conseguinte, todo pensamento, por ser um sentimento de um tipo peculiar, [227] é simplesmente um fato último, inexplicável. Mesmo isso não entra em conflito com meu postulado de que não se deve permitir que fato algum permaneça como inexplicável, pois, por um lado, nunca podemos pensar, "Isto está presente para mim", já que, antes de termos tempo para fazer a reflexão, a sensação é passada, e, por outro lado, uma vez que já passou, nunca podemos trazer de volta a qualidade de sentimento como ela era *em si e para si mesma*, ou saber como ela era *em si mesma*, ou sequer descobrir a existência dessa qualidade, exceto por um corolário tirado da nossa teoria

---

[2] Um juízo relativo a um mínimo de informação. Para a teoria relativa a isso, ver meu artigo sobre Compreensão e Extensão, nos *Proceedings of the American Academy of Arts and Sciences*, v. 7, p. 426.

[3] Observe-se que digo *em si mesmo*. Não sou tão excêntrico a ponto de negar que minha sensação de vermelho hoje é como minha sensação de vermelho ontem. Digo somente que a semelhança pode *consistir* tão só na força fisiológica por trás da consciência – o que me leva a dizer: reconheço este sentimento da mesma maneira como reconheço o anterior, e, então, [isso] não consiste em uma comunidade de sensação.

any meaning, any intellectual value; for this lies not in what is actually thought, but in what this thought may be connected with in representation by subsequent thoughts; so that the meaning of a thought is altogether something virtual. It may be objected, that if no thought has any meaning, all thought is without meaning. But this is a fallacy similar to saying, that, if in no one of the successive spaces which a body fills there is room for motion, there is no room for motion throughout the whole. At no one instant in my state of mind is there cognition or representation, but in the relation of my states of mind at different instants there is.[4] In short, the Immediate (and therefore in itself unsusceptible of mediation—the Unanalyzable, the Inexplicable, the Unintellectual) runs in a continuous stream through our lives; it is the sum total of consciousness, whose mediation, which is the continuity of it, is brought about by a real effective force behind consciousness.

Thus, we have in thought three elements: 1st, the representative function which makes it a *representation* 2d, the pure denotative application, or real connection, which brings one thought into *relation* with another; and 3d, the material quality, or how it feels, which gives thought its *quality*.[5]

---

[4] Accordingly, just as we say that a body is in motion, and not that motion is in a body we ought to say that we are in thought, and not that thoughts are in us.

[5] On quality, relation, and representation, see *Proceedings of the American Academy of Arts and Sciences*, vol. 7, p. 293.

geral de nós mesmos, e, dessa maneira, não na idiossincrasia da qualidade, mas apenas enquanto ela for algo presente. No entanto, como algo presente, os sentimentos são todos parecidos e não requerem explicação, já que só contêm o que é universal. Dessa forma, nada que podemos predicar verdadeiramente dos sentimentos permanece inexplicável, mas apenas algo que não podemos saber reflexivamente, de modo que não caímos na contradição de tornar o Mediato não mediável. Finalmente, nenhum pensamento efetivo presente (o qual é um mero sentimento) tem qualquer significado, qualquer valor intelectual, pois isso não está no que é efetivamente pensado, mas naquilo com que, na representação, esse pensamento pode ser conectado por pensamentos subsequentes, de maneira que o significado de um pensamento é algo totalmente virtual. É possível objetar que, se nenhum pensamento tem qualquer significado, o pensamento todo é sem significado. Mas isso é uma falácia, semelhante a dizer que, se não há espaço para movimento em nenhum dos espaços sucessivos que um corpo preenche, não há espaço para o movimento através do todo. Em nenhum único instante em meu estado mental há cognição ou representação, mas na relação de meus estados mentais em instantes diferentes há[4]. Em suma, o Imediato (e, portanto, em si mesmo não suscetível de mediação — o Inanalisável, o Inexplicável, o Não intelectual) corre por um fluxo contínuo em nossas vidas. Ele é a soma total da consciência, cuja mediação, que é a sua continuidade, é produzida por uma força efetiva real por trás da consciência.

Dessa forma, temos três elementos no pensamento: primeiro, a função representativa, que faz dele uma *representação*; segundo, a pura aplicação denotativa, ou conexão real, que coloca um pensamento em *relação* com outro; terceiro, a qualidade material, ou como ele é sentido, a qual dá ao pensamento sua *qualidade*[5].

---

[4] De acordo com isso, assim como dizemos que um corpo está em movimento, e não que o movimento está em um corpo, deveríamos dizer que estamos em pensamento, e não que os pensamentos estão em nós.
[5] Sobre qualidade, relação e representação, ver *Proceedings of the American Aca-*

That a sensation is not necessarily an intuition, or first impression of sense, is very evident in the case of the sense of beauty; and has | been shown, upon page 66, in the case of sound. When the sensation beautiful is determined by previous cognitions, it always arises as a predicate; that is, we think that something is beautiful. Whenever a sensation thus arises in consequence of others, induction shows that those others are more or less complicated. Thus, the sensation of a particular kind of sound arises in consequence of impressions upon the various nerves of the ear being combined in a particular way, and following one another with a certain rapidity. A sensation of color depends upon impressions upon the eye following one another in a regular manner, and with a certain rapidity. The sensation of beauty arises upon a manifold of other impressions. And this will be found to hold good in all cases. Secondly, all these sensations are in themselves simple, or more so than the sensations which give rise to them. Accordingly, a sensation is a simple predicate taken in place of a complex predicate; in other words, it fulfils the function of an hypothesis. But the general principle that every thing to which such and such a sensation belongs, has such and such a complicated series of predicates, is not one determined by reason (as we have seen), but is of an arbitrary nature. Hence, the class of hypothetic inferences which the arising of a sensation resembles, is that of reasoning from definition to definitum, in which the major premise is of an arbitrary nature. Only in this mode of reasoning, this premise is determined by the conventions of language, and expresses the occasion upon which a word is to be used; and in the formation of a sensation, it is determined by the constitution of our nature, and expresses the occasions upon which sensation, or a natural mental sign, arises. Thus, the sensation, so far as it represents something, is determined, according to a logical law, by previous cognitions; that is to say, these cognitions determine that there shall be a sensation. But so far as the sensation is a mere feeling

Fica bastante evidente, no caso do senso de beleza, que uma sensação não é necessariamente uma intuição, ou primeira impressão dos sentidos. Na página 67[xxxv], **[228]** isso foi mostrado no caso do som. Quando a sensação belo[xxxvi] é determinada por cognições prévias, ela sempre surge como um predicado, isto é, pensamos que algo é belo. Sempre que uma sensação surge assim, em consequência de outras, a indução mostra que aquelas outras são mais ou menos complicadas. Assim, a sensação de um tipo particular de som surge em consequência de estarem combinadas impressões sobre os vários nervos do ouvido, de uma maneira particular e seguindo-se umas às outras com certa rapidez. Uma sensação de cor depende de impressões sobre o olho seguirem-se umas às outras de uma maneira regular e com certa rapidez. A sensação de beleza surge de um múltiplo de outras impressões. E descobrir-se-á que isso vale em todos os casos. Em segundo lugar, todas essas sensações são em si mesmas simples, ou mais simples do que as sensações que as originam. Assim sendo, uma sensação é um predicado simples considerado em lugar de um predicado complexo. Em outras palavras, ela cumpre a função de uma hipótese. Contudo, não é nenhum princípio determinado pela razão (como vimos), mas é de alguma natureza arbitrária o princípio geral de que cada coisa à qual tal e tal sensação pertence tem tal e tal série complicada de predicados. Por conseguinte, a classe de inferências hipotéticas à qual se assemelha o surgimento de uma sensação é aquela do raciocínio que vai da definição ao *definitum*, no qual a premissa maior é de natureza arbitrária. Somente que, nesse modo de raciocínio, essa premissa é determinada pelas convenções da linguagem e exprime a ocasião na qual uma palavra deve ser usada, e, na formação de uma sensação, ela é determinada pela constituição de nossa natureza e expressa as ocasiões nas quais a sensação, ou um signo mental natural, surge. Assim, a sensação, na medida em que representa alguma coisa, é determinada, de acordo com uma lei lógica, por cognições prévias, quer dizer, essas cognições determinam que haverá uma sensação. Contudo, tendo em

---

demy of Arts and Sciences, v. 7, p. 293 *["*Sobre uma nova lista de categorias", nesta coletânea*]*.

of a particular sort, it is determined only by an inexplicable, occult power; and so far, it is not a representation, but only the material quality of a representation. For just as in reasoning from definition to definitum, it is indifferent to the logician how the defined word shall sound, or how many letters it shall contain, so in the case of this constitutional word, it is not determined by an inward law how it shall feel in itself. A feeling, therefore, as a feeling, is merely the *material quality* of a mental sign.

But there is no feeling which is not also a representation, a predicate of something determined logically by the feelings which precede it. For if there are any such feelings not predicates, they are | the emotions. Now every emotion has a subject. If a man is angry, he is saying to himself that this or that is vile and outrageous. If he is in joy, he is saying "this is delicious." If he is wondering, he is saying "this is strange." In short, whenever a man feels, he is thinking of *something*. Even those passions which have no definite object—as melancholy— only come to consciousness through tinging the *objects of thought*. That which makes us look upon the emotions more as affections of self than other cognitions, is that we have found them more dependent upon our accidental situation at the moment than other cognitions; but that is only to say that they are cognitions too narrow to be useful. The emotions, as a little observation will show, arise when our attention is strongly drawn to complex and inconceivable circumstances. Fear arises when we cannot predict our fate; joy, in the case of certain indescribable and peculiarly complex sensations. If there are some indications that something greatly for my interest, and which I have anticipated would happen, may not happen; and if, after weighing probabilities, and inventing safeguards, and straining for further information, I find myself unable to come to any fixed conclusion in reference to the future, in the place of that intellectual hypothetic inference which I seek, the feeling of *anxiety* arises. When something happens for which I cannot

vista que a sensação é um mero sentimento de um tipo particular, ela é determinada apenas por um poder inexplicável, oculto, e, nessa medida, não é uma representação, mas apenas a qualidade material de uma representação, pois, assim como no raciocínio que vai da definição ao *definitum* é indiferente ao lógico como a palavra definida deva soar ou quantas letras ela deve conter, assim também, no caso dessa palavra constitutiva, nenhuma lei interna determina como em si ela deve ser sentida. Um sentimento, portanto, como sentimento, é meramente a *qualidade material* de um signo mental.

Mas não há sentimento que não seja também uma representação, um predicado de algo logicamente determinado pelos sentimentos que o precedem, já que, se há quaisquer sentimentos que não sejam predicados, eles são as emoções. [**229**] Ora, toda emoção tem um sujeito. Se um homem está furioso, ele está dizendo a si mesmo que isto ou aquilo é vil e ultrajante. Se ele se alegra, ele diz "isto é divertido". Se especula, diz "isto é estranho". Em suma, sempre que um homem sente, ele está pensando em *algo*. Mesmo aquelas paixões que não têm objeto definido — como a melancolia — somente vêm à consciência por tingirem os *objetos de pensamento*. O que nos faz considerar as emoções como afecções do *self* mais do que as outras cognições é o fato de que descobrimos que elas dependem mais de nossa situação acidental no momento do que as outras cognições. Dizer isso, porém, é dizer apenas que elas são cognições muito estreitas para serem úteis. Como pouca observação mostrará, as emoções surgem quando nossa atenção é fortemente impelida a circunstâncias complexas e inconcebíveis. O medo surge quando não podemos predizer nosso destino; a alegria, no caso de certas sensações indescritíveis e peculiarmente complexas. Se há algumas indicações de que algo de grande interesse para mim pode não acontecer, e que antecipei que aconteceria, e se, depois de pesar as probabilidades e inventar salvaguardas e me esforçar para conseguir mais informação, eu me descobrir incapaz de chegar a qualquer conclusão fixa relativamente ao futuro, no lugar daquela inferência hipotética que busco, surge o sentimento de *ansiedade*. Quando acontece algo que não posso explicar, *admiro-me*. Quando

account, I *wonder*. When I endeavor to realize to myself what I never can do, a pleasure in the future, I *hope*. "I do not understand you," is the phrase of an angry man. The indescribable, the ineffable, the incomprehensible, commonly excite emotion; but nothing is so chilling as a scientific explanation. Thus an emotion is always a simple predicate substituted by an operation of the mind for a highly complicated predicate. Now if we consider that a very complex predicate demands explanation by means of an hypothesis, that that hypothesis must be a simpler predicate substituted for that complex one; and that when we have an emotion, an hypothesis, strictly speaking, is hardly possible—the analogy of the parts played by emotion and hypothesis is very striking. There is, it is true, this difference between an emotion and an intellectual hypothesis, that we have reason to say in the case of the latter, that to whatever the simple hypothetic predicate can be applied, of that the complex predicate is true; whereas, in the case of an emotion this is a proposition for which no reason can be given, but which is determined merely by our emotional constitution. But this corresponds precisely to the difference between hypothesis and reasoning from definition to definitum, and | thus it would appear that emotion is nothing but sensation. There appears to be a difference, however, between emotion and sensation, and I would state it as follows:

There is some reason to think that, corresponding to every feeling within us, some motion takes place in our bodies. This property of the thought-sign, since it has no rational dependence upon the meaning of the sign, may be compared with what I have called the material quality of the sign; but it differs from the latter inasmuch as it is not essentially necessary that it should be felt in order that there should be any thought-sign. In the case of a sensation, the manifold of impressions which precede and determine it are not of a kind, the bodily motion corresponding to which comes from any large ganglion or from the brain, and probably for this reason the sensation produces no great

tento imaginar para mim mesmo o que nunca posso fazer, um prazer no futuro, tenho *esperança*. "Não te entendo" é a frase de um homem furioso. O indescritível, o inefável, o incompreensível comumente excitam emoção, mas nada é tão desestimulante quanto uma explicação científica. Assim, uma emoção é sempre um predicado simples que, por uma operação da mente, substitui um predicado excessivamente complicado. Agora, se consideramos que um predicado muito complexo requer explicação por meio de uma hipótese, que essa hipótese tem de ser um predicado mais simples que substitui aquela mais complexa, e que, quando temos uma emoção, uma hipótese, a falar com rigor, dificilmente é possível — a analogia dos papéis desempenhados pela emoção e pela hipótese é bastante excepcional. Há, é verdade, essa diferença entre uma emoção e uma hipótese intelectual, a de que temos razões para dizer, no caso da segunda, que o predicado complexo é verdadeiro de qualquer coisa a que o predicado hipotético simples possa ser aplicado, ao passo que, no caso de uma emoção, essa é uma proposição para a qual nenhuma razão pode ser dada, mas é determinada simplesmente por nossa constituição emocional. Isso, todavia, corresponde precisamente à diferença entre hipótese e raciocínio, que vai da definição ao *definitum*, e, **[230]** assim, poderia parecer que a emoção não passa de sensação. Contudo, parece haver uma diferença entre emoção e sensação, e eu a enunciaria da seguinte maneira.

Há alguma razão para pensar que, correspondente a todo sentimento dentro de nós, algum movimento acontece em nossos corpos. Essa propriedade do signo-pensamento, já que não depende racionalmente do significado do signo, pode ser comparada com o que denominei de qualidade material do signo, diferindo dessa última, no entanto, pelo menos por não ser essencialmente necessário que ela tenha de ser sentida para que qualquer signo-pensamento tenha de existir. No caso de uma sensação, o múltiplo de impressões que a precedem e determinam não são do mesmo tipo, e o movimento corporal correspondente a ela vem de qualquer gânglio grande ou do cérebro, e, provavelmente por tal razão, a sensação não produz grandes comoções no organismo corporal.

commotion in the bodily organism; and the sensation itself is not a thought which has a very strong influence upon the current of thought except by virtue of the information it may serve to afford. An emotion, on the other hand, comes much later in the development of thought—I mean, further from the first beginning of the cognition of its object—and the thoughts which determine it already have motions corresponding to them in the brain, or the chief ganglion; consequently, it produces large movements in the body, and independently of its representative value, strongly affects the current of thought. The animal motions to which I allude, are, in the first place and obviously, blushing, blenching, staring, smiling, scowling, pouting, laughing, weeping, sobbing, wriggling, flinching, trembling, being petrified, sighing, sniffing, shrugging, groaning, heartsinking, trepidation, swelling of the heart, etc., etc. To these may, perhaps, be added, in the second place, other more complicated actions, which nevertheless spring from a direct impulse and not from deliberation.

That which distinguishes both sensations proper and emotions from the feeling of a thought, is that in the case of the two former the material quality is made prominent, because the thought has no relation of reason to the thoughts which determine it, which exists in the last case and detracts from the attention given to the mere feeling. By there being no relation of reason to the determining thoughts, I mean that there is nothing in the content of the thought which explains why it should arise only on occasion of these determining thoughts. If there is such a relation of reason, if the thought is essentially limited in its application to these objects, then the | thought comprehends a thought other than itself; in other words, it is then a complex thought. An incomplex thought can, therefore, be nothing but a sensation or emotion, having no rational character. This is very different from the ordinary doctrine, according to which the very highest and most metaphysical conceptions are absolutely simple. I shall be asked how such a conception of a [it]*being* is

Além disso, a própria sensação não é um pensamento que tenha uma influência muito forte sobre a corrente de pensamento, exceto em virtude da informação que serve para proporcionar. Uma emoção, por outro lado, aparece muito mais tarde no desenvolvimento do pensamento — quero dizer, depois do primeiro início da cognição de seu objeto — e os pensamentos que a determinam já têm movimentos correspondentes a eles no cérebro, ou no gânglio principal. Consequentemente, ela produz grandes movimentações no corpo e, independentemente de seu valor representativo, afeta fortemente a corrente de pensamento. Os movimentos animais aos quais aludo são, em primeiro lugar e obviamente, enrubescer, empalidecer, encarar, sorrir, carranquear, amuar, rir, chorar, soluçar, agitar-se, vacilar, estremecer, ficar petrificado, suspirar, farejar, dar de ombros, gemer, desanimar, trepidar, palpitar etc. Talvez possam ser acrescentadas a esses, em segundo lugar, outras ações, as quais, não obstante serem mais complicadas, brotam de um impulso direto, e não da deliberação.

Aquilo que distingue o sentimento de um pensamento tanto das sensações propriamente quanto das emoções é que, no caso das duas últimas, a qualidade material aparece de maneira proeminente, porque o pensamento não tem relação de razão para com os pensamentos que o determinam, qualidade essa que existe no último caso e detrai a atenção dada ao mero sentimento. Quando digo que não existe relação de razão para com os pensamentos determinantes, quero dizer que não há nada no conteúdo do pensamento que explique por que ele deveria surgir apenas por ocasião desses pensamentos determinantes. Se há essa relação de razão, se a aplicação do pensamento é essencialmente limitada a esses objetos, então o [231] pensamento compreende outro pensamento diferente de si e ele é, então, em outras palavras, um pensamento complexo. Portanto, um pensamento incomplexo só pode ser uma sensação ou emoção que não tem nenhuma característica racional. Essa doutrina é muito diferente da comum, de acordo com a qual as concepções mais metafísicas e mais elevadas são absolutamente simples.

Escritos da Série Cognitiva   153

to be analyzed, or whether I can ever define *one, two,* and *three,* without a diallele. Now I shall admit at once that neither of these conceptions can be separated into two others higher than itself; and in that sense, therefore, I fully admit that certain very metaphysical and eminently intellectual notions are absolutely simple. But though these concepts cannot be defined by genus and difference, there is another way in which they can be defined. All determination is by negation; we can first recognize any character only by putting an object which possesses it into comparison with an object which possesses it not. A conception, therefore, which was quite universal in every respect would be unrecognizable and impossible. We do not obtain the conception of Being, in the sense implied in the copula, by observing that all the things which we can think of have something in common, for there is no such thing to be observed. We get it by reflecting upon signs—words or thoughts;—we observe that different predicates may be attached to the same subject, and that each makes some conception applicable to the subject; then we imagine that a subject has something true of it merely because a predicate (no matter what) is attached to it,—and that we call Being. The conception of being is, therefore, a conception about a sign—a thought, or word;—and since it is not applicable to every sign, it is not primarily universal, although it is so in its mediate application to things. Being, therefore, may be defined; it may be defined, for example, as that which is common to the objects included in any class, and to the objects not included in the same class. But it is nothing new to say that metaphysical conceptions are primarily and at bottom thoughts about words, or thoughts about thoughts; it is the doctrine both of Aristotle (whose categories are parts of speech) and of Kant (whose categories are the characters of different kinds of propositions).

Serei interrogado sobre como deve ser analisada essa concepção de um *ente*, ou se posso ou não alguma vez definir *um, dois* e *três* sem um dialelo. Ora, admitirei imediatamente que nenhuma dessas concepções pode ser separada em duas outras mais elevadas do que ela mesma, e, nesse sentido, portanto, admito plenamente que certas noções muito metafísicas e eminentemente intelectuais são absolutamente simples. Mas, embora seja impossível definir esses conceitos por meio de gênero e diferença, há outro jeito de defini-los. Toda determinação é por negação. Podemos, primeiro, reconhecer uma característica, qualquer característica, somente ao colocar um objeto que a possua em comparação com um objeto que não a possua. Portanto, uma concepção plenamente universal em todos os aspectos seria irreconhecível e impossível. Não obtemos a concepção de Ser, no sentido implicado na cópula, pela observação de que todas as coisas que podemos conceber têm algo em comum, pois não há essa coisa a ser observada. Nós a conseguimos refletindo sobre signos — palavras ou pensamentos; observamos que diferentes predicados podem ser associados ao mesmo sujeito, e que cada um torna alguma concepção aplicável ao sujeito; então, imaginamos que há algo verdadeiro a respeito desse sujeito meramente porque um predicado (não importa o que) é associado a ele — e a isso chamamos Ser. A concepção de ser, portanto, é uma concepção a respeito de um signo — um pensamento, ou palavra — e já que não é aplicável a todos os signos, não é primordialmente universal, embora o seja em sua aplicação mediata a coisas. Ser, portanto, pode ser definido, por exemplo, como aquilo que é comum aos objetos incluídos em qualquer classe, bem como aos objetos não incluídos na mesma classe. Mas não é nada novo dizer que concepções metafísicas são, no fundo e primordialmente, pensamentos a respeito de palavras, ou pensamentos a respeito de pensamentos. Essa é a doutrina tanto de Aristóteles (cujas categorias são partes da língua falada) como de Kant (cujas categorias são as características de diferentes tipos de proposições).

Sensation and the power of abstraction or attention may be regarded as, in one sense, the sole constituents of all thought. Having considered the former, let us now attempt some analysis of the latter. By the force of attention, an emphasis is put upon one of the objective elements of consciousness. This emphasis is, therefore, not itself | an object of immediate consciousness; and in this respect it differs entirely from a feeling. Therefore, since the emphasis, nevertheless, consists in some effect upon consciousness, and so can exist only so far as it affects our knowledge; and since an act cannot be supposed to determine that which precedes it in time, this act can consist only in the capacity which the cognition emphasized has for producing an effect upon memory, or otherwise influencing subsequent thought. This is confirmed by the fact that attention is a matter of continuous quantity; for continuous quantity, so far as we know it, reduces itself in the last analysis to time. Accordingly, we find that attention does, in fact, produce a very great effect upon subsequent thought. In the first place, it strongly affects memory, a thought being remembered for a longer time the greater the attention originally paid to it. In the second place, the greater the attention, the closer the connection and the more accurate the logical sequence of thought. In the third place, by attention a thought may be recovered which has been forgotten. From these facts, we gather that attention is the power by which thought at one time is connected with and made to relate to thought at another time; or, to apply the conception of thought as a sign, that it is the *pure demonstrative application* of a thought-sign.

Attention is roused when the same phenomenon presents itself repeatedly on different occasions, or the same predicate in different subjects. We see that A has a certain character, that B has the same, C has the same; and this excites our attention, so that we say, "*These* have this character." Thus attention is an act of induction; but it is an induction which does not increase our knowledge, because our "these" covers nothing but the instances experienced. It is, in short, an argument from enumeration.

A sensação e o poder de abstração ou atenção podem ser considerados, em um sentido, os únicos constituintes de todo pensamento. Tendo considerado a primeira, tentemos analisar algo do segundo. Pela força de atenção, uma ênfase é colocada sobre um dos elementos objetivos da consciência. Essa ênfase, portanto, não é ela mesma [232] um objeto de consciência imediata e, sob esse aspecto, difere inteiramente de um sentimento. Portanto, já que apesar disso a ênfase consiste em algum efeito sobre a consciência, e, assim, só pode existir até o ponto em que afeta o nosso conhecimento, e já que um ato supostamente não pode determinar aquilo que o precede no tempo, esse ato só pode equivaler à capacidade que a cognição enfatizada tem de produzir um efeito sobre a memória, ou, em outras palavras, de influenciar o pensamento subsequente. Isso se confirma pelo fato de que a atenção é uma questão de quantidade contínua, pois a quantidade contínua, até onde a conhecemos, reduz-se em última análise ao tempo. Dessa forma, descobrimos que a atenção, de fato, produz sim um grande efeito sobre o pensamento subsequente. Em primeiro lugar, ela afeta fortemente a memória, um pensamento sendo lembrado por um tempo maior quanto maior for a atenção originalmente dada a ele. Em segundo lugar, quanto maior a atenção, mais estreita a ligação e mais exata a sequência lógica do pensamento. Em terceiro lugar, pela atenção, um pensamento que foi esquecido pode ser recuperado. Desses fatos, concluímos que a atenção é o poder de fazer com que o pensamento em um tempo único se conecte ao pensamento em outro tempo e se torne relativo a ele, ou, para aplicar a concepção de pensamento como um signo, que ela é a *aplicação demonstrativa pura* de um signo-pensamento.

A atenção é levantada quando o mesmo fenômeno se apresenta repetidamente em ocasiões diferentes, ou o mesmo predicado em diferentes sujeitos. Vemos que *A* tem certa característica, que *B* tem a mesma, *C* tem a mesma, e isso excita nossa atenção, de modo que dizemos: "*Estes* têm essa característica". Assim, a atenção é um ato de indução, mas é uma indução que não aumenta nosso conhecimento, porque nosso "estes" não cobre mais do que as instâncias experimentadas. Em suma, é um argumento por enumeração.

Attention produces effects upon the nervous system. These effects are habits, or nervous associations. A habit arises, when, having had the sensation of performing a certain act, *m*, on several occasions *a*, *b*, *c*, we come to do it upon every occurrence of the general event, *l*, of which *a*, *b*, and *c* are special cases. That is to say, by the cognition that

Every case of *a*, *b*, or *c*, is a case of *m*,

is determined the cognition that

Every case of *l* is a case of *m*. |

Thus the formation of a habit is an induction, and is therefore necessarily connected with attention or abstraction. Voluntary actions result from the sensations produced by habits, as instinctive actions result from our original nature.

We have thus seen that every sort of modification of consciousness—Attention, Sensation, and Understanding—is an inference. But the objection may be made that inference deals only with general terms, and that an image, or absolutely singular representation, cannot therefore be inferred.

"Singular" and "individual" are equivocal terms. A singular may mean that which can be but in one place at one time. In this sense it is not opposed to general. *The sun* is a singular in this sense, but, as is explained in every good treatise on logic, it is a general term. I may have a very general conception of Hermolaus Barbarus, but still I conceive him only as able to be in one place at one time. When an image is said to be singular, it is meant that it is absolutely determinate in all respects. Every possible character, or the negative thereof, must be true of such an image. In the words of the most eminent expounder of the doctrine, the image of a man "must be either of a white, or a black, or a tawny; a straight, or a crooked; a tall, or a low, or a middle-sized man." It must be of a man with his mouth open or his mouth shut, whose hair is precisely of such and such a shade, and whose figure has

A atenção produz efeitos sobre o sistema nervoso. Esses efeitos são hábitos, ou associações nervosas. Um hábito surge quando, havendo tido a sensação de realizar certo ato, *m*, em várias ocasiões *a*, *b*, *c*, vimos a fazê-lo em toda ocorrência do evento geral, *l*, do qual *a*, *b*, e *c* são casos especiais. Quer dizer, pela cognição de que

Todo caso de *a*, *b*, ou *c*, é um caso de *m*,

é determinada a cognição de que

Todo caso de *l* é um caso de *m*. [233]

Assim, a formação de um hábito é uma indução e, portanto, está necessariamente conectada com a atenção ou a abstração. Ações voluntárias resultam das sensações produzidas por hábitos, assim como ações instintivas resultam de nossa natureza original.

Vimos, assim, que toda sorte de modificação de consciência — Atenção, Sensação e Entendimento — é uma inferência. Mas é possível fazer a objeção de que a inferência lida somente com termos gerais, e que uma imagem, ou representação absolutamente singular, não pode ser inferida, portanto.

"Singular" e "individual" são termos equívocos. Um singular pode querer dizer aquilo que só pode ser em um único lugar a um só tempo. Nesse sentido, não está oposto a geral. *O sol* é um *[termo]* singular nesse sentido, mas, conforme está explicado em todo bom tratado de lógica, é um termo geral. Posso ter uma concepção muito geral de Ermolao Barbaro, mas ainda o concebo como capaz de estar em um só lugar a um só tempo. Quando se diz que uma imagem é singular, quer-se dizer que ela é absolutamente determinada em todos os aspectos. Toda característica possível, ou a negativa dela, tem de ser verdadeira para essa imagem. Nas palavras do mais eminente expositor da doutrina[xxxvii], a imagem de um homem "tem de ser ou a de um branco, ou a de um negro, ou a de um ruivo; ou correto, ou desonesto; um homem alto, ou baixo ou de estatura mediana". Tem de ser a imagem de um homem com sua boca aberta ou fechada, cujo cabelo tenha precisamente um matiz assim, assim, e cuja figura te-

Escritos da Série Cognitiva   159

precisely such and such proportions. No statement of Locke has been so scouted by all friends of images as his denial that the "idea" of a triangle must be either of an obtuse-angled, right-angled, or acute-angled triangle. In fact, the image of a triangle must be of one, each of whose angles is of a certain number of degrees, minutes, and seconds.

This being so, it is apparent that no man has a *true* image of the road to his office, or of any other real thing. Indeed he has no image of it at all unless he can not only recognize it, but imagines it (truly or falsely) in all its infinite details. This being the case, it becomes very doubtful whether we ever have any such thing as an image in our imagination. Please, reader, to look at a bright red book, or other brightly colored object, and then to shut your eyes and say whether you *see* that color, whether brightly or faintly—whether, indeed, there is anything like sight there. Hume and the other followers of Berkeley maintain that there is no difference between the sight and the memory of the red book except in "their different degrees of force and vivacity." "The colors which the memory employs," says | Hume, "are faint and dull compared with those in which our original perceptions are clothed." If this were a correct statement of the difference, we should remember the book as being less red than it is; whereas, in fact, we remember the color with very great precision for a few moments [please to test this point, reader], although we do not see any thing like it. We carry away absolutely nothing of the color except the *consciousness that we could recognize it.* As a further proof of this, I will request the reader to try a little experiment. Let him call up, if he can, the image of a horse—not of one which he has ever seen, but of an imaginary one,—and before reading further let him by contemplation[6] fix the image

---

[6] No person whose native tongue is English will need to be informed that contemplation is essentially (1) protracted (2) voluntary, and (3) an action, and that it is never used for that which is set forth to the mind in this act. A foreigner can convince himself of this by the proper study of English writers. Thus, Locke (*Es-*

nha precisamente tal e tal proporção. Nenhuma declaração de Locke tem sido tão menosprezada por todos os amigos das imagens como sua negação de que a "ideia" de um triângulo tenha de ser ou a de um triângulo obtusângulo ou retângulo ou acutângulo[xxxviii]. De fato, a imagem de um triângulo tem de ser a de algum triângulo em que cada um dos ângulos é de um certo número de graus, minutos e segundos.

E sendo dessa forma, é evidente que homem algum tem uma imagem *verdadeira* da estrada para seu escritório, ou de qualquer outra coisa real. Com efeito, ele não tem absolutamente nenhuma imagem dela, a menos que possa não só reconhecê-la, mas imaginá-la (verdadeira ou falsamente) em todos os seus infinitos pormenores. E sendo esse o caso, torna-se muito duvidoso se jamais chegamos a ter qualquer coisa assim como uma imagem em nossa imaginação ou não. Que o leitor olhe, por obséquio, para um livro vermelho brilhante, ou para outro objeto com cores brilhantes, e, então, feche seus olhos e diga se *vê* ou não essa cor, seja com brilho ou esmaecida — se verdadeiramente há ou não qualquer coisa ali parecida com a visão. Hume e os outros seguidores de Berkeley sustentam que não há diferença entre a visão e a memória do livro vermelho, exceto em "seus diferentes graus de força e vivacidade". "As cores que a memória emprega", declara [234] Hume, "são fracas e opacas em comparação com aquelas com que nossas percepções originais se vestem"[xxxix]. Se essa fosse uma constatação correta da diferença, teríamos de nos lembrar do livro como menos vermelho do que é, ao passo que, de fato, lembramo-nos da cor com grande precisão por alguns momentos {que o leitor, por favor, teste este ponto}, embora não vejamos coisa alguma como ela. Não trazemos conosco absolutamente nada da cor, exceto a *consciência de que conseguiríamos reconhecê-la*. Como uma prova a mais disso, pedirei ao leitor que tente um pequeno experimento. Que ele evoque, se puder, a imagem de um cavalo — não a de um cavalo que já tenha visto, mas a de um cavalo imaginário — e, antes de continuar a ler, que fixe por contemplação[6] a imagem em sua memória... O

---

[6] Ninguém cuja língua materna seja o inglês precisará ser informado de que a contemplação é essencialmente (1) prolongada (2) voluntária e (3) uma ação, e

in his memory . . . . . Has the reader done as requested? for I protest that it is not fair play to read further without doing so.— Now, the reader can say in general of what color that horse was, whether grey, bay, or black. But he probably cannot say *precisely* of what shade it was. He cannot state this as exactly as he could just after having *seen* such a horse. But why, if he had an image in his mind which no more had the general color than it had the particular shade, has the latter vanished so instantaneously from his memory while the former still remains? It may be replied, that we always forget the details before we do the more general characters; but that this answer is insufficient is, I think, shown by the extreme disproportion between the length of time that the exact shade of something looked at is remembered as compared with that instantaneous oblivion to the exact shade of the thing imagined, and the but slightly superior vividness of the memory of the thing seen as compared | with the memory of the thing imagined.

---

say concerning Human Understanding, Book II, chap. 19, §1) says, "If it [an idea] be held there [in view] long under attentive consideration, 'tis *Contemplation*"; and again (*Ibid.*, Book II, chap. 10, §1), "Keeping the *Idea*, which is brought into it [the mind] for some time actually in view, which is called *Contemplation*." This term is therefore unfitted to translate *Anschauung*; for this latter does not imply an act which is necessarily protracted or voluntary, and denotes most usually a mental presentation, sometimes a faculty, less often the reception of an impression in the mind, and seldom, if ever, an action. To the translation of *Anschauung* by intuition, there is, at least, no such insuperable objection. Etymologically the two words precisely correspond. The original philosophical meaning of intuition was a cognition of the present manifold in that character; and it is now commonly used, as a modern writer says, "to include all the products of the perceptive (external or internal) and imaginative faculties; every act of consciousness, in short, of which the immediate object is na *individual,* thing, act, or state of mind, presented under the condition of distinct existence in space and time." Finally, we have the authority of Kant's own example for translating his *Anschauung* by *Intuitus;* and, indeed, this is the common usage of Germans writing Latin. Moreover, *intuitiv* frequently replaces *anschauend* or *anschaulich*. If this constitutes a misunderstanding of Kant, it is one which is shared by himself and nearly all his countrymen. |

leitor fez como pedido? Ora, protesto que não é jogo limpo ler adiante sem tê-lo feito. — Agora, o leitor pode dizer em geral de que cor era o cavalo, se cinzento, baio ou negro. Mas ele provavelmente não pode dizer *precisamente* de que tom era. Ele não consegue afirmar isso de maneira tão exata quanto o seria logo depois de ter *visto* esse cavalo. Mas por que, se ele tinha uma imagem na sua mente que tinha tanto a cor geral como tinha o tom particular, terá esse último desaparecido tão instantaneamente de sua memória enquanto a primeira ainda permanece? É possível responder que sempre esquecemos os pormenores antes de esquecermos as características mais gerais. No entanto, penso eu, essa resposta mostra-se evidentemente insuficiente pela extrema desproporção entre a duração de tempo em que o tom exato

---

que ela nunca é usada para aquilo que é apresentado à mente nesse ato. Um estrangeiro pode se convencer disso pelo estudo adequado de escritores ingleses. Assim, Locke (*Ensaio sobre o entendimento humano,* livro II, cap. 19, §1 *[trad. bras. p. 233]*), diz: "Se [uma ideia for] buscada pela mente e, com dedicação e empenho, trazida de novo à vista, é *Contemplação*", e novamente (*Ibid.,* livro II, cap. 10, §1 *[trad. bras. p. 149]*), "manter a *ideia* que foi introduzida na mente atualmente em vista, por algum tempo; o que se chama *Contemplação*". Esse termo, portanto, não é apropriado para traduzir *Anschauung,* pois esse último não implica um ato que necessariamente seja prolongado ou voluntário, e denota, mais usualmente, uma apresentação mental, às vezes, uma faculdade e, com menos frequência, a recepção de uma impressão na mente; e raramente, se é que alguma vez, denota uma ação. À tradução de *Anschauung* por intuição, não há, ao menos, nenhuma objeção assim insuperável. Etimologicamente, as duas palavras são correspondentes precisos. O significado filosófico original de intuição era o de uma cognição do múltiplo presente nessa característica. Atualmente, é comum usar esse termo, conforme declara um escritor moderno, "de modo a incluir todos os produtos das faculdades perceptivas (externos ou internos) e imaginativas, todo ato de consciência, em suma, do qual o objeto imediato é uma coisa, ato ou estado mental *individual,* apresentado sob a condição da existência distinta no espaço e no tempo *[H. L. Mansel, Prolegomena Logica, p. 9 n.]*". Finalmente, temos a autoridade do exemplo do próprio Kant, para traduzir sua *Anschauung* por *Intuitus [Kant, Manual dos cursos de lógica geral,* §1, Ak 91, trad. bras. p. 181; §35, Ak 110, trad. bras. p. 219; *Dissertação* de 1770, especialmente §§ 10 e 11, Ak 397-398, trad. bras. p. 243-245]. E, de fato, esse é o uso comum dos alemães escrevendo em latim. Além do mais, *intuitiv* frequentemente substitui *anschauend* ou *anschaulich.* Se isso constitui um mal-entendido de Kant, trata-se de um mal-entendido partilhado por ele e por quase todos os seus conterrâneos.

The nominalists, I suspect, confound together thinking a triangle without thinking that it is either equilateral, isosceles, or scalene, and thinking a triangle without thinking whether it is equilateral, isosceles, or scalene.

It is important to remember that we have no intuitive power of distinguishing between one subjective mode of cognition and another; and hence often think that something is presented to us as a picture, while it is really constructed from slight data by the understanding. This is the case with dreams, as is shown by the frequent impossibility of giving an intelligible account of one without adding something which we feel was not in the dream itself. Many dreams, of which the waking memory makes elaborate and consistent stories, must probably have been in fact mere jumbles of these feelings of the ability to recognize this and that which I have just alluded to.

I will now go so far as to say that we have no images even in actual perception. It will be sufficient to prove this in the case of vision; for if no picture is seen when we look at an object, it will not be claimed that hearing, touch, and the other senses, are superior to sight in this respect. That the picture is not painted on the nerves of the retina is absolutely certain, if, as physiologists inform us, these nerves are needle-points pointing to the light and at distances considerably greater than the *minimum visibile.* The same thing is shown by our not being able to perceive that there is a large blind spot near the middle of the retina. If, then, we have a picture before us when we see, it is one constructed by the mind at the suggestion of previous sensations. Supposing these sensations to be signs, the understanding by reasoning from them could attain all the knowledge of outward things which we derive from sight, while the sensations are quite inadequate to forming an image or representation absolutely determinate. If we have such an image or picture, we must have in our minds a representation of a surface which is only a part of every surface we see, and

de algo olhado é lembrado conforme comparado [235] com aquele oblívio instantâneo do tom exato da coisa imaginada, e a vivacidade apenas levemente superior da memória da coisa vista conforme comparada com a memória da coisa imaginada.

Os nominalistas, suspeito, confundem como se fosse a mesma coisa pensar um triângulo sem pensar que ele é ou equilátero ou isósceles ou escaleno e pensar um triângulo sem pensar se é equilátero, isósceles ou escaleno.

É importante lembrar que não temos poder intuitivo de distinguir entre um modo subjetivo de cognição e outro, e, por conseguinte, frequentemente pensamos que algo se nos é apresentado como uma figura, embora seja realmente construído pelo entendimento com base em dados insignificantes. Esse é o caso com os sonhos, conforme se mostra pela impossibilidade frequente de dar uma explicação inteligível de um sonho sem adicionar algo que sentimos que não estava nele. Muitos sonhos, dos quais a memória desperta constrói histórias elaboradas e consistentes, devem provavelmente ter de fato sido meras baralhadas desses sentimentos da capacidade de reconhecer isto e aquilo a que acabei de aludir.

Ousarei dizer agora que não temos imagens sequer na percepção efetiva. Bastará provar isso no caso da visão, pois, se quando olhamos para um objeto nenhuma figura é vista, não se alegará que a audição, o tato e os outros sentidos sejam superiores à visão nesse aspecto. É absolutamente certo que a figura não é pintada nos nervos da retina, se, conforme nos informam os fisiologistas, esses nervos são pontos-de-agulha que apontam para a luz e a distâncias consideravelmente maiores do que o *mínimo visível*. A mesma coisa é mostrada pelo fato de não sermos capazes de perceber que há um grande ponto cego perto do meio da retina. Se, então, temos uma figura diante de nós quando vemos, ela é uma figura construída pela mente segundo as sugestões de sensações prévias. Supondo que essas sensações sejam signos, o entendimento, por raciocínio baseado nelas, conseguiria atingir todo o conhecimento das coisas externas que derivamos da visão, ao passo que as sensações são to-

we must see that each part, however small, has such and such a color. If we look from some distance at a speckled surface, it seems as if we did not see whether it were speckled or not; but if we have an image before us, it must appear to us either as speckled, or as not speckled. Again, the eye by education comes to distinguish minute differences of color; but if we see only absolutely | determinate images, we must, no less before our eyes are trained than afterwards, see each color as particularly such and such a shade. Thus to suppose that we have an image before us when we see, is not only a hypothesis which explains nothing whatever, but is one which actually creates difficulties which require new hypothesis in order to explain them away.

One of these difficulties arises from the fact that the details are less easily distinguished than, and forgotten before, the general circumstances. Upon this theory, the general features exist in the details: the details are, in fact, the whole picture. It seems, then, very strange that that which exists only secondarily in the picture should make more impression than the picture itself. It is true that in an old painting the details are not easily made out; but this is because we know that the blackness is the result of time, and is no part of the picture itself. There is no difficulty in making out the details of the picture as it looks at present; the only difficulty is in guessing what it used to be. But if we have a picture on the retina, the minutest details are there as much as, nay, more than, the general outline and significancy of it. Yet that which must actually be seen, it is extremely difficult to recognize; while that which is only abstracted from what is seen is very obvious.

talmente inadequadas para formar uma imagem ou representação absolutamente determinadas. Se temos uma tal imagem ou figura, temos de ter em nossas mentes uma representação de uma superfície que seja somente uma parte de toda a superfície que vemos, e temos de ver que cada parte, não importa quão pequena, tem essa e essa cor. Se olhamos de alguma distância para uma superfície manchada, parece que não vemos se é manchada ou não, mas, se temos uma imagem diante de nós, ela necessariamente nos aparece ou como manchada ou como não manchada. Mais uma vez, o olho, por educação, chega a distinguir diferenças mínimas de cor, mas se vemos apenas imagens absolutamente [236] determinadas, é necessário, não menos antes como também depois de nossos olhos serem treinados, vermos cada cor particularmente como tal e tal tonalidade. Assim, a suposição de que, quando vemos, temos uma imagem diante de nós, não é só uma hipótese que não explica absolutamente nada, mas é uma hipótese que de fato cria dificuldades que, para serem explicadas, exigem novas hipóteses.

Uma dessas dificuldades surge do fato de que os pormenores são menos facilmente distinguíveis do que as circunstâncias gerais, além de serem esquecidos antes delas. Segundo essa teoria, os aspectos gerais existem nos pormenores: os pormenores são, de fato, a figura total. Parece, então, muito estranho que aquilo que existe apenas secundariamente na figura deva fazer mais impressão do que a própria figura. É verdade que, em uma antiga pintura, os pormenores não são destacados facilmente, mas isso se dá porque sabemos que o pretume é resultado do tempo, e não uma parte da própria pintura. Não há dificuldade em destacar os pormenores da figura tal como ela parece no presente. A única dificuldade está em adivinhar como ela costumava ser. Mas se temos uma figura na retina, os pormenores mais minuciosos estão ali tanto quanto, melhor dizendo, mais do que o aspecto geral e a significância dela. No entanto, aquilo que tem de ser de fato visto é extremamente difícil de reconhecer, ao passo que aquilo que é apenas abstraído daquilo que é visto é muito óbvio.

But the conclusive argument against our having any images, or absolutely determinate representations in perception, is that in that case we have the materials in each such representation for an infinite amount of conscious cognition, which we yet never become aware of. Now there is no meaning in saying that we have something in our minds which never has the least effect on what we are conscious of knowing. The most that can be said is, that when we see we are put in a condition in which we are able to get a very large and perhaps indefinitely great amount of knowledge of the visible qualities of objects.

Moreover, that perceptions are not absolutely determinate and singular is obvious from the fact that each sense is an abstracting mechanism. Sight by itself informs us only of colors and forms. No one can pretend that the images of sight are determinate in reference to taste. They are, therefore, so far general that they are neither sweet nor non-sweet, bitter nor non-bitter, having savor or insipid.

The next question is whether we have any general conceptions except in judgments. In perception, where we know a thing as existing, it is plain that there is a judgment that the thing exists, since a | mere general concept of a thing is in no case a cognition of it as existing. It has usually been said, however, that we can call up any concept without making any judgment; but it seems that in this case we only arbitrarily suppose ourselves to have an experience. In order to conceive the number 7, I suppose, that is, I arbitrarily make the hypothesis or judgment, that there are certain points before my eyes, and I judge that these are seven. This seems to be the most simple and rational view of the matter, and I may add that it is the one which has been adopted by the best logicians. If this be the case, what goes by the name of the association of images is in reality an association of judgments. The association of ideas is said to proceed according to three principles—those of resemblance, of contiguity, and of causality. But it would be

Mas o argumento conclusivo contra o fato de termos quaisquer imagens, ou representações absolutamente determinadas na percepção, é que, nesse caso, em cada uma dessas representações temos os elementos para uma quantidade infinita de cognição consciente, algo de que, no entanto, nunca nos tornamos cientes. Ora, não há significado algum em dizer que temos algo em nossas mentes que nunca tem o menor efeito sobre o que estamos conscientes de saber. O máximo que pode ser dito é que, quando vemos, estamos em uma condição na qual somos capazes de conseguir uma quantidade muito volumosa e talvez indefinidamente grande de conhecimento das qualidades visíveis dos objetos.

Além do mais, com base no fato de que cada sentido é um mecanismo de abstrair, é óbvio que as percepções não são absolutamente determinadas e singulares. A própria visão nos informa somente de cores e formas. Ninguém ousará defender que as imagens da visão são determinadas no tocante ao paladar. Portanto, são tão gerais que não são nem doces nem não doces, nem amargas nem não amargas, nem têm sabor nem são insípidas.

A próxima questão é se temos ou não quaisquer concepções gerais, a não ser nos juízos. Na percepção, na qual conhecemos uma coisa como existente, é evidente que há um juízo de que a coisa existe, já que [237] um mero conceito geral de uma coisa em caso algum é uma cognição dela como existente. Em geral, porém, afirma-se que podemos evocar qualquer conceito sem fazer qualquer juízo. No entanto, nesse caso, parece que apenas supomos arbitrariamente que temos uma experiência. Para conceber o número 7, suponho, isto é, faço arbitrariamente a hipótese ou o juízo de que há certos pontos diante de meus olhos e julgo que esses pontos são sete. Essa parece ser a visão mais simples e racional da questão, e posso acrescentar que é a única que foi adotada pelos melhores lógicos. Se for esse o caso, o que se passa com o nome de associação de imagens é, na realidade, uma associação de juízos. Afirma-se que a asso-

equally true to say that signs denote what they do on the three principles of resemblance, contiguity, and causality. There can be no question that anything *is* a sign of whatever is associated with it by resemblance, by contiguity, or by causality: nor can there be any doubt that any sign recalls the thing signified. So, then, the association of ideas consists in this, that a judgment occasions another judgment, of which it is the sign. Now this is nothing less nor more than inference.

Everything in which we take the least interest creates in us its own particular emotion, however slight this may be. This emotion is a sign and a predicate of the thing. Now, when a thing resembling this thing is presented to us, a similar emotion arises; hence, we immediately infer that the latter is like the former. A formal logician of the old school may say, that in logic no term can enter into the conclusion which had not been contained in the premises, and that therefore the suggestion of something new must be essentially different from inference. But I reply that that rule of logic applies only to those arguments which are technically called completed. We can and do reason—

Elias was a man;
∴ He was mortal.

And this argument is just as valid as the full syllogism, although it is so only because the major premise of the latter happens to be true. If to pass from the judgment "Elias was a man" to the judgment "Elias was mortal," without actually saying to one's self that "All men are mortal," is not inference, then the term "inference" is used in so | restricted a sense that inferences hardly occur outside of a logic-book.

ciação de ideias procede de acordo com três princípios — os de semelhança, os de contiguidade e os de causalidade[xl]. Mas seria igualmente verdadeiro dizer que os signos denotam o que denotam segundo os três princípios de semelhança, contiguidade e causalidade. Não pode haver questão de que qualquer coisa *é* um signo de o que quer que esteja a ele associado por semelhança, por contiguidade ou por causalidade: tampouco pode haver qualquer dúvida de que qualquer signo recorda a coisa significada. Desse modo, então, a associação de ideias resume-se a isto, ao fato de que um juízo ocasiona outro juízo do qual é o signo. Ora, isto não é nem mais nem menos do que inferência.

Tudo em que temos o menor interesse cria em nós a sua própria emoção particular, por mais leve que seja. Essa emoção é um signo e um predicado da coisa. Ora, uma emoção parecida surge quando uma coisa que se assemelha a essa coisa nos é apresentada. Por conseguinte, inferimos imediatamente que a segunda é como a primeira. Um lógico formal da velha escola poderia dizer que, em lógica, nenhum termo que já não esteja contido nas premissas pode entrar na conclusão, e que, portanto, a sugestão de algo novo tem de ser algo essencialmente diferente de uma inferência. Mas respondo que essa regra da lógica se aplica somente àqueles argumentos que são tecnicamente chamados de completos. Podemos e raciocinamos, sim, da seguinte maneira:

Elias era um homem;
∴ Ele era mortal.

E esse argumento é tão válido quanto o silogismo inteiro, embora o seja somente porque acontece de a premissa maior deste último ser verdadeira. Se não for uma inferência passar do juízo "Elias era um homem" ao juízo "Elias era mortal", sem que, de fato, alguém diga a si mesmo que "Todos os homens são mortais", então o termo "inferência" é usado em um sentido tão [238] restrito que as inferências dificilmente ocorrem fora de um livro de lógica.

What is here said of association by resemblance is true of all association. All association is by signs. Everything has its subjective or emotional qualities, which are attributed either absolutely or relatively, or by conventional imputation to anything which is a sign of it. And so we reason,

The sign is such and such;
∴ The sign is that thing.

This conclusion receiving, however, a modification, owing to other considerations, so as to become—

The sign is almost (is representative of) that thing.

We come now to the consideration of the last of the four principles whose consequences we were to trace; namely, that the absolutely incognizable is absolutely inconceivable. That upon Cartesian principles the very realities of things can never be known in the least, most competent persons must long ago have been convinced. Hence the breaking forth of idealism, which is essentially anti-Cartesian, in every direction, whether among empiricists (Berkeley, Hume), or among noologists (Hegel, Fichte). The principle now brought under discussion is directly idealistic; for, since the meaning of a word is the conception it conveys, the absolutely incognizable has no meaning because no conception attaches to it. It is, therefore, a meaningless word; and, consequently, whatever is meant by any term as "the real" is cognizable in some degree, and so is of the nature of a cognition, in the objective sense of that term.

At any moment we are in possession of certain information, that is, of cognitions which have been logically derived by induction and hypothesis from previous cognitions which are less general, less distinct, and of which we have a less lively consciousness. These in their turn have been derived from others still less general, less

O que se declara aqui a respeito da associação por semelhança é verdadeiro para toda associação. Toda associação é por signos. Tudo tem suas qualidades emocionais ou subjetivas, as quais são atribuídas seja de maneira absoluta ou relativa, seja ainda por imputação convencional o que quer que seja um signo disso[xli]. E, assim, raciocinamos,

O signo é tal e tal;
∴ O signo é essa coisa.

Devido a outras considerações, essa conclusão, porém, recebe uma modificação, de modo que se torna:

O signo é quase (é representativo de) aquela coisa.

Chegamos, agora, à consideração do último dos quatro princípios cujas consequências devíamos traçar, a saber, o de que o absolutamente incognoscível é absolutamente inconcebível. A maioria das pessoas competentes já há muito deve ter se convencido de que, segundo princípios cartesianos, as próprias realidades das coisas jamais poderão ser minimamente conhecidas. Daí o súbito aparecimento do idealismo, que é essencialmente anticartesiano, em todas as direções, seja entre os empiristas (Berkeley, Hume), ou entre os noologistas (Hegel, Fichte). O princípio ora trazido à discussão é diretamente idealista, pois, uma vez que o significado de uma palavra é a concepção que ela veicula, o absolutamente incognoscível não tem significado algum, porquanto nenhuma concepção associa-se a ele. Trata-se, portanto, de uma palavra sem significado, e, consequentemente, o que quer que se deseje dizer com qualquer termo como "o real" é em algum grau cognoscível e, assim, da natureza de uma cognição, no sentido objetivo desse termo.

A todo e qualquer momento estamos em posse de certa informação, isto é, de cognições que foram derivadas logicamente por indução e hipótese de cognições prévias que são menos gerais, menos distintas, e das quais temos uma consciência menos vívida.

distinct, and less vivid; and so on back to the ideal[7] first, which is quite singular, and quite out of consciousness. This ideal first is the particular thing-in-itself. It does not exist *as such.* That is, there is no thing | which is in-itself in the sense of not being relative to the mind, though things which are relative to the mind doubtless are, apart from that relation. The cognitions which thus reach us by this infinite series of inductions and hypotheses (which though infinite *a parte ante logice,* is yet as one continuous process not without a beginning *in time*) are of two kinds, the true and the untrue, or cognitions whose objects are *real* and those whose objects are *unreal.* And what do we mean by the real? It is a conception which we must first have had when we discovered that there was an unreal, an illusion; that is, when we first corrected ourselves. Now the distinction for which alone this fact logically called, was between na *ens* relative to private inward determinations, to the negations belonging to idiosyncrasy, and na *ens* such as would stand in the long run. The real, then, is that which, sooner or later, information and reasoning would finally result in, and which is therefore independent of the vagaries of me and you. Thus, the very origin of the conception of reality shows that this conception essentially involves the notion of a COMMUNITY, without definite limits, and capable of an indefinite increase of knowledge. And so those two series of cognitions—the real and the unreal—consist of those which, at a time sufficiently future, the community will always continue to reaffirm; and of those which, under the same conditions, will ever after be denied. Now, a proposition whose falsity can never be discovered, and the error of which therefore is absolutely incognizable, contains, upon our principle, absolutely no error. Consequently, that which is thought in these cognitions is the real, as it really is. There is nothing, then, to prevent our knowing outward things as they really are, and it is most likely that we do thus know them in numberless cases, although we can never be absolutely certain of doing so in any special case.

---

[7] By an ideal, I mean the limit which the possible cannot attain.

Estas, por sua vez, foram derivadas de outras ainda menos gerais, menos distintas e menos vívidas, e assim sucessivamente de volta à primeira *[cognição]* ideal[7], que é totalmente singular e totalmente fora da consciência. Essa primeira ideal é a coisa-em-si particular. Ela não existe *como tal*. Isto é, não há nada [239] que seja em si no sentido de não ser relativo à mente, embora coisas que são relativas à mente sem dúvida sejam à parte dessa relação. As cognições que assim nos chegam por essa série infinita de induções e hipóteses (que, embora infinita *a parte ante logice*, ainda assim é como um processo contínuo único, não sem um começo *no tempo*) são de duas espécies, as verdadeiras e as não verdadeiras, ou cognições cujos objetos são *reais* e aquelas cujos objetos são *irreais*. E o que queremos dizer com o real? É uma concepção que primeiro devemos ter tido quando descobrimos que havia um irreal, uma ilusão, isto é, quando primeiro nos corrigimos. Ora, a única distinção logicamente invocada por esse fato era entre um *ens* relativo às determinações privadas internas, às negações pertencentes à idiossincrasia, e um *ens* tal que permaneceria em longo prazo. O real, então, é aquilo em que, mais cedo ou mais tarde, a informação e o raciocínio finalmente resultariam e que, portanto, é independente dos meus e dos teus caprichos. Assim, a própria origem da concepção de realidade mostra que essa concepção envolve essencialmente a noção de uma COMUNIDADE sem limites definidos e capaz de um aumento indefinido de conhecimento. E, assim, aquelas duas séries de cognições — a real e a irreal — equivalem respectivamente àquelas que, em um tempo suficientemente futuro, a comunidade sempre continuará a reafirmar, e àquelas que, sob as mesmas condições, serão sempre e sempre negadas. Ora, uma proposição cuja falsidade nunca pode ser descoberta — e cujo erro, portanto, é absolutamente incognoscível — absolutamente não contém, segundo nosso princípio, erro algum. Consequentemente, aquilo que é pensado nessas cognições é o real, tal como ele realmente é.

---

[7] Por um ideal, quero dizer o limite que o possível não pode atingir.

But it follows that since no cognition of ours is absolutely determinate, generals must have a real existence. Now this scholastic realism is usually set down as a belief in metaphysical fictions. But, in fact, a realist is simply one who knows no more recondite reality than that which is represented in a true representation. Since, therefore, the word "man" is true of something, that which "man" means is real. The nominalist must admit that man is truly applicable to something; but he believes that there is beneath this a thing in itself, an incognizable reality. His is the metaphysical figment. Modern nominalists are mostly superficial men, who do not know, as the more thorough Roscellinus and Occam did, that a reality which has no representa- | -tion is one which has no relation and no quality. The great argument for nominalism is that there is no man unless there is some particular man. That, however, does not affect the realism of Scotus; for although there is no man of whom all further determination can be denied, yet there is a man, abstraction being made of all further determination. There is a real difference between man irrespective of what the other determinations may be, and man with this or that particular series of determinations, although undoubtedly this difference is only relative to the mind and not *in re*. Such is the position of Scotus.[8] Occam's great objection is, there can be no real distinction which is not *in re*, in the thing-in-itself; but this begs the question, for it is itself based only on the notion that reality is something independent of representative relation.[9]

Such being the nature of reality in general, in what does the reality of the mind consist? We have seen that the content of consciousness, the entire phenomenal manifestation of mind, is a sign resulting from inference. Upon our principle, therefore,

---

[8] "Eadem natura est, quæ in existentia per gradum singularitatis est determinata, et in intellectu, hoc est ut habet relationem ad intellectum ut cognitum ad cognoscens, est indeterminata."—*Quæstiones Subtillissimæ*, lib. 7, qu. 18.

[9] See his argument *Summa logices*, part 1, cap. 16. |

Não há nada, então, que nos impeça de conhecer as coisas externas como elas realmente são e é muito mais plausível que as conheçamos dessa forma em inúmeros casos, embora nunca possamos estar absolutamente certos de fazê-lo em qualquer caso específico. Todavia, segue-se que, uma vez que nenhuma cognição nossa é absolutamente determinada, os gerais têm de ter uma existência real. Ora, esse realismo escolástico é usualmente reputado como uma crença em ficções metafísicas. De fato, porém, um realista é simplesmente alguém que não conhece realidade mais recôndita do que aquela que é representada em uma representação verdadeira. Uma vez que, portanto, a palavra "homem" é verdadeira de algo, aquilo que "homem" significa é real. O nominalista tem de admitir que homem é verdadeiramente aplicável a algo, mas ele crê que, sob isso, há uma coisa-em-si, uma realidade incognoscível. A fantasia metafísica é sua. Os nominalistas modernos são homens na sua maioria superficiais, que não sabem, como o sabiam os mais rigorosos Roscelino e Ockham, que uma realidade que não tem representação [240] é uma realidade que não tem nenhuma relação e nenhuma qualidade. O grande argumento em favor do nominalismo é que não há homem a menos que haja algum homem particular. Isso, porém, não afeta o realismo de Scotus, pois, embora não haja nenhum homem de quem toda determinação ulterior possa ser negada, ainda assim há um homem, sendo feita a abstração de toda determinação ulterior. Há uma diferença real entre homem sem referência a quais outras determinações possa haver, e homem com esta ou aquela série particular de determinações, embora indubitavelmente essa diferença seja relativa apenas à mente, e não *in re*. Essa é a posição de Scotus[8]. A grande objeção de Ockham é: não pode haver distinção real que não seja *in re*, na coisa-em-si. Mas essa objeção é uma peti-

---

[8] "Eadem natura est, quæ in existentia per gradum singularitatis est determinata, et in intellectu, hoc est ut habet relationem ad intellectum ut cognitum ad cognoscens, est indeterminata [*A natureza que é determinada na existência por grau de singularidade é a mesma que, no intelecto, é indeterminada, quer dizer, tem para com o intelecto uma relação tal qual o conhecido é para o cognoscente]*". *Quæstiones Subtillissimæ*, lib. 7, q. 18 *[Editio Nova* (Vivès), v. 7, p. 460].

that the absolutely incognizable does not exist, so that the phenomenal manifestation of a substance is the substance, we must conclude that the mind is a sign developing according to the laws of inference. What distinguishes a man from a word? There is a distinction doubtless. The material qualities, the forces which constitute the pure denotative application, and the meaning of the human sign, are all exceedingly complicated in comparison with those of the word. But these differences are only relative. What other is there? It may be said that man is conscious, while a word is not. But consciousness is a very vague term. It may mean that emotion which accompanies the reflection that we have animal life. This is a consciousness which is dimmed when animal life is at its ebb in old age, or sleep, but which is not dimmed when the spiritual life is at its ebb; which is the more lively the better *animal* a man is, but which is not so, the better *man* he is. We do not attribute this sensation to words, because we have reason to believe that it is dependent upon the possession of an animal body. But this consciousness, being a mere sensation, is only a part of the *material quality* of the man-sign. Again, consciousness is sometimes used to signify the *I think,* or unity in thought; but this | unity is nothing but consistency, or the recognition of it. Consistency belongs to every sign, so far as it is a sign; and therefore every sign, since it signifies primarily that it is a sign, signifies its own consistency. The man-sign acquires information, and comes to mean more than he did before. But so do words. Does not electricity mean more now than it did in the days of Franklin? Man makes the word, and the word means nothing which the man has not made it mean, and that only to some man. But since man can think only by means of words or other external symbols, these might turn round and say: "You mean nothing which we have not taught you, and then only so far as you address some word as the interpretant of your thought." In fact, therefore, men and words reciprocally educate each other; each increase of a

ção de princípios, pois se baseia somente na noção de que a realidade é algo independente da relação representativa[9].

E sendo essa a natureza da realidade em geral, em que consiste a realidade da mente? Vimos que o conteúdo da consciência, a manifestação fenomênica inteira da mente, é um signo que resulta de inferência. Segundo nosso princípio, portanto, de que o absolutamente incognoscível não existe, de modo que a manifestação fenomênica de uma substância é a substância, temos de concluir que a mente é um signo que se desenvolve de acordo com as leis de inferência. O que distingue um homem de uma palavra? Sem dúvida, há uma distinção. As qualidades materiais, as forças que constituem a aplicação denotativa pura e o significado do signo humano, tudo isso é sobremaneira complicado em comparação com as mesmas características da palavra. Mas essas diferenças são somente relativas. Quais outras há? Pode-se dizer que um homem é consciente, enquanto uma palavra não é. Mas a consciência é um termo muito vago. Pode querer dizer aquela emoção que acompanha a reflexão de que temos vida animal. Essa é uma consciência que diminui quando a vida animal está em seu refluxo na velhice, ou no sono, mas que não diminui quando a vida espiritual está no seu refluxo, que é tão mais vívida quanto melhor *animal* um homem é, mas que não é tão vívida quanto melhor *homem* ele for. Não atribuímos essa sensação a palavras, porque temos razão para crer que ela depende da posse de um corpo animal. Mas essa consciência, sendo uma mera sensação, é apenas uma parte da *qualidade material* do signo-homem. A consciência, por sua vez, é usada para significar o *Eu penso*, ou unidade em pensamento. Essa **[241]** unidade, porém, nada mais é que consistência, ou o reconhecimento dela. A consistência pertence a todo signo, por ser signo, e, portanto, todo signo, já que significa em primeiro e principal lugar que é um signo, significa sua própria consistência. O signo-homem adquire informação e passa a querer dizer mais do que o fazia antes. Mas assim também as palavras. Eletricidade não quer dizer mais agora do que nos dias de Franklin?

---

[9] Ver seu argumento em *Summa logices*, parte 1, cap. 16 [trad. bras., p. 357-358].

man's information involves and is involved by, a corresponding increase of a word's information.

Without fatiguing the reader by stretching this parallelism too far, it is sufficient to say that there is no element whatever of man's consciousness which has not something corresponding to it in the word; and the reason is obvious. It is that the word or sign which man uses *is* the man himself. For, as the fact that every thought is a sign, taken in conjunction with the fact that life is a train of thought, proves that man is a sign; so, that every thought is na *external* sign, proves that man is an external sign. That is to say, the man and the external sign are identical, in the same sense in which the words *homo* and *man* are identical. Thus my language is the sum total of myself; for the man is the thought.

It is hard for man to understand this, because he persists in identifying himself with his will, his power over the animal organism, with brute force. Now the organism is only an instrument of thought. But the identity of a man consists in the *consistency* of what he does and thinks, and consistency is the intellectual character of a thing; that is, is its expressing something.

Finally, as what anything really is, is what it may finally come to be known to be in the ideal state of complete information, so that reality depends on the ultimate decision of the community; so thought is what it is, only by virtue of its addressing a future thought which is in its value as thought identical with it, though more developed. In this way, the existence of thought now, depends on what is to be hereafter; so that it has only a potential existence, dependent on the future thought of the community.

O homem faz a palavra e a palavra não significa nada que o homem não tenha feito ela significar, e isso apenas para algum homem. Uma vez, porém, que o homem só consegue pensar por meio de palavras ou de outros símbolos externos, estes podem se voltar a ele e dizer: "Você não significa nada que nós não tenhamos ensinado a você, e, então, só na medida em que você se dirige a alguma palavra como a interpretante de seu pensamento". De fato, portanto, os homens e as palavras educam-se uns aos outros reciprocamente. Cada aumento de informação de um homem implica e é implicado por um aumento correspondente de informação de uma palavra.

Sem fatigar o leitor levando esse paralelismo longe demais, basta dizer que não há nenhum elemento da consciência de um homem que não tenha algo correspondente a ele na palavra, e a razão é óbvia. É que a palavra ou signo que o homem usa *é* o próprio homem, tendo em vista que, assim como o fato de que todo pensamento é um signo, tomado junto com o de que a vida é um curso de pensamento, prova que o homem é um signo; da mesma maneira, o fato de que todo pensamento é um signo *externo* prova que o homem é um signo externo. Quer dizer, o homem e o signo externo são idênticos, no mesmo sentido em que as palavras *homo* e *homem* são idênticas. Assim, minha linguagem é a soma total de mim mesmo, pois o homem é o pensamento.

É difícil para o homem entender isso, porque ele insiste em se identificar com sua vontade, com seu poder sobre o organismo animal, com a força bruta. Ora, o organismo é apenas um instrumento do pensamento. Mas a identidade de um homem consiste na *consistência* entre o que ele faz e o que ele pensa, e a consistência é a característica intelectual de uma coisa, isto é, é seu expressar algo.

Finalmente, com relação ao que qualquer coisa realmente é, isso é o que pode finalmente vir a ser sabido que ela é no estado ideal de informação completa, de modo que a realidade depende da decisão última da comunidade. Assim, o pensamento é o que é somente em virtude de se dirigir a um pensamento futuro que, em seu valor como pensamento, é idêntico a ele, embora mais desen-

The individual man, since his separate existence is manifested | only by ignorance and error, so far as he is anything apart from his fellows, and from what he and they are to be, is only a negation. This is man,

proud man,
Most ignorant of what he's most assured,
His glassy essence.

volvido. Dessa maneira, a existência de pensamento agora depende do que virá a ser doravante, de modo que o pensamento só tem uma existência potencial, dependente do pensamento futuro da comunidade.

O homem individual, uma vez que a sua existência separada é manifestada [242] somente pela ignorância e pelo erro, e dado que ele é qualquer coisa à parte de seus próximos e daquilo que ele e eles venham a ser, é somente uma negação. Este é o homem,

orgulhoso homem,
Mais ignorante daquilo que ele mais está certo,
Sua essência vítrea[xlii].

Grounds of Validity of the Laws of Logic: Further Consequences of Four Incapacities

P 41: *Journal of Speculative Philosophy* 2(1869):193-208

If, as I maintained in an article in the last number of this Journal, every judgment results from inference, to doubt every inference is to doubt everything. It has often been argued that absolute scepticism is self-contradictory; but this is a mistake: and even if it were not so, it would be no argument against the absolute sceptic, inasmuch as he does not admit that no contradictory propositions are true. Indeed, it would be impossible to move such a man, for his scepticism consists in considering every argument and never deciding upon its validity; he would, therefore, act in this way in reference to the arguments brought against him.

But then there are no such beings as absolute sceptics. Every exercise of the mind consists in inference, and so, though there are inanimate objects without beliefs, there are no intelligent beings in that condition.

Yet it is quite possible that a person should doubt every principle of inference. He may not have studied logic, and though a logical formula may sound very obviously true to him, he may feel a little uncertain whether some subtle deception may not lurk in it. Indeed, I certainly shall have, among the most cultivated and respected of my | readers, those who deny that those laws of logic which men generally admit have universal validity. But I address myself, also, to those who have no such doubts, for even to them it may be interesting to consider how it is that these principles come to be true. Finally, having put forth in former numbers of this Journal some rather heretical principles of philosophical research, one of

184   Charles Sanders Peirce

Fundamentos de validade das leis da lógica: consequências ulteriores de quatro incapacidades

Conforme sustentei em um artigo no último número desta Revista[xliii], se todos os juízos resultam de inferência, duvidar de todas as inferências é duvidar de tudo. É frequente a defesa de que o ceticismo absoluto é autocontraditório, mas isso é um erro. E, ainda que assim não fosse, isso não seria um argumento contra o cético absoluto, já que sequer a verdade de proposições contraditórias ele admite, de nenhuma delas[xliv]. Com efeito, seria impossível demover um homem assim, pois seu ceticismo consiste em considerar cada um dos argumentos e nunca se decidir sobre a sua validade. Essa seria, portanto, a sua maneira de agir relativamente aos argumentos levantados contra ele.

Mas seres como os céticos absolutos, então, não existem. Todo exercício mental consiste em inferência e, assim, embora haja objetos inanimados sem crenças, não há[xlv] seres inteligentes nessa condição.

Não obstante, é plenamente possível que uma pessoa duvide de todo princípio de inferência. Ainda que uma fórmula lógica lhe pareça muito obviamente verdadeira, essa pessoa pode não ter estudado lógica e se sentir um pouco incerta quanto à possibilidade de algum equívoco sutil estar escondido ali. De fato, certamente terei, dentre os meus mais cultivados e respeitados [243] leitores, quem negue a validade universal dessas leis da lógica geralmente admitidas pelos homens. Mas dirijo-me, também, àqueles que não têm esse tipo de dúvidas, pois mesmo a eles pode ser interessante considerar como é que esses princípios vêm a ser verdadeiros. Finalmente, tendo publicado, em números anteriores desta Revista[xlvi], alguns princípios de pesquisa filosófica um tanto quanto heréticos, um dos quais é o de que nada pode ser aceito como absolutamente inexplicável, é minha responsabilidade assumir um desafio que me

which is that nothing can be admitted to be absolutely inexplicable, it behooves me to take up a challenge which has been given me to show how upon my principles the validity of the laws of logic can be other than inexplicable.

I shall be arrested, at the outset, by a sweeping objection to my whole undertaking. It will be said that my deduction of logical principles, being itself an argument, depends for its whole virtue upon the truth of the very principles in question; so that whatever my proof may be, it must take for granted the very things to be proved. But to this I reply, that I am neither addressing absolute sceptics, nor men in any state of fictitious doubt whatever. I require the reader to be candid; and if he becomes convinced of a conclusion, to admit it. There is nothing to prevent a man's perceiving the force of certain special arguments, although he does not yet know that a certain general law of arguments holds good; for the general rule may hold good in some cases and not in others. A man may reason well without understanding the principles of reasoning, just as he may play billiards well without understanding analytical mechanics. If you, the reader, actually find that my arguments have a convincing force with you, it is a mere pretence to call them illogical.

That if one sign denotes generally everything denoted by a second, and this second denotes generally everything denoted by a third, then the first denotes generally everything denoted by the third, is not doubted by anybody who distinctly apprehends the meaning of these words. The deduction of the general form of syllogism, therefore, will consist only of an explanation of the *suppositio communis*.[1] Now, what the formal logician means by an

---

[1] The word *suppositio* is one of the useful technical terms of the middle ages which was condemned by the purists of the *Renaissance* as incorrect. The early logicians made a distinction between *significatio* and *suppositio*. *Significatio* is defined as "rei per vocem secundum placitum representatio." It is a mere affair of lexicography, and depends on a special convention *(secundum placitum)*, and not on a general principle. *Suppositio* belongs, not directly to the *vox,* but to the *vox* as having this or that *significatio*. "Unde significatio prior est suppositione et differunt in hoc, quia

foi dado, qual seja, mostrar como, segundo meus princípios, a validade das leis da lógica pode ser diferente de inexplicável.

De início, vou já me ater a uma objeção arrebatadora a todo o meu empreendimento. Dir-se-á que minha dedução de princípios lógicos, por ser ela mesma um argumento, dependerá, em favor de toda a sua virtude, da verdade dos próprios princípios em questão; destarte, o que quer que minha prova possa ser, ela tem de supor as próprias coisas a serem provadas. Mas a essa objeção respondo que não me dirijo a céticos absolutos, nem a homens em qualquer estado que seja de dúvida fictícia. Demando que o leitor seja cândido e, se vier a se convencer de uma conclusão, que a aceite. Não há nada que impeça um homem de perceber a força de certos argumentos específicos, mesmo que ele ainda não saiba que certa lei geral dos argumentos é válida, pois a regra geral pode valer em alguns casos e não em outros. Um homem pode raciocinar bem sem entender os princípios do raciocínio, assim como pode jogar sinuca sem entender a mecânica analítica. Se você, leitor, de fato achar que meus argumentos possuem alguma força para convencê-lo, chamá-los de ilógicos é mera afetação.

Ninguém duvida do fato de que, se um signo denota em geral tudo que é denotado por um segundo, e este segundo denota em geral tudo que é denotado por um terceiro, então o primeiro denota em geral tudo que é denotado pelo terceiro — ao menos não alguém que apreenda distintamente o significado dessas palavras. A dedução da forma geral do silogismo, portanto, consistirá unicamente em uma explicação da *suppositio communis*[1][xlvii]. Agora, o que o lógico formal

---

[1] A palavra *suppositio* é um dos úteis termos técnicos do medievo que foi condenado pelos puristas do *Renascimento* como incorreto. Os primeiros lógicos faziam uma distinção entre *significatio* e *suppositio*. *Significatio* é definida como "rei per vocem secundum placitum representatio" *[representação da coisa estabelecida por convenção*; citação de Petrus Hispanus, *Summulae*, tract. 6]. É um simples caso de lexicografia, e depende de uma convenção especial (*secundum placitum*), e não de um princípio geral. A *suppositio* pertence não diretamente à *vox*, mas à *vox* conforme tenha esta ou aquela *significatio*. "Unde significatio prior est suppositione et differunt in hoc, quia significatio est vocis, suppositio vero est termini jam composite ex voce et significatione" *[A significação, dessa forma, é anterior à suposição e elas diferem nisto, já que a significação é da voz, ao passo que a suposição ela mesma*

expression | of the form, "Every M is P," is that anything of which M is predicable is P; thus, if S is M, that S is P. The premise that "Every M is P" may, therefore, be denied; but to admit it, unambiguously, in the sense intended, is to admit that the inference is good that S is P if S is M. He, therefore, who does not deny that S is P—M, S, P, being any terms such that S is M and every M is P—denies nothing that the formal logician maintains in reference to this matter; and he who does deny this, simply is deceived by an ambiguity of language. How we come to make any judgments in the sense of the above "Every M is P," may be understood from the theory of reality put forth in the article in the last number. It was there shown that real things are of a cognitive and therefore significative nature, so that the real is that which signifies something real. Consequently, to predicate anything of anything real is to predicate it of that of which that subject [the real] is itself predicated; for to predicate one thing of another is to state that the former is a sign of the latter.

These considerations show the reason of the validity of the formula,

$$S \text{ is } M; M \text{ is } P:$$
$$\therefore S \text{ is } P.$$

They hold good whatever S and P may be, provided that

---

significatio est vocis, suppositio vero est termini jam compositi ex voce et significa- | -tione." The various *suppositiones* which may belong to one word with one *significatio* are the different senses in which the word may be taken, according to the general principles of the language or of logic. Thus, the word *table* has diferente *significationes* in the expressions "table of logarithms" and "writing-table"; but the word *man* has one and the same *significatio*, and only diferente *suppositiones*, in the following sentences: "A man is an animal," "a butcher is a man," "man cooks his food," "man appeared upon the earth at such a date," &c. Some later writers have endeavored to make "*acceptio*" do service for "*suppositio*"; but it seems to me better, now that scientific terminology is no longer forbidden, to revive *supposition*. I should add that as the principles of logic and language for the different uses of the different parts of speech are different, *supposition* must be restricted to the acceptation of a *substantive*. The term *copulatio* was used for the acceptation of an adjective or verb. |

quer dizer com uma expressão **[244]** da forma "Todo M é P" é que qualquer coisa de que M é predicável é P; assim, se S é M, que S é P. A premissa de que "Todo M é P" pode, portanto, ser negada, mas aceitá-la, sem ambiguidade, no sentido pretendido, é aceitar que é válida a inferência de que S é P se S é M. Portanto, quem não nega que S é $P - M$, S, P sendo quaisquer termos, tal que S é M e todo M é P — não nega nada que o lógico formal sustenta relativamente a essa matéria, e quem o nega é simplesmente enganado por uma ambiguidade de linguagem. É possível compreender como vimos a fazer quaisquer juízos no sentido do "Todo M é P" acima tomando por base a teoria da realidade publicada no artigo no último número[xlviii]. Mostrou-se, ali, que as coisas reais são de uma natureza cognitiva e, portanto, significativa, de modo que o real é aquilo que significa algo real. Consequentemente, predicar qualquer coisa de qualquer coisa real é predicá-la daquilo de que esse sujeito [o real] é ele mesmo predicado, pois predicar uma coisa de outra é declarar que a primeira é um signo da última.

Essas considerações mostram a razão da validade da fórmula:

$$S \text{ é } M; M \text{ é } P:$$
$$\therefore S \text{ é } P.$$

Elas valem sejam o que forem S e P, contanto que sejam de tal maneira que qualquer termo médio entre eles possa ser encontrado.

é do termo já composto da voz e da significação, id.]. **[244]** As diversas *suppositiones* que possam pertencer a uma única palavra com uma única *significatio* são os diferentes sentidos em que a palavra pode ser tomada, de acordo com os princípios gerais da linguagem ou da lógica. Assim, a palavra *tábua* tem diferentes *significationes* nas expressões "tábua de logaritmos" e "tábua de escrever", mas a palavra *homem* tem uma só e mesma *significatio* e somente *suppositiones* diferentes nas seguintes sentenças: "um homem é um animal", "um açougueiro é um homem", "o homem cozinha sua comida", "o homem surgiu na terra em tal data" etc. Alguns escritores tardios *[ver n.t. xlviii]* tentaram usar *"acceptio"* para fazer o serviço de *"suppositio"*, mas parece-me melhor, agora que a terminologia científica não é mais proibida, reviver *suppositio*. Devo acrescentar que, como são diferentes os princípios da lógica e da linguagem para os diferentes usos das diferentes partes do discurso, *suposição* tem de ser restrita à aceitação de um *substantivo*. O termo *copulatio* era usado para a aceitação de um adjetivo ou verbo. **[245]**

they be such that any middle term between them can be found. That P should be a negative term, therefore, or that S should be a particular term, would not interfere at all with the validity of this formula. Hence, the following formulæ are also valid:

$$S \text{ is } M; M \text{ is not } P:$$
$$\therefore S \text{ is not } P. \mid$$

$$\text{Some } S \text{ is } M; M \text{ is } P:$$
$$\therefore \text{Some } S \text{ is } P.$$

$$\text{Some } S \text{ is } M; M \text{ is not } P:$$
$$\therefore \text{Some } S \text{ is not } P.$$

Moreover, as all that class of inferences which depend upon the introduction of relative terms can be reduced to the general form, they also are shown to be valid. Thus, it is proved to be correct to reason thus;

Every relation of a subject to its predicate is
a relation of the relative "not X'd, except
by the X of some," to its correlate, where X
is any relative I please.

Every relation of "man" to "animal" is a
relation of a subject to its predicate.
∴ Every relation of "man" to "animal" is a relation
of the relative "not X'd, except by the X of
some," to its correlate, where X is any
relative I please.

Every relation of the relative "not X'd, except
by the X of some," to its correlate, where X
is any relative I please, is a relation of the
relative "not headed, except by the head of

Portanto, o fato de P ser um termo negativo, ou S ser um termo particular, em nada interferiria com a validade dessa fórmula, absolutamente. Daí que as seguintes fórmulas também sejam válidas:

S é M; M não é P:
∴ S não é P. **[245]**

Algum S é M; M é P:
∴ Algum S é P.

Algum S é M; M não é P:
∴ Algum S não é P.

Além do mais, como toda essa classe de inferências que depende da introdução de termos relativos pode ser reduzida à forma geral, evidencia-se que elas também são válidas. Assim, prova-se que é correto raciocinar da seguinte maneira:

Toda relação de um sujeito com seu predicado é
uma relação do relativo "não X^{ado},
exceto pelo X de alguns" com seu
correlato, na qual X é qualquer relativo que
eu quiser.
Toda relação de "homem" com "animal" é uma
relação de um sujeito com seu
predicado.
∴ Toda relação de "homem" com "animal" é uma
relação do relativo "não X^{ado}, exceto
pelo X de alguns", com seu correlato, na
qual X é qualquer relativo que eu quiser.
Toda relação do relativo "não X^{ado}, exceto pelo
X de alguns", com seu correlato, na qual
X é qualquer relativo que eu quiser, é
uma relação do relativo "*acéfalo*, exceto
pela *cabeça* de alguns", com seu correlato.

some," to its correlate.

∴ Every relation of "man" to "animal" is a relation
of the relative "not headed, except by the
head of some," to its correlate.[2]

At the same time, as will be seen from this example, the proof
of the validity of these inferences depends upon the assumption of
the truth of certain general statements concerning relatives. These
formulæ can all be deduced from the principle, that in a system of
signs in which no sign is taken in two different senses, two signs
which | differ only in their manner of representing their object,
but which are equivalent in meaning, can always be substituted
for one another. Any case of the falsification of this principle
would be a case of the dependence of the mode of existence of the
thing represented upon the mode of this or that representation of
it, which, as has been shown in the article in the last number, is
contrary to the nature of reality.

The next formula of syllogism to be considered is the following:

$$S \text{ is other than } P; M \text{ is } P:$$
$$\therefore S \text{ is other than } M.$$

The meaning of "not" or "other than" seems to have greatly
perplexed the German logicians, and it may be, therefore, that it
is used in different senses. If so, I propose to defend the validity
of the above formula only when other than is used in a particular
sense. By saying that one thing or class is other than a second,
I mean that any third whatever is identical with the class which
is composed of that third and of whatever is, at once, the first
and second. For example, if I say that rats are not mice, I mean

---

[2] "If any one will by ordinary syllogism prove that because every man is an animal, therefore every head of a man is a head of an animal, I shall be ready to—set him another question."—*De Morgan:* "On the Syllogism No. IV, and on the Logic of Relations." |

∴ Toda relação de "homem" com "animal" é uma relação do relativo "acéfalo, exceto pela cabeça de alguns", com seu correlato.[2]

Ao mesmo tempo, como será visto por este exemplo, a prova da validade dessas inferências depende da suposição da verdade de certas afirmações gerais sobre os relativos. Essas fórmulas podem ser todas deduzidas do princípio de que, em um sistema de signos, no qual nenhum signo é tomado em dois sentidos diferentes, dois signos que [246] difiram somente na sua maneira de representar seu objeto, mas que sejam equivalentes em significado, podem sempre ser mutuamente substituídos. Qualquer caso da falsificação desse princípio seria um caso da dependência que o modo de existência da coisa representada tem do modo de uma ou outra representação dela, o que, conforme foi mostrado no artigo no último número, é contrário à natureza da realidade.

A próxima fórmula de silogismo a ser considerada é a seguinte:

S é distinto de P; M é P:
∴ S é distinto de M.

O significado de "não" ou "distinto de" parece ter deixado os lógicos alemães muito perplexos, e pode ser, portanto, que seja usado em sentidos diferentes. Se for assim, proponho defender a validade da fórmula acima unicamente quando *distinto de* for usado em um sentido particular. Ao dizer que uma coisa ou classe é distinta de uma segunda *[coisa ou classe]*, quero dizer que uma terceira, qualquer que seja, é idêntica à classe que é composta dessa terceira e de tudo o mais que ao mesmo tempo sejam a pri-

---

[2] "Se qualquer pessoa, por meio de silogismo ordinário, provar que por causa de todo homem ser um animal, portanto toda cabeça de um homem é uma cabeça de um animal, estarei pronto a colocar-lhe outra questão". – *De Morgan*: "On the Syllogism No. IV and on the Logic of Relations" *[Transactions of the Cambridge Philosophical Society*, v. X, parte II, 1864, p. 337. Peirce adaptou a citação, usando "silogismo ordinário" no lugar do original "esse silogismo" ("such syllogism")].

that any third class as dogs is identical with dogs and rats-which-are-mice; that is to say, the addition of rats-which-are-mice, to anything, leaves the latter just what it was before. This being all that I mean by S is other than P, I mean absolutely the same thing when I say that S is other than P, that I do when I say that P is other than S; and the same when I say that S is other than M, that I do when I say that M is other than S. Hence the above formula is only another way of writing the following:

$$M \text{ is } P; P \text{ is not } S:$$
$$\therefore M \text{ is not } S.$$

But we have already seen that this is valid.

A very similar formula to the above is the following:

$$S \text{ is } M; \text{ some } S \text{ is } P:$$
$$\therefore \text{ Some } M \text{ is } P.$$

By saying that some of a class is of any character, I mean simply that no statement which implies that none of that class is of that character | is true. But to say that none of that class is of that character, is, as I take the word "not," to say that nothing of that character is of that class. Consequently, to say that some of A is B, is, as I understand words and in the only sense in which I defend this formula, to say that some B is A. In this way the formula is reduced to the following, which has already been shown to be valid:

$$\text{Some } P \text{ is } S; S \text{ is } M:$$
$$\therefore \text{ Some } P \text{ is } M.$$

meira e a segunda. Por exemplo, se digo que ratos não são camundongos, quero dizer que qualquer terceira classe, como os cães, é idêntica a cães e ratos-que-são-camundongos[xlix], quer dizer, a adição de ratos-que-são-camundongos a qualquer coisa deixa os últimos da mesma maneira como estavam antes. E já que isso é tudo que quero dizer com S é distinto de P, quando digo que S é distinto de P quero dizer absolutamente a mesma coisa quando digo que P é distinto de S; e quando digo que S é distinto de M, quero dizer o mesmo quando digo que M é distinto de S. Por conseguinte, a fórmula acima é somente outra maneira de escrever o seguinte:

$$M \text{ é } P; \ P \text{ não é } S:$$
$$\therefore \ M \text{ não é } S.$$

Mas já vimos que essa *[fórmula]* é válida.

Uma fórmula muito parecida com a última é a seguinte:

$$S \text{ é } M; \text{ algum } S \text{ é } P:$$
$$\therefore \text{ Algum } M \text{ é } P.$$

Ao dizer que algum *[item]* de uma classe tem uma característica qualquer, quero simplesmente dizer que nenhuma declaração que implique que nenhum *[item]* dessa classe tem essa característica **[247]** é verdadeira. Contudo, tal como considero a palavra "não", dizer que nenhum *[item]* dessa classe tem essa característica é dizer que nada que tem essa característica é dessa classe. Consequentemente, dizer que algum *[item]* de A é B, conforme compreendo as palavras e no único sentido em que defendo essa fórmula, é dizer que algum B é A. Dessa maneira, a fórmula é reduzida à seguinte, a qual, como já foi mostrado, é válida:

$$\text{Algum } P \text{ é } S; \ S \text{ é } M;$$
$$\therefore \text{ Algum } P \text{ é } M.$$

The only demonstrative syllogisms which are not included among the above forms are the Theophrastean moods, which are all easily reduced by means of simple conversions.

Let us now consider what can be said against all this, and let us take up the objections which have actually been made to the syllogistic formulæ, beginning with those which are of a general nature and then examining those sophisms which have been pronounced irresolvable by the rules of ordinary logic.

It is a very ancient notion that no proof can be of any value, because it rests on premises which themselves equally require proof, which again must rest on other premises, and so back to infinity. This really does show that nothing can be proved beyond the possibility of a doubt; that no argument could be legitimately used against an absolute sceptic; and that inference is only a transition from one cognition to another, and not the creation of a cognition. But the objection is intended to go much further than this, and to show (as it certainly seems to do) that inference not only cannot produce *infallible* cognition, but that it cannot *produce* cognition at all. It is true, that since some judgment precedes every judgment inferred, either the first premises were not inferred, or there have been no first premises. But it does not follow that because there has been no first in a series, therefore that series has had no beginning in time; for the series may be *continuous,* and may have begun gradually, as was shown in an article in No. 3 of this volume, where this difficulty has already been resolved.

A somewhat similar objection has been made by Locke and others, to the effect that the ordinary demonstrative syllogism is a *petitio principii,* inasmuch as the conclusion is already implicitly stated in the major premise. Take, for example, the syllogism: |

All men are mortal;
Socrates is a man:
∴ Socrates is mortal.

Os únicos silogismos demonstrativos que não estão incluídos entre as formas acima são os modos de Teofrasto, os quais são todos facilmente redutíveis por meio de simples conversões. Consideremos agora o que se pode alegar contra tudo isso, tratando das objeções que foram de fato feitas às fórmulas silogísticas e começando com aquelas que são de natureza geral e, em seguida, examinando aqueles sofismas que foram declarados como irresolúveis pelas regras da lógica ordinária.

É muito antiga a ideia de que nenhuma prova que se baseie em premissas que precisam elas mesmas ser provadas pode ter qualquer valor. Também essas premissas precisam se basear em outras premissas, e assim regressivamente até o infinito. Isso mostra realmente que nada pode ser provado além da possibilidade[l] de uma dúvida, que nenhum argumento poderia ser legitimamente usado contra um cético absoluto, e que a inferência é unicamente uma transição de uma cognição a outra, e não a criação de uma cognição. Mas a objeção pretende ir muito além disso e mostrar (como certamente parece fazer) que a inferência não somente não pode produzir cognição *infalível*, mas que ela não pode *produzir* cognição de modo algum. Já que algum juízo precede a todo juízo inferido, é verdade que ou as primeiras premissas não foram inferidas ou não existiram primeiras premissas. Contudo, uma vez que não houve nenhum primeiro em uma série, não se segue, portanto, que essa série não teve nenhum começo no tempo, pois a série pode ser *contínua*[li] e pode ter começado gradualmente, como foi mostrado em um artigo no número 3 deste volume[lii], no qual essa dificuldade já foi resolvida.

Uma objeção até certo ponto parecida com essa foi feita, dentre outros, por Locke[liii], no sentido de dizer que o silogismo demonstrativo ordinário é uma *petitio principii*, visto que a conclusão já está implicitamente declarada na premissa maior. Tome-se, por exemplo, o silogismo [248]:

> Todos os homens são mortais;
> Sócrates é um homem:
> ∴ Sócrates é mortal.

This attempt to prove that Socrates is mortal begs the question, it is said, since if the conclusion is denied by any one, he thereby denies that all men are mortal. But what such considerations really prove is that the syllogism is demonstrative. To call it a *petitio principii* is a mere confusion of language. It is strange that philosophers, who are so suspicious of the words *virtual* and *potential,* should have allowed this "implicit" to pass unchallenged. A *petitio principii* consists in reasoning from the unknown to the unknown. Hence, a logician who is simply engaged in stating what general forms of argument are valid, can, at most, have nothing more to do with the consideration of this fallacy than to note those cases in which from logical principles a premise of a certain form cannot be better known than a conclusion of the corresponding form. But it is plainly beyond the province of the logician, who has only proposed to state what forms of facts involve what others, to inquire whether man can have a knowledge of universal propositions without a knowledge of every particular contained under them, by means of natural insight, divine revelation, induction, or testimony. The only *petitio principii,* therefore, which he can notice is the assumption of the conclusion itself in the premise; and this, no doubt, those who call the syllogism a *petitio principii* believe is done in that formula. But the proposition "All men are mortal" does not in itself involve the statement that Socrates is mortal, but only that "whatever has man truly predicated of it is mortal." In other words, the *conclusion* is not involved in the meaning of the premise, but only the *validity of the syllogism.* So that this objection merely amounts to arguing that the syllogism is not valid, because it is demonstrative.[3]

---

[3] Mr. Mill thinks the syllogism is merely a formula for recalling forgotten facts. Whether he means to deny, what all logicians since Kant have held, that the syllogism serves to render confused thoughts distinct, or whether he does not know that this is the usual doctrine, does not appear. |

Alega-se que essa tentativa de provar que Sócrates é mortal pressupõe o que se deseja provar, já que, se a conclusão é negada por qualquer pessoa, ela, desse modo, nega que todos os homens são mortais. Mas o que essas considerações realmente provam é que o silogismo é demonstrativo. Chamá-lo de *petitio principii* é uma mera confusão de linguagem. É estranho que os filósofos, que suspeitam tanto das palavras *virtual* e *potencial*, tenham deixado esse "implícito" passar sem contestação. Uma *petitio principii* consiste em raciocinar do desconhecido ao desconhecido. Por conseguinte, um lógico que se empenhe simplesmente em especificar quais formas gerais de argumento são válidas, pode, no máximo, nada mais ter a fazer com a consideração dessa falácia do que observar aqueles casos em que, de princípios lógicos, uma premissa de certa forma não pode ser mais bem conhecida do que uma conclusão da forma correspondente. Mas está plenamente além dos domínios do lógico — que somente propôs especificar quais formas de fatos implicam quais outras — inquirir se o ser humano pode ou não ter um conhecimento de proposições universais sem um conhecimento de cada [item] particular contido sob elas por via de insight natural[liv], de revelação divina, de indução ou de testemunho. Portanto, a única *petitio principii* que ele pode observar está em supor a própria conclusão na premissa, e, não resta dúvida, aqueles que chamam o silogismo de *petitio principii* creem que isso é o que se faz naquela fórmula. Em si mesma, porém, a proposição "Todos os homens são mortais" não implica a afirmação de que Sócrates é mortal, mas somente que "tudo aquilo de que homem é verdadeiramente predicado é mortal". Em outras palavras, a *conclusão* não está implicada no significado da premissa, mas unicamente a *validade do silogismo*, de modo que essa objeção se reduz à mera defesa de que o silogismo não é válido porque é demonstrativo[3].

---

[3] O Sr. Mill pensa que o silogismo é uma mera fórmula para relembrar fatos esquecidos [*Sistema de Lógica*, 1865, v. 1, livro 2, cap. 3, p. 204]. Não fica claro se ele pretende negar que o silogismo serve para tornar distintos pensamentos confusos – o que todos os lógicos, desde Kant, defendem – ou se ele não sabe que essa é a doutrina comum.

A much more interesting objection is that a syllogism is a purely mechanical process. It proceeds according to a bare rule or formula; and a machine might be constructed which would so transpose the terms of premises. This being so (and it is so), it is argued that this cannot be *thought;* that there is no life in it. Swift has ridiculed the | syllogism in the "Voyage to Laputa," by describing a machine for making science:

> By this contrivance, the most ignorant person, at a reasonable charge, and with little bodily labor, might write books in philosophy, poetry, politics, laws, mathematics, and theology, without the least assistance from genius or study.

The idea involved in this objection seems to be that it requires mind to apply any formula or use any machine. If, then, this mind is itself only another formula, it requires another mind behind it to set it into operation, and so on *ad infinitum.* This objection fails in much the same way that the first one which we considered failed. It is as though a man should address a land surveyor as follows:—"You do not make a true representation of the land; you only measure lengths from point to point—that is to say, lines. If you observe angles, it is only to solve triangles and obtain the lengths of their sides. And when you come to make your map, you use a pencil which can only make lines, again. So, you have to do solely with lines. But the land is a surface; and no number of lines, however great, will make any surface, however small. You, therefore, fail entirely to represent the land." The surveyor, I think, would reply, "Sir, you have proved that my lines cannot make up the land, and that, therefore, my map is *not* the land. I never pretended that it was. But that does not prevent it from truly representing the land, as far as it goes. It cannot, indeed, represent every blade of grass; but it does not represent that there is not a blade of grass where there is. To abstract from a circumstance is not to deny it." Suppose the objector were, at this point, to say, "To abstract

Uma objeção muito mais interessante é a de que o silogismo é um processo puramente mecânico, que se desenvolve segundo uma fórmula ou regra sem rebuços, e, assim, seria possível construir uma máquina que transporia os termos das premissas. Em sendo assim (e é assim), defende-se que isso não pode ser *pensamento*, pois que não há vida nisso. Swift ridicularizou o [249] silogismo na "Viagem a Laputa", descrevendo uma máquina para fazer ciência:

> Por meio deste invento, a pessoa mais ignorante poderia, a um preço razoável e com pequeno trabalho corporal, escrever livros de filosofia, poesia, política, direito, matemática e teologia, sem a menor assistência do engenho ou do estudo[iv].

A ideia implicada nessa objeção parece ser que é necessária a mente para aplicar qualquer fórmula ou usar qualquer máquina. Se, então, essa mente é ela mesma outra fórmula, outra mente é necessária por trás dela para colocá-la em operação, e assim por diante *ad infinitum*. Essa objeção fracassa bem, do mesmo jeito que a primeira que consideramos falha. É como se um homem tivesse de se dirigir a um topógrafo da seguinte maneira: "—Você não representa a terra de maneira veraz, você só mede as distâncias de ponto a ponto — quer dizer, linhas. Se você observar os ângulos, é só resolver os ângulos e obter as distâncias dos seus lados. E quando você vai fazer o seu mapa, mais uma vez você usa um lápis que só pode traçar linhas. Assim, você só lida com linhas. Mas a terra é uma superfície, e nenhuma quantidade de linhas, não importa quantas sejam, constitui uma superfície, não importa quão pequena. Portanto, você não consegue representar a terra, de jeito nenhum". O topógrafo, creio, responderia: "O senhor provou que minhas linhas não conseguem constituir a terra, e que, portanto, meu mapa *não é* a terra. Jamais pretendi que fosse. No que lhe diz respeito, porém, isso não impede que o mapa represente verdadeiramente a terra. De fato, o mapa não pode representar cada lâmina de grama, mas ele não representa que não há uma lâmina de grama onde há. Abstrair de uma circunstância não é negá-la". Suponha-se, nesse ponto, que o objetor dissesse:

from a circumstance is to deny it. Wherever your map does not represent a blade of grass, it represents there is no blade of grass. Let us take things on their own valuation." Would not the surveyor reply: "This map is my description of the country. Its own valuation can be nothing but what I say, and all the world understands, that I mean by it. Is it very unreasonable that I should demand to be taken as I mean, especially when I succeed in making myself understood?" What the objector's reply to this question would be, I leave it to any one to say who thinks his position well taken. Now this line of objection is parallel to that which is made against the syllogism. It is shown that no number of syllogisms can constitute the sum total of any mental action, however restricted. This may be freely granted, and yet it will not follow that the syllogism does not truly represent the | mental action, as far as it purports to represent it at all. There is reason to believe that the action of the mind is, as it were, a continuous movement. Now the doctrine embodied in syllogistic formulæ (so far as it applies to the mind at all) is, that if two successive positions, occupied by the mind in this movement, be taken, they will be found to have certain relations. It is true that no number of successions of positions can make up a continuous movement; and this, I suppose, is what is meant by saying that a syllogism is a dead formula, while thinking is a living process. But the reply is that the syllogism is not intended to represent the mind, as to its life or deadness, but only as to the relation of its different judgments concerning the same thing. And it should be added that the relation between syllogism and thought does not spring from considerations of formal logic, but from those of psychology. All that the formal logician has to say is, that if facts capable of expression in such and such forms of words are true, another fact whose expression is related in a certain way to the expression of these others is also true.

"Abstrair de uma circunstância é negá-la. Em qualquer lugar que o seu mapa não represente uma lâmina de grama, ele representa que não há nenhuma lâmina de grama. Tomemos as coisas pelo que elas valem". Acaso o topógrafo não responderia: "Este mapa é minha descrição do país. Seu valor só pode ser o que eu digo que quero dizer com ele — e isso todo mundo compreende. É pouco razoável eu exigir que ele seja considerado como eu pretendo que seja, principalmente quando consigo me fazer entender?" Qual seria a resposta do objetor a essa questão, que responda aquele que pensa que sua posição é bem considerada. De mais a mais, essa linha de objeção é paralela àquela que é feita contra o silogismo. Demonstra-se que nenhuma quantidade de silogismos pode constituir a soma total de qualquer ação mental, não importa quão restrita seja essa ação. Isso pode ser livremente concedido, e, ainda assim, não se seguirá que o silogismo não represente verdadeiramente a [250] ação mental, até onde seja a sua intenção representá-la de qualquer modo. Há razões para crer que a ação da mente é um movimento contínuo, por assim dizer. Além disso, a doutrina incorporada em fórmulas silogísticas (dado que ela se aplica à mente, de todo modo) é que, se tomarmos duas posições sucessivas ocupadas pela mente nesse movimento, descobriremos que elas têm certas relações. É verdade que nenhuma quantidade de sucessões de posições pode constituir um movimento contínuo, e isso, suponho, é o que alguém pretende dizer quando diz que um silogismo é uma fórmula morta, enquanto o pensar é um processo vivo. Mas a resposta é que o silogismo não pretende representar a mente, nem no tocante à sua vida nem à sua morbidez, mas apenas no que tange à relação de seus diferentes juízos concernentes à mesma coisa. E deve-se acrescentar que a relação entre silogismo e pensamento não brota de considerações de lógica formal, mas de considerações de psicologia. Tudo que o lógico formal tem a dizer é que se os fatos capazes de ser expressos em tais e tais formas de palavras são verdadeiros, outro fato cuja expressão esteja relacionada de certa maneira com a expressão desses primeiros também é verdadeiro.

Hegel taught that ordinary reasoning is "one-sided." A part of what he meant was that by such inference a part only of all that is true of an object can be learned, owing to the generality or abstractedness of the predicates inferred. This objection is, therefore, somewhat similar to the last; for the point of it is that no number of syllogisms would give a complete knowledge of the object. This, however, presents a difficulty which the other did not; namely, that if nothing incognizable exists, and all knowledge is by mental action, by mental action everything is cognizable. So that if by syllogism everything is not cognizable, syllogism does not exhaust the modes of mental action. But grant the validity of this argument and it proves too much; for it makes, not the syllogism particularly, but all finite knowledge to be worthless. However much we know, more may come to be found out. Hence, all can never be known. This seems to contradict the fact that nothing is absolutely incognizable; and it would really do so *if our knowledge* were something absolutely limited. For, to say that all can never be known, means that information may increase beyond any assignable point; that is, that an absolute termination of all increase of knowledge is absolutely incognizable, and therefore does not exist. In other words, the proposition merely means that the sum of all that will be known up to any time, however advanced, into the future, has a ratio less than any assignable ratio to all that may be known at a time still more advanced. This does not | contradict the fact that everything is cognizable; it only contradicts a proposition, which no one can maintain, that everything will be known at some time some number of years into the future. It may, however, very justly be said that the difficulty still remains, how at every future time, however late, there can be something yet to happen. It is no longer a contradiction, but it is a difficulty; that is to say, *lengths of time* are shown not to afford an adequate conception of futurity in general; and the question arises, in what other way we are to conceive of it. I might indeed, perhaps, fairly

Hegel ensinava que o raciocínio ordinário é "unilateral"[lvi]. Uma parte do que ele queria dizer era que, com tal inferência, só é possível aprender uma parte de tudo que é verdadeiro sobre um objeto, devido à generalidade ou ao caráter abstrato dos predicados inferidos. Portanto, essa objeção é, em alguma medida, parecida com a última, pois o ponto dela é que nenhuma quantidade de silogismos daria um conhecimento completo do objeto. Essa [objeção], porém, apresenta uma dificuldade que a outra não apresentava, a saber: se nada de incognoscível existe e todo o conhecimento se dá por ação mental, [então] todas as coisas são cognoscíveis por ação mental, de modo que, se todas as coisas não são cognoscíveis por silogismo, o silogismo não exaure os modos de ação mental. Mas admita-se a validade desse argumento e ele prova até demais, pois inutiliza não particularmente o silogismo, mas todo conhecimento finito. Não importa o quanto já sabemos, mais pode vir a ser descoberto. Por conseguinte, nunca é possível conhecer tudo. Isso parece contradizer o fato de que nada é absolutamente incognoscível, e realmente contradiria, *se nosso conhecimento* fosse algo absolutamente limitado, pois dizer que tudo jamais pode ser conhecido significa que a informação pode aumentar além de qualquer ponto determinável, isto é, que um término absoluto de todo aumento de conhecimento é absolutamente incognoscível e, portanto, não existe. Em outras palavras, a proposição quer simplesmente dizer que a soma de tudo o que será conhecido até certo momento futuro qualquer, não importa quão avançado seja, tem uma razão menor do que qualquer razão possível de se determinar para tudo o que puder ser conhecido em um momento ainda mais avançado. Isso não [251] contradiz o fato de que todas as coisas são cognoscíveis, contradiz somente uma proposição, a qual ninguém pode sustentar, de que todas as coisas serão conhecidas em algum momento daqui a alguns anos no futuro[lvii]. Contudo, ainda é possível muito justamente alegar que a dificuldade permanece: como, em cada tempo futuro, não importa o quanto mais tarde, pode ainda haver algo a acontecer? Não se trata mais de uma contradição, mas de

drop the question here, and say that the difficulty had become so entirely removed from the syllogism in particular, that the formal logician need not feel himself specially called on to consider it. The solution, however, is very simple. It is that we conceive of the future, as a whole, by considering that this *word*, like any other general term, as "inhabitant of St. Louis," may be taken distributively or collectively. We conceive of the infinite, therefore, not directly or on the side of its infinity, but by means of a consideration concerning words or a second intention.

Another objection to the syllogism is that its "therefore" is merely subjective; that, because a certain conclusion syllogistically follows from a premise, it does not follow that the fact denoted by the conclusion really depends upon the fact denoted by the premise, so that the syllogism does not represent things as they really are. But it has been fully shown that if the facts are as the premises represent, they are also as the conclusion represents. Now this is a purely objective statement: therefore, there is a real connection between the facts stated as premises and those stated as conclusion. It is true that there is often an appearance of reasoning deductively from effects to causes. Thus we may reason as follows:—"There is smoke; there is never smoke without fire: hence, there has been fire." Yet smoke is not the cause of fire, but the effect of it. Indeed, it is evident, that in many cases an event is a demonstrative sign of a certain previous event having occurred. Hence, we can reason deductively from relatively future to relatively past, whereas causation really determines events in the direct order of time. Nevertheless, if we can thus reason against the stream of time, it is because there really are such facts as that "If there is smoke, there has been fire," in which the following event is the antecedent. Indeed, if we consider the manner in which such a proposition became known to us, we shall find that what it really means is that "If we find smoke, we *shall* find evidence on the | whole that there has been fire"; and this, if reality consists

206   Charles Sanders Peirce

uma dificuldade, quer dizer, mostra-se que *períodos de tempo* não fornecem uma concepção adequada da futuridade em geral. Disso surge a questão de qual outra maneira devemos então concebê-la. Talvez fosse razoavelmente justo eu abandonar aqui a questão e dizer que a dificuldade se tornou tão completamente distanciada do silogismo em particular que o lógico formal não precisa se sentir especialmente convocado a considerá-la. A solução, entretanto, é muito simples. É que concebemos o futuro como um todo ao considerarmos que essa *palavra* — como qualquer outro termo geral, por exemplo, "habitante de Saint Louis" — pode ser considerada distributiva ou coletivamente. Concebemos o infinito, portanto, não diretamente ou do lado de sua infinidade, mas por meio de uma consideração a respeito de palavras ou de uma segunda intenção.

Outra objeção ao silogismo é que seu "portanto" é meramente subjetivo, que não se segue, porque certa conclusão decorre silogisticamente de uma premissa, que o fato denotado pela conclusão realmente depende do fato denotado pela premissa, de modo que o silogismo não representa as coisas como elas realmente são. Mas já foi mostrado que se os fatos são como as premissas os representam, eles também são como a conclusão os representa. Ora, essa é uma declaração puramente objetiva: há, portanto, uma conexão real entre os fatos declarados como premissas e aqueles declarados como conclusão. Frequentemente, é verdade, parece que há um raciocínio dedutivo dos efeitos às causas. Dessa maneira, podemos raciocinar como se segue: — "Há fumaça; nunca há fumaça sem fogo: por conseguinte, houve fogo". No entanto, a fumaça não é a causa do fogo, mas seu efeito. Na verdade, é evidente que, em muitos casos, um evento é um signo que demonstra que certo evento prévio ocorreu. Por conseguinte, podemos raciocinar dedutivamente do relativamente futuro ao relativamente passado, ao passo que a causação[lviii] realmente determina os eventos na ordem direta do tempo. Não obstante, se podemos raciocinar assim contra o fluxo do tempo, é porque realmente há fatos tais como "se há fumaça, há fogo", nos quais o evento seguinte é o antecedente. Na verdade, se considerarmos a

in the agreement that the whole community would eventually come to, is the very same thing as to say that there really has been fire. In short, the whole present difficulty is resolved instantly by this theory of reality, because it makes all reality something which is constituted by an event indefinitely future.

Another objection, for which I am quite willing to allow a great German philosopher the whole credit, is that sometimes the conclusion is false, although both the premises and the syllogistic form are correct.[4] Of this he gives the following examples. From the middle term that a wall has been painted blue, it may correctly be concluded that it is blue; but notwithstanding this syllogism it may be green if it has also received a coat of yellow, from which last circumstance by itself it would follow that it is yellow. If from the middle term of the sensuous faculty it be concluded that man is neither good nor bad, since neither can be predicated of the sensuous, the syllogism is correct; but the conclusion is false, since of man in the concrete, spirituality is equally true, and may serve as middle term in an opposite syllogism. From the middle term of the gravitation of the planets, satellites, and comets, towards the sun, it follows correctly that these bodies fall into the sun; but they do not fall into it, because (!) they equally gravitate to their own centres, or, in other words (!!), they are supported by centrifugal force. Now, does Hegel mean to say that these syllogisms satisfy the rules for syllogism given by those who defend syllogism? or does he mean to grant that they do not satisfy *those* rules, but to set up some rules of his own for syllogism which shall insure its yielding false conclusions from true premises? If the latter, he ignores the real issue, which is whether the syllogism as defined by the rules of formal logic is correct, and not whether the syllogism as represented by Hegel

---

[4] "So zeigt sich jener Schlussatz dadurch als falsch, obgleich für sich dessen Prämissen und ebenso dessen Consequenz ganz richtig sind."—Hegel's *Werke*, vol. v, p. 124.

maneira como viemos a conhecer essa proposição, descobriremos que ela realmente significa o seguinte: "Se encontramos fumaça, *encontraremos* indícios, [252] no todo, de que há fogo", e isto, se a realidade consiste no acordo ao qual toda a comunidade chegaria no futuro, é a mesmíssima coisa que dizer que realmente houve fogo. Em suma, toda a dificuldade presente é instantaneamente resolvida por essa teoria da realidade, porque ela faz toda a realidade ser algo constituído por um evento indefinidamente futuro.

Outra objeção, cujo crédito total estou plenamente disposto a atribuir a um grande filósofo alemão, é a de que embora tanto as premissas quanto a forma silogística estejam corretas, a conclusão às vezes é falsa[4]. Disso, ele dá os seguintes exemplos[lix]. Do termo médio que um muro foi pintado de azul, pode-se corretamente concluir que o muro é azul, mas, não obstante esse silogismo, o muro pode ser verde se também tiver recebido uma demão de amarelo, e, dessa última circunstância, por ela mesma decorreria que o muro é amarelo. Se, do termo médio da faculdade sensorial for concluído que o homem não é nem bom nem mau, já que nenhum dos dois pode ser predicado do sensorial, o silogismo é correto. Mas a conclusão é falsa, já que, quanto ao homem no concreto, a espiritualidade é igualmente verdadeira e pode servir como termo médio em um silogismo oposto. Do termo médio da gravitação dos planetas, satélites e cometas em direção do sol, segue-se corretamente que esses corpos caem no sol. Mas eles não caem nele, porque (!) gravitam igualmente para seus próprios centros, ou, em outras palavras (!!), são sustentados pela força centrífuga. Ora, será que Hegel pretende dizer que esses silogismos satisfazem as regras para o silogismo dadas por aqueles que defendem o silogismo? Ou ele tem a intenção de admitir que não satisfazem *essas* regras, mas pretende estabe-

---

[4] "*So zeigt sich jener Schlußsatz dadurch als falsch, obgleich für sich dessen Prämissen und ebenso dessen Consequenz ganz richtig sind.*" Hegel, *Werke*, v. 5, p. 124 [*Ciência da Lógica*, 2ª parte, *A Lógica Subjetiva: A Doutrina do Conceito*, cap. 3, trad. brasileira, p. 142: "aquela conclusão se mostra, através disso, como falsa, embora por si suas premissas e, de igual modo, sua consequência, sejam inteiramente corretas"].

is correct. But if he means that the above examples satisfy the usual definition of a true syllogism, he is mistaken. The first, stated in form, is as follows:

> Whatever has been painted blue is blue;
> This wall has been painted blue:
> ∴ This wall is blue. |

Now "painted blue" may mean painted with blue paint, or painted so as to be blue. If, in the example, the former were meant, the major premise would be false. As he has stated that it is true, the latter meaning of "painted blue" must be the one intended. Again, "blue" may mean blue at some time, or blue at this time. If the latter be meant, the major premise is plainly false; therefore, the former is meant. But the conclusion is said to contradict the statement that the wall is yellow. If blue were here taken in the more general sense, there would be no such contradiction. Hence, he means in the conclusion that this wall is now blue; that is to say, he reasons thus:

> Whatever has been made blue has been blue;
> This has been made blue:
> ∴ This is blue now.

Now substituting letters for the subjects and predicates, we get the form,

> M is P;
> S is M:
> ∴ S is Q.

lecer algumas regras dele próprio, Hegel, para o silogismo, regras tais que assegurem que de premissas verdadeiras o silogismo tira conclusões falsas? Se for esse o caso, ele ignora a questão real, que é se o silogismo, conforme definido pelas regras da lógica formal, é ou não correto, e não se o silogismo, conforme representado por Hegel, é ou não correto. Mas se ele quer dizer que os exemplos acima satisfazem a definição corriqueira de um silogismo verdadeiro, ele está equivocado. O primeiro, expresso na forma, é como se segue:

Tudo que foi pintado de azul é azul;
Esta parede foi pintada de azul:
∴ Esta parede é azul. [253]

Ora, "pintado de azul" pode querer dizer pintado com tinta azul, ou pintado de tal maneira a ser azul. Se, no exemplo, a primeira alternativa era intencionada, a premissa maior seria falsa. Como ele declarou que é verdadeira, o segundo significado de "pintado de azul" tem de ser o único pretendido. Novamente, "azul" pode querer dizer azul em algum momento, ou azul neste momento. Se for pretendida a última alternativa, a premissa maior é evidentemente falsa, portanto, a primeira é pretendida. Mas é afirmado que a conclusão contradiz a declaração de que a parede é amarela. Se azul fosse aqui considerado no sentido mais geral, essa contradição não existiria. Por conseguinte, na conclusão ele quer dizer que essa parede é agora azul. Quer dizer, ele raciocina assim:

Tudo que foi feito azul é azul;
Isto foi feito azul:
∴ Isto é azul agora.

Agora, substituindo os sujeitos e os predicados por letras, temos a forma

M é P;
S é M:
∴ S é Q.

This is not a syllogism in the ordinary sense of that term, or in any sense in which anybody maintains that the syllogism is valid.

The second example given by Hegel, when written out in full, is as follows:

> Sensuality is neither good nor bad;
> Man *has* (not *is*) sensuality:
> ∴ Man is neither good nor bad.
> Or, the same argument may be stated as follows:
> The sensuous, *as such,* is neither good nor bad;
> Man is sensuous:
> ∴ Man is neither good nor bad.

When letters are substituted for subject and predicate in either of these arguments, it takes the form, |

> M is P;
> S is N:
> ∴ S is P.

This, again, bears but a very slight resemblance to a syllogism. The third example, when stated at full length, is as follows:

> Whatever tends towards the sun, *on the whole,* falls into the sun;
> The planets tend toward the sun:
> ∴ The planets fall into the sun.

This is a fallacy similar to the last.

I wonder that this eminent logician did not add to his list of examples of correct syllogism the following:

Esse não é um silogismo no sentido ordinário desse termo, ou em qualquer sentido em que qualquer pessoa sustente que o silogismo é válido.

O segundo exemplo dado por Hegel, quando escrito completamente, é o seguinte:

> A sensibilidade não é nem boa nem má;
> O homem *tem* (não é) sensibilidade:
> ∴ O homem não é nem bom nem mau.

O mesmo argumento pode ser alternativamente expresso assim:

> O sensorial, *como tal*, não é nem bom nem mau;
> O homem é sensorial:
> ∴ O homem não é nem bom nem mau.

Quando substituímos sujeito e predicado por letras em qualquer um desses argumentos, ele assume a forma [**254**]:

> M é P;
> S é N:
> ∴ S é P.

Isto, mais uma vez, tem uma semelhança muito leve com um silogismo.

O terceiro exemplo, quando completamente expresso, é o seguinte:

> Tudo que tende para o sol, *em geral*, cai no sol;
> Os planetas tendem ao sol:
> ∴ Os planetas caem no sol.

Essa é uma falácia parecida com a última.

Admira-me que esse eminente lógico não tenha acrescentado à sua lista de exemplos de silogismos corretos o seguinte:

It either rains, or it does not rain;
It does not rain:
∴ It rains.

This is fully as deserving of serious consideration as any of those which he has brought forward. The rainy day and the pleasant day are both, in the first place, day. Secondly, each is the negation of a day. It is indifferent which be regarded as the positive. The pleasant is Other to the rainy, and the rainy is in like manner Other to the pleasant. Thus, both are equally Others. Both are Others of each other, or each is Other for itself. So this day being other than rainy, that to which it is Other is itself. But it is Other than itself. Hence, it is itself Rainy.

Some sophisms have, however, been adduced, mostly by the Eleatics and Sophists, which really are extremely difficult to resolve by syllogistic rules; and according to some modern authors this is actually impossible. These sophisms fall into three classes: *1st,* those which relate to continuity; *2d,* those which relate to consequences of supposing things to be other than they are; *3d,* those which relate to propositions which imply their own falsity. Of the first class, the most celebrated are Zeno's arguments concerning motion. One of these is, that if Achilles overtakes a tortoise in any finite time, and the tortoise has the start of him by a distance which may be called *a,* then | Achilles has to pass over the sum of distances represented by the polynomial

$$\frac{1}{2}a + \frac{1}{4}a + \frac{1}{8}a + \frac{1}{16}a + \frac{1}{32}a \ \&c.$$

up to infinity. Every term of this polynomial is finite, and it has an infinite number of terms; consequently, Achilles must in a finite time pass over a distance equal to the sum of an infinite number of finite distances. Now this distance must be infinite, because no finite distance, however small, can be

Ou chove, ou não chove;
Não chove:
∴ chove.

Este merece plenamente tanta consideração séria quanto qualquer um daqueles que ele apresentou. O dia chuvoso e o dia agradável são, ambos, em primeiro lugar, dia. Em segundo lugar, cada um é a negação de um dia. É indiferente qual seja considerado como positivo. O agradável é Outro para o chuvoso, e da mesma maneira o chuvoso é Outro para o agradável. Assim, ambos são igualmente Outros. Ambos são Outros de cada outro, ou cada um é Outro para si mesmo. Então, este dia sendo outro que chuvoso, aquele para o qual ele é Outro é ele mesmo. Mas ele é Outro que si mesmo. Por conseguinte, ele é, ele mesmo, Chuvoso.

Contudo, há alguns sofismas, na sua maioria aduzidos pelos eleatas e sofistas, que realmente apresentam uma dificuldade extrema de serem resolvidos por regras silogísticas, e, de acordo com alguns autores modernos, isso é de fato impossível. Esses sofismas dividem-se em três classes: 1^a. aqueles que se relacionam com a continuidade; 2^a. aqueles que se relacionam com as consequências de se supor que as coisas são distintas do que são; 3^a. aqueles que se relacionam com proposições que implicam sua própria falsidade. Da primeira classe, os mais celebrados são os argumentos de Zenão concernentes ao movimento[ix]. Um deles é o de que se Aquiles ultrapassa a tartaruga em qualquer tempo finito, e a tartaruga começa na frente dele por uma distância que pode ser chamada de a, então [255] Aquiles tem de percorrer a soma das distâncias representadas pelo polinômio

$$\frac{1}{2}a + \frac{1}{4}a + \frac{1}{8}a + \frac{1}{16}a + \frac{1}{32}a \text{ etc.}$$

até o infinito. Todos os termos desse polinômio são finitos e ele tem um número finito de termos. Consequentemente, em um tempo finito, Aquiles tem de percorrer uma distância igual à soma

multiplied by an infinite number without giving an infinite distance. So that even if none of these finite distances were larger than the smallest (which is finite since all are finite), the sum of the whole would be infinite. But Achilles cannot pass over an infinite distance in a finite time; therefore, he cannot overtake the tortoise in any time, however great.

The solution of this fallacy is as follows: The conclusion is dependent on the fact that Achilles cannot overtake the tortoise without passing over an infinite number of terms of that series of finite distances. That is, no case of his overtaking the tortoise would be a case of his not passing over a non-finite number of terms; that is (by simple conversion), no case of his not passing over a non-finite number of terms would be a case of his overtaking the tortoise. But if he does not pass over a non-finite number of terms, he either passes over a finite number, or he passes over none; and conversely. Consequently, nothing more has been said than that every case of his passing over only a finite number of terms, or of his not passing over any, is a case of his not overtaking the tortoise. Consequently, nothing more can be concluded than that he passes over a distance greater than the sum of any finite number of the above series of terms. But because a quantity is greater than any quantity of a certain series, it does not follow that it is greater than any quantity.

In fact, the reasoning in this sophism may be exhibited as follows:

—We start with the series of numbers,

$$\frac{1}{2}a$$
$$\frac{1}{2}a + \frac{1}{4}a$$
$$\frac{1}{2}a + \frac{1}{4}a + \frac{1}{8}a$$
$$\frac{1}{2}a + \frac{1}{4}a + \frac{1}{8}a + \frac{1}{16}a$$

&c. &c. &c. |

de um número infinito de distâncias finitas. Ora, essa distância tem de ser infinita, porque nenhuma distância finita, por menor que seja, pode ser multiplicada por um número infinito sem dar uma distância infinita. Desse modo, mesmo que nenhuma dessas distâncias finitas fosse maior do que a menor (que é finita, já que todas são finitas), a soma do todo seria infinita. Mas Aquiles não consegue percorrer uma distância infinita em um tempo finito, portanto, ele não consegue ultrapassar a tartaruga em qualquer tempo, por maior que seja.

A solução dessa falácia é a seguinte: a conclusão depende do fato de que Aquiles é incapaz de ultrapassar a tartaruga sem antes percorrer um número infinito de termos daquela série de distâncias finitas[lxi]. Ou seja, nenhum caso em que ele ultrapassa a tartaruga seria um caso em que ele não percorre um número não finito de termos, ou seja (por conversão simples), nenhum caso em que ele não percorre um número não finito de termos seria um caso em que ele ultrapassa a tartaruga. No entanto, se ele não percorrer um número não finito de termos, ou ele percorre um número finito, ou ele não percorre nenhum, e vice-versa. Consequentemente, nada mais se disse de que todo caso em que ele percorre somente um número finito de termos, ou em que ele não percorre quaisquer termos, é um caso em que ele não ultrapassa a tartaruga. Consequentemente, nada mais se pode concluir, a não ser que ele percorre uma distância maior do que a soma de qualquer número finito da série de termos acima. Contudo, já que uma quantidade é maior do que qualquer quantidade de uma certa série, não se segue que ela seja maior do que qualquer quantidade.[lxii]

De fato, o raciocínio nesse sofisma pode ser exibido como se segue. Começamos com a série de números:

$$\frac{1}{2}a$$
$$\frac{1}{2}a + \frac{1}{4}a$$
$$\frac{1}{2}a + \frac{1}{4}a + \frac{1}{8}a$$
$$\frac{1}{2}a + \frac{1}{4}a + \frac{1}{8}a + \frac{1}{16}a$$

etc. etc. etc. **[256]**

Then, the implied argument is

Any number of this series is less than *a;*
But any number you please is less than the number of terms of this series:
Hence, any number you please is less than *a.*

This involves an obvious confusion between the number of terms and the value of the greatest term.

Another argument by Zeno against motion, is that a body fills a space no larger than itself. In that place there is no room for motion. Hence, while in the place where it is, it does not move. But it never is other than in the place where it is. Hence, it never moves. Putting this into form, it will read:

No body in a place no larger than itself is moving;
But every body is a body in a place no larger than itself:
∴ No body is moving.

The error of this consists in the fact that the minor premise is only true in the sense that during a time sufficiently short the space occupied by a body is as little larger than itself as you please. All that can be inferred from this is, that during no time a body will move no distance.

All the arguments of Zeno depend on supposing that a *continuum* has ultimate parts. But a *continuum* is precisely that, every part of which has parts, in the same sense. Hence, he makes out his contradictions only by making a self-contradictory supposition. In ordinary and mathematical language, we allow ourselves to speak of such parts—*points*—and whenever we are led into contradiction thereby, we have simply to express ourselves more accurately to resolve the difficulty.

Então, o argumento implicado é:

Qualquer número dessa série é menor do que a;
Mas qualquer número que você quiser é menor do que o número de termos desta série:
Por conseguinte, qualquer número que você quiser é menor do que a.

Isso implica uma confusão óbvia entre o número de termos e o valor do maior termo.

Outro argumento de Zenão contra o movimento é o de que um corpo não preenche um espaço maior que o dele mesmo. Nesse lugar não há espaço para o movimento. Por conseguinte, enquanto estiver no lugar em que está, o corpo não se move. Mas o corpo nunca está em outro lugar que não seja o lugar onde ele está. Portanto, ele nunca se move. Colocado dessa forma, o argumento pode ser lido como:

Nenhum corpo em um lugar que não é maior que o próprio corpo se move;
Mas todo corpo é um corpo em um lugar que não é maior que ele mesmo:
∴ Nenhum corpo se move.

O erro disso está no fato de que a premissa menor só é verdadeira no sentido de que, durante um tempo suficientemente curto, o espaço ocupado por um corpo é tão pouco maior do que ele mesmo quanto você quer. Tudo o que se pode inferir disso é que durante tempo nenhum um corpo não se moverá distância nenhuma.

Todos os argumentos de Zenão dependem de se supor que um *continuum* tem partes últimas. Mas um *continuum* é precisamente algo de que toda parte tem partes no mesmo sentido. Por conseguinte, ele elabora suas contradições só por ter feito uma suposição autocontraditória. Nas linguagens ordinária e matemática, permitimo-nos falar dessas partes — *pontos* — e, toda vez que so-

Suppose a piece of glass to be laid on a sheet of paper so as to cover half of it. Then, every part of the paper is *covered,* or *not covered;* for "not" means merely outside of, or other than. But is the line under the edge of the glass covered or not? It is no more on one side of the edge than it is on the other. therefore, it is either on both sides, or neither side. It is not on neither side; for if it were it would be *not* on either side, therefore not on the covered side, therefore not covered, therefore on the uncovered side. It is not partly on one side | and partly on the other, because it has no width. Hence, it is wholly on both sides, or both covered and not covered.

The solution of this is, that we have supposed a part too narrow to be partly uncovered and partly covered; that is to say, a part which has no parts in a continuous surface, which by definition has no such parts. The reasoning, therefore, simply serves to reduce this supposition to an absurdity.

It may be said that there really is such a thing as a line. If a shadow falls on a surface, there really is a division between the light and the darkness. That is true. But it does not follow that because we attach a definite meaning to the part of a surface being covered, therefore we know what we mean when we say that a line is covered. We may define a covered line as one which separates two surfaces both of which are covered, or as one which separates two surfaces *either* of which is covered. In the former case, the line under the edge is uncovered; in the latter case, it is covered.

In the sophisms thus far considered, the appearance of contradiction depends mostly upon an ambiguity; in those which we are now to consider, two true propositions really do in form conflict with one another. We are apt to think that formal logic forbids this, whereas a familiar argument, the *reductio ad absurdum,* depends on showing that contrary predicates are true of a subject, and *that therefore that subject does not exist.* Many logicians, it is true, make affirmative propositions assert the

mos, com isso, levados a uma contradição, temos simplesmente de nos exprimir de maneira mais precisa para resolver a dificuldade.

Suponha-se que um pedaço de vidro seja posto sobre uma folha de papel de modo a cobrir metade dela. Então, toda parte do papel ou está *coberta* ou *não coberta*, pois "não" significa simplesmente fora de, ou distinto de. A linha sob a borda do vidro, porém, está coberta ou não? Ela não está mais de um lado da borda do que de outro. Portanto, ou está de ambos os lados, ou não está de nenhum. Ela não está de nenhum lado, pois, se fosse assim, ela *não* estaria de ambos os lados e, portanto, não estaria do lado coberto, portanto, não coberta, portanto, do lado descoberto. Ela não está parcialmente de um lado [257] e parcialmente de outro, porque não tem espessura. Por conseguinte, ela está totalmente de ambos os lados, ou tanto coberta quanto não coberta.

A solução disso é que supomos que uma parte é muito estreita para estar parcialmente coberta e parcialmente descoberta, quer dizer, uma parte que não tem partes em uma superfície contínua que, por definição, não tem partes. Portanto, o raciocínio serve simplesmente para reduzir essa suposição a um absurdo.

É possível afirmar que realmente exista uma coisa que seja como uma linha. Se uma sombra cai sobre uma superfície, há realmente uma divisão entre a linha e a escuridão. Isso é verdade. Todavia, porque atribuímos um significado definido à parte de uma superfície que está coberta, disso não se segue, portanto, que sabemos o que queremos dizer quando dizemos que uma linha está coberta. Podemos definir uma linha coberta como uma linha que separa duas superfícies que estão ambas cobertas, ou como uma linha que separa duas superfícies, das quais *uma ou outra* das duas está coberta. No primeiro caso, a linha sob a borda está descoberta, no segundo, a linha está coberta.

Nos sofismas até aqui considerados, a aparência de contradição depende na maior parte de uma ambiguidade. Nos que consideraremos agora, duas proposições verdadeiras realmente entram em conflito formal uma com a outra. Somos inclinados a pensar que a

Escritos da Série Cognitiva   221

existence of their subjects.[5] The objection to this is that it cannot be extended to hypotheticals. The proposition

$$\text{If } A \text{ then } B$$

may conveniently be regarded as equivalent to

$$\text{Every case of the truth of } A \text{ is a case of the truth of } B.$$

But this cannot be done if the latter proposition asserts the existence of its subject; that is, asserts that A really happens. If, however, a categorical affirmative be regarded as asserting the existence of its subject, the principle of the *reductio ad absurdum* is that two propositions of the forms,

$$\text{If } A \text{ were true, } B \text{ would not be true, } |$$

and

$$\text{If } A \text{ were true, } B \text{ would be true,}$$

may both be true at once; and that if they are so, A is not true. It will be well, perhaps, to illustrate this point. No man of common sense would deliberately upset his inkstand if there were ink in it; that is, if any ink would run out. Hence, by simple conversion, If he were deliberately to upset his inkstand, no ink would be spilt. But suppose there is ink in it. Then, it is also true, that If he were deliberately to upset his inkstand, the ink would be spilt.

---

[5] The usage of ordinary language has no relevancy in the matter.

lógica formal proíbe isso, ao passo que um argumento familiar, a *reductio ad absurdum*, depende de se mostrar que predicados contrários são verdadeiros de um sujeito, e *que, portanto, esse sujeito não existe.* Muitos lógicos, é verdade, fazem as proposições afirmativas asserirem a existência de seus sujeitos[5]. A objeção a esse ponto é que isso não pode ser estendido a proposições hipotéticas. A proposição

Se *A* então *B*

pode convenientemente ser considerada como equivalente a

Todo caso da verdade de *A* é um caso da verdade de *B*.

Mas isso não pode ser feito se a segunda proposição assere a existência de seu sujeito, isto é, assere que *A* realmente acontece. Se, contudo, considerarmos que uma proposição categórica afirmativa assere a existência de seu sujeito, o princípio da *reductio ad absurdum* é que duas proposições das formas

Se *A* fosse verdadeiro, *B* não seria verdadeiro, **[258]**

e

Se *A* fosse verdadeiro, *B* seria verdadeiro,

podem ambas ser verdadeiras a uma só vez, e que, se o forem, *A* não é verdadeiro. Talvez seja bom ilustrar esse ponto. Nenhum homem de bom senso[lxiii] deliberadamente viraria seu tinteiro de cabeça para baixo se houvesse tinta nele, isto é, se caísse alguma tinta dele. Por conseguinte, por conversão simples, se ele deliberadamente virasse seu tinteiro, nenhuma tinta seria derramada. Mas suponha-se que haja tinta no tinteiro. Então, também é verdade que, se ele deliberadamente virasse seu tinteiro, a tinta seria derramada.

---

[5] O uso da linguagem ordinária não tem relevância na questão.

These propositions are both true, and the law of contradiction is not violated which asserts only that nothing has contradictory predicates: only, it follows from these propositions that the man will not deliberately overturn his inkstand.

There are two ways in which deceptive sophisms may result from this circumstance. In the first place, contradictory propositions are never both true. Now, as a universal proposition may be true when the subject does not exist, it follows that the contradictory of a universal—that is, a particular—cannot be taken in such a sense as to be true when the subject does not exist. But a particular simply asserts a part of what is asserted in the universal over it; therefore, the universal over it asserts the subject to exist. Consequently, there are two kinds of universals, those which do not assert the subject to exist, and these have no particular propositions under them, and those which do assert that the subject exists, and these strictly speaking have no contradictories. For example, there is no use of such a form of proposition as "Some griffins would be dreadful animals," as particular under the useful form "The griffin would be a dreadful animal"; and the apparent contradictories "All of John Smith's family are ill," and "Some of John Smith's family are not ill," are both false at once if John Smith has no family. Here, though an inference from a universal to the particular under it is always valid, yet a procedure which | greatly resembles this would be sophistical if the universal were one of those propositions which does not assert the existence of its subject. The following sophism depends upon this; I call it the True Gorgias:

Gorgias. What say you, Socrates, of black? Is any black, white?
Socrates. No, by Zeus!
Gor. Do you say, then, that no black is white? *Soc.* None at all.
Gor. But is everything either black or non-black? *Soc.* Of course.
Gor. And everything either white or non-white? *Soc.* Yes.
Gor. And everything either rough or smooth? *Soc.* Yes.

Essas proposições são ambas verdadeiras, e a lei de não contradição, que assere somente que nada tem predicados contraditórios, não é violada: dessas proposições, decorre unicamente que o homem não derrubará seu tinteiro deliberadamente.

Sofismas enganadores podem resultar dessa circunstância de duas maneiras. Em primeiro lugar, proposições contraditórias nunca são ambas verdadeiras. Ora, visto que uma proposição universal pode ser verdadeira quando o sujeito não existe, segue-se que a contraditória de uma universal — isto é, uma particular — não pode ser tomada no sentido de ser verdadeira quando o sujeito não existir. Mas uma particular assere simplesmente uma parte daquilo que a universal acima dela assere, portanto, a universal acima dela assere que o sujeito existe. Consequentemente, há duas espécies de universais, aquelas que não asserem que o sujeito existe, e essas não têm proposições particulares sob elas, e aquelas que asserem que o sujeito existe, e essas, falando estritamente, não têm contraditórias. Por exemplo, uma forma de proposição tal como "Alguns grifos seriam animais terríveis" é inútil no papel de particular sob a forma útil "O grifo seria um animal terrível"; e as aparentemente contraditórias "Todos na família de João da Silva estão doentes" e "Alguns da família de João da Silva não estão doentes" são ambas imediatamente falsas se João da Silva não tem família. Aqui, embora uma inferência [que passa] de uma universal à particular sob ela seja sempre válida, ainda assim, se a universal fosse uma dessas proposições que não assere a existência de seu sujeito, um procedimento [259] muito parecido com esse seria sofístico. O seguinte sofisma depende disso. Denomino-o de Verdadeiro Górgias:

Górgias. — Que dizes, Sócrates, do preto? É branco qualquer preto?

Sócrates. — Não, por Zeus!

Gór. — Dizes, então, que nenhum preto é branco? *Sóc.* — Nenhum, em absoluto.

Gór. — Mas todas as coisas são ou pretas ou não pretas? *Sóc.* — É claro.

Gor. And everything either real or unreal? *Soc.* Oh, bother! yes.

Gor. Do you say, then, that all black is either rough black or smooth black? *Soc.* Yes.

Gor. And that all white is either real white or unreal white? *Soc.* Yes.

Gor. And yet is no black, white? *Soc.* None at all.

Gor. Nor no white, black? *Soc.* By no means.

Gor. What? Is no smooth black, white? *Soc.* No; you cannot prove that, *Gorgias.*

Gor. Nor no rough black, white? *Soc.* Neither.

Gor. Nor no real white, black? *Soc.* No.

Gor. Nor no unreal white, black? *Soc.* No, I say. No white at all is black.

Gor. What if black is smooth, is it not white? *Soc.* Not in the least.

Gor. And if the last is false, is the first false? *Soc.* It follows.

Gor. If, then, black is white, does it follow, that black is not smooth? *Soc.* It does.

Gor. Black-white is not smooth? *Soc.* What do you mean?

Gor. Can any dead man speak? *Soc.* No, indeed.

Gor. And is any speaking man dead? *Soc.* I say, no.

Gor. And is any good king tyrannical? *Soc.* No.

Gor. And is any tyrannical king good? *Soc.* I just said no.

Gor. And you said, too, that no rough black is white, did you not? *Soc.* Yes.

Gor. Then, is any black-white, rough? *Soc.* No.

Gor. And is any unreal black, white? *Soc.* No.

Gor. Then, is any black-white unreal? *Soc.* No.

Gor. No black-white is rough? *Soc.* None.

Gor. All black-white, then, is non-rough? *Soc.* Yes.

Gor. And all black-white, non-unreal? *Soc.* Yes.

Gor. All black-white is then smooth? *Soc.* Yes.

Gor. And all real? *Soc.* Yes.

Gor. Some smooth, then, is black-white? *Soc.* Of course.

Gór. — E todas as coisas são ou brancas ou não brancas? *Sóc.* — Sim.

Gór. — E todas as coisas são ou ásperas ou lisas? *Sóc.* — Sim.

Gór. — E todas as coisas são ou reais ou irreais? *Sóc.* — Ora, como! Sim!

Gór. — Dizes, então, que todo preto é ou preto áspero ou preto liso? *Sóc.* — Sim.

Gór. — E que todo branco é ou branco real ou branco irreal? *Sóc.* — Sim.

Gór. — E, ainda, nenhum preto é branco? *Sóc.* — Absolutamente nenhum.

Gór. — E nenhum branco é preto, tampouco? *Sóc.* — De maneira nenhuma.

Gór. — O quê? Nenhum preto liso é branco? *Sóc.* — Nenhum. Não podes provar isso, Górgias.

Gór. — E nenhum preto áspero é branco, tampouco? *Sóc.* — Nenhum.

Gór. — E nenhum branco real é preto? *Sóc.* — Nenhum.

Gór. — E nenhum branco irreal é preto? *Sóc.* — Digo que nenhum. Absolutamente nenhum branco é preto.

Gór. — E se o preto for liso, não é branco? *Sóc.* — Nem um pouco.

Gór. — E se o último é falso, é falso o primeiro? *Sóc.* — Segue-se que sim.

Gór. — Então, se o preto é branco, segue-se que o preto não é liso? *Sóc.* — Sim.

Gór. — Preto-branco não é liso? *Sóc.* — Que queres dizer?

Gór. — Um homem morto, qualquer um, pode falar? *Sóc.* — Por certo que não.

Gór. — E há um morto falante, qualquer um? *Sóc.* — Digo que não.

Gór. — Há um bom rei, qualquer um, que seja tirânico? *Sóc.* — Não.

Gór. — E qualquer rei tirânico, será bom? *Sóc.* — Acabei de dizer que não.

Escritos da Série Cognitiva 227

Gor. And some real is black-white? *Soc.* So it seems.
Gor. Some black-white smooth is black-white? *Soc.* Yes.
Gor. Some black smooth is black-white? *Soc.* Yes.
Gor. Some black smooth is white. *Soc.* Yes.
Gor. Some black real is black-white? *Soc.* Yes.
Gor. Some black real is white? *Soc.* Yes.
Gor. Some real black is white? *Soc.* Yes.
Gor. And some smooth black is white? *Soc.* Yes.
Gor. Then, some black is white? *Soc.* I think so myself.

The principle of the *reductio ad absurdum* also occasions deceptions in another way, owing to the fact that we have many words, such as *can, may, must,* &c., which imply more or less vaguely an otherwise unexpressed condition, so that these propositions are in fact hypotheticals. Accordingly, if the unexpressed condition is some state of things which does not actually come to pass, the two propositions may appear to be contrary to one another. Thus, the moralist says, "You ought to do this, and you can do it." This "You can do it" is principally hortatory in its force: so far as it is a statement of fact, it means merely, "If you try, you will do it." Now, if the act is an outward one and the act is not performed, the scientific man, in view of the fact that every event in the physical world depends exclusively on physical antecedents, says that in this case the laws of nature prevented the thing from being done, and that therefore, "Even if you had tried, you would not have done it." Yet the reproachful conscience still says you might have done it; that is, that "If you had tried, you would have done it." This is called the paradox of freedom and fate; and it is usually supposed that one of these propositions must be true and the other false. But since, in fact, you have not tried, there is no reason why the supposition that you have tried should not be reduced to an absurdity. In the same way, if you had tried and had performed the action, the conscience might say, "If you had

Gór. — E disseste, também, que nenhum preto áspero é branco, não? *Sóc.* — Sim.

Gór. — Então, qualquer preto-branco é áspero? *Sóc.* — Não.

Gór. — E um preto irreal, qualquer um, é branco? *Sóc.* — Não.

Gór. — Então, algum preto-branco, qualquer um, é irreal? *Sóc.* — Não. [260]

Gór. — Nenhum preto-branco é áspero? *Sóc.* — Nenhum.

Gór. — Então, todo preto-branco é não áspero? *Sóc.* — Sim.

Gór. — E todo preto-branco, não irreal? *Sóc.* — Sim.

Gór. — Então, todo preto-branco é liso? *Sóc.* — Sim.

Gór. — E todo real? *Sóc.* — Sim.

Gór. — Então, algum liso é preto-branco? *Sóc.* — É claro.

Gór. — E algum real é preto-branco? *Sóc.* — Parece que sim.

Gór. — Algum liso preto-branco é preto-branco? *Sóc.* — Sim.

Gór. — Algum liso preto é preto-branco? *Sóc.* — Sim.

Gór. — Algum liso preto é branco. *Sóc.* — Sim.

Gór. — Algum real preto é preto-branco? *Sóc.* — Sim.

Gór. — Algum real preto é branco? *Sóc.* — Sim.

Gór. — Algum preto real é branco? *Sóc.* — Sim.

Gór. — E algum preto liso é branco? *Sóc.* — Sim.

Gór. — Então, algum preto é branco? *Sóc.* — Por mim, penso que sim.

O princípio da *reductio ad absurdum* induz a erros[lxiv] também de outra maneira, devido ao fato de termos muitas palavras, tais como *poder, ser possível, dever* etc., as quais implicam mais ou menos vagamente uma condição de outra maneira tácita, de modo que essas proposições são, de fato, hipotéticas. Assim sendo, se a condição tácita for algum estado de coisas que efetivamente não vem a acontecer, é possível que as duas proposições pareçam mutuamente contrárias. Assim, o moralista diz, "Você deveria fazer isso e você pode fazê-lo". Este "Você pode fazê-lo" é de uma força principalmente exortatória: por ser uma declaração de fato, significa simplesmente "Se você tentar, você o fará". Ora, se o ato é externo

not tried, you would not have done it"; while the understanding would say, "Even if you had not tried, you would have done it." These | propositions are perfectly consistent, and only serve to reduce the supposition that you did not try to an absurdity.[6]

---

[6] This seems to me to be the main difficulty of freedom and fate. But the question is overlaid with many others. The Necessitarians seem now to maintain less that every physical event is completely determined by physical causes (which seems to me irrefragable), than that every act of will is determined by the strongest motive. This has never been proved. Its advocates seem to think that it follows from universal causation, but why need the cause of an act lie within the consciousness at all? If I act from a reason at all, I act voluntarily; but which of two reasons shall appear strongest to me on a particular occasion may be owing to what I have eaten for dinner. Unless there is a perfect regularity as to what is the strongest motive with me, to say that I act from the strongest motive is mere tautology. If there is no calculating how a man will act except by taking into account external facts, the character of his motives does not determine how he acts. Mill and others have, therefore, not shown that a man always acts from the strongest motive. Hobbes maintained that a man always acts from a reflection upon what will please him most. This is a very crude opinion. Men are not always thinking of themselves. Self-control seems to be the capacity for rising to an extended view of a practical subject instead of seeing only temporary urgency. This is the only freedom of which man has any reason to be proud; and it is because love of what is good for all on the whole, which is the widest possible consideration, is the essence of Christianity, that it is said that the service of Christ is perfect freedom. |

e não é realizado, o homem científico, em vista do fato de que todo evento no mundo físico depende exclusivamente de antecedentes físicos, diz que, nesse caso, as leis da natureza impediram que a coisa fosse feita e que, portanto, "Ainda que tivesse tentado, você não o teria feito". No entanto, a consciência reprobatória ainda diz que você poderia tê-lo feito, isto é, que "Se você tivesse tentado, você o teria feito". Esse é o chamado paradoxo da liberdade e do destino, e, em geral, supõe-se que uma dessas proposições deva ser verdadeira e a outra falsa. Contudo, de fato, já que você não tentou, não há razão por que a suposição de que você tentou não deva ser reduzida a um absurdo. Da mesma maneira, se você tivesse tentado e tivesse realizado a ação, a consciência poderia dizer "se você não tivesse tentado, você não o teria feito", ao passo que o entendimento diria "Ainda que você não tivesse tentado, você o teria feito"[lxv]. Essas [261] proposições são perfeitamente consistentes, e servem unicamente para reduzir a um absurdo a suposição de que você não tentou[6].

---

[6] Essa parece-me ser a principal dificuldade da liberdade e do destino. Todavia, a questão está recoberta com muitas outras. Parece que os deterministas atualmente sustentam menos que todo evento físico é completamente determinado por causas físicas (o que me parece irrefutável[lxvi]) e mais que todo ato de vontade é determinado pelo motivo mais forte. Isso nunca foi provado. Seus defensores parecem pensar que isso decorre da causação universal. Contudo, por que, afinal, a causa de um ato precisa estar de todo modo dentro da consciência? Se ajo afinal de contas baseado em uma razão, ajo voluntariamente; qual de duas razões, porém, parecerá a mim ser a mais forte em uma ocasião particular, isso talvez se deva ao que comi no jantar. A menos que haja uma perfeita regularidade com respeito ao que, para mim, é o motivo mais forte, dizer que ajo baseado no motivo mais forte é mera tautologia. Se não há como calcular como um homem agirá, exceto pela consideração de fatos externos, o caráter de seus motivos não determina como ele age. Portanto, Mill e outros não demonstraram que um homem sempre age baseado no motivo mais forte. Hobbes sustentava que um homem sempre age baseado em uma reflexão sobre o que o agradará maximamente [Leviatã, cap. 11, trad. bras., p. 64]. Essa opinião é muito rudimentar. Os homens não estão sempre pensando em si mesmos. O autocontrole parece ser a capacidade de nos alçarmos a uma visão ampliada de um assunto prático em vez de vermos somente a urgência temporal. Essa é a única liberdade da qual o homem tem qualquer razão para se orgulhar. Diz-se que o serviço de Cristo é a liberdade perfeita porque o amor daquilo que é bom para

The third class of sophisms consists of the so-called *Insolubilia*. Here is an example of one of them with its resolution:

THIS PROPOSITION IS NOT TRUE.
IS IT TRUE OR NOT?

Susppose it true.
Then,
The proposition is true;
But, that it is not true is the proposition:
∴ That it is not true;
∴ It is not true.

Besides,
It is true.
∴ It is true that it is true,
∴ It is not true that it is not true;
But, the proposition is that it is not true,
∴ The proposition is not true.

Suppose it not true.
Then,
It is not true.
∴ It is true that it is not true.
But, the proposition is that it is not true.
∴ The proposition is true.

Besides,
The proposition is not true.
But that it is not true is the proposition.
∴ That it is not true, is not true.
∴ That it is true, is true.
∴ It is true.

∴ Whether it is true or not, it is both true and not.
∴ It is both true and not,
which is absurd. |

A terceira classe de sofismas consiste nos assim chamados *Insolubilia*. Aqui está um exemplo de um deles com sua resolução:

ESTA PROPOSIÇÃO NÃO É VERDADEIRA.
ELA É VERDADEIRA OU NÃO?

Suponha-se que ela seja verdadeira.	Suponha-se que ela não seja verdadeira.
Então,	Então,
a proposição é verdadeira;	ela não é verdadeira.
mas a proposição é que ela não é verdadeira:	∴ É verdade que ela não é verdadeira.
∴ é verdade que ela não é verdadeira;	Mas a proposição é que ela não é verdadeira.
∴ ela não é verdadeira.	∴ a proposição é verdadeira.
Além disso,	Além disso,
ela é verdadeira.	a proposição não é verdadeira.
∴ é verdade que ela é verdadeira,	Mas a proposição é que ela não é verdadeira.
∴ não é verdade que ela não é verdadeira;	∴ Não é verdade que ela não é verdadeira.
Mas a proposição é que ela não é verdadeira,	∴ É verdade que ela é verdadeira.
∴ a proposição não é verdadeira.	∴ Ela é verdadeira.

∴ Se é verdadeira ou não, ela é tanto verdadeira como não verdadeira.,
∴ Ela é tanto verdadeira como não verdadeira,
o que é absurdo. [262]

---

todos em geral – a qual é a consideração mais ampla possível – é a essência do cristianismo.

Since the conclusion is false, the reasoning is bad, or the premises are not all true. But the reasoning is a dilemma; either, then, the disjunctive principle that it is either true or not is false, or the reasoning under one or the other branch is bad, or the reasoning is altogether valid. If the principle that it is either true or not is false, it is other than true and other than not true; that is, not true and not not true; that is, not true and true. But this is absurd. Hence, the disjunctive principle is valid. There are two arguments under each horn of the dilemma; both the arguments under one or the other branch must be false. But, in each case, the second argument involves all the premises and forms of inference involved in the first; hence, if the first is false, the second necessarily is so. We may, therefore, confine our attention to the first arguments in the two branches. The forms of argument contained in these are two: first, the simple syllogism in Barbara, and, second, the consequence from the truth of a proposition to the proposition itself. These are both correct. Hence, the whole form of reasoning is correct, and nothing remains to be false but a premise. But since the repetition of an alternative supposition is not a premise, there is, properly speaking, but one premise in the whole. This is that the proposition is the same as that that proposition is not true. This, then, must be false. Hence the proposition signifies either less or more than this. If it does not signify as much as this, it signifies nothing, and hence it is not true, and hence another proposition which says of it what it says of itself is true. But if the proposition in question signifies something more than that it is itself not true, then the premise that

Whatever is said in the proposition is that it is not true,

is not true. And as a proposition is true only if whatever is said in it is true, but is false if anything said in it is false, the first argument on the second side of the dilemma contains a false premise, and the second an undistributed middle. But the first argument on the first side remains good. Hence, if the proposition

Já que a conclusão é falsa, o raciocínio é ruim, ou as premissas não são todas verdadeiras. Mas o raciocínio é um dilema. Então, ou é falso o princípio disjuntivo de que ele ou é verdadeiro ou não, ou o raciocínio segundo um ou o outro ramo é ruim, ou bem o raciocínio é totalmente válido. Se for falso o princípio de que ou é verdadeiro ou não, ele é distinto de verdadeiro e distinto de não verdadeiro, isto é, não verdadeiro e não não verdadeiro, isto é, não verdadeiro e verdadeiro. Mas isso é absurdo. Por conseguinte, o princípio disjuntivo é válido. Há dois argumentos sobre cada um dos chifres do dilema. Ambos os argumentos sobre um ou sobre o outro ramo têm de ser falsos. Em cada caso, porém, o segundo argumento abrange todas as premissas e formas de inferência contidas no primeiro; por conseguinte, se o primeiro é falso, o segundo necessariamente o é. Podemos, portanto, enfocar nossa atenção nos primeiros argumentos nos dois ramos. As formas de argumento ali contidas são duas: primeira, o silogismo simples em Bárbara, e, segunda, a consequência desde a verdade de uma proposição até a própria proposição. Ambas as formas são corretas. Por conseguinte, a forma total de raciocínio está correta e nada de falso resta, a não ser uma premissa. Todavia, já que a repetição de uma suposição alternativa não é uma premissa, há somente uma única premissa no todo, propriamente falando. Essa premissa é que a proposição é idêntica à de que a proposição não é verdadeira.[lxvii] Isso, então, deve ser falso. Por conseguinte, a proposição significa ou menos ou mais do que isso. Se ela não significa tanto quanto isso, ela não significa nada, e, por conseguinte, ela não é verdadeira, e, portanto, é verdadeira outra proposição que diz dela o que diz de si mesma. Mas se a proposição em questão significa algo mais do que [o fato de] que ela mesma não é verdadeira, então, não é verdadeira a premissa de que

Tudo que se diz na proposição é que ela não é verdadeira.

E, como uma proposição só é verdadeira se tudo o que é dito nela for verdadeiro, mas é falsa se qualquer coisa que é dito nela for falso, o primeiro argumento do segundo lado do dilema contém

means more than that it is not true, it is not true, and another proposition which repeats this of it is true. Hence, whether the proposition does or does not mean that it is not true, it is not true, and a proposition which repeats this of it is true.

Since this repeating proposition is true, it has a meaning. Now, a proposition has a meaning if any part of it has a meaning. Hence the | original proposition (a part of which repeated has a meaning) has itself a meaning. Hence, it must imply something besides that which it explicitly states. But it has no particular determination to any further implication. Hence, what more it signifies it must signify by virtue of being a proposition at all. That is to say, every proposition must imply something analogous to what this implies. Now, the repetition of this proposition does not contain this implication, for otherwise it could not be true; hence, what every proposition implies must be something concerning itself. What every proposition implies concerning itself must be something which is false of the proposition now under discussion, for the whole falsity of this proposition lies therein, since all that it explicitly lays down is true. It must be something which would not be false if the proposition were true, for in that case some true proposition would be false. Hence, it must be that it is itself true. That is, *every proposition asserts its own truth.*

The proposition in question, therefore, is true in all other respects but its implication of its own truth.[7]

---

[7] This is the principle which was most usually made the basis of the resolution of the *Insolubilia*. See, for example, *Pauli Veneti Sophismata Aurea.* Sophisma 50. The authority of Aristotle is claimed for this mode of solution. *Sophistici Elenchi,* cap. 25. The principal objection which was made to this mode of solution, viz., that the principle that every proposition implies its own truth, cannot be proved, I believe that I have removed. The only arguments against the truth of this principle were based on the imperfect doctrines of *modales* and *obligationes.* Other methods of solution suppose that a part of a proposition cannot denote the whole proposition, or that no intellection is a formal cognition of itself. A solution of this sort will be found in Occam's *Summa Totius Logices,* 3d part of 3d part, cap. 38. Such modern authors as think the solution "very easy" do not understand its difficulties. See Mansel's Aldrich, p. 145. |

uma premissa falsa, e o segundo argumento contém um [termo] médio não distribuído. Mas o primeiro argumento do primeiro lado ainda é bom. Por conseguinte, se a proposição significa mais do que o fato de que ela não é verdadeira, ela não é verdadeira, e é verdadeira outra proposição que repete isso dela. Portanto, se a proposição significa ou não que ela não é verdadeira, ela não é verdadeira, e é verdadeira uma proposição que repete isso dela.

Já que essa proposição repetitiva é verdadeira, ela tem um significado. Ora, uma proposição tem significado se qualquer parte dela tem significado. Logo, a [263] proposição original (da qual uma parte repetida tem significado) tem, ela mesma, um significado. Por conseguinte, ela tem de implicar algo à parte do que explicitamente declara. Mas ela não tem nenhuma determinação particular para qualquer implicação ulterior. Portanto, o que mais ela significa, ela tem de significar em virtude de ser uma proposição e só. Isso quer dizer que toda proposição tem de implicar algo análogo ao que isso implica. Além disso, a repetição dessa proposição não contém essa implicação, pois, de outra maneira, ela não poderia ser verdadeira; logo, o que toda proposição implica tem de ser algo que concerne a si mesma. O que toda proposição implica concernente a si mesma tem de ser algo que é falso [a respeito] da proposição agora sob discussão, pois toda a falsidade dessa proposição está nisso, já que tudo que ela estabelece explicitamente é verdadeiro. Tem de ser algo que não seria falso se a proposição fosse verdadeira, pois, nesse caso, alguma proposição verdadeira seria falsa. Por conseguinte, tem de ser que ela, ela mesma, seja verdadeira. Isto é, *toda proposição assere a sua própria verdade.*

A proposição em questão, portanto, é verdadeira em todos os outros aspectos, exceto no de implicar a sua própria verdade[7].

---

[7] Este é o princípio que mais comumente foi tomado como base para a resolução dos *Insolubilia.* Ver, por exemplo, *Pauli Veneti Sophismata Aurea.* Sofisma 50.[lxviii] A autoridade de Aristóteles é invocada para esse modo de solução. *Sophistici Elenchi,* cap. 25 [180a23-180b39 na edição Bekker, trad. bras. p. 595-597]. Creio que removi a principal objeção feita a esse modo de solução, isto é, a objeção de que não pode ser provado o princípio de que toda proposição implica a sua própria verdade. Os únicos argumentos contra a verdade desse princípio baseavam-se nas doutrinas imperfeitas

The difficulty of showing how the law of deductive reasoning is true depends upon our inability to conceive of its not being true. In the case of probable reasoning the difficulty is of quite another kind; here, where we see precisely what the procedure is, we wonder how such a process can have any validity at all. How magical it is that by examining a part of a class we can know what is true of the whole of the class, and by study of the past can know the future; in short, that we can know what we have not experienced!

Is not this an intellectual intuition! Is it not that besides ordinary experience which is dependent on there being a certain physical connection between our organs and the thing experienced, there is a second avenue of truth dependent only on there being a certain intellectual connection between our previous knowledge and what | we learn in that way? Yes, this is true. Man has this faculty, just as opium has a somnific virtue; but some further questions may be asked, nevertheless. How is the existence of this faculty accounted for? In one sense, no doubt, by natural selection. Since it is absolutely essential to the preservation of so delicate an organism as man's, no race which had it not has been able to sustain itself. This accounts for the prevalence of this faculty, provided it was only a possible one. But how can it be possible? What could enable the mind to know physical things which do not physically influence it and which it does not influence? The question cannot be answered by any statement concerning the human mind, for it is equivalent to asking what makes the facts usually to be, as inductive and hypothetic conclusions from true premises represent them to be? Facts of a certain kind are usually true when facts having certain relations to them are true; what is the cause of this? That is the question.

A dificuldade de mostrar como a lei do raciocínio dedutivo é verdadeira depende de nossa incapacidade de concebê-la como não verdadeira. No caso do raciocínio provável, a dificuldade é de espécie totalmente distinta. Aqui, onde vemos precisamente qual é o procedimento, perguntamo-nos como esse processo pode ter qualquer validade no fim das contas. Como é mágico que pelo exame de uma parte de uma classe podemos saber o que é verdadeiro a respeito de toda a classe, e pelo estudo do passado podemos conhecer o futuro. Em suma, podemos conhecer o que não pudemos experimentar!

Ora, se isso não é uma intuição intelectual! E não é que há, além de nossa experiência ordinária — dependente como ela é da existência de certa ligação física entre nossos órgãos e a coisa experimentada —, uma segunda via de verdade que depende unicamente da existência de certa ligação intelectual entre nosso conhecimento prévio e o que [264] aprendemos dessa maneira? Sim, isso é verdade. O homem tem essa faculdade, assim como o ópio tem uma virtude sonífera[lxix]. Mesmo assim, algumas questões ulteriores podem, todavia, ser feitas. Como é explicada a existência dessa faculdade? Em um sentido, sem dúvida que por seleção natural. Já que é absolutamente essencial à preservação de um organismo tão delicado quanto o do homem, raça alguma que não a tivesse teria sido capaz de se sustentar. Isso explica a predominância dessa faculdade, contanto que ela fosse apenas uma faculdade possível. Mas como ela pode ser possível? O que poderia tornar a mente capaz de conhecer coisas físicas que não a influenciam fisicamente e que ela não influencia? A questão não pode ser respondida por qualquer declaração relativa à mente humana, pois isso equivale a perguntar: o que faz os fatos usualmente serem assim como os representam as conclusões hipotéticas e indutivas baseadas em pre-

---

dos *modales* e das *obligationes*. Outros métodos de solução supõem que uma parte de uma proposição não é capaz de denotar toda a proposição, ou que nenhuma intelecção é uma cognição formal de si mesma. Uma solução desse tipo será encontrada na *Summa Totius Logices* de Ockham, 3ª parte da 3ª parte, cap. 38. Autores modernos que pensam que a solução é "muito fácil" não entendem suas dificuldades. Ver a edição de Aldrich feita por Mansel, p. 145. [263]

The usual reply is that nature is everywhere regular; as things have been, so they will be; as one part of nature is, so is every other. But this explanation will not do. Nature is not regular. No disorder would be less orderly than the existing arrangement. It is true that the special laws and regularities are innumerable; but nobody thinks of the irregularities, which are infinitely more frequent. Every fact true of any one thing in the universe is related to every fact true of every other. But the immense majority of these relations are fortuitous and irregular. A man in China bought a cow three days and five minutes after a Greenlander had sneezed. Is that abstract circumstance connected with any regularity whatever? And are not such relations infinitely more frequent than those which are regular? But if a very large number of qualities were to be distributed among a very large number of things in almost any way, there would chance to be some few regularities. If, for example, upon a checker-board of an enormous number of squares, painted all sorts of colors, myriads of dice were to be thrown, it could hardly fail to happen, that upon some color, or shade of color, out of so many, some one of the six numbers should not be uppermost on any die. This would be a regularity; for, the universal proposition would be true that upon that color that number is never turned up. But suppose this regularity abolished, then a far more remarkable regularity would be created, namely, that on every color every number is turned up. Either way, therefore, a regularity must occur. Indeed, a little reflection will | show that although we have here only variations of color and of the numbers of the dice, many regularities must occur. And the greater the number of objects, the more respects in which they vary, and the greater the number of varieties in each respect, the greater will be the number of regularities. Now, in the universe, all these numbers are infinite. Therefore, however disorderly the chaos, the *number* of regularities must be infinite. The orderliness of the universe, therefore, if it exists, must consist in the large *proportion* of relations which present a regularity to those which

missas verdadeiras? Fatos de certa espécie costumam ser verdadeiros quando fatos que têm certas relações com eles são verdadeiros. Qual a causa disso? Eis a questão. A resposta usual é que a natureza é regular em toda parte; como as coisas foram, assim serão; como uma parte da natureza é, assim é toda outra. Mas essa explicação não serve. A natureza não é regular. Nenhuma desordem seria menos ordenada do que o arranjo existente. É verdade que as leis específicas e as regularidades são inumeráveis, mas ninguém pensa nas irregularidades, que são infinitamente mais frequentes. Cada fato que é verdadeiro a respeito de uma coisa qualquer no universo está relacionado com cada fato que é verdadeiro a respeito de cada outra. Mas a imensa maioria dessas relações é fortuita e irregular. Um homem na China comprou uma vaca três dias e cinco minutos depois de um groenlandês ter espirrado. Estará essa circunstância abstrata ligada a qualquer regularidade que seja? E essas relações não serão infinitamente mais frequentes que aquelas que são regulares? Contudo, haveria chance de algumas poucas regularidades se um número muito grande de qualidades fosse distribuído dentre um número muito grande de coisas quase de todo jeito. Se, por exemplo, miríades de dados fossem lançadas sobre um tabuleiro de xadrez com uma quantidade imensa de quadrados, pintados com toda sorte de cores, dificilmente não aconteceria de, sobre uma qualquer das cores ou matiz de cores, dentre tantas, algum dos seis números não sair na parte de cima de nenhum dado. Essa seria uma regularidade, porquanto seria verdadeira a proposição universal de que sobre aquela cor aquele número nunca sai. Mas vamos supor que essa regularidade seja abolida. Nesse caso, uma regularidade ainda mais notável seria criada, a saber, a de que em cima de cada cor cada número cai virado para cima. De qualquer jeito, portanto, uma regularidade tem de ocorrer. Com efeito, um pouco de reflexão mostrará [265] que, embora tenhamos aqui apenas variações de cor e números do dado, muitas regularidades têm de ocorrer. E quanto maior o número de objetos, em tantos mais aspectos eles variam,

are quite irregular. But this proportion in the actual universe is, as we have seen, as small as it can be; and, therefore, the orderliness of the universe is as little as that of any arrangement whatever.

But even if there were such an orderliness in things, it never could be discovered. For it would belong to things either collectively or distributively. If it belonged to things collectively, that is to say, if things formed a system the difficulty would be that a system can only be known by seeing some considerable proportion of the whole. Now we never can know how great a part of the whole of nature we have discovered. If the order were distributive, that is, belonged to all things only by belonging to each thing, the difficulty would be that a character can only be known by comparing something which has with it something which has it not. *Being, quality, relation,* and other universals are not known except as characters of words or other signs, attributed by a figure of speech to things. Thus, in neither case could the order of things be known. But the order of things would not help the validity of our reasoning—that is, would not help us to reason correctly—unless we knew what the order of things required the relation between the known reasoned *from* to the unknown reasoned *to,* to be.

But even if this order both existed and were known, the knowledge would be of no use except as a general principle, from which things could be deduced. It would not explain how knowledge could be increased (in contradistinction to being rendered more distinct), and so it would not explain how it could itself have been acquired.

e quanto maior o número de variedades em cada aspecto, maior será o número de regularidades. Ora, no universo, todos esses números são infinitos. Portanto, seja qual for o desordenamento do caos, o *número* de regularidades tem de ser infinito. A ordenação do universo, portanto, se é que existe, tem de consistir na grande *proporção* de relações que apresenta uma regularidade relativamente àquelas que são completamente irregulares. Como vimos, porém, essa proporção no universo efetivo é tão diminuta quanto pode ser e, portanto, a ordenação do universo é tão pequena como a de qualquer outro arranjo.

Mas mesmo que houvesse tal ordenação nas coisas, ela nunca poderia ser descoberta, pois ela pertenceria às coisas ou coletiva ou distributivamente. Se pertencesse às coisas coletivamente, quer dizer, se as coisas formassem um sistema, a dificuldade seria que um sistema só pode ser conhecido após vermos uma proporção considerável do todo. Ora, nunca podemos saber quão grande é a parte do todo da natureza que descobrimos. Se a ordem fosse distributiva, isto é, se pertencesse a todas as coisas somente por pertencer a cada coisa, a dificuldade seria que uma característica só pode ser conhecida pela comparação de algo que a possui com algo que não a possui. *Ser, qualidade, relação* e outros universais não são conhecidos exceto como características de palavras ou outros signos, atribuídos às coisas por uma figura de linguagem. Assim, em nenhum dos casos a ordem das coisas poderia ser conhecida. A ordem das coisas, todavia, não ajudaria na validade de nosso raciocínio — isto é, não nos ajudaria a raciocinar corretamente —, a menos que conhecêssemos a relação por ela exigida entre o conhecido, *com base no qual* raciocinamos, e o desconhecido, *para* o qual raciocinamos.

No entanto, mesmo se essa ordem tanto existisse quanto fosse conhecida, seria inútil o conhecimento, exceto como um princípio geral do qual as coisas poderiam ser deduzidas. A ordem das coisas não explicaria como o conhecimento poderia ser aumentado (em contraposição a ser tornado mais distinto), e, assim, ela não conseguiria explicar como ela mesma poderia ter sido adquirida.

Finally, if the validity of induction and hypothesis were dependent on a particular constitution of the universe, we could imagine a universe in which these modes of inference should not be valid, just as we can imagine a universe in which there would be no attraction, but things should merely drift about. Accordingly, J. S. Mill, who | explains the validity of induction by the uniformity of nature,[8] maintains that he can imagine a universe without any regularity, so that no probable inference would be valid in it.[9] In the universe as it is, probable arguments sometimes fail, nor can any definite proportion of cases be stated in which they hold good; all that can be said is that in the long run they prove approximately correct. Can a universe be imagined in which this would not be the case? It must be a universe where probable argument can have some application, in order that it may fail half the time. It must, therefore, be a universe experienced. Of the finite number of propositions true of a finite amount of experience of such a universe, no one would be universal in form, unless the subject of it were an individual. For if there were a plural universal proposition, inferences by analogy from one particular to another would hold good invariably in reference to that subject. So that these arguments might be no better than guesses in reference to other parts of the universe, but they would invariably hold good in a finite proportion of it, and so would on the whole be somewhat

---

[8] *Logic,* Book 3, chap. 3, sec. 1.

[9] *Ibid.* Book 3, chap. 21, sec. 1. "I am convinced that any one accustomed to abstraction and analysis, who will fairly exert his faculties for the purpose, will, when his imagination has once learnt to entertain the notion, find no difficulty in conceiving that in some one, for instance, of the many firmaments into which sidereal astronomy divides the universe, events may succeed one another at random, without any fixed law; nor can anything in our experience or mental nature constitute a sufficient, or indeed any, reason for believing that this is nowhere the case. "Were we to suppose (what it is perfectly possible to imagine) that the present order of the universe were brought to an end, and that a chaos succeeded, in which there was no fixed succession of events, and the past gave no assurance of the future," &c. |

Finalmente, se a validade da indução e da hipótese dependesse de uma constituição particular do universo, poderíamos imaginar um universo em que esses modos de inferência não fossem válidos, assim como podemos imaginar um universo onde não existisse atração, mas as coisas simplesmente vagassem a esmo. Dessa forma, ao explicar [266] a validade da indução pela uniformidade da natureza[8], J. S. Mill sustenta que poderia imaginar um universo sem qualquer regularidade, de modo que nenhuma inferência provável seria válida nele[9]. No universo como ele é, argumentos prováveis às vezes falham, e tampouco pode ser especificada qualquer proporção definida de casos em que eles sejam válidos. Tudo que podemos dizer é que em longo prazo eles se mostram aproximadamente corretos. É possível imaginar um universo em que não fosse assim? Tem de ser um universo em que o argumento provável possa ter alguma aplicação, para que possa falhar metade do tempo. Portanto, tem de ser um universo experimentado. Em um universo assim, dentre o número finito de proposições que são verdadeiras a respeito de uma quantidade finita de experiência, nenhuma proposição teria a forma de uma universal, a menos que seu sujeito fosse um indivíduo, uma vez que, se houvesse uma proposição

---

[8] *Sistema de Lógica*, Livro 3, cap. 3, seção 1 [trad. bras., p. 170 *et seq.*]

[9] *Ibid.* Livro 3, cap. 21, seção 1: "Estou convencido de que qualquer pessoa acostumada à abstração e à análise, quando sua imaginação tiver aprendido a considerar a noção e exercendo razoavelmente suas faculdades para esse fim, não encontrará dificuldade em conceber que, por exemplo, em algum dos muitos firmamentos nos quais a astronomia sideral agora divide o universo, os eventos podem se suceder aleatoriamente uns aos outros, sem qualquer lei fixa, nem pode qualquer coisa em nossa experiência, ou em nossa natureza mental, constituir uma razão suficiente ou mesmo qualquer razão para acreditar que este não é o caso. Fôssemos supor (o que é perfeitamente possível imaginar) que a ordem presente do universo foi trazida a um fim e que um caos veio a suceder, no qual não houve uma sucessão fixa de eventos, e que o passado não deu nenhuma garantia do futuro" etc. [Peirce para de citar aqui, mas o parágrafo de Mill continua: "..., se um ser humano milagrosamente vivesse para testemunhar essa mudança, ele certamente logo deixaria de acreditar em qualquer uniformidade e a própria uniformidade não mais existiria. Se isso for aceito, a crença na uniformidade ou não é um instinto ou é, como todos os outros, um instinto conquistável pelo conhecimento adquirido". Minha tradução.]

better than guesses. There could, also, be no individuals in that universe, for there must be some general class—that is, there must be some things more or less alike—or probable argument would find no premises there; therefore, there must be two mutually exclusive classes, since every class has a residue outside of it; hence, if there were any individual, that individual would be wholly excluded from one or other of these classes. Hence, the universal plural proposition would be true, that no one of a certain class was that individual. Hence, no universal proposition would be true. Accordingly, every combination of characters would occur in such a universe. But this would not be disorder, but the simplest order; it would not be unintelligible, but, on the contrary, everything conceivable would be found in it with equal frequency. The notion, therefore, of a universe | in which probable arguments should fail as often as hold true, is absurd. We can suppose it in general terms, but we cannot specify how it should be other than self-contradictory.[10] Since we cannot conceive of probable inferences as not generally holding good, and since no special supposition will serve to explain their validity, many logicians have sought to base this validity on that of deduction, and that in a variety of ways. The only attempt of this sort, however, which deserves to be noticed is that which seeks to determine the probability of a future event by the theory of probabilities, from the fact that a certain number of similar events have been observed. Whether this can be done or not depends on the meaning assigned to the word *probability.* But if this word is to be taken in such a sense that a form of conclusion which is probable is valid; since

---

[10] Boole *(Laws of Thought,* p. 370) has shown, in a very simple and elegant manner, that na *infinite* number of balls may have characters distributed in such a way, that from the characters of the balls already drawn, we could infer nothing in regard to that of the characters of the next one. The same is true of some arrangements of a finite number of balls, provided the inference takes place after a fixed number of drawings. But this does not invalidate the reasoning above, although it is an important fact without doubt. |

universal plural, as inferências por analogia de um particular a outro seriam invariavelmente válidas com respeito a esse sujeito. Assim, mesmo que esses argumentos não sejam melhores do que palpites a respeito de outras partes do universo, não obstante seriam invariavelmente válidos em uma proporção finita dele, e, então, no todo, seriam um pouco melhores do que palpites. E, inclusive, seria impossível existir indivíduos nesse universo, pois alguma classe geral deve necessariamente existir — isto é, algumas coisas mais ou menos parecidas têm de existir — ou o argumento provável não encontraria premissas ali. Portanto, duas classes mutuamente exclusivas têm de existir, já que toda classe tem um resíduo fora dela, e, por conseguinte, se existisse qualquer indivíduo, esse indivíduo estaria completamente excluído de uma ou outra dessas classes. Consequentemente, seria verdadeira a proposição plural universal de que nenhum [membro] de certa classe era esse indivíduo. Por conseguinte, nenhuma proposição universal seria verdadeira. Assim sendo, todas as combinações de características ocorreriam num universo desses. No entanto, isso não seria desordem, senão a ordem mais simples; não seria ininteligível, mas, ao contrário, tudo que fosse possível conceber seria encontrável nele com igual frequência. Portanto, é absurda a ideia de um universo [267] em que argumentos prováveis falhariam com tanta frequência quanto seriam verdadeiros. Podemos supô-lo em termos gerais, mas não podemos especificar como ele poderia ser outra coisa que não autocontraditório[10].

Uma vez que não podemos conceber que as inferências prováveis em geral não são válidas, e uma vez que nenhuma suposição específica servirá para explicar sua validade, muitos lógicos buscaram basear essa validade naquela da dedução, e isso de variadas maneiras. Todavia, a única tentativa desse tipo que merece ser mencionada

---

[10] Boole (*Laws of Thought*, p. 370) mostrou, de uma maneira muito simples e elegante, que um número *infinito* de bolas pode ter características distribuídas de tal maneira que, das características das bolas já tiradas, nada poderíamos inferir concernente às características da próxima bola. Isso também é verdadeiro para alguns arranjos de um número finito de bolas, contanto que a inferência aconteça após um número fixo de extrações. Isso, porém, não invalida o raciocínio acima, embora seja um fato importante, sem dúvida.

the validity of an inference (or its correspondence with facts) consists solely in this, that when such premises are true, such a conclusion is generally true, then probability can mean nothing but the ratio of the frequency of occurrence of a specific event to a general one over it. In this sense of the term, it is plain that the probability of an inductive conclusion cannot be *deduced* from the premises; for from the inductive premises

$$S', S'', S''' \text{ are } M,$$
$$S', S'', S''', \text{ are } P,$$

nothing follows deductively, except that any M, which is S', or S'', or S''' is P; or, less explicitly, that some M is P.

Thus, we seem to be driven to this point. On the one hand, no determination of things, no *fact,* can result in the validity of probable argument; nor, on the other hand, is such argument reducible to that form which holds good, however the facts may be. This seems very much like a reduction to absurdity of the validity of such reasoning; and a paradox of the greatest difficulty is presented for solution.

There can be no doubt of the importance of this problem. According to Kant, the central question of philosophy is "How are syntheti- | -cal judgments *a priori* possible?" But antecedently to this comes the question how synthetical judgments in general, and still more generally, how synthetical reasoning is possible at all. When the answer to the general problem has been obtained, the particular one will be comparatively simple. This is the lock upon the door of philosophy.

é a que busca determinar a probabilidade de um evento futuro pela teoria das probabilidades, baseada no fato de que certo número de eventos similares foi observado. Se isso pode ou não ser feito depende do significado atribuído à palavra *probabilidade*. No entanto, se tomarmos essa palavra no sentido de que uma forma de conclusão que é provável for válida, já que a validade de uma inferência (ou sua correspondência com os fatos) consiste exclusivamente nisto, em que quando certas premissas forem verdadeiras, uma certa conclusão será geralmente verdadeira, então probabilidade nada mais pode significar que a razão da frequência de ocorrência de um evento específico relativamente a um evento geral acima dele. Nesse sentido do termo, é evidente que a probabilidade de uma conclusão indutiva não pode ser *deduzida* das premissas, pois das premissas indutivas

$$S', S'', S''' \text{ são } M,$$
$$S', S'', S''', \text{ são } P,$$

nada decorre dedutivamente, exceto que qualquer M, que é S', ou S'' ou S''' é P, ou, menos explicitamente, que algum M é P.

Assim, parece que somos impelidos a este ponto. Por um lado, nenhuma determinação das coisas, nenhum *fato*, pode resultar na validade do argumento provável; tampouco, por outro lado, esse argumento é redutível àquela forma que é válida, não importa como sejam os fatos. Isso se assemelha em muito a uma redução ao absurdo da validade desse raciocínio, e um paradoxo da maior dificuldade apresenta-se a ser solucionado.

Não pode haver dúvida da importância desse problema. De acordo com Kant, a questão central da filosofia é: "Como são possíveis os juízos sintéticos [268] *a priori?*"[lxx]. Antes dessa questão, porém, vem a de saber como os juízos sintéticos em geral e, de maneira ainda mais geral, como de qualquer modo é possível o raciocínio sintético. Quando for conhecida a resposta ao problema geral, será comparativamente simples chegar à particular. Essa é a tranca na porta da filosofia.

All probable inference, whether induction or hypothesis, is inference from the parts to the whole. It is essentially the same, therefore, as statistical inference. Out of a bag of black and white beans I take a few handfuls, and from this sample I can judge approximately the proportions of black and white in the whole. This is identical with induction. Now we know upon what the validity of this inference depends. It depends upon the fact that in the long run, any one bean would be taken out as often as any other. For were this not so, the mean of a large number of results of such testings of the contents of the bag would not be precisely the ratio of the numbers of the two colors of beans in the bag. Now we may divide the question of the validity of induction into two parts: 1st, why of all inductions, premises for which occur, the generality should hold good, and 2d, why men are not fated always to light upon the small proportion of worthless inductions. Then, the first of these two questions is readily answered. For since all the members of any class are the same as all that are to be known; and since from any part of those which are to be known an induction is competent to the rest, in the long run any one member of a class will occur as the subject of a premise of a possible induction as often as any other, and, therefore, the validity of induction depends simply upon the fact that the parts make up and constitute the whole. This in its turn depends simply upon there being such a state of things that any general terms are possible. But it has been shown, p. 239, that being at all is being in general. And thus this part of the validity of induction depends merely on there being any reality.

From this it appears that we cannot say that the generality of inductions are true, but only that in the long run they approximate to the truth. This is the truth of the statement, that the universality of an inference from induction is only the analogue of true universality. Hence, also, it cannot be said that we know an inductive conclusion to be true, however loosely we state it; we only know that by accepting inductive conclusions,

Toda inferência provável, seja indução ou hipótese, é inferência das partes ao todo. É essencialmente o mesmo que a inferência estatística, portanto. De uma sacola de feijões pretos e brancos, pego uns poucos punhados e, dessa amostra, posso julgar aproximadamente as proporções de pretos e brancos no total. Isso é idêntico à indução. Agora sabemos do que depende a validade dessa inferência. Ela depende do fato de que, em longo prazo, qualquer feijão seria tirado tão frequentemente quanto qualquer outro, pois, se assim não fosse, a média de um grande número de resultados dessa testagem dos conteúdos da sacola não seria precisamente a razão dos números das duas cores de feijões na sacola. Podemos agora dividir a questão da validade da indução em duas partes: 1ª. por que tem de ser válida a generalidade de todas as induções cujas premissas se verificam?[lxxi]; 2ª. por que os homens não estão sempre fadados a tropeçar na pequena proporção de induções inúteis? Então, a primeira dessas duas questões já encontra pronta resposta, pois, uma vez que todos os membros de qualquer classe são os mesmos que todos os que existem para ser conhecidos, e, uma vez que, com base em qualquer parte daqueles que existem para ser conhecidos, uma indução é competente para o restante, em longo prazo, qualquer membro de uma classe ocorrerá como sujeito de uma premissa de uma indução possível tão frequentemente quanto qualquer outro; portanto, a validade da indução depende simplesmente do fato de que as partes compõem e constituem o todo. Isso, por sua vez, depende simplesmente de existir um estado de coisas em que quaisquer termos gerais são possíveis. Mas foi mostrado, na p. 175, que ser, no fim das contas, é ser em geral[lxxii]. E, assim, essa parte da validade da indução depende simplesmente de qualquer realidade existir.

Disso, é claro, não podemos dizer que a generalidade das induções é verdadeira, mas somente que em longo prazo elas se aproximam da verdade. Essa é a verdade da declaração segundo a qual a universalidade de uma inferência baseada na indução é somente o análogo da verdadeira universalidade. Por conseguinte, aliás, não podemos dizer que sabemos que uma conclusão induti-

in the long run our errors balance one another. In fact, insurance companies proceed upon induction; | –they do not know what will happen to this or that policy-holder; they only know that they are secure in the long run.

The other question relative to the validity of induction, is why men are not fated always to light upon those inductions which are highly deceptive. The explanation of the former branch of the problem we have seen to be that there is something real. Now, since if there is anything real, then (on account of this reality consisting in the ultimate agreement of all men, and on account of the fact that reasoning from parts to whole, is the only kind of synthetic reasoning which men possess) it follows necessarily that a sufficiently long succession of inferences from parts to whole will lead men to a knowledge of it, so that in that case they cannot be fated on the whole to be thoroughly unlucky in their inductions. This second branch of the problem is in fact equivalent to asking why there is anything real, and thus its solution will carry the solution of the former branch one step further.

The answer to this question may be put into a general and abstract, or a special detailed form. If men were not to be able to learn from induction, it must be because as a general rule, when they had made an induction, the order of things (as they appear in experience), would then undergo a revolution. Just herein would the unreality of such a universe consist; namely, that the order of the universe should depend on how much men should know of it. But this general rule would be capable of being itself discovered by induction; and so it must be a law of such a universe, that when this was discovered it would cease to operate. But this second law would itself be capable of discovery. And so in such a universe there would be nothing which would not sooner or later be known; and it would have an order capable of discovery by a sufficiently long course of reasoning. But this is contrary to the hypothesis, and therefore that hypothesis is absurd. This is the particular answer. But we

va é verdadeira, não importa quão imprecisamente o declaremos. Sabemos unicamente que, ao aceitarmos conclusões indutivas, em longo prazo nossos erros se equilibram uns nos outros. De fato, as companhias de seguro procedem baseadas em induções [269] — elas não sabem o que acontecerá a este ou àquele segurado. Sabem, somente, que estão asseguradas em longo prazo[lxxiii].

A outra questão relativa à validade da indução é: por que os homens não estão sempre fadados a tropeçar naquelas induções que são demasiadamente enganadoras? Vimos que a explicação da primeira parte do problema é que há algo real. Afora isso, já que, se há qualquer coisa de real, então (por essa realidade consistir no acordo último de todos os homens, e pelo fato de que o raciocínio que vai das partes ao todo ser o único tipo de raciocínio sintético que os homens possuem) segue-se necessariamente que uma sucessão suficientemente longa de inferências que vão das partes ao todo levará os homens a um conhecimento desse real, de modo que, nesse caso, eles não podem estar em geral fadados a ser completamente desventurados nas suas induções. Essa segunda parte do problema equivale, de fato, a perguntar por que há qualquer coisa de real, e, dessa forma, sua solução fará a solução da primeira parte dar um passo à frente.

A resposta a essa questão pode ser elaborada de uma forma geral e abstrata ou de uma forma pormenorizada específica. Se os homens não fossem capazes de aprender com a indução, isso teria de ser porque, como uma regra geral, quando fizessem uma indução, a ordem das coisas (como elas aparecem na experiência) sofreria, então, uma revolução. A irrealidade de tal universo consiste somente nisso, a saber, que a ordem do universo dependa de o quanto os homens conheçam dele. Mas essa regra geral seria ela mesma capaz de ser descoberta pela indução, e, então, tem de ser uma lei desse universo que quando isso fosse descoberto essa lei deixaria de operar. Mas essa segunda lei seria ela mesma capaz de ser descoberta. E, então, em um universo assim, nada haveria que mais cedo ou mais tarde não fosse conhecido, e esse universo teria uma ordem capaz de ser descoberta por um curso suficientemente longo de ra-

may also say, in general, that if nothing real exists, then, since every question supposes that something exists—for it maintains its own urgency—it supposes only illusions to exist. But the existence even of an illusion is a reality; for an illusion affects all men, or it does not. In the former case, it is a reality according to our theory of reality; in the latter case, it is independent of the state of mind of any individuals except those whom it happens to affect. So that the answer to the question, Why is anything real? is this: That question means, "supposing anything | to exist, why is something real?" The answer is, that that very existence is reality by definition.

All that has here been said, particularly of induction, applies to all inference from parts to whole, and therefore to hypothesis, and so to all probable inference.

Thus, I claim to have shown, in the first place, that it is possible to hold a consistent theory of the validity of the laws of ordinary logic.

But now let us suppose the idealistic theory of reality, which I have in this paper taken for granted to be false. In that case, inductions would not be true unless the world were so constituted that every object should be presented in experience as often as any other; and further, unless we were so constituted that we had no more tendency to make bad inductions than good ones. These facts might be explained by the benevolence of the Creator; but, as has already been argued, they could not explain, but are absolutely refuted by the fact that no state of things can be conceived in which probable arguments should not lead to the truth. This affords a most important argument in favor of that theory of reality, and thus of those denials of certain faculties from which it was deduced, as well as of the general style of philosophizing by which those denials were reached.

ciocínio. Isso, porém, contraria a hipótese e, portanto, essa hipótese é absurda. Essa é a resposta particular. Mas podemos também dizer, em geral, que se nada de real existe, então, uma vez que toda questão supõe que algo existe — pois ela sustenta sua própria urgência —, ela supõe que somente ilusões existem. Mas até a existência de uma ilusão é uma realidade, pois uma ilusão afeta a todos os homens ou não. No primeiro caso, de acordo com a nossa teoria da realidade, uma ilusão é uma realidade; no segundo, é independente do estado mental de quaisquer indivíduos, exceto daqueles a quem acontece de afetar, de modo que a resposta à questão "por que qualquer coisa é real?" é esta: essa questão significa, "supondo-se que qualquer coisa [270] exista, por que algo é real?" A resposta é que essa própria existência é por definição a realidade.

Tudo o que aqui foi dito, particularmente sobre a indução, vale para toda inferência que vai das partes ao todo e, portanto, vale para a hipótese e, assim, para toda inferência provável.

Dessa maneira, alego ter mostrado, em primeiro lugar, que é possível sustentar uma teoria consistente da validade das leis da lógica ordinária.

Vamos agora, porém, supor a teoria idealista da realidade que neste escrito supus sem mais ser falsa. Nesse caso, as induções não seriam verdadeiras a menos que o mundo fosse constituído de tal forma que cada objeto fosse apresentado na experiência tão frequentemente quanto qualquer outro, e, além disso, a menos que fôssemos constituídos de tal maneira que não tivéssemos uma tendência para fazer induções ruins mais do que para fazer as boas. Esses fatos poderiam ser explicados pela benevolência do Criador. No entanto, como já foi argumentado, não só não conseguiriam explicar como ainda são absolutamente refutados pelo fato de que é impossível conceber qualquer estado de coisas no qual argumentos prováveis não devam levar à verdade. Isso fornece um argumento de suma importância em favor daquela *[outra]* teoria da realidade e, desse modo, daquelas negações de certas faculdades das quais foi deduzida, bem como do estilo geral de filosofar pelo qual aquelas negações foram alcançadas[lxxiv].

Upon our theory of reality and of logic, it can be shown that no inference of any individual can be thoroughly logical without certain determinations of his mind which do not concern any one inference immediately; for we have seen that that mode of inference which alone can teach us anything, or carry us at all beyond what was implied in our premises—in fact, does not give us to know any more than we knew before; only, we know that, by faithfully adhering to that mode of inference, we shall, on the whole, approximate to the truth. Each of us is an insurance company, in short. But, now, suppose that an insurance company, among its risks, should take one exceeding in amount the sum of all the others. Plainly, it would then have no security whatever. Now, has not every single man such a risk? What shall it profit a man if he shall gain the whole world and lose his own soul? If a man has a transcendent personal interest infinitely outweighing all others, then, upon the theory of validity of inference just developed, he is devoid of all security, and can make no valid inference whatever. What follows? That logic rigidly requires, before all else, that no determinate fact, nothing which can happen to a man's self, should be of more consequence to him than everything else. He who would not sacrifice his own soul to save the whole world, | is illogical in all his inferences, collectively. So the social principle is rooted intrinsically in logic.

That being the case, it becomes interesting to inquire how it is with men as a matter of fact. There is a psychological theory that man cannot act without a view to his own pleasure. This theory is based on a falsely assumed subjectivism. Upon our principles of the objectivity of knowledge, it could not be based, and if they are correct it is reduced to an absurdity. It seems to me that the usual opinion of the selfishness of man is based in large measure upon this false theory. I do not think that the facts bear out the usual opinion. The immense self-sacrifices which the most wilful men often make, show that wilfulness is a very different thing from selfishness. The care that men have for what is to happen after they are dead, cannot

Com base na nossa teoria da realidade e da lógica, é possível mostrar que nenhuma inferência de nenhum indivíduo pode ser completamente lógica sem certas determinações da mente desse indivíduo que não digam respeito imediatamente a alguma inferência em particular, pois vimos que, de fato, o único modo de inferência que pode nos ensinar qualquer coisa, ou, de todo modo, nos levar além do que estava implicado nas nossas premissas, não nos dá a saber nada mais do que sabíamos antes. Apenas sabemos que, ao aderirmos fielmente a esse modo de inferir, chegaremos, no geral, a nos aproximar da verdade. Em suma, cada um de nós é uma companhia de seguros. Vamos supor agora, porém, que uma companhia de seguros, dentre seus riscos, assuma um que exceda quantitativamente a soma de todos os outros. Evidentemente, nesse caso, ela deixaria de ter qualquer segurança possível. Ora, não assumem tal risco todos e cada um dos homens? Que aproveitaria a um homem, se grangeasse todo o mundo, e perdesse sua alma?[lxxv] Se um homem tem um interesse pessoal transcendente que supera infinitamente em importância todos os demais, então, com base na teoria da validade da inferência que acabamos de desenvolver, ele está desprovido de toda segurança e não pode fazer nenhuma inferência válida. O que decorre disso? Que, antes de tudo o mais, a lógica requer rigorosamente que nenhum fato determinado, nada que possa ocorrer a um homem individualmente, deveria ser de mais consequência para ele do que todas as outras coisas[lxxvi]. Aquele que não sacrificar a própria alma para salvar o mundo todo [271] é ilógico em todas as suas inferências, coletivamente. Assim, o princípio social está intrinsecamente enraizado na lógica.

Se esse for o caso, torna-se interessante inquirir como de fato é com os homens. Existe uma teoria psicológica segundo a qual o homem não pode agir sem ter em vista seu próprio prazer. Essa teoria baseia-se em um subjetivismo adotado erroneamente. Ela não poderia se basear nos nossos princípios da objetividade do conhecimento, e, se estes estão corretos, a teoria fica reduzida a um absurdo. Parece-me que a opinião comum sobre o egoísmo humano

be selfish. And finally and chiefly, the constant use of the word "*we*"—as when we speak of our possessions on the Pacific—our destiny as a republic—in cases in which no personal interests at all are involved, show conclusively that men do not make their personal interests their only ones, and therefore may, at least, subordinate them to the interests of the community.

But just the revelation of the possibility of this complete self-sacrifice in man, and the belief in its saving power, will serve to redeem the logicality of all men. For he who recognizes the logical necessity of complete self-identification of one's own interests with those of the community, and its potential existence in man, even if he has it not himself, will perceive that only the inferences of that man who has it are logical, and so views his own inferences as being valid only so far as they would be accepted by that man. But so far as he has this belief, he becomes identified with that man. And that ideal perfection of knowledge by which we have seen that reality is constituted must thus belong to a community in which this identification is complete.

This would serve as a complete establishment of private logicality, were it not that the assumption that man or the community (which may be wider than man) shall ever arrive at a state of information greater than some definite finite information, is entirely unsupported by reasons. There cannot be a scintilla of evidence to show that at some time all living beings shall not be annihilated at once, and that forever after there shall be throughout the universe any intelligence whatever. Indeed, this very assumption involves itself a transcendent and supreme interest, and therefore from its very na- | -ture is unsusceptible of any support from reasons. This infinite hope which we all have (for even the atheist will constantly betray his calm expectation that what is Best will come about) is something so august and momentous, that all reasoning in reference to it is a trifling impertinence. We do not want to know what are the weights of reasons *pro* and *con*—that is, how much *odds* we should wish

258   Charles Sanders Peirce

se baseia em larga medida nessa falsa teoria. Penso que os fatos não sustentam a opinião comum. Os imensos autossacrifícios que os homens mais voluntariosos frequentemente fazem mostram que a voluntariedade é uma coisa muito diferente do egoísmo. O cuidado que os homens têm pelo que vai acontecer depois de eles morrerem não pode ser egoísta. E, por fim e principalmente, o constante uso da palavra "*nós*" — como quando falamos das nossas possessões no Pacífico, do nosso destino como uma república — em casos em que nenhum interesse pessoal está absolutamente implicado mostra conclusivamente que os homens não fazem de seus interesses pessoais os seus únicos interesses, e podem, portanto, ao menos subordiná-los aos interesses da comunidade.

No entanto, para redimir a logicidade de todos os homens, somente a revelação da possibilidade desse completo autossacrifício no ser humano e a crença no seu poder salvífico poderão servir, pois aquele que reconhece a necessidade lógica de autoidentificação completa dos próprios interesses individuais com os da comunidade, bem como sua existência potencial no homem, ainda que ele mesmo não tenha em si mesmo essa identificação, esse indivíduo perceberá que só são lógicas as inferências do homem que a tem, e, assim, ele acaba por perceber que as suas próprias inferências só são válidas na medida em que possam ser aceitas por esse homem. Por ter essa crença, porém, o indivíduo vem a se identificar com esse homem. E aquela perfeição ideal de conhecimento pela qual vimos que a realidade é constituída tem, assim, de pertencer a uma comunidade na qual essa identificação é completa.

Isso serviria para confirmar completamente a logicidade privada, não fosse pelo fato de ser inteiramente desprovida de fundamentos racionais a suposição de que o homem ou a comunidade (que pode ser mais ampla do que o homem) algum dia chegarão a um estado de informação maior do que alguma informação finita e definida. Sequer uma faísca de indício pode haver para mostrar que todos os seres vivos não serão aniquilados de uma só vez em algum momento, e que para sempre depois disso deva existir qual-

to receive on such a venture in the long run—because there is no long run in the case; the question is single and supreme, and ALL is at stake upon it. We are in the condition of a man in a life and death struggle; if he have not sufficient strength, it is wholly indifferent to him how he acts, so that the only assumption upon which he can act rationally is the hope of success. So this sentiment is rigidly demanded by logic. If its object were any determinate fact, any private interest, it might conflict with the results of knowledge and so with itself; but when its object is of a nature as wide as the community can turn out to be, it is always a hypothesis uncontradicted by facts and justified by its indispensibleness for making any action rational.

quer inteligência no universo. Com efeito, essa mesma suposição implica um interesse supremo e transcendente e, portanto, pela sua própria natureza [272], é insuscetível de qualquer sustentação baseada em razões. Essa esperança infinita que todos temos (pois mesmo o ateu constantemente denunciará sua expectativa calma de que o Melhor se revelará[lxxvii]) é algo tão augusto e momentoso que todo raciocínio com referência a ele é uma impertinência frívola. Não queremos saber quais são os pesos das razões *pró* e *contra* — isto é, quantas *chances* desejaríamos receber no longo prazo de tal aventura — porque não há longo prazo no caso. A questão é uma só e suprema, e TUDO está em jogo nela. Estamos na condição de um homem em uma luta de vida e morte. Se ele não tiver força suficiente, será mesmo totalmente indiferente a ele como agir, de modo que ele só pode agir racionalmente com base em uma única suposição: a esperança de sucesso. Então, esse sentimento é rigorosamente demandado pela lógica. Se seu objeto fosse qualquer fato determinado, qualquer interesse privado, ele poderia conflitar com os resultados do conhecimento e, assim, consigo mesmo. Quando, porém, seu objeto é de uma natureza tão ampla quanto é possível que a comunidade venha a se tornar, esse sentimento sempre é uma hipótese não contraditada pelos fatos e está justificado pela sua indispensabilidade para tornar racional qualquer ação.

Fraser's *The Works* of George Berkeley

P 60: *North American Review* 113(October 1871):449-72

The Works of George Berkeley, D.D., formerly Bishop of Cloyne: including many of his Writings hitherto unpublished. With Prefaces, Annotations, his Life and Letters, and an Account of his Philosophy. By Alexander Campbell Fraser, M.A., Professor of Logic and Metaphysics in the University of Edinburgh. In Four Volumes. Oxford: At the Clarendon Press. 8vo. 1871.

This new edition of Berkeley's works is much superior to any of the former ones. It contains some writings not in any of the other editions, and the rest are given with a more carefully edited text. The editor has done his work well. The introductions to the several pieces contain analyses of their contents which will be found of the greatest service to the reader. On the other hand, the explanatory notes which disfigure every page seem to us altogether unnecessary and useless.

Berkeley's metaphysical theories have at first sight an air of paradox and levity very unbecoming to a bishop. He denies the existence of matter, our ability to see distance, and the possibility of forming the simplest general conception; while he admits the existence of Platonic ideas; and argues the whole with a cleverness which every reader admits, but which few are convinced by. His disciples seem to think the present moment a favorable one for obtaining for their philosophy a more patient hearing than it has yet got. It is true that we of this day are sceptical and not given to metaphysics, but so, say they, was the generation which Berkeley addressed, and for which his style was chosen; while it is hoped that the spirit of calm and thorough inquiry which is now, for once, almost the fashion, will save the theory from the perverse misrepresentations which formerly assailed it,

Resenha da edição de A. C. Fraser das *Obras*, de Berkeley

The Works of George Berkeley, D.D., formerly Bishop of Cloyne: in-cluding many of his Writings hitherto unpublished. With Prefaces, Annotations, his Life and Letters, and an Account of his Philoso-phy. By Alexander Campbell Fraser, M.A., Professor of Logic and Metaphysics in the University of Edinburgh. In Four Volumes. Ox-ford: At the Clarendon Press. 8 v. 1871.

Essa nova edição das obras de Berkeley é muito superior a qualquer uma das anteriores. Ela contém alguns escritos que ne-nhuma das outras contém, ao mesmo tempo em que fornece um texto cuidadosamente editado aos restantes. O editor fez bem seu trabalho. As introduções às várias peças contêm análises de seus conteúdos que serão de grande utilidade ao leitor. Por outro lado, as notas explicativas que desfiguram cada página parecem-nos to-talmente desnecessárias e inúteis.

À primeira vista, as teorias metafísicas de Berkeley têm um ar paradoxal e uma leviandade deveras inconveniente a um bispo. Ele nega a existência da matéria, a nossa capacidade de ver a distância e a possibilidade de formar a mais simples concepção geral, ao mesmo tempo em que admite a existência de ideias platônicas. E tudo isso ele defende com uma engenhosidade que todos os leitores reconhecem, mas da qual poucos se convencem. Seus discípulos parecem pensar que o momento atual é favorável para que a sua filosofia angarie uma audiência mais paciente do que até agora teve. É verdade que nós, hoje, somos céticos e não somos dados à metafísica, mas, dizem, a geração a que Berkeley se dirigia e para a qual seu estilo foi esco-lhido também era assim. Ao mesmo tempo, espera-se que o espírito da calma e cuidadosa inquirição que agora, excepcionalmente, está quase na moda venha salvar a teoria das desvirtuadas e equivocadas

Escritos da Série Cognitiva   263

and lead to a fair examination of the arguments which, | in the minds of his sectators, put the truth of it beyond all doubt. But above all it is anticipated that the Berkeleyan treatment of that question of the validity of human knowledge and of the inductive process of science, which is now so much studied, is such as to command the attention of scientific men to the idealistic system. To us these hopes seem vain. The truth is that the minds from whom the spirit of the age emanates have now no interest in the only problems that metaphysics ever pretended to solve. The abstract acknowledgment of God, Freedom, and Immortality, apart from those other religious beliefs (which cannot possibly rest on metaphysical grounds) which alone may animate this, is now seen to have no practical consequence whatever. The world is getting to think of these creatures of metaphysics, as Aristotle of the Platonic ideas: τερετίσματα γάρ ἐστι, καί εἰ ἔστιν, οὐδέν πρός τὸν λόγον ἐστιν. The question of the grounds of the validity of induction has, it is true, excited an interest, and may continue to do so (though the argument is now become too difficult for popular apprehension); but whatever interest it has had has been due to a hope that the solution of it would afford the basis for sure and useful maxims concerning the logic of induction,— a hope which would be destroyed so soon as it were shown that the question was a purely metaphysical one. This is the prevalent feeling, among advanced minds. It may not be just; but it exists. And its existence is an effectual bar (if there were no other) to the general acceptance of Berkeley's system. The few who do now care for metaphysics are not of that bold order of minds who delight to hold a position so unsheltered by the prejudices of common sense as that of the good bishop.

representações que anteriormente a ameaçavam e leve a um exame justo dos argumentos que, nas [463] mentes de seus sequazes, põem a verdade de tal filosofia além de toda dúvida. Acima de tudo, porém, antecipa-se que o tratamento berkeleyano dessa questão tão estudada atualmente, a da validade do conhecimento humano e do processo indutivo da ciência, é tal que obrigará os homens científicos a darem atenção ao sistema idealista. A nós, parecem vãs tais esperanças. A verdade é que as mentes das quais emana o espírito da época não têm hoje interesse algum pelos únicos problemas que a metafísica sempre pretendeu solucionar. Atualmente, o reconhecimento abstrato de Deus, da Liberdade e da Imortalidade, à parte aquelas outras crenças religiosas (que não podem absolutamente se basear em fundamentos metafísicos) que, só elas, podem animar essa pretensão, é compreendido como se não tivesse nenhuma consequência prática. O mundo está passando a considerar essas criaturas metafísicas da mesma maneira como Aristóteles considerava as ideias platônicas: τερετίσματα γάρ ἐστι, καί εἰ ἔστιν, οὐδέν πρός τὸν λόγον ἔστιν ["não passam de ingenuidades e, mesmo que existissem, seriam irrelevantes"][lxxviii]. É verdade que a questão dos fundamentos da validade da indução suscitou algum interesse, e pode continuar a fazê-lo (embora o argumento tenha já se tornado difícil demais para apreensão popular), mas, qualquer que tenha sido seu interesse, ele foi suscitado por causa de uma esperança de que sua solução forneceria a base para máximas seguras e úteis concernentes à lógica da indução — uma esperança que seria destruída tão logo fosse mostrado tratar-se de uma questão puramente metafísica. Esse é o sentimento que prevalece entre as mentes avançadas. Pode não ser justo, mas existe, e sua existência é uma barreira eficaz (se não houvesse outra) à aceitação geral do sistema de Berkeley. Os poucos que atualmente se preocupam com a metafísica não pertencem àquela audaz ordem de mentes que se deleitam em guardar uma posição tão desabrigada pelos preconceitos do senso comum quanto aquela do bom bispo.

As a matter of history, however, philosophy must always be interesting. It is the best representative of the mental development of each age. It is so even of ours, if we think what really is our philosophy. Metaphysical history is one of the chief branches of history, and ought to be expounded side by side with the history of society, of government, and of war; for in its relations with these we trace the significance of events for the human mind. The history of philosophy in the British Isles is a subject possessing more unity and entirety within itself than has usually been recognized in it. The influence of Descartes was never so great in England as that of traditional conceptions, and we can trace a continuity between modern and mediæval thought there, which is wanting in the history of France, and still more, if possible, in that of Germany.

From very early times, it has been the chief intellectual charac- | -teristic of the English to wish to effect everything by the plainest and directest means, without unnecessary contrivance. In war, for example, they rely more than any other people in Europe upon sheer hardihood, and rather despise military science. The main peculiarities of their system of law arise from the fact that every evil has been rectified as it became intolerable, without any thoroughgoing measure. The bill for legalizing marriage with a deceased wife's sister is yearly pressed because it supplies a remedy for an inconvenience actually felt; but nobody has proposed a bill to legalize marriage with a deceased husband's brother. In philosophy, this national tendency appears as a strong preference for the simplest theories, and a resistance to any complication of the theory as long as there is the least possibility that the facts can be explained in the simpler way. And, accordingly, British philosophers have always desired to weed out of philosophy all conceptions which could not be made perfectly definite and easily intelligible, and have shown strong nominalistic tendencies since the time of Edward I, or even earlier. Berkeley

Entretanto, como uma matéria de história, a filosofia precisa sempre ser interessante. Ela é a melhor representante do desenvolvimento mental de cada época. Até mesmo quanto à nossa época é assim, se pensarmos o que realmente é nossa filosofia. A história metafísica é um dos principais ramos da história e deveria ser exposta lado a lado com a história da sociedade, do governo e da guerra, pois, nas suas relações com estas, encalçamos a importância dos eventos para a mente humana. A história da filosofia nas Ilhas Britânicas é um assunto que possui mais unidade e inteireza imanentes do que em geral se reconhece. A influência de Descartes nunca foi tão grande na Inglaterra como a das concepções tradicionais, e podemos rastrear uma continuidade ali entre o pensamento medieval e o moderno, continuidade essa que falta na história da França e, mais ainda, se possível, na da Alemanha.

Desde os tempos mais remotos, a principal característica intelectual [**464**] dos ingleses tem sido desejar tudo efetuar por meios os mais evidentes e diretos, sem artimanhas desnecessárias. Na guerra, por exemplo, confiam no puro arrojo mais do que qualquer outro povo europeu, desprezando de um tanto a ciência militar. As principais peculiaridades de seu sistema legal surgem do fato de que cada mal era retificado assim que se tornasse intolerável, sem qualquer medida mais meticulosa. O projeto de lei para legalizar o casamento com a irmã de uma esposa falecida é reapresentado ano a ano porque dá um remédio para um inconveniente que de fato se sente, mas ninguém propôs um projeto para legalizar o casamento com o irmão de um marido falecido. Na filosofia, essa tendência nacional aparece como uma forte preferência pelas mais simples teorias e uma resistência a qualquer complicação da teoria enquanto houver a mínima possibilidade de que os fatos possam ser explicados de um jeito mais simples. E, em conformidade com isso, os filósofos britânicos sempre desejaram extirpar da filosofia todas as concepções que não pudessem vir a ser perfeitamente definidas e facilmente inteligíveis, demonstrando também fortes tendências nominalistas desde a época de Eduardo I[lxxix], ou mesmo

is an admirable illustration of this national character, as well as of that strange union of nominalism with Platonism, which has repeatedly appeared in history, and has been such a stumbling-block to the historians of philosophy.

The mediæval metaphysic is so entirely forgotten, and has so close a historic connection with modern English philosophy, and so much bearing upon the truth of Berkeley's doctrine, that we may perhaps be pardoned a few pages on the nature of the celebrated controversy concerning universals. And first let us set down a few dates. It was at the very end of the eleventh century that the dispute concerning nominalism and realism, which had existed in a vague way before, began to attain extraordinary proportions. During the twelfth century it was the matter of most interest to logicians, when William of Champeaux, Abélard, John of Salisbury, Gilbert de la Porrée, and many others, defended as many different opinions. But there was no historic connection between this controversy and those of scholasticism proper, the scholasticism of Aquinas, Scotus, and Ockam. For about the end of the twelfth century a great revolution of thought took place in Europe. What the influences were which produced it requires new historical researches to say. No doubt, it was partly due to the Crusades. But a great awakening of intelligence did take place at that time. It requires, it is true, some examination to distinguish this particular movement from a general awakening | which had begun a century earlier, and had been growing stronger ever since. But now there was an accelerated impulse. Commerce was attaining new importance, and was inventing some of her chief conveniences and safeguards. Law, which had hitherto been utterly barbaric, began to be a profession. The civil law was adopted in Europe, the canon law was digested; the common law took some form. The Church, under Innocent III, was assuming the sublime functions of a moderator over kings. And those orders of mendicant friars were established, two of which did so much for the development of the scholastic philosophy. Art felt the spirit of a new age, and there could hardly

antes. Berkeley exemplifica admiravelmente esse caráter nacional, bem como aquela estranha união de nominalismo com platonismo que tem reaparecido insistentemente na história e sido um obstáculo no qual tropeçam os historiadores da filosofia. A metafísica medieval está tão inteiramente esquecida, e tem uma ligação histórica tão íntima com a filosofia moderna inglesa, e tanta relevância para a verdade da doutrina de Berkeley, que talvez algumas páginas sobre a natureza da celebrada controvérsia a respeito dos universais nos sejam escusadas. E primeiro estabeleçamos algumas datas. Foi no final mesmo do século XI que a disputa relativa ao nominalismo e ao realismo, que antes existira de maneira vaga, começou a atingir proporções extraordinárias. Essa foi a questão de maior interesse para os lógicos durante o século XII, quando Guilherme de Champeaux, Abelardo, João de Salisbúria, Gilberto de Poitiers e muitos outros defenderam tantas e tão diferentes opiniões. Mas não havia ligação histórica entre essa controvérsia e a da escolástica propriamente, a escolástica de Tomás de Aquino, Scotus e Ockham. Por volta do final do século XII, uma grande revolução de pensamento aconteceu na Europa. Novas pesquisas históricas são necessárias para dizer quais influências a produziram, mas não resta dúvida de que em parte foi por causa das Cruzadas. Entretanto, um grande despertar de inteligência aconteceu naquela época. É verdade que algum exame é necessário para distinguir esse movimento particular de um despertar geral [465] que começara um século antes e que desde então vinha se desenvolvendo com cada vez mais força. Mas houve então um impulso acelerado. O comércio estava ganhando nova importância e inventava algumas de suas principais conveniências e salvaguardas. O direito — que até então fora definitivamente barbárico — começou a ser uma profissão. O direito civil foi adotado na Europa, o direito canônico foi compilado, o direito comum assumiu alguma forma[lxxx]. A Igreja, sob Inocêncio III, começava a assumir as funções sublimes de ser uma mediadora acima dos reis. E aquelas ordens de frades mendicantes foram estabelecidas, duas das quais muito contribuí-

be a greater change than from the highly ornate round-arched architecture of the twelfth century to the comparatively simple Gothic of the thirteenth. Indeed, if any one wishes to know what a scholastic commentary is like, and what the tone of thought in it is, he has only to contemplate a Gothic cathedral. The first quality of either is a religious devotion, truly heroic. One feels that the men who did these works did really believe in religion as we believe in nothing. We cannot easily understand how Thomas Aquinas can speculate so much on the nature of angels, and whether ten thousand of them could dance on a needle's point. But it was simply because he held them for real. If they are real, why are they not more interesting than the bewildering varieties of insects which naturalists study; or why should the orbits of double stars attract more attention than spiritual intelligences? It will be said that we have no means of knowing anything about them. But that is on a par with censuring the schoolmen for referring questions to the authority of the Bible and of the Church. If they really believed in their religion, as they did, what better could they do? And if they found in these authorities testimony concerning angels, how could they avoid admitting it. Indeed, objections of this sort only make it appear still more clearly how much those were the ages of faith. And if the spirit was not altogether admirable, it is only because faith itself has its faults as a foundation for the intellectual character. The men of that time did fully believe and did think that, for the sake of giving themselves up absolutely to their great task of building or of writing, it was well worth while to resign all the joys of life. Think of the spirit in which Duns Scotus must have worked, who wrote his thirteen volumes in folio, in a style as condensed as the most condensed parts of Aristotle, before the age of thirty-four. Nothing is more striking in either of the great intellectual products of that age, than the complete absence of | self-conceit on the part of the artist or philosopher. That anything of value can be added to his sacred and catholic work by its having the smack of individuality about it, is what he has never conceived. His work

ram para o desenvolvimento da filosofia escolástica[lxxxi]. A arte sentiu o espírito de uma nova época e dificilmente poderia existir uma mudança maior do que a passagem da arquitetura sobremaneira ornamentada dos arcos plenos do século XII para o comparativamente simples gótico do século XIII. Com efeito, se alguém deseja saber o que é um comentário escolástico e qual é a tônica do pensamento ali contido, tem apenas de contemplar uma catedral gótica. A primeira qualidade de ambos é uma devoção religiosa verdadeiramente heroica. Qualquer pessoa sente que os homens que fizeram essas obras realmente acreditavam na religião, assim como nós não acreditamos em nada. Não conseguimos entender facilmente como Tomás de Aquino consegue especular tanto sobre a natureza dos anjos e se dez mil deles conseguiriam ou não dançar em cima da ponta de uma agulha. Mas isso era simplesmente porque ele os considerava reais. Se são reais, por que não seriam mais interessantes do que as atordoantes variedades de insetos que os naturalistas estudam? Ou por que as órbitas das estrelas duplas deveriam atrair mais atenção do que as inteligências espirituais? Talvez alguém afirme que não temos meios de saber nada sobre elas. Mas essa afirmação anda par a par com a censura aos escolásticos por referirem as questões à autoridade da Bíblia e da Igreja. Se realmente acreditavam em sua religião, como é verdade que sim, o que de melhor podiam mais fazer? E se encontravam nessas autoridades testemunhos quanto aos anjos, de modo algum poderiam evitar admiti-los. Com efeito, objeções desse tipo só fazem parecer ainda mais claro o quanto aquela era a época da fé. E se o espírito não era completamente admirável, isso é tão só porque como um fundamento para a índole intelectual a própria fé tem as suas falhas. Os homens daquele tempo plenamente acreditavam, sim, e pensavam, sim, que valia muito a pena abdicar de todas as alegrias da vida em nome de uma dedicação absoluta à sua grande tarefa de construir ou de escrever. Pensemos no espírito com o qual Duns Scotus deve ter trabalhado, ele que, antes de chegar aos 34 anos, escreveu seus treze volumes *in folio*, em um estilo tão conciso

Escritos da Série Cognitiva   271

is not designed to embody *his* ideas, but the universal truth; there will not be one thing in it however minute, for which you will not find that he has his authority; and whatever originality emerges is of that inborn kind which so saturates a man that he cannot himself perceive it. The individual feels his own worthlessness in comparison with his task, and does not dare to introduce his vanity into the doing of it. Then there is no machine-work, no unthinking repetition about the thing. Every part is worked out for itself as a separate problem, no matter how analogous it may be in general to another part. And no matter how small and hidden a detail may be, it has been conscientiously studied, as though it were intended for the eye of God. Allied to this character is a detestation of antithesis or the studied balancing of one thing against another, and of a too geometrical grouping,—a hatred of posing which is as much a moral trait as the others. Finally, there is nothing in which the scholastic philosophy and the Gothic architecture resemble one another more than in the gradually increasing sense of immensity which impresses the mind of the student as he learns to appreciate the real dimensions and cost of each. It is very unfortunate that the thirteenth, fourteenth, and fifteenth centuries should, under the name of Middle Ages, be confounded with others, which they are in every respect as unlike as the Renaissance is from modern times. In the history of logic, the break between the twelfth and thirteenth centuries is so great that only one author of the former age is ever quoted in the latter. If this is to be attributed to the fuller acquaintance with the works of Aristotle, to what, we would ask, is this profounder study itself to be attributed, since it is now known that the knowledge of those works was not imported from the Arabs? The thirteenth century was realistic, but the question concerning universals was not as much agitated as several others. Until about the end of the century, scholasticism was somewhat vague, immature, and unconscious of its own power. Its greatest glory was in the first half of the fourteenth century. Then Duns

quanto as partes mais concisas de Aristóteles. Em qualquer um dos grandes produtos intelectuais daquela época, nada é mais surpreendente do que a completa ausência de [466] presunção pessoal por parte do artista ou do filósofo. Jamais algum deles concebeu que qualquer coisa de valor pudesse ser adicionada à sua obra sagrada e católica por ter algum laivo de individualidade. As suas obras não eram planejadas para incorporar as *suas* ideias, mas a verdade universal. Não haverá nessas obras uma única coisa, por mais diminuta que seja, sobre a qual você não venha a descobrir que seu autor tem a sua autoridade, e qualquer originalidade que vier à tona é daquela espécie inata que impregna tanto um homem que ele mesmo não consegue percebê-la. O indivíduo sente a sua própria insignificância em comparação com a sua tarefa e não ousa introduzir a vaidade em seu fazer. Dessa forma, não há trabalho de máquina, nenhuma repetição irrefletida acerca da coisa. Todas as partes são trabalhadas por si mesmas como um problema separado, não importa o quanto no todo cada parte seja análoga à outra. E por diminuto que seja um pormenor, por mais escondido que esteja, foi conscienciosamente estudado, como se fora intencionalmente planejado para o olhar de Deus. Aliada a essa índole, há uma aversão à antítese ou ao equilíbrio estudado de uma coisa contraposta à outra, bem como ao agrupamento demasiado geométrico — um ódio de postular que, assim como as demais, é uma característica moral. Finalmente, nada há em que mais se assemelhem mutuamente a filosofia escolástica e a arquitetura gótica do que o senso gradualmente crescente de imensidão que impressiona a mente do estudante conforme ele aprende a apreciar as dimensões e o custo real de cada uma delas. É um grande infortúnio que, sob o nome de Idade Média, os séculos XIII, XIV e XV venham a ser confundidos com outros, dos quais são em todos os aspectos tão diferentes quanto o Renascimento o é dos tempos modernos. Na história da lógica, a ruptura entre os séculos XII e XIII é tão grande que somente um único autor da época anterior é sempre citado na subsequente. Se isso deve ser atribuído a uma familiaridade mais com-

Scotus,[1] a Briton (for whether Scotch, Irish, or English is disputed), first stated the realistic position consistently, and developed it with great fulness and applied it to all the different questions which | depend upon it. His theory of "formalities" was the subtlest, except perhaps Hegel's logic, ever broached, and he was separated from nominalism only by the division of a hair. It is not therefore surprising that the nominalistic position was soon adopted by several writers, especially by the celebrated William of Ockam, who took the lead of this party by the thoroughgoing and masterly way in which he treated the theory and combined it with a then rather recent but now forgotten addition to the doctrine of logical terms. With Ockam, who died in 1347, scholasticism may be said to have culminated. After him the scholastic philosophy showed a tendency to separate itself from the religious element which alone could dignify it, and sunk first into extreme formalism and fancifulness, and then into the merited contempt of all men; just as the Gothic architecture had a very similar fate, at about the same time, and for much the same reasons.

---

[1] Died 1308.

pleta com as obras de Aristóteles, a que — perguntaríamos — devemos atribuir esse estudo mais propriamente profundo, já que hoje em dia se sabe que o conhecimento dessas obras não foi importado dos árabes? O século XIII foi realista, mas a questão concernente aos universais era debatida tanto quanto diversas outras. Até mais ou menos o fim do século, a escolástica era algo vaga, imatura e inconsciente de sua própria força. Sua maior glória aconteceu na primeira metade do século XIV. Então, Duns Scotus[1], um bretão (uma vez que se ele era escocês, irlandês ou inglês é uma questão disputada), pela primeira vez de maneira consistente, afirmou a posição realista, vindo a desenvolvê-la com grande plenitude e aplicando-a a todas as diferentes questões que [467] dependiam dela. Exceto, talvez, pela lógica de Hegel, a sua teoria das "formalidades" foi a mais sutil jamais proposta, e só pela divisão de um cabelo Scotus estava separado do nominalismo. Portanto, não surpreende que a posição nominalista logo fosse adotada por diversos escritores, principalmente pelo celebrado William de Ockham, que tomou a dianteira dessa facção pela maneira direta e magistral com que tratou a teoria, combinando-a com uma adição, então muito recente, mas atualmente esquecida, de termos lógicos à doutrina. É possível dizer que a escolástica atingiu seu ápice com Ockham, falecido em 1347. Depois dele, a filosofia escolástica mostrou uma tendência a se separar do único elemento que poderia dignificá-la, o religioso, vindo a afundar, primeiro, em extremo formalismo e mirabolâncias e, depois, no merecido desprezo de todos os homens. Assim também a arquitetura gótica teve um destino bastante parecido, mais ou menos na mesma época e em grande parte pelas mesmas razões.

---

[1] Morto em 1308.

The current explanations of the realist-nominalist controversy are equally false and unintelligible. They are said to be derived ultimately from Bayle's *Dictionary;* at any rate, they are not based on a study of the authors. "Few, very few, for a hundred years past," says Hallam, with truth, "have broken the repose of the immense works of the schoolmen." Yet it is perfectly possible so to state the matter that no one shall fail to comprehend what the question was, and how there might be two opinions about it. Are universals real? We have only to stop and consider a moment what was meant by the word *real,* when the whole issue soon becomes apparent. Objects are divided into figments, dreams, etc., on the one hand, and realities on the other. The former are those which exist only inasmuch as you or I or some man imagines them; the latter are those which have an existence independent of your mind or mine or that of any number of persons. The real is that which is not whatever we happen to think it, but is unaffected by what we may think of it. The question, therefore, is whether *man, horse,* and other names of natural classes, correspond with anything which all men, or all horses, really have in common, independent of our thought, or whether these classes are constituted simply by a likeness in the way in which our minds are affected by individual objects which have in themselves no resemblance or relationship whatsoever. Now that this is a real question which different minds will naturally answer in opposite ways, becomes clear when we think that there are two widely separated points of view, from which *reality,* as just defined, may be regarded. | Where is the real, the thing independent of how we think it, to be found? There must be such a thing, for we find our opinions constrained; there is something, therefore, which influences our thoughts, and is not created by them. We have, it is true, nothing immediately present to us but thoughts. Those thoughts, however, have been caused by sensations, and those sensations are constrained by something out of the mind. This thing out of the mind, which directly influences sensation,

276   Charles Sanders Peirce

As atuais explicações da controvérsia realista-nominalista são igualmente falsas e ininteligíveis. Diz-se que derivam em última análise do *Dicionário* de Bayle. Seja como for, não se baseiam em um estudo dos autores. "Poucos, muito poucos, por mais de cem anos, interromperam o repouso das imensas obras dos escolásticos", diz Hallam[lxxxii] com verdade. No entanto, é perfeitamente possível afirmar o assunto de tal maneira que ninguém deixe de compreender qual era a questão e como seriam possíveis duas opiniões sobre ela. São os universais reais? Temos apenas de parar e considerar por um momento o que se pretendia dizer com a palavra *real*, e daí logo toda a questão se torna evidente. Os objetos distinguem-se, por um lado, em ficções, sonhos etc., e, por outro, em realidades. Os primeiros são aqueles que existem somente porque você ou eu ou algum homem os imagina, os segundos são aqueles que têm uma existência separada da sua mente ou da minha ou da *[mente]* de qualquer número de pessoas. O real é aquilo que não é o que, seja o que for, vimos a pensar que ele é, mas o que não é afetado pelo que possamos pensar dele. A questão, portanto, é se *homem, cavalo* e outros nomes de classes naturais correspondem a qualquer coisa que todos os homens ou todos os cavalos realmente têm em comum, independentemente de nosso pensamento, ou se essas classes são constituídas simplesmente por uma semelhança no jeito como nossas mentes são afetadas por objetos individuais que, em si mesmos, não guardam semelhança nem estabelecem uns com os outros relação alguma, qualquer que seja. Assim, quando pensamos que há dois pontos de vista diagonalmente separados dos quais a *realidade*, tal qual acabamos de definir, pode ser considerada, fica claro que se trata de uma questão real à qual diferentes mentes naturalmente darão respostas opostas. [468] Onde deve ser encontrado o real, a coisa independente de como a pensamos? Algo assim tem de existir, pois nos deparamos com as nossas opiniões constrangidas. Portanto, há alguma coisa que influencia nossos pensamentos e que não é criada por eles. É verdade, nada temos de imediatamente presente a nós mesmos, a não ser pensamentos.

and through sensation thought, because it *is* out of the mind, is independent of how we think it, and is, in short, the real. Here is one view of reality, a very familiar one. And from this point of view it is clear that the nominalistic answer must be given to the question concerning universals. For, while from this standpoint it may be admitted to be true as a rough statement that one man is like another, the exact sense being that the realities external to the mind produce sensations which may be embraced under one conception, yet it can by no means be admitted that the two real men have really anything in common, for to say that they are both men is only to say that the one mental term or thought-sign "man" stands indifferently for either of the sensible objects caused by the two external realities; so that not even the two sensations have in themselves anything in common, and far less is it to be inferred that the external realities have. This conception of reality is so familiar, that it is unnecessary to dwell upon it; but the other, or realist conception, if less familiar, is even more natural and obvious. All human thought and opinion contains an arbitrary, accidental element, dependent on the limitations in circumstances, power, and bent of the individual; an element of error, in short. But human opinion universally tends in the long run to a definite form, which is the truth. Let any human being have enough information and exert enough thought upon any question, and the result will be that he will arrive at a certain definite conclusion, which is the same that any other mind will reach under sufficiently favorable circumstances. Suppose two men, one deaf, the other blind. One hears a man declare he means to kill another, hears the report of the pistol, and hears the victim cry; the other sees the murder done. Their sensations are affected in the highest degree with their individual peculiarities. The first information that their sensations will give them, their first inferences, will be more nearly alike, but still different; the one having, for example, the idea of a man shouting, the other of a man with a threatening aspect; but their final conclusions, the

Esses pensamentos, contudo, foram causados por sensações e essas sensações são constrangidas por algo fora da mente. Essa coisa fora da mente que influencia diretamente a sensação e, pela sensação, o pensamento, porque *está* fora da mente, é independente de como a pensamos e é, em uma palavra, o real. Eis aqui uma visão muito familiar da realidade. E é claro que, dessa perspectiva, é a resposta nominalista que deve ser dada à questão concernente aos universais, pois, embora desse ponto de vista seja possível admitir a verdade de que — *grosso modo* — um homem é como outro, sendo o sentido exato disso que as realidades externas à mente produzem sensações que podem ser abarcadas sob uma única concepção, ainda assim, de maneira alguma é possível admitir que dois homens reais realmente tenham qualquer coisa em comum, pois dizer que ambos são homens é dizer somente que o termo mental único — ou signo-pensamento — "homem" está indiferentemente em lugar de qualquer um dos objetos sensíveis causados pelas duas realidades externas, de modo que nem mesmo as duas sensações têm, em si mesmas, qualquer coisa de comum, e muito menos é lícito inferir que as realidades externas o tenham. Essa concepção de realidade é tão familiar que é desnecessário demorar nela, mas a outra, isto é, a concepção realista, embora menos familiar, é ainda mais natural e óbvia. Todo pensamento e toda opinião humanos encerram um elemento arbitrário, acidental, dependente das limitações nas circunstâncias, na força e na inclinação do indivíduo, em suma, um elemento de erro. Em longo prazo, porém, a opinião humana tende universalmente a uma forma definida — a verdade. Deixemos que qualquer ser humano tenha informação o bastante e pense o quanto baste sobre qualquer questão. O resultado será que ele chegará a certa conclusão definida que é a mesma a que qualquer outra mente sob circunstâncias suficientemente favoráveis chegará. Vamos supor dois homens, um surdo, o outro cego. Um deles ouve um homem declarar que pretende matar outro, ouve o estampido da pistola e ouve a vítima gritar; o outro vê o assassinato feito. As suas sensações são afetadas em grau elevadíssimo pelas suas peculiari-

thought the re- | -motest from sense, will be identical and free from the one-sidedness of their idiosyncrasies. There is, then, to every question a true answer, a final conclusion, to which the opinion of every man is constantly gravitating. He may for a time recede from it, but give him more experience and time for consideration, and he will finally approach it. The individual may not live to reach the truth; there is a residuum of error in every individual's opinions. No matter; it remains that there is a definite opinion to which the mind of man is, on the whole and in the long run, tending. On many questions the final agreement is already reached, on all it will be reached if time enough is given. The arbitrary will or other individual peculiarities of a sufficiently large number of minds may postpone the general agreement in that opinion indefinitely; but it cannot affect what the character of that opinion shall be when it is reached. This final opinion, then, is independent, not indeed of thought in general, but of all that is arbitrary and individual in thought; is quite independent of how you, or I, or any number of men think. Everything, therefore, which will be thought to exist in the final opinion is real, and nothing else. What is the POWER of external things, to affect the senses? To say that people sleep after taking opium because it has a soporific *power*, is that to say anything in the world but that people sleep after taking opium because they sleep after taking opium? To assert the existence of a power or potency, is it to assert the existence of anything actual? Or to say that a thing has a potential existence, is it to say that it has an actual existence? In other words, is the present existence of a power anything in the world but a regularity in future events relating to a certain thing regarded as an element which is to be taken account of beforehand, in the conception of that thing? If not, to assert that there are external things which can be known only as exerting a power on our sense, is nothing different from asserting that there is a general *drift* in the history of human thought which will lead it to one general agreement, one catholic consent. And any truth

dades individuais. As primeiras informações que as suas sensações lhes darão, as suas primeiras inferências, serão mais aproximadamente semelhantes, mas ainda diferentes. Por exemplo, um tem a ideia de um homem gritando, o outro, a de um homem com um aspecto ameaçador, mas as suas conclusões finais — o pensamento mais [469] remoto dos sentidos — serão idênticas e livres da unilateralidade de suas idiossincrasias. Então, para cada questão há uma resposta verdadeira, uma conclusão final, em torno da qual a opinião de cada homem constantemente gravita. Ele pode renunciar a ela por algum tempo, mas dê-lhe mais experiência e mais tempo para consideração e ele finalmente se aproximará dela. O indivíduo pode não viver para alcançar a verdade; há um resíduo de erro nas opiniões de todos os indivíduos. Não importa, permanece o fato de que há uma opinião definida à qual a mente do homem, em geral e em longo prazo, tende. Sobre muitas questões, o acordo final sobre muitas questões já foi alcançado; e, se tempo o bastante for dado, em todas também o será. A vontade arbitrária ou outras peculiaridades individuais de um número suficientemente grande de mentes pode postergar indefinidamente o acordo geral nessa opinião, mas não pode afetar qual será a natureza dessa opinião quando ela for alcançada. Essa opinião final, então, na verdade, não é independente do pensamento em geral, mas sim de tudo que é arbitrário e individual no pensamento. Ela é totalmente independente de como você ou eu ou qualquer número de homens pensa. Portanto, é real tudo que venha a ser pensado existir na opinião final, e nada mais. Qual é o PODER das coisas externas de afetar os sentidos? Declarar que as pessoas dormem depois de tomar ópio porque o ópio tem um *poder* soporífico, é isso dizer qualquer coisa no mundo senão que as pessoas dormem depois de tomar ópio porque dormem depois de tomar ópio? Asserir a existência de um poder ou potência é asserir a existência de qualquer coisa efetiva? Ou dizer que uma coisa tem uma existência potencial é dizer que ela efetivamente existe? Em outras palavras, é a existência presente de um poder qualquer coisa no mundo que não uma regularidade nos eventos

more perfect than this destined conclusion, any reality more absolute than what is thought in it, is a fiction of metaphysics. It is obvious how this way of thinking harmonizes with a belief in an infallible Church, and how much more natural it would be in the Middle Ages than in Protestant or positivist times.

This theory of reality is instantly fatal to the idea of a thing in itself,—a thing existing independent of all relation to the mind's conception of it. Yet it would by no means forbid, but rather encour- | -age us, to regard the appearances of sense as only signs of the realities. Only, the realities which they represent would not be the unknowable cause of sensation, but *noumena,* or intelligible conceptions which are the last products of the mental action which is set in motion by sensation. The matter of sensation is altogether accidental; precisely the same information, practically, being capable of communication through different senses. And the catholic consent which constitutes the truth is by no means to be limited to men in this earthly life or to the human race, but extends to the whole communion of minds to which we belong, including some probably whose senses are very different from ours, so that in that consent no predication of a sensible quality can enter, except as an admission that so certain sorts of senses are affected. This theory is also highly favorable to a belief in external realities. It will, to be sure, deny that there is any reality which is absolutely incognizable in itself, so that it cannot be taken into the mind. But observing that "the external" means simply that which is independent of what phenomenon is immediately present, that is of how we may think or feel; just as "the real" means that which is independent of how we may think or feel *about it;* it must be granted that there are many objects of true science which are external, because there are many objects of thought which, if they are independent of that thinking whereby they are thought (that is, if they are real), are indisputably independent of all *other* thoughts and feelings.

282   Charles Sanders Peirce

futuros relativos a certa coisa, considerada *[tal regularidade]* como um elemento que deve ser acatado antecipadamente na concepção dessa coisa? Se não, asserir que há coisas externas que podem ser conhecidas somente por exercerem um poder sobre nossos sentidos em nada difere de asserir que há uma *inclinação* geral na história do pensamento humano que o levará a um único acordo geral, um único consenso católico[lxxxiii]. E qualquer verdade mais perfeita que essa conclusão destinada, qualquer realidade mais absoluta do que aquilo que é pensado nela, é uma ficção de metafísica. É óbvio como essa maneira de pensar se harmoniza com uma crença em uma Igreja infalível e quão mais natural ela seria na Idade Média do que em épocas protestantes ou positivistas.

Essa teoria da realidade é prontamente fatal à ideia de uma coisa em si — uma coisa que existe independentemente de todas as relações com a concepção que a mente tem dela. Seja como for, de maneira alguma ela nos impediria, antes mesmo nos **[470]** encorajaria a considerar as aparências dos sentidos só como signos das realidades. Só que as realidades representadas não seriam as causas incognoscíveis das sensações, mas *noumena*, ou concepções inteligíveis que são os últimos produtos da ação mental movimentada pelas sensações. A matéria da sensação é totalmente acidental. Através dos diferentes sentidos, precisamente a mesma informação é capaz de ser praticamente comunicada. E o consenso católico que constitui a verdade de maneira alguma deve ficar limitado a homens nesta vida terrena, ou à raça humana, mas se estende a toda a comunhão de mentes à qual pertencemos, inclusive algumas cujos sentidos são provavelmente muito diferentes dos nossos, de modo que, nesse consenso, nenhuma predicação de uma qualidade sensível pode entrar, exceto como uma admissão de que, assim, certos tipos de sentidos são afetados. Essa teoria também é altamente favorável a uma crença em realidades externas. Ela, seguramente, negará a existência de qualquer realidade absolutamente incognoscível em si mesma que não possa, desse modo, ser levada para dentro da mente. No entanto, observando que "o externo" significa simplesmente

It is plain that this view of reality is inevitably realistic; because general conceptions enter into all judgments, and therefore into true opinions. Consequently a thing in the general is as real as in the concrete. It is perfectly true that all white things have whiteness in them, for that is only saying, in another form of words, that all white things are white; but since it is true that real things possess whiteness, whiteness is real. It is a real which only exists by virtue of an act of thought knowing it, but that thought is not an arbitrary or accidental one dependent on any idiosyncrasies, but one which will hold in the final opinion.

This theory involves a phenomenalism. But it is the phenomenalism of Kant, and not that of Hume. Indeed, what Kant called his Copernican step was precisely the passage from the nominalistic to the realistic view of reality. It was the essence of his philosophy to regard the real object as determined by the mind. That was nothing else than to consider every conception and intuition which enters necessarily into the experience of an object, and which is not transitory and accidental, as having objective validity. In short, it was to regard the reality as the normal product of mental action, and not as the incognizable cause of it.

This realistic theory is thus a highly practical and common-sense position. Wherever universal agreement prevails, the realist will not be the one to disturb the general belief by idle and fictitious doubts. For according to him it is a consensus or common confession which constitutes reality. What he wants, therefore, is to see questions put to rest. And if a general belief, which is perfectly stable and immovable, can in any way be produced, though it be by the fagot and the rack, to talk of any error in such belief is utterly absurd. The realist will hold that the very same objects which are immediately present in our minds in experience really exist just as they are experienced out of the mind; that is, he will maintain a doctrine of immediate perception. He will not, therefore, sunder existence out of the mind and being in the mind as two wholly

aquilo que é independente de qual fenômeno está imediatamente presente, isto é, de como possamos pensar ou sentir, assim como "o real" quer dizer aquilo que é independente de como possamos pensar ou sentir *a respeito dele*, é necessário conceder que há muitos objetos de ciência verdadeira que são externos, porque há muitos objetos de pensamento que, se são independentes daquele pensar pelo qual são pensados (isto é, se são reais), são inquestionavelmente independentes de todos os *outros* pensamentos e sentimentos.

É evidente que essa visão da realidade é inevitavelmente realista, uma vez que concepções gerais entram em todos os juízos e, portanto, em todas as opiniões verdadeiras. Consequentemente, uma coisa é tão real no geral quanto no concreto. É perfeitamente verdade que todas as coisas brancas têm a brancura nelas, pois isso é somente declarar com palavras de outra forma que todas as coisas brancas são brancas. Uma vez que é verdade, porém, que coisas reais possuem brancura, a brancura é real. É um real que só existe em virtude de um ato de pensamento que o conhece, mas esse pensamento não é arbitrário ou acidental, dependente de quaisquer idiossincrasias, mas um pensamento que será mantido na opinião final.

Essa teoria envolve um fenomenalismo. Mas é o fenomenalismo de Kant, não o de Hume. De fato, o que Kant chamava de seu passo copernicano era precisamente a passagem da visão nominalista à realista da realidade[lxxxiv]. A essência da sua filosofia estava em considerar o objeto real como determinado pela mente. Isso nada mais era que considerar cada concepção e intuição que entra [471] necessariamente na experiência de um objeto, e que não é transitória e acidental, como portadora de validade objetiva. Em suma, era considerar a realidade como o produto normal da ação mental, e não como a causa incognoscível dela.

Essa teoria realista é, assim, uma posição eminentemente prática e do senso comum. Onde quer que predomine o acordo universal, não será o realista a perturbar a crença geral com dúvidas inúteis e fictícias, pois, de acordo com ele, o que constitui a realidade é um consenso ou confissão comum. O que ele quer, portanto, é ver as questões

Escritos da Série Cognitiva 285

improportionable modes. When a thing is in such relation to the individual mind that that mind cognizes it, it is in the mind; and its being so in the mind will not in the least diminish its external existence. For he does not think of the mind as a receptacle, which if a thing is in, it ceases to be out of. To make a distinction between the true conception of a thing and the thing itself is, he will say, only to regard one and the same thing from two different points of view; for the immediate object of thought in a true judgment *is* the reality. The realist will, therefore, believe in the objectivity of all necessary conceptions, space, time, relation, cause, and the like.

No realist or nominalist ever expressed so definitely, perhaps, as is here done, his conception of reality. It is difficult to give a clear notion of an opinion of a past age, without exaggerate its distinctness. But careful examination of the works of the schoolmen will show that the distinction between these two views of the real—one as the fountain of the current of human thought, the other as the unmoving form to which it is flowing—is what really occasions their disagreement on the question concerning universals. The gist of all the nominalist's arguments will be found to relate to a *res extra animam*, while the realist defends his position only by assuming that the immediate object of thought in a true judgment is real. The notion that the controversy between realism and nominalism had anything to do with Platonic ideas is a mere product of the imagina- | -nation, which the slightest examination of the books would suffice to disprove. But to prove that the statement here given of the essence of these positions is historically true and not a fancy sketch, it will be well to add a brief analysis of the opinions of Scotus and Ockam.

apaziguadas. E, se uma crença geral, perfeitamente estável e imutável, puder ser produzida de qualquer maneira, ainda que seja pela fraude e pela tortura, falar de qualquer erro nessa crença é completamente absurdo. O realista sustentará que os próprios objetos, que, na experiência, estão imediatamente presentes nas nossas mentes, realmente existem da maneira como são experimentados fora da mente, isto é, ele sustentará uma doutrina da percepção imediata. Portanto, ele não separará a existência fora da mente e o ser na mente como dois modos em total desconformidade. Quando uma coisa está em certa relação com a mente individual, de modo que essa mente tenha uma cognição dela, ela está na mente, e ela estar assim na mente não diminuirá minimamente a sua existência externa. E isso porque o realista não concebe a mente como um receptáculo tal que uma coisa deixaria de existir fora dele ao estar dentro dele. Ele dirá que fazer uma distinção entre a verdadeira concepção de uma coisa e a coisa em si é tão só considerar de diferentes pontos de vista a única e mesma coisa, uma vez que o objeto imediato de pensamento em um juízo verdadeiro é a realidade. O realista, portanto, acreditará na objetividade de todas as concepções necessárias, espaço, tempo, relação, causa e similares.

Talvez nenhum realista ou nominalista jamais tenha expressado suas respectivas concepções de realidade de maneira tão definitiva como aqui se fez. É difícil dar uma noção clara de uma opinião de uma época passada sem exagerar as suas características distintivas. Mas o exame cuidadoso das obras dos escolásticos mostrará que a distinção entre essas duas visões do real — uma como a fonte da corrente do pensamento humano, a outra como a forma imutável para a qual ele flui — é o que realmente ocasiona seu desacordo na questão concernente aos universais. Ver-se-á que o cerne de todos os argumentos do nominalista relaciona-se com uma *res extra animam* [coisa fora da alma], ao passo que o realista defende sua posição somente por supor que o objeto imediato de pensamento em um juízo verdadeiro é real. A noção de que a querela entre realismo e nominalismo tinha qualquer coisa a ver com ideias platônicas é um mero produto imaginário [**472**] que o mais

Scotus sees several questions confounded together under the usual *utrum universale est aliquid in rebus.* In the first place, there is the question concerning the Platonic forms. But putting Platonism aside as at least incapable of proof, and as a self-contradictory opinion if the archetypes are supposed to be strictly universal, there is the celebrated dispute among Aristotelians as to whether the universal is really in things or only derives its existence from the mind. Universality is a relation of a predicate to the subjects of which it is predicated. That can exist only in the mind, wherein alone the coupling of subject and predicate takes place. But the word *universal* is also used to denote what are named by such terms as *a man* or *a horse;* these are called universals, because a man is not necessarily this man, nor a horse this horse. In such a sense it is plain universals are real; there really is a man and there really is a horse. The whole difficulty is with the actually indeterminate universal, that which not only is not necessarily *this,* but which, being one single object of thought, is predicable of many things. In regard to this it may be asked, first, is it necessary to its existence that it should be in the mind; and, second, does it exist *in re?* There are two ways in which a thing may be in the mind,—*habitualiter* and *actualiter.* A notion is in the mind *actualiter* when it is actually conceived; it is in the mind *habitualiter* when it can directly produce a conception. It is by virtue of mental association (we moderns should say), that things are in the mind *habitualiter.* In the Aristotelian philosophy, the intellect is regarded as being to the soul what the eye is to the body. The mind *perceives* likenesses and other relations in the objects of sense, and thus just as sense affords sensible images of things, so the intellect affords intelligible images of them. It is as such a *species intelligibilis* that Scotus supposes that a conception exists which is in the mind *habitualiter,* not *actualiter.* This *species* is in the mind, in the sense of being the immediate object of knowledge, but its existence in the mind is independent of *consciousness.* Now that the *actual* cognition of the universal is

ligeiro exame dos livros bastaria para refutar. No entanto, para provar que o relato da essência dessas posições dado aqui é historicamente verdadeiro, e não um esboço fantasioso, é bom acrescentar uma breve análise das opiniões de Scotus e Ockham.

Scotus vê diversas questões confundidas sob o corriqueiro *utrum universale est aliquid in rebus* [se o universal é ou não algo na coisa]. Em primeiro lugar, há a questão relativa às formas platônicas. Entretanto, deixando o platonismo de lado — pois é uma opinião no mínimo incapaz de ser provada, e, se supusermos que os arquétipos são estritamente universais, autocontraditória —, resta a celebrada disputa entre os aristotélicos sobre se o universal está realmente nas coisas ou se só deriva a sua existência da mente. A universalidade é uma relação de um predicado com os sujeitos dos quais é predicado[lxxxv]. Essa relação só pode existir na mente, único lugar em que a cópula de sujeito e predicado ocorre. Mas a palavra *universal* também é usada para denotar o que certos termos, como *homem* e *cavalo*, nomeiam. Esses termos são chamados de universais porque um homem não é necessariamente este homem, nem um cavalo, este cavalo. Nesse sentido, é evidente que os universais são reais; há realmente um homem e há realmente um cavalo. Toda a dificuldade se dá com o universal efetivamente indeterminado, aquele que não só não é necessariamente *este*, mas que, sendo um único e singular objeto de pensamento, é predicável de muitas coisas. Com respeito a isso, é possível perguntar, primeiro, se é necessário à sua existência que deva existir na mente, e, segundo, ele existe *in re*?[lxxxvi]. Há duas maneiras pelas quais uma coisa pode estar na mente — *habitualiter* e *actualiter*. Uma noção está na mente *actualiter* quando é efetivamente concebida, e está na mente *habitualiter* quando pode produzir diretamente uma concepção.[lxxxvii] É em virtude de associação mental (deveríamos nós, modernos, dizer) que as coisas estão na mente *habitualiter*. Na filosofia aristotélica, considera-se que o intelecto é, para a alma, o que o olho é para o corpo. A mente *percebe* semelhanças e outras relações nos objetos dos sentidos e, dessa forma, assim como os sentidos fornecem

necessary to its existence, Scotus denies. The subject of science is universal; and if the existence of universal were dependent upon what we happened to be thinking, science would not relate to anything real. On the other hand, he admits that the universal must | be in the mind *habitualiter,* so that if a thing be considered as it is independent of its being cognized, there is no universality in it. For there is *in re extra* no one intelligible object attributed to different things. He holds, therefore, that such natures (i.e. sorts of things) as a *man* and a *horse,* which are real, and are not of themselves necessarily *this* man or *this* horse, though they cannot exist *in re* without being some particular man or horse, are in the *species intelligibilis* always represented positively indeterminate, it being the nature of the mind so to represent things. Accordingly any such nature is to be regarded as something which is of itself neither universal nor singular, but is universal in the mind, singular in things out of the mind. If there were nothing in the different men or horses which was not of itself singular, there would be no real unity except the numerical unity of the singulars; which would involve such absurd consequences as that the only real difference would be a numerical difference, and that there would be no real likenesses among things. If, therefore, it is asked whether the universal is in things, the answer is, that the nature which in the mind is universal, and is not in itself singular, exists in things. It is the very same nature which in the mind is universal and *in re* is singular; for if it were not, in knowing anything of a universal we should be knowing nothing of things, but only of our own thoughts, and our opinion would not be converted from true to false by a change in things. This nature is actually indeterminate only so far as it is in the mind. But to say that an object is in the mind is only a metaphorical way of saying that it stands to the intellect in the relation of known to knower. The truth is, therefore, that that real nature which exists *in re,* apart from all action of the intellect, though in itself, apart from its relations, it be singular, yet is actually universal as it exists

imagens sensíveis das coisas, também o intelecto fornece imagens inteligíveis delas. É assim, como uma *species intelligibilis*, que Scotus supõe que uma concepção que está na mente *habitualiter*, e não na *actualiter*, existe. Essa *species* está na mente no sentido de ser o objeto imediato de conhecimento, mas a sua existência na mente é independente da *consciência*. Ora, Scotus nega ser necessária a cognição efetiva do universal para que ele exista. O tema da ciência é universal, e se a existência do universal dependesse do que acaso pensássemos, a ciência não se relacionaria com nada de real. Por outro lado, ele admite que o universal tem de [473] estar na mente *habitualiter*, de modo que se uma coisa for considerada como ela é, independentemente de ser cognoscida, não há universalidade alguma nela, pois *in re extra* não há um único objeto inteligível atribuído a coisas diferentes. Ele sustenta, portanto, que naturezas (isto é, tipos de coisas) tais como um *homem* e um *cavalo*, que são reais e não necessariamente são, elas mesmas, *este* homem ou *este* cavalo, embora não possam existir *in re* sem ser algum homem ou cavalo particular, são sempre representadas na *species intelligibilis* de maneira positivamente indeterminada, sendo da natureza da mente representar as coisas assim. Dessa forma, qualquer dessas naturezas deve ser considerada como algo que em si mesmo não é nem universal nem singular, mas é universal na mente e singular nas coisas fora da mente. Se nada houvesse nos diferentes homens ou cavalos que não fosse em si singular, não haveria unidade real alguma, exceto a unidade numérica dos singulares. Isso implicaria consequências absurdas, por exemplo, a de que a única diferença real seria uma diferença numérica e não haveria semelhanças reais entre as coisas. Se, portanto, alguém perguntar se o universal está ou não nas coisas, a resposta é que a natureza que é universal na mente e, em si mesma, não é singular, existe nas coisas. Trata-se da mesmíssima natureza que na mente é universal e *in re* é singular, uma vez que, se não fosse, ao conhecermos qualquer coisa de um universal, nada conheceríamos das coisas, mas somente de nossos próprios pensamentos, e nossa opinião não seria convertida de

in relation to the mind. But this universal only differs from the singular in the manner of its being conceived (*formaliter*), but not in the manner of its existence (*realiter*).

Though this is the slightest possible sketch of the realism of Scotus, and leaves a number of important points unnoticed, yet it is sufficient to show the general manner of his thought and how subtle and difficult his doctrine is. That about one and the same nature being in the grade of singularity in existence, and in the grade of universality in the mind, gave rise to an extensive doctrine concerning the various kinds of identity and difference, called the doctrine of the *formalitates;* and this is the point against which Ockam directed his attack. |

Ockam's nominalism may be said to be the next stage in English opinion. As Scotus's mind is always running on forms, so Ockam's is on logical terms; and all the subtle distinctions which Scotus effects by his *formalitates,* Ockam explains by implied syncategorematics (or adverbial expressions, such as *per se,* etc.) in terms. Ockam always thinks of a mental conception as a logical term, which, instead of existing on paper, or in the voice, is in the mind, but is of the same general nature, namely, a *sign.* The conception and the word differ in two respects: first, a word is arbitrarily imposed, while a conception is a natural sign; second, a word signifies whatever it signifies only indirectly, through the conception which signifies the same thing directly. Ockam enunciates his nominalism as follows:

verdadeira em falsa por uma mudança nas coisas. Dizer, todavia, que um objeto está na mente é só um jeito metafórico de dizer que ele existe para o intelecto na relação do conhecido para com o conhecedor. A verdade, portanto, é que a natureza real que existe *in re*, apartada de toda ação do intelecto, embora seja singular em si mesma, apartada de suas relações, ainda assim é de fato universal por existir relativamente à mente. Mas esse universal só difere do singular na sua maneira de ser concebido (*formaliter*), não na sua maneira de existir (*realiter*).

Embora esse seja o esboço mais ligeiro possível do realismo de Scotus e deixe vários pontos importantes sem observação, ainda assim é suficiente para mostrar o estilo geral de seu pensamento e quão sutil e difícil é sua doutrina. Essa doutrina sobre uma única e mesma natureza existir no grau de singularidade na existência e no grau de universalidade na mente originou uma extensa doutrina concernente aos vários tipos de identidade e diferença, chamada doutrina das *formalitates*, e esse é o ponto contra o qual Ockham dirigiu seu ataque.[474]

É possível afirmar que o nominalismo de Ockham significa o próximo estágio na opinião inglesa. Assim como a mente de Scotus está sempre discorrendo sobre formas, a de Ockham versa sempre sobre termos lógicos. E toda distinção sutil que Scotus efetua por meio de suas *formalitates*, Ockham explica com sincategoremáticos implicados (ou locuções adverbiais, tais como *per se* etc.) em termos. Ockham sempre considera uma concepção mental como um termo de lógica que, em vez de existir sobre o papel ou na voz, está na mente, sendo, porém, da mesma natureza geral, a saber, um *signo*. A concepção e a palavra diferem em dois aspectos: primeiro, uma palavra é arbitrariamente atribuída, enquanto uma concepção é um signo natural; segundo, o que quer que uma palavra signifique, ela o faz apenas indiretamente, por meio de uma concepção que significa diretamente a mesma coisa. Ockham enuncia seu nominalismo como se segue:

It should be known that *singular* may be taken in two senses. In one sense, it signifies that which is one and not many; and in this sense those who hold that the universal is a quality of mind predicable of many, standing however in this predication, not for itself, but for those many (i.e. the nominalists), have to say that every universal is truly and really singular; because as every word, however general we may agree to consider it, is truly and really singular and one in number, because it is one and not many, so every universal is singular. In another sense, the name *singular* is used to denote whatever is one and not many, is a sign of something which is singular in the first sense, and is not fit to be the sign of many. Whence, using the word *universal* for that which is not one in number,—an acceptation many attribute to it,—I say that there is no universal; unless perchance you abuse the word and say that *people* is not one in number and is universal. But that would be puerile. It is to be maintained, therefore, that every universal is one singular thing, and therefore there is no universal except by signification, that is, by its being the sign of many.

The arguments by which he supports this position present nothing of interest.[2] Against Scotus's doctrine that universals are without the mind in individuals, but are not really distinct from the individuals, but only formally so, he objects that it is impossible there should be any distinction existing out of the mind except between things really distinct. Yet he does not think of denying that an individual consists of matter and form, for these, though inseparable, are really distinct things; though a modern nominalist might ask in what sense things could be said to be distinct independently of any action of the mind, which are so inseparable as matter and form. But as to *relation,* | he most emphatically and clearly denies that it exists as anything different from the things related; and this denial he expressly extends to relations of

---

[2] The *entia non sunt multiplicanda præter necessitatem* is the argument of Durand de St. Pourçain. But any given piece of popular information about scholasticism may be safely assumed to be wrong. |

Saiba-se que *singular* pode ser tomado em dois sentidos. Em um dos sentidos, significa aquilo que é um e não muitos, e, neste sentido, aqueles (isto é, os nominalistas) que sustentam que o universal é uma qualidade da mente predicável de muitos, mas estando, nessa predicação, não por si mesmo, mas em lugar daqueles muitos, têm de dizer que todo universal é verdadeira e realmente singular. Porque, como toda palavra, por mais geral que concordemos em considerá-la, é verdadeira e realmente singular e única em número, porque é uma e não muitas, de modo que todo universal é singular. Em outro sentido, o nome *singular* é usado para denotar o que quer que seja um e não muitos, é um signo de algo que é singular no primeiro sentido, e não é adequado a ser o signo de muitos. Dessa maneira, usando a palavra *universal* para aquilo que não é um em número — uma acepção que muitos atribuem a ela — digo que não há universal, a menos talvez que se abuse da palavra e diga-se que *povo* não é um em número e é universal. Mas isso seria pueril. Deve-se manter, portanto, que cada universal é uma única coisa singular e, portanto, não há universal exceto por significação, isto é, por ser o signo de muitos.[lxxxviii]

Os argumentos com os quais ele sustenta sua posição nada apresentam de interessante[2]. Contra a doutrina de Scotus de que os universais existem fora da mente nos indivíduos, mas não são distintos realmente dos indivíduos, mas apenas formalmente, ele objeta que é impossível haver qualquer distinção existente fora da mente, exceto entre coisas realmente distintas. Contudo, ele não cogita negar que um indivíduo é feito de matéria e forma, pois estas, ainda que inseparáveis, são coisas realmente distintas. Não obstante, um nominalista moderno poderia perguntar em que sentido seria possível dizer que são distintas coisas que, independentemente de qualquer ação mental, são tão inseparáveis quanto a matéria e a forma. Quanto à *relação*, porém, ele [475] nega da maneira mais enfática e clara que ela exista como qualquer coisa de diferente das coisas

---

[2] O *entia non sunt multiplicanda praeter necessitatem* é o argumento de Durand de Saint Pourçain. No entanto, podemos seguramente supor que qualquer peça de informação popular dada sobre a escolástica é equivocada.

agreement and likeness as well as to those of opposition. While, therefore, he admits the real existence of qualities, he denies that these real qualities are respects in which things agree or differ; but things which agree or differ agree or differ in themselves and in no respect *extra animam.* He allows that things without the mind are similar, but this similarity consists merely in the fact that the mind can abstract one notion from the contemplation of them. A resemblance, therefore, consists solely in the property of the mind by which it naturally imposes one mental sign upon the resembling things. Yet he allows there is something in the things to which this mental sign corresponds.

This is the nominalism of Ockam so far as it can be sketched in a single paragraph, and without entering into the complexities of the Aristotelian psychology nor of the *parva logicalia.* He is not so thoroughgoing as he might be, yet compared with Durandus and other contemporary nominalists he seems very radical and profound. He is truly the *venerabilis inceptor* of a new way of philosophizing which has now broadened, perhaps deepened also, into English empiricism.

England never forgot these teachings. During that Renaissance period when men could think that human knowledge was to be advanced by the use of Cicero's *Commonplaces,* we naturally see little effect from them; but one of the earliest prominent figures in modern philosophy is a man who carried the nominalistic spirit into everything,—religion, ethics, psychology, and physics, the *plusquam nominalis,* Thomas Hobbes of Malmesbury. His razor cuts off, not merely substantial forms, but every incorporeal substance. As for universals, he not only denies their real existence, but even that there are any universal conceptions except so far as we conceive names. In every part of his logic, names and speech play an extraordinarily important part. Truth and falsity, he says, have no place but among such creatures as use speech, for a true proposition is simply one whose predicate is the name of everything of which the subject is the name. "From hence, also, this

relacionadas, estendendo essa negação explicitamente às relações de concordância e semelhança, bem como às de oposição. Embora, portanto, admita a existência real de qualidades, ele nega que essas qualidades reais sejam aspectos em que as coisas concordam ou diferem. Coisas que concordam ou diferem, porém, concordam ou diferem em si mesmas e em nenhum aspecto *extra animam*. Ele concede que coisas sem a mente são similares, mas essa similitude consiste tão só no fato de que a mente pode abstrair, da contemplação delas, alguma noção única. Uma semelhança, portanto, consiste exclusivamente na propriedade da mente pela qual ela impõe naturalmente um único signo mental sobre as coisas que se assemelham. Ainda assim, ele concede que há algo nas coisas a que esse signo mental corresponde.

Esse é o nominalismo de Ockham, tanto quanto pode ser esboçado em um único parágrafo e sem entrar nem nas complexidades da psicologia aristotélica nem das *parva logicalia*. Se não é tão minucioso quanto poderia ser, no entanto, comparado a Durandus e a outros nominalistas contemporâneos, Ockham parece muito radical e profundo. Ele é verdadeiramente o *venerabilis inceptor* de uma nova maneira de filosofar que agora se ampliou, talvez mesmo tenha se aprofundado, no empirismo inglês.

A Inglaterra nunca esqueceu esses ensinamentos. Vemos, naturalmente, que surtiram pouco efeito durante aquele período da Renascença, quando os homens podiam pensar que o conhecimento humano tinha de ser avançado pelo uso dos *lugares-comuns* de Cícero. No entanto, uma das primeiras figuras proeminentes na filosofia moderna é um homem que levou o espírito nominalista a tudo — religião, ética, psicologia e física, o *plusquam nominalis* —, Thomas Hobbes de Malmesbury. Sua lâmina corta fora não somente formas substanciais, mas toda substância incorpórea. Quanto aos universais, ele não só nega sua existência real, mas até mesmo que há quaisquer concepções universais, a não ser na medida em que concebemos nomes. Em todas as partes de sua lógica, os nomes e a fala exercem um papel extremamente importante. A verdade e a falsidade, declara Hobbes, não têm lugar a não ser entre as criaturas que usam a fala, já que uma proposição

may be deduced, that the first truths were arbitrarily made by those that first of all imposed names upon things, or received them from the imposition of others. For it is true (for example), that *man is a living creature,* but it is for this *reason* that it pleased men to impose both those names on the same | thing." The difference between true religion and superstition is simply that the state recognizes the former and not the latter.

The nominalistic love of simple theories is seen also in his opinion, that every event is a movement, and that the sensible qualities exist only in sensible beings, and in his doctrine that man is at bottom purely selfish in his actions.

His views concerning matter are worthy of notice, because Berkeley is known to have been a student of Hobbes, as Hobbes confesses himself to have been of Ockam. The following paragraph gives his opinion:—

> And as for that matter which is common to all things, and which philosophers, following Aristotle, usually call *materia prima,* that is, *first matter,* it is not a body distinct from all other bodies, nor is it one of them. What then is it? A mere name; yet a name which is not of vain use; for it signifies a conception of body without the consideration of any form or other accident except only magnitude or extension, and aptness to receive form and other accident. So that whensoever we have use of the name *body in general,* if we use that of *materia prima,* we do well. For when a man, not knowing which was first, water or ice, would find out which of the two were the matter of both, he would be fain to suppose some third matter which were neither of these two; so he that would find out what is the matter of all things ought to suppose such as is not the matter of anything that exists. Wherefore *materia prima* is nothing; and therefore they do not attribute to it form or any other accident, besides quantity; whereas all singular things have their forms and accidents certain.
>
> *Materia prima* therefore is body in general, that is, body considered universally, not as having neither form nor any accident, but in which no form nor any other accident but quantity are at all considered, that is, they are not drawn into argumentation. (p. 118)

verdadeira é simplesmente uma proposição cujo predicado é o nome de tudo aquilo de que o sujeito é o nome: "Disso pode-se deduzir que as primeiras verdades têm origem no arbítrio daqueles que primeiramente impuseram nomes às coisas ou que aceitaram os postos por outros. Assim, por exemplo, *homem é animal* é verdadeiro porque a alguém aprouve impor aqueles dois nomes à mesma coisa"[lxxxix]. [476] A diferença entre a religião verdadeira e a superstição é simplesmente que o estado reconhece a primeira e não a última.

O amor nominalista por teorias simples também é visto na opinião hobbesiana de que todos os eventos são movimentos e de que as qualidades sensíveis existem somente nos entes sensíveis, bem como na sua doutrina de que o homem é, no fundo, puramente egoísta em suas ações.

Uma vez que Hobbes confessa ter ele mesmo estudado Ockham, e porque se sabe que Berkeley foi um estudante de Hobbes, os seus pontos de vista a respeito da matéria são dignos de nota. O seguinte parágrafo dá sua opinião:

E em relação à matéria comum a todas as coisas que os filósofos, seguidores de Aristóteles, normalmente chamam de *materia-prima*, ou seja, *primeira matéria*, ela não é qualquer corpo distinto de todos os outros corpos, nem é um deles. O que é então? Um mero nome; mesmo assim, um nome que não é usado em vão; pois significa uma concepção de corpo, sem a consideração de qualquer forma ou outro acidente, exceto magnitude e extensão, e disposição para receber forma e outro acidente. Portanto, sempre que formos usar o nome *corpo em geral*, se usarmos o de *materia-prima*, estará ótimo. Pois quando um homem, sem saber o que veio primeiro, água ou gelo, descobre qual deles é a matéria de ambos, ficará satisfeito em supor a existência de uma terceira matéria; portanto, aquele que descobrir qual é a matéria de todas as coisas deverá supor que não é a matéria de qualquer coisa que existe.

Assim, *matéria-prima* não é nada; e não é atribuído a ela forma ou qualquer outro acidente, apenas quantidade; considerando que todas as coisas singulares têm suas formas e acidentes, a *matéria--prima* é um corpo em geral, isto é, corpo considerado universalmente, não por sua forma ou acidente, mas por sua quantidade.[xc]

The next great name in English philosophy is Locke's. His philosophy is nominalistic, but does not regard things from a logical point of view at all. Nominalism, however, appears in psychology as sensationalism; for nominalism arises from taking that view of reality which regards whatever is in thought as caused by something in sense, and whatever is in sense as caused by something without the mind. But everybody knows that this is the character of Locke's philosophy. He believed that every idea springs from sensation and from his (vaguely explained) reflection.

Berkeley is undoubtedly more the offspring of Locke than of any other philosopher. Yet the influence of Hobbes with him is very evident and great; and Malebranche doubtless contributed to his | thought. But he was by nature a radical and a nominalist. His whole philosophy rests upon an extreme nominalism of a sensationalistic type. He sets out with the proposition (supposed to have been already proved by Locke), that all the ideas in our minds are simply reproductions of sensations, external and internal. He maintains, moreover, that sensations can only be thus reproduced in such combinations as might have been given in immediate perception. We can conceive a man without a head, because there is nothing in the nature of sense to prevent our seeing such a thing; but we cannot conceive a sound without any pitch, because the two things are necessarily united in perception. On this principle he denies that we can have any abstract general ideas, that is, that universals can exist in the mind; if I think of a man it must be either of a short or a long or a middle-sized man, because if I see a man he must be one or the other of these. In the first draft of the Introduction of the *Principles of Human Knowledge,* which is now for the first time printed, he even goes so far as to censure Ockam for admitting that we can have general terms in our mind; Ockam's opinion being that we have in our minds conceptions, which are singular themselves, but are *signs* of

O próximo grande nome na filosofia inglesa é o de Locke. Sua filosofia é nominalista, mas de modo algum considera as coisas de um ponto de vista lógico. O nominalismo, contudo, aparece na psicologia como sensacionismo, pois o nominalismo surge de se adotar a visão da realidade que considera o que quer que esteja no pensamento como causado por algo nos sentidos e o que quer que esteja nos sentidos como causado por algo fora da mente. Só que todos sabem que essa é a marca característica da filosofia de Locke. Ele acreditava que toda ideia brota da sensação e da reflexão (vagamente explicada) dela.

Sem sombra de dúvida, Berkeley é a cria de Locke mais do que de qualquer outro filósofo. Não obstante, a influência de Hobbes sobre ele é muito evidente e grande e não se pode duvidar de que Malebranche contribuiu para seu [477] pensamento. Mas ele era, por natureza, um radical e um nominalista. A sua filosofia toda se baseia em um nominalismo extremo de tipo sensacionista. Ele começa com a proposição (que supostamente já tinha sido provada por Locke) de que todas as ideias nas nossas mentes são simplesmente reproduções de sensações, externas e internas. Ele sustenta, além disso, que as sensações só podem ser reproduzidas assim em combinações tais que poderiam ter sido dadas na percepção imediata. Podemos conceber um homem sem uma cabeça, porque nada há na natureza dos sentidos que impeça de vermos tal coisa, mas não podemos conceber um som sem tom, porque as duas coisas estão necessariamente unidas na percepção. Com base nesse princípio, ele nega que podemos ter quaisquer ideias abstratas gerais, isto é, que os universais possam existir na mente. Se penso em um homem, tem de ser ou em um homem baixo ou alto ou de meia altura, porque, se vejo um homem, ele tem de ser ou uma coisa ou outra. No primeiro rascunho da Introdução dos *Princípios do conhecimento humano*, que agora é publicado pela primeira vez, ele chega mesmo ao ponto de censurar Ockham por este admitir que podemos ter termos gerais em nossa mente. A opinião de Ockham é que temos concepções em nossas mentes que são elas

many things.[3] But Berkeley probably knew only of Ockam from hearsay, and perhaps thought he occupied a position like that of Locke. Locke had a very singular opinion on the subject of general conceptions. He says:—

> If we nicely reflect upon them, we shall find that general ideas are fictions, and contrivances of the mind, that carry difficulty with them, and do not so easily offer themselves as we are apt to imagine. For example, does it not require some pains and skill to form the general idea of a triangle (which is none of the most abstract, comprehensive, and difficult); for it must be neither oblique nor rectangle, neither equilateral, equicrural, nor scalenon, but all and none of these at once? In effect, is something imperfect that cannot exist, an idea wherein some parts of several different and inconsistent ideas are put together.

To this Berkeley replies:— |

> Much is here said of the difficulty that abstract ideas carry with them, and the pains and skill requisite in forming them. And it is on all hands agreed that there is need of great toil and labor of the mind to emancipate our thoughts from particular objects, and raise them to those sublime speculations that are conversant about abstract ideas. From all which the natural consequence should seem to be, that so difficult a thing as the forming of abstract ideas was not necessary to communication, which is so easy and familiar to all sort of men. But we are told, if they seem obvious and easy to grown men, it is only because by constant

---

[3] The sole difference between Ockam and Hobbes is that the former admits the universal signs in the mind to be natural, while the latter thinks they only follow instituted language. The consequence of this difference is that, while Ockam regards all truth as depending on the mind's naturally imposing the same sign on two things, Hobbes will have it that the first truths were established by convention. But both would doubtless allow that there is something *in re* to which such truths corresponded. But the sense of Berkeley's implication would be that there are no universal thought-signs at all. Whence it would follow that there is no truth and no judgments but propositions spoken or on paper. |

mesmas singulares, mas são *signos* de muitas coisas[3]. Mas Berkeley provavelmente só tinha ouvido falar de Ockham, e talvez pensasse que ele ocupava uma posição como a de Locke. Este tinha uma opinião muito singular relativamente ao tema das concepções gerais. Afirma Locke:

> Se refletirmos sobre elas constataremos que *ideias gerais* são ficções, artifícios da mente que embutem dificuldades e não se oferecem com a facilidade que geralmente se supõe. Por exemplo, para formar a *ideia geral* de um *triângulo*, que não é das mais abstratas, compreensivas e difíceis, requer-se alguma habilidade, uma vez que a ideia não é de um triângulo oblíquo, retângulo, equilátero ou escaleno, mas de todos e de nenhum ao mesmo tempo. Trata-se, com efeito, de uma imperfeição, de algo que não pode existir, de uma *ideia* que junta partes de muitas *ideias* diferentes e inconsistentes entre si[xci].

Ao que Berkeley responde:[**478**]

Muito se diz aqui sobre a dificuldade que as ideias abstratas comportam e sobre o esforço e a habilidade necessários para formá-las. E todos estão de acordo que é preciso grande trabalho e labor mental para emancipar nossos pensamentos dos objetos particulares e elevá-los às sublimes especulações relativas às ideias abstratas. A consequência natural de tudo isso parece ser que algo tão difícil como a formação de ideias abstratas não é necessário para a *comunicação*, a qual é muito fácil e familiar aos homens de toda classe. Mas diz-se que, se as ideias abstratas parecem fáceis e óbvias às pessoas adultas, *é apenas porque um uso constante e familiar as*

---

[3] A única diferença entre Ockham e Hobbes é que o primeiro admite que os signos universais na mente são naturais, enquanto o segundo pensa que eles só seguem a linguagem instituída. A consequência dessa diferença é que, enquanto Ockham considera que toda a verdade depende de a mente naturalmente impor o mesmo signo a duas coisas, Hobbes sustenta que as primeiras verdades foram estabelecidas por convenção. Contudo, ambos sem dúvida concederiam que há algo *in re* a que essas verdades correspondem. No entanto, o sentido da implicação de Berkeley seria que de modo algum há signos-pensamentos universais, donde se seguiria que não há verdade e não há juízos, mas proposições faladas ou escritas.

and familiar use they are made so. Now, I would fain know at what time it is men are employed in surmounting that difficulty. It cannot be when they are grown up, for then it seems they are not conscious of such painstaking; it remains, therefore, to be the business of their childhood. And surely the great and multiplied labor of framing abstract notions will be found a hard task at that tender age. Is it not a hard thing to imagine that a couple of children cannot prate together of their sugar-plums and rattles, and the rest of their little trinkets, till they have first tacked together numberless inconsistencies, and so formed in their minds abstract general ideas, and annexed them to every common name they make use of?

In his private note-book Berkeley has the following:— *"Mem.* To bring the killing blow at the last, e.g. in the matter of abstraction to bring Locke's general triangle in the last."

There was certainly an opportunity for a splendid blow here, and he gave it.

From this nominalism he deduces his idealistic doctrine. And he puts it beyond any doubt that, if this principle be admitted, the existence of matter must be denied. Nothing that we can know or even think can exist without the mind, for we can only think reproductions of sensations, and the *esse* of these is *percipi.* To put it another way, we cannot think of a thing as existing unperceived, for we cannot separate in thought what cannot be separated in perception. It is true, I can think of a tree in a park without anybody by to see it; but I cannot think of it without anybody to imagine it; for I am aware that I am imagining it all the time. Syllogistically: trees, mountains, rivers, and all sensible things are perceived; and anything which is perceived is a sensation; now for a sensation to exist without being perceived is impossible; therefore, for any sensible thing to exist out of perception is impossible. Nor can there be anything out of the mind which *resembles* a sensible object, for the conception of likeness cannot be separated from

tornou assim. No entanto, desejaria muito saber em que momento da vida os homens se empenham em superar essa dificuldade *[e adquirem os recursos necessários para pensar]*. Não pode ser quando são adultos, pois parece que nessa idade não estão conscientes de quaisquer esforços desse tipo; só resta, portanto, que seja algo que ocorre durante a infância. No entanto, certamente, o enorme e multiplicado trabalho de formar noções abstratas será considerado uma tarefa difícil para essa tenra idade. Não é difícil imaginar que duas crianças não possam tagarelar uma com a outra sobre seus doces, seus chocalhos e o restante de seus brinquedos até que tenham primeiramente alinhavado incontáveis inconsistências e assim formado em sua mente *ideias gerais abstratas*, vinculando-as a todos os nomes comuns que empregam?[xcii].

No seu caderno de anotações particulares, Berkeley escreveu o seguinte: "Mem. dar o golpe de graça ao final, por exemplo, na questão da abstração apresentar ao final o triângulo geral de Locke"[xciii].

Aqui, certamente havia uma oportunidade para um esplêndido golpe e ele o deu.

Desse nominalismo, ele deduz sua doutrina idealista. Para ele, se esse princípio for admitido, fica além de qualquer dúvida que a existência da matéria deva ser negada. Nada que possamos conhecer ou sequer pensar pode existir fora da mente, pois só podemos pensar reproduções de sensações, e o *esse* delas é *percipi*. Para dizer de outra forma, não podemos pensar que uma coisa existe sem ser percebida, pois não podemos separar no pensamento o que não pode ser separado na percepção. É verdade, posso conceber uma árvore em um parque sem ninguém por perto para vê-la, mas não posso pensá-la sem ninguém para imaginá-la, já que o tempo todo estou ciente de que a imagino. De maneira silogística: árvores, montanhas, rios e tudo que é sensível é percebido; e qualquer coisa que é percebida é uma sensação; ora, é impossível que uma sensação exista sem ser percebida; portanto, é impossível que qualquer coisa sensível exista fora da percepção. Tampouco é possível que exista qualquer coisa fora da mente que se *assemelhe* a um objeto

likeness between ideas, because that is the only likeness which can be given in perception. An idea can be nothing but an idea, and it is absurd to say that anything | inaudible can resemble a sound, or that anything invisible can resemble a color. But what exists without the mind can neither be heard nor seen; for we perceive only sensations within the mind. It is said that *Matter* exists without the mind. But what is meant by matter? It is acknowledged to be known only as *supporting* the accidents of bodies; and this word 'supporting' in this connection is a word without meaning. Nor is there any necessity for the hypothesis of external bodies. What we observe is that we have ideas. Were there any use in supposing external things it would be to account for this fact. But grant that bodies exist, and no one can say how they can possibly affect the mind; so that instead of removing a difficulty, the hypothesis only makes a new one.

But though Berkeley thinks we know nothing out of the mind, he by no means holds that all our experience is of a merely phantasmagoric character. It is not all a dream; for there are two things which distinguish experience from imagination: one is the superior vividness of experience; the other and most important is its connected character. Its parts hang together in the most intimate and intricate conjunction, in consequence of which we can infer the future from the past. "These two things it is," says Berkeley, in effect, "which constitute reality. I do not, therefore, deny the reality of common experience, although I deny its externality." Here we seem to have a third new conception of reality, different from either of those which we have insisted are characteristic of the nominalist and realist respectively, or if this is to be identified with either of those, it is with the realist view. Is not this something quite unexpected from so extreme a nominalist? To us, at least, it seems that this conception is indeed required to give an air of common sense to Berkeley's theory, but that it is of a totally different complexion from the rest. It seems to be something imported into his philosophy from without. We

sensível, pois não é possível separar a concepção de semelhança da semelhança entre ideias, porque essa é a única semelhança que pode ser dada na percepção. Uma ideia não pode ser nada mais do que uma ideia, e é absurdo dizer que o que é [479] inaudível pode se assemelhar a um som, ou o invisível pode se assemelhar a uma cor. Mas o que existe fora da mente não pode ser nem ouvido nem visto, pois só percebemos as sensações dentro da mente. Diz-se que a *Matéria* existe fora da mente. Mas o que se quer dizer com matéria? Reconhece-se que a matéria só é conhecida como *suporte* dos acidentes dos corpos, e essa palavra, "suporte", nessa relação, é uma palavra sem significado. Também não há qualquer necessidade para a hipótese dos corpos externos. O que observamos é que temos ideias. Se houvesse qualquer utilidade em supor coisas externas, ela estaria em explicar esse fato. Todavia, conceda-se que os corpos existem e ninguém pode dizer como é possível que consigam afetar a mente, de modo que, ao contrário de remover uma dificuldade, a hipótese só produz uma nova.

Contudo, embora Berkeley pense que não conhecemos nada fora da mente, de maneira alguma ele sustenta que toda nossa experiência seja de natureza meramente fantasmagórica. Nem tudo é sonho, pois há duas coisas que diferenciam a experiência da imaginação: uma é a vivacidade superior da experiência, a outra e mais importante é seu caráter conexo. Suas partes estão juntas na mais íntima e intrincada conjunção, e, como consequência disso, a partir do passado podemos inferir o futuro. Berkeley verdadeiramente afirma: "São essas as duas coisas que constituem a realidade. Portanto, não nego a realidade da experiência comum, embora negue sua externalidade"[xciv]. Parece que temos, aqui, uma terceira nova concepção de realidade, diferente daquelas duas que, conforme insistimos, são características respectivamente do nominalista e do realista, ou se devemos identificá-la com uma delas, será com a concepção realista. Não é algo totalmente inesperado vindo de um nominalista tão extremo? A nós, pelo menos, parece que essa concepção é de fato exigida para dar um ar de senso comum à teoria de

shall glance at this point again presently. He goes on to say that ideas are perfectly inert and passive. One idea does not make another and there is no power or agency in it. Hence, as there must be some cause of the succession of ideas, it must be *Spirit*. There is no *idea* of a spirit. But I have a consciousness of the operations of my spirit, what he calls a *notion* of my activity in calling up ideas at pleasure, and so have a relative knowledge of myself as an active being. But there is a succession of ideas not dependent on my will, the ideas of perception. Real things do not depend on my thought, but have an existence distinct from being perceived by me; but the | *esse* of everything is *percipi;* therefore, *there must be some other mind wherein they exist.* "As sure, therefore, as the sensible world really exists, so sure do there an infinite omnipotent Spirit who contains and supports it." This puts the keystone into the arch of Berkeleyan idealism, and gives a theory of the relation of the mind to external nature which, compared with the Cartesian Divine Assistance, is very satisfactory. It has been well remarked that, if the Cartesian dualism be admitted, no divine *assistance* can enable things to affect the mind or the mind things, but divine power must do the whole work. Berkeley's philosophy, like so many others, has partly originated in an attempt to escape the inconveniences of the Cartesian dualism. God, who has created our spirits, has the power immediately to raise ideas in them; and out of his wisdom and benevolence, he does this with such regularity that these ideas may serve as signs of one another. Hence, the laws of nature. Berkeley does not explain how our wills act on our bodies, but perhaps he would say that to a certain limited extent we can produce ideas in the mind of God as he does in ours. But a material thing being only an idea, exists only so long as it is in some mind. Should every mind cease to think it for a while, for so long it ceases to exist. Its permanent existence is kept up by its being an idea in the mind of God. Here we see how superficially the just-mentioned theory of reality is laid over the body of his

Berkeley, senão que ela é de uma compleição totalmente diferente do resto. Para a sua filosofia, parece alguma coisa importada de fora. Temos de examinar esse ponto novamente agora. Berkeley dirá que as ideias são perfeitamente inertes e passivas. Uma ideia não produz outra e nela não há nenhum poder ou agência. Por conseguinte, já que deve existir alguma causa para a sucessão de ideias, essa causa tem de ser o *Espírito*. Não há nenhuma *ideia* de um espírito, senão que tenho uma consciência das operações do meu espírito, o que ele chama de *noção* de minha atividade de evocar ideias a bel-prazer. Então, tenho um conhecimento relativo de mim mesmo como um ente ativo. No entanto, há uma sucessão de ideias que não dependem da minha vontade, as ideias de percepção. As coisas reais não dependem do meu pensamento, mas têm uma existência distinta à parte serem por mim percebidas; mas o **[480]** *esse* de tudo é *percipi*; portanto, *deve haver alguma outra mente na qual elas existam.* "Portanto, tão certo que o mundo sensível realmente existe, é igualmente certo que existe um Espírito onipotente infinito que o contém e o mantém"[xcv]. Essa é a chave de abóbada do arco do idealismo de Berkeley, o que fornece uma teoria da relação da mente com a natureza externa bastante satisfatória, se comparada com a Assistência Divina cartesiana. Já bem se observou que se o dualismo cartesiano for admitido, nenhuma *assistência* divina pode tornar as coisas capazes de afetar a mente ou a mente *[capaz de afetar]* as coisas, mas o poder divino tem de fazer todo o trabalho. A filosofia de Berkeley, como tantas outras, originou-se em parte da tentativa de escapar das inconveniências do dualismo cartesiano. Deus, o criador dos nossos espíritos, tem o poder de fazer surgir ideias neles imediatamente e, por sua sabedoria e benevolência, faz isso com tal regularidade que essas ideias podem servir de signos umas às outras. Daí, as leis da natureza. Berkeley não explica como nossas vontades agem sobre nossos corpos, mas talvez dissesse que, até certa limitada medida, conseguimos produzir ideias na mente de Deus, assim como ele as produz nas nossas. Mas, por ser somente uma ideia, uma coisa material existe

thought. If the reality of a thing consists in its harmony with the body of realities, it is a quite needless extravagance to say that it ceases to exist as soon as it is no longer thought of. For the coherence of an idea with experience in general does not depend at all upon its being actually present to the mind all the time. But it is clear that when Berkeley says that reality consists in the connection of experience, he is simply using the word *reality* in a sense of his own. That *an object's independence of our thought about it* is constituted by its connection with experience in general, he has never conceived. On the contrary, that, according to him, is effected by its being in the mind of God. In the usual sense of the word *reality,* therefore, Berkeley's doctrine is that the reality of sensible things resides only in their archetypes in the divine mind. This is Platonistic, but it is not realistic. On the contrary, since it places reality wholly out of the mind in the cause of sensations, and since it denies reality (in the true sense of the word) to sensible things in so far as they are sensible, it is distinctly nominalistic. Historically there have been prominent examples of an alliance between nominalism and Plato- | -nism. Abélard and John of Salisbury, the only two defenders of nominalism of the time of the great controversy whose works remain to us, are both Platonists; and Roscellin, the famous author of the *sententia de flatu vocis,* the first man in the Middle Ages who carried attention to nominalism, is said and believed (all his writings are lost) to have been a follower of Scotus Erigena, the great Platonist of the ninth century. The reason of this odd conjunction of doctrines may perhaps be guessed at. The nominalist, by isolating his reality so entirely from mental influence as he has done, has made it something which the mind cannot conceive; he has created the so often talked of "improportion between the mind and the thing in itself." And it is to overcome the various difficulties to which this gives rise, that he supposes this *noumenon,* which, being totally unknown, the imagination can play about as it pleases, to

só enquanto estiver em alguma mente. Se todas as mentes deixassem de pensar nela por um tempo, ela deixaria de existir durante esse tempo. Por ela ser uma ideia na mente de Deus, sua existência permanente se mantém. Aqui vemos como a teoria da realidade recém-mencionada é estendida de maneira tão superficial por sobre o corpo do pensamento de Berkeley. Se a realidade de uma coisa consiste na sua harmonia com o corpo de realidades, dizer que ela deixa de existir tão logo não seja mais pensada é uma extravagância totalmente desnecessária, pois a coerência de uma ideia com a experiência em geral de modo algum depende de ela estar o tempo todo de fato presente à mente. No entanto, é claro, quando Berkeley diz que a realidade consiste no caráter conexo da experiência, ele apenas usa a palavra *realidade* em um sentido particular seu. Ele jamais pensou que *a independência de um objeto relativamente a nosso pensamento a respeito dele* fosse constituída por sua conexão com a experiência em geral. Ao contrário, de acordo com ele, isso se dá porque o objeto está na mente de Deus. No sentido comum da palavra *realidade*, portanto, a doutrina de Berkeley é a de que a realidade das coisas sensíveis reside somente nos seus arquétipos na mente divina. Isso é platônico, mas não é realista. Ao contrário, é distintivamente nominalista, já que situa a realidade totalmente fora da mente na causa das sensações e nega realidade (no verdadeiro sentido da palavra) às coisas sensíveis por serem sensíveis. Historicamente, houve exemplos proeminentes de aliança entre nominalismo e platonismo. [481] Abelardo e João de Salisbúria, os únicos dois defensores do nominalismo da época da grande controvérsia cujas obras nos restam, são ambos platônicos. E de Roscelino, o famoso autor da *sententia de flatu vocis*, o primeiro homem na Idade Média que deu atenção ao nominalismo, diz-se e acredita-se (todos os seus escritos foram perdidos) que ele foi um seguidor de Scotus Eriugena, o grande platônico do século IX. Talvez seja possível adivinhar a razão dessa peculiar conjunção de doutrinas. O nominalista, ao isolar tão inteiramente a sua realidade da influência mental, como o fez, tornou-a algo que a mente não consegue

be the emanation of archetypal ideas. The reality thus receives an intelligible nature again, and the peculiar inconveniences of nominalism are to some degree avoided.

It does not seem to us strange that Berkeley's idealistic writings have not been received with much favor. They contain a great deal of argumentation of doubtful soundness, the dazzling character of which puts us more on our guard against it. They appear to be the productions of a most brilliant, original, powerful, but not thoroughly disciplined mind. He is apt to set out with wildly radical propositions, which he qualifies when they lead him to consequences he is not prepared to accept, without seeing how great the importance of his admissions is. He plainly begins his principles of human knowledge with the assumption that we have nothing in our minds but sensations, external and internal, and reproductions of them in the imagination. This goes far beyond Locke; it can be maintained only by the help of that "mental chemistry" started by Hartley. But soon we find him admitting various *notions* which are not *ideas,* or reproductions of sensations, the most striking of which is the notion of a cause, which he leaves himself no way of accounting for experientially. Again, he lays down the principle that we can have no ideas in which the sensations are reproduced in an order or combination different from what could have occurred in experience; and that therefore we have no abstract conceptions. But he very soon grants that we can consider a triangle, without attending to whether it is equilateral, isosceles, or scalene; and does not reflect that such exclusive attention constitutes a species of abstraction. His want of profound study is also shown in his so wholly mistaking, as he does, the function of | the hypothesis of matter. He thinks its only purpose is to account for the production of ideas in our minds, so occupied is he with the Cartesian problem. But the real part that material substance has to play is to account for (or formulate) the constant connection between the accidents. In his theory, this office is performed

conceber, criando a tão frequentemente falada "desproporção entre a mente e a coisa em si". E, para superar as várias dificuldades por isso ensejadas, ele supõe que esse *noumenon* — o qual, por ser totalmente desconhecido, pode ser manipulado a bel-prazer pela imaginação — é a emanação de ideias arquetípicas. A realidade, assim, recebe novamente uma natureza inteligível, e as inconveniências peculiares do nominalismo são em certo grau evitadas.

Não nos parece estranho que os escritos idealistas de Berkeley não tenham recebido muita benevolência. Eles contêm um grande montante de argumentações de correção duvidosa, cujo caráter instável nos põe ainda mais em guarda contra elas. Parecem ser o produto da mente mais brilhante, original, poderosa, mas não plenamente disciplinada. Ele é capaz de começar com proposições ferozmente radicais, as quais qualifica quando o levam a consequências que não está preparado a aceitar, sem perceber a grande importância do que admite. Ele claramente começa seus princípios do conhecimento humano com a suposição de que nada temos em nossas mentes a não ser sensações, externas e internas, e suas reproduções na imaginação. Isso vai muito além de Locke e só pode ser sustentado com a ajuda daquela "química mental" iniciada por Hartley[xcvi]. Mas logo o encontramos admitindo várias *noções* que não são *ideias*, ou reproduções de sensações, das quais a mais surpreendente é a noção de causa, noção essa que ele mesmo não tem como explicar pela via da experiência. Mais uma vez, ele estabelece o princípio de que não temos ideias em que as sensações são reproduzidas em uma ordem ou combinação diferente daquilo que poderia ter ocorrido na experiência e, portanto, não temos concepções abstratas. Mas muito cedo ele concede sermos capazes de considerar um triângulo sem prestar atenção se ele é equilátero, isósceles ou escaleno e não reflete que essa atenção exclusiva constitui uma espécie de abstração. Sua falta de estudo profundo também se mostra no fato de ele se enganar muito profundamente no tocante à função da **[482]** hipótese da matéria. Por estar tão preocupado com o problema cartesiano, ele pensa que o único propósito dessa

Escritos da Série Cognitiva   313

by the wisdom and benevolence of God in exciting ideas with such regularity that we can know what to expect. This makes the unity of accidents a rational unity, the material theory makes it a unity not of a *directly* intellectual origin. The question is, then, which does experience, which does science decide for? Does it appear that in nature all regularities are directly rational, all causes final causes; or does it appear that regularities extend beyond the requirement of a rational purpose, and are brought about by mechanical causes? Now science, as we all know, is generally hostile to the final causes, the operation of which it would restrict within certain spheres, and it finds decidedly an other than directly intellectual regularity in the universe. Accordingly the claim which Mr. Collyns Simon, Professor Fraser, and Mr. Archer Butler make for Berkeleyanism, that it is especially fit to harmonize with scientific thought, is as far as possible from the truth. The sort of science that his idealism would foster would be one which should consist in saying what each natural production was made for. Berkeley's own remarks about natural philosophy show how little he sympathized with physicists. They should all be read; we have only room to quote a detached sentence or two:—

> To endeavor to explain the production of colors or sound by figure, motion, magnitude, and the like, must needs be labor in vain. . . . In the business of gravitation or mutual attraction, because it appears in many instances, some are straightway for pronouncing it *universal;* and that to attract and be attracted by every body is an essential quality inherent in all bodies whatever. . . . There is nothing necessary or essential in the case, but it depends entirely on the will of the Governing Spirit, who causes certain bodies to cleave together or tend towards each other according to various laws, whilst he keeps others at a fixed distance; and to some he gives a quite contrary tendency, to fly asunder just as he sees convenient. . . . First, it is plain philosophers amuse themselves in vain, when they inquire for

hipótese é explicar a produção de ideias nas nossas mentes. Mas o papel real que a substância material tem de fazer é explicar (ou formular) a conexão constante entre os acidentes. Na sua teoria, essa função é desempenhada pela sabedoria e pela benevolência de Deus, que suscitam ideias com tamanha regularidade que podemos saber o que esperar. Isso faz da unidade dos acidentes uma unidade racional; a teoria material a torna uma unidade que não tem origem *diretamente* intelectual. Dessa forma, a questão é: pelo que decide a experiência? Pelo que decide a ciência? Será que todas as regularidades na natureza são diretamente racionais e todas as causas finais? Ou será que as regularidades vão além da exigência de um propósito racional e são produzidas por causas mecânicas? Ora, a ciência, como todos sabemos, é em geral hostil a causas finais, cuja operação estaria restrita a certas esferas, e encontra uma outra regularidade no universo que não a diretamente intelectual. Dessa forma, a alegação que o Sr. Collyns Simon, o Prof. Fraser, e o Sr. Archer Butler fazem em favor da doutrina de Berkeley — a de que ela é particularmente adequada para se harmonizar com o pensamento científico — está tão longe da verdade quanto é possível estar. A ciência favorecida por seu idealismo seria do tipo que se define por exprimir para o que foi feito cada produto natural. As próprias observações de Berkeley sobre a filosofia natural mostram quão pouco ele se dava com os físicos. Conquanto todas devam ser lidas, só temos espaço para citar uma ou duas sentenças separadas:

> Por isso, empenhar-se em explicar a produção das cores ou dos sons pela figura, movimento, magnitude etc. é necessariamente trabalhar em vão. ... Por exemplo, pelo fato de a gravitação ou a atração mútua aparecer em muitos casos, alguns logo a proclamam *universal*, e que atrair e ser atraído por todos os demais corpos é uma qualidade essencial inerente a todos os corpos, quaisquer que sejam. ... Nada há necessário ou essencial nesses casos, senão que dependem inteiramente da vontade do Espírito Governante, que faz com que certos corpos se mantenham juntos ou tendam uns para os outros, em conformidade com diferentes leis, ao passo que

any natural efficient cause, distinct from *mind* or *spirit*. Secondly, considering the whole creation is the workmanship of a *wise and good Agent,* it should seem to become philosophers to employ their thoughts (contrary to what some hold) about the final causes of things; and I must confess I see no reason why pointing out the various ends to which natural things are adapted, and for which they were originally with unspeakable wisdom contrived, should not be thought one good way of accounting for them, and altogether worthy of a philosopher. (Vol. I, p. 466) |

After this how can his disciples say *"that the true logic of physics is the first conclusion from his system!"*

As for that argument which is so much used by Berkeley and others, that such and such a thing cannot exist because we cannot so much as frame the idea of such a thing,—that matter, for example, is impossible because it is an abstract idea, and we have no abstract ideas,—it appears to us to be a mode of reasoning which is to be used with extreme caution. Are the facts such, that if we could have an idea of the thing in question, we should infer its existence, or are they not? If not, no argument is necessary against its existence, until something is found out to make us suspect it exists. But if we ought to infer that it exists, if we only could frame the idea of it, why should we allow our mental incapacity to prevent us from adopting the proposition which logic requires? If such arguments had prevailed in mathematics (and Berkeley was equally strenuous in advocating them there), and if everything about negative quantities, the square root of *minus,* and infinitesimals, had been excluded from the subject on the ground that we can form no idea of such things, the science would have been simplified no doubt, simplified by never advancing to the more difficult matters. A better rule for avoiding the deceits of language is this: Do things fulfil the same function practically? Then let them be signified by the same word. Do they not? Then let them be distinguished. If I have learned a formula in gibberish which in any way jogs my memory so as

mantém outros a uma distância fixa e a alguns ele dá a tendência inteiramente contrária para moverem-se separados, tal como julgar conveniente. ... Em primeiro lugar, é evidente que os filósofos perdem seu tempo em vão quando perguntam por uma causa eficiente natural, diferente de uma *mente* ou *espírito*. Em segundo lugar, considerando que toda a criação é obra de um *Agente sábio e bom*, parece que seria mais adequado que os filósofos ocupassem seu pensamento (ao contrário do que alguns sustentam) com as causas finais das coisas. E, devo confessar, não vejo razão pela qual não se deveria considerar uma boa maneira de explicar as coisas, nem completamente digna de um filósofo, a que mostrasse os vários fins aos quais as coisas naturais estão adaptadas e para os quais foram originalmente planejadas com indizível sabedoria (Volume I, p. 466)[xcvii]. **[483]**

Depois disso, como podem seus discípulos dizerem *"que a verdadeira lógica da física é a primeira conclusão de seu sistema!"*[xciii].

Quanto àquele argumento, tão usado por Berkeley e outros, de que tal e tal coisa não podem existir porque somos um tanto quanto incapazes de formar a ideia dessa coisa — que a matéria, por exemplo, é impossível porque é uma ideia abstrata, e não temos ideias abstratas —, parece-nos que se trata de um modo de raciocínio a ser usado com extrema cautela. São ou não são os fatos de tal modo que, se pudéssemos ter uma ideia da coisa em questão, deveríamos inferir sua existência? Se não são, nenhum argumento é necessário contra a existência da coisa, até descobrirmos algo que nos faça suspeitar de que ela exista. Contudo, se a nossa obrigação é inferir que ela existe, se fôssemos capazes unicamente de formar a ideia da coisa, por que então permitiríamos que a nossa incapacidade mental nos impedisse de adotar a proposição exigida pela lógica? Se esses argumentos tivessem prevalecido na matemática (e aqui também Berkeley os defendia muito energicamente), e se tudo a respeito das quantidades negativas, da raiz quadrada de *menos* e dos infinitesimais tivesse sido excluído do assunto, na base de que somos incapazes de formar qualquer ideia dessas coisas, a ciência

to enable me in each single case to act as though I had a general idea, what possible utility is there in distinguishing between such a gibberish and formula and an idea? Why use the term *a general idea* in such a sense as to separate things which, for all experiential purposes, are the same?

The great inconsistency of the Berkeleyan theory, which prevents his nominalistic principles from appearing in their true colors, is that he has not treated mind and matter in the same way. All that he has said against the existence of matter might be said against the existence of mind; and the only thing which prevented his seeing that, was the vagueness of the Lockian *reflection,* or faculty of internal perception. It was not until after he had published his systematic exposition of his doctrine, that this objection ever occurred to him. He alludes to it in one of his dialogues, but his answer to it is very lame. Hume seized upon this point, and, developing it, equally denied the existence of mind and matter, maintaining that only appearances exist. Hume's philosophy is nothing but Berkeley's, with this change made in it, and written by a mind of a more sceptical tend- | -ency. The innocent bishop generated Hume; and as no one disputes that Hume gave rise to all modern philosophy of every kind, Berkeley ought to have a far more important place in the history of philosophy than has usually been assigned to him. His doctrine was the half-way station, or necessary resting-place between Locke's and Hume's.

teria sido simplificada, não há dúvida, simplificada por nunca avançar às questões mais difíceis.

A fim de evitar falácias linguísticas, uma melhor regra é a seguinte: as coisas cumprem a mesma função praticamente? Então, que sejam significadas pela mesma palavra. Não cumprem? Então, que sejam diferenciadas. Se aprendi uma fórmula com algum joguinho de memorização que, de alguma maneira, estimula a minha memória e me faz capaz de agir em cada caso particular como se eu tivesse uma ideia geral, qual utilidade possível haveria em distinguir entre o joguinho dessa fórmula e uma ideia? Por que usar o termo *uma ideia geral* no sentido de separar coisas que, para todos os propósitos empíricos, são as mesmas?

Na teoria de Berkeley, há uma grande inconsistência que não deixa seus princípios nominalistas aparecerem nas suas cores verdadeiras, a saber, ele não tratou a mente e a matéria da mesma maneira. Tudo o que afirmou contra a existência da matéria poderia ser afirmado contra a existência da mente, e a única coisa que o impedia de ver isso era a vagueza do conceito lockeano de *reflexão*, ou faculdade de percepção interna. Essa objeção só lhe ocorreu após a publicação da exposição sistemática de sua doutrina. Berkeley alude à objeção em um de seus diálogos, mas a sua réplica é por demais insatisfatória. Apoderando-se desse ponto, Hume o desenvolveu e igualmente negou a existência da mente e da matéria, sustentando que somente a aparência existe. A filosofia de Hume em nada difere da de Berkeley, com essa única mudança e escrita por uma mente de tendência mais [484] cética. O inocente bispo gerou Hume e, como ninguém discute que Hume ensejou todas as variantes de toda a filosofia moderna, Berkeley deve necessariamente ter um lugar muito mais importante na história da filosofia do que geralmente lhe é atribuído. Sua doutrina foi a estação intermediária, ou o necessário lugar de descanso entre a de Locke e a de Hume.

Hume's greatness consists in the fact that he was the man who had the courage to carry out his principles to their utmost consequences, without regard to the character of the conclusions he reached. But neither he nor any other one has set forth nominalism in an absolutely thoroughgoing manner; and it is safe to say that no one ever will, unless it be to reduce it to absurdity.

We ought to say one word about Berkeley's theory of vision. It was undoubtedly an extraordinary piece of reasoning, and might have served for the basis of the modern science. Historically it has not had that fortune, because the modern science has been chiefly created in Germany, where Berkeley is little known and greatly misunderstood. We may fairly say that Berkeley taught the English some of the most essential principles of that hypothesis of sight which is now getting to prevail, more than a century before they were known to the rest of the world. This is much; but what is claimed by some of his advocates is astounding. One writer says that Berkeley's theory has been accepted by the leaders of all schools of thought! Professor Fraser admits that it has attracted no attention in Germany, but thinks the German mind too *a priori* to like Berkeley's reasoning. But Helmholtz, who has done more than any other man to bring the empiricist theory into favor, says: "Our knowledge of the phenomena of vision is not so complete as to allow only one theory and exclude every other. It seems to me that the choice which diferente *savans* make between different theories of vision has thus far been governed more by their metaphysical inclinations than by any constraining power which the facts have had". The best authorities, however, prefer the empiricist hypothesis; the fundamental proposition of which, as it is of Berkeley's, is that the sensations which we have in seeing are signs of the relations of things whose interpretation has to be discovered inductively. In the enumeration of the signs and of their uses, Berkeley shows considerable power in that sort of investigation, though there is naturally no very close resemblance between his and the modern accounts of the matter. There is no modern physiologist who would

A grandeza de Hume está no fato de ele ter sido o homem com a coragem de levar os seus princípios às últimas consequências, sem se importar com a natureza das conclusões alcançadas. Mas nem ele nem qualquer outro expôs o nominalismo de maneira absolutamente cabal, e é possível dizer seguramente que ninguém jamais o fará, a menos que seja reduzido a um absurdo.

Temos de dizer uma palavra a respeito da teoria da visão de Berkeley, a qual, sem sombra de dúvidas, significou um extraordinário exemplo de raciocínio e poderia ter servido de base para a ciência moderna. Historicamente, a doutrina não teve essa sorte, porque a ciência moderna foi criada principalmente na Alemanha, onde Berkeley é pouco conhecido e muito mal entendido. Podemos, com justiça, dizer que, mais de um século antes de serem conhecidos pelo resto do mundo, Berkeley ensinou aos ingleses alguns dos princípios mais essenciais dessa hipótese da visão que agora está começando a prevalecer. Isso é muito, mas o que alguns de seus defensores alegam é estarrecedor. Um escritor declara que a teoria de Berkeley foi aceita pelos líderes de todas as escolas de pensamento! O professor Fraser admite que ela não atraiu atenção alguma na Alemanha, mas acha a mentalidade alemã deveras *a priori* para gostar dos raciocínios de Berkeley. Mas Helmholtz, que fez mais do que qualquer outro homem para favorecer a teoria empirista, diz: "nosso conhecimento dos fenômenos da visão não é completo o bastante para permitir somente uma teoria e excluir todas as outras. Parece-me que a escolha que os diferentes *savans* [especialistas] fazem entre diferentes teorias da visão foi governada até agora mais por suas inclinações metafísicas do que por alguma força imposta pelos fatos"[xcix]. As melhores autoridades, contudo, preferem a hipótese empirista. Sua proposição fundamental, como a de Berkeley, é que as sensações que temos na vista são signos das relações das coisas, cuja interpretação tem de ser descoberta indutivamente. Na enumeração dos signos e de seus usos, Berkeley demonstra força considerável nesse tipo de investigação, embora naturalmente não haja nenhuma semelhança muito próxima entre

not think that Berkeley had greatly exaggerated the part that the muscular sense plays in vision. |

Berkeley's theory of vision was an important step in the development of the associationalist psychology. He thought all our conceptions of body and of space were simply reproductions in the imagination of sensations of touch (including the muscular sense). This, if it were true, would be a most surprising case of mental chemistry, that is of a sensation being felt and yet so mixed with others that we cannot by an act of simple attention recognize it. Doubtless this theory had its influence in the production of Hartley's system.

Hume's phenomenalism and Hartley's associationalism were put forth almost contemporaneously about 1750. They contain the fundamental positions of the current English "positivism." From 1750 down to 1830—eighty years—nothing of particular importance was added to the nominalistic doctrine. At the beginning of this period Hume's was toning down his earlier radicalism, and Smith's theory of Moral Sentiments appeared. Later came Priestley's materialism, but there was nothing new in that; and just at the end of the period, Brown's *Lectures on the Human Mind.* The great body of the philosophy of those eighty years is of the Scotch common-sense school. It is a weak sort of realistic reaction, for which there is no adequate explanation within the sphere of the history of philosophy. It would be curious to inquire whether anything in the history of society could account for it. In 1829 appeared James Mill's *Analysis of the Human Mind,* a really great nominalistic book again. This was followed by Stuart Mill's *Logic* in 1843. Since then, the school has produced nothing of the first importance; and it will very likely lose its distinctive character now for a time, by being merged in an empiricism of a less metaphysical and more working kind. Already in Stuart Mill the nominalism is less salient than in the classical writers; though it is quite unmistakable.

a sua explicação e as explicações modernas da questão. Não há fisiólogo moderno que não pense que Berkeley exagerou grandemente a função dos sentidos musculares na visão. [485]

A teoria da visão de Berkeley foi um passo importante no desenvolvimento da psicologia associacionista. Ele pensava que todas as nossas concepções de corpo e de espaço seriam simplesmente reproduções na imaginação de sensações de toque (inclusive o sentido muscular). Se isso fosse verdade, seria dos mais surpreendentes casos de química mental, isto é, de uma sensação ser sentida e, no entanto, estar tão misturada com outras que não conseguimos reconhecê-la por um ato de simples atenção. Não há dúvida de que essa sua teoria teve influência na produção do sistema de Hartley.

O fenomenalismo de Hume e o associacionismo de Hartley foram publicados quase contemporaneamente por volta de 1750. Essas teorias contêm as posições fundamentais do atual "positivismo" inglês. De 1750 até 1830 — oitenta anos — nada particularmente importante foi acrescentado à doutrina nominalista. No começo desse período, Hume começava a atenuar seu radicalismo de juventude e a teoria dos Sentimentos Morais de Smith[c] veio à luz. Mais tarde, veio o materialismo de Priestley[ci], mas sem apresentar nenhuma novidade, bem como as *Lectures on the Human Mind [Palestras sobre a mente humana]*, de Brown, já para o fim desse período. A presença mais sólida da filosofia desse período é a da escola escocesa do senso comum. É uma reação realista de tipo fraco, para o qual não há explicação adequada no âmbito da história da filosofia. Seria curioso inquirir se haveria alguma coisa na história da sociedade capaz de explicá-la. Em 1829, veio à luz o *Analysis of the Human Mind [Análise da mente humana]*, de James Mill, novamente um grande livro nominalista. A ele, seguiu-se *Lógica*, de Stuart Mill, em 1843. Desde então, essa escola nada produziu de primeira importância e agora muito provavelmente perderá por um tempo o seu caráter distintivo, fundindo-se em um empirismo de espécie menos metafísica e mais funcional. Já em Stuart Mill, o nominalismo já é menos saliente do que nos escritores clássicos, embora totalmente inequívoco.

Thus we see how large a part of the metaphysical ideas of to-day have come to us by inheritance from very early times, Berkeley being one of the intellectual ancestors whose labors did as much as any one's to enhance the value of the bequest. The realistic philosophy of the last century has now lost all its popularity, except with the most conservative minds. And science as well as philosophy is nominalistic. The doctrine of the correlation of forces, the discoveries of Helmholtz, and the hypotheses of Liebig and of Darwin, have all that character of explaining familiar phenomena apparently of a peculiar kind by extending the operation of simple mechanical principles, which belongs to nominalism. Or if the nominalistic character of these doctrines themselves cannot be detected, it will at least be | admitted that they are observed to carry along with them those daughters of nominalism,—sensationalism, phenomenalism, individualism, and materialism. That physical science is necessarily connected with doctrines of a debasing moral tendency will be believed by few. But if we hold that such an effect will not be produced by these doctrines on a mind which really understands them, we are accepting this belief, not on experience, which is rather against it, but on the strength of our general faith that what is really true it is good to believe and evil to reject. On the other hand, it is allowable to suppose that science has no essential affinity with the philosophical views with which it seems to be every year more associated. History cannot be held to exclude this supposition; and science as it exists is certainly much less nominalistic than the nominalists think it should be. Whewell represents it quite as well as Mill. Yet a man who enters into the scientific thought of the day and has not materialistic tendencies, is getting to be an impossibility. So long as there is a dispute between nominalism and realism, so long as the position we hold on the question is not determined by any proof *indisputable,* but is more or less a matter of inclination, a man as he gradually comes to feel the profound hostility of the two tendencies will, if he is not less than man, become engaged with one or other and can

Assim, vemos que uma grandíssima parte das ideias metafísicas atuais chegou a nós desde tempos muito antigos, sendo Berkeley um dos ancestrais intelectuais cujos trabalhos fizeram tanto quanto os de qualquer outra pessoa para aumentar o valor do legado. A filosofia realista do último século atualmente perdeu toda a sua popularidade, exceto com as mentes mais conservadoras. E a ciência, assim como a filosofia, é nominalista. A doutrina da correlação de forças, as descobertas de Helmholtz e as hipóteses de Liebig e de Darwin, todas apresentam essa característica peculiar ao nominalismo, isto é, buscam explicar fenômenos familiares que aparentemente são de uma espécie peculiar estendendo a operação de simples princípios mecânicos. Ou então, se a índole nominalista dessas mesmas doutrinas não puder ser detectada, que ao menos [486] se conceda que elas notoriamente levam consigo essas filhas do nominalismo — o sensacionismo, o fenomenalismo, o individualismo e o materialismo. Poucos acreditarão que a ciência física está necessariamente ligada a doutrinas de uma tendência moral degradante. Contudo, se sustentarmos que essas doutrinas não terão esse efeito sobre uma mente que realmente as entende, aceitaremos essa crença, não baseados na experiência, bastante contrária a ela, mas na força de nossa fé geral no fato de que é um bem acreditar no que é realmente verdadeiro e um mal enjeitá-lo. Por outro lado, é possível supor que a ciência não tem afinidade essencial com as visões filosóficas que, a cada ano, parecem ser cada vez mais associadas a ela. É impossível sustentar que a história exclui essa suposição, e a ciência, tal como existe, certamente é muito menos nominalista do que os nominalistas acham que deveria ser. Whewell representa isso tão bem quanto Mill. No entanto, é já quase uma impossibilidade um homem entrar no pensamento científico atual e não ter tendências materialistas. Enquanto houver uma disputa entre nominalismo e realismo, enquanto a posição que sustentamos a respeito da questão não for determinada por alguma prova *indisputável*, mas permanecer mais ou menos uma questão de inclinação, um homem — se não for menos que um homem e conforme aos poucos comece a sentir a profunda

no more obey both than he can serve God and Mammon. If the two impulses are neutralized within him, the result simply is that he is left without any great intellectual motive. There is, indeed, no reason to suppose the logical question is in its own nature unsusceptible of solution. But that path out of the difficulty lies through the thorniest mazes of a science as dry as mathematics. Now there is a demand for mathematics; it helps to build bridges and drive engines, and therefore it becomes somebody's business to study it severely. But to have a philosophy is a matter of luxury; the only use of that is to make us feel comfortable and easy. It is a study for leisure hours; and we want it supplied in an elegant, an agreeable, an interesting form. The law of natural selection, which is the precise analogue in another realm of the law of supply and demand, has the most immediate effect in fostering the other faculties of the understanding, for the men of mental power succeed in the struggle for life; but the faculty of philosophizing, except in the literary way, is not called for; and therefore a difficult question cannot be expected to reach solution until it takes some practical form. If anybody should have the good luck to find out the solution, nobody else would take the trouble to under- | -stand it. But though the question of realism and nominalism has its roots in the technicalities of logic, its branches reach about our life. The question whether the *genus homo* has any existence except as individuals, is the question whether there is anything of any more dignity, worth, and importance than individual happiness, individual aspirations, and individual life. Whether men really have anything in common, so that the *community* is to be considered as an end in itself, and if so, what the relative value of the two factors is, is the most fundamental practical question in regard to every public institution the constitution of which we have it in our power to influence.

hostilidade das duas tendências — envolver-se-á com uma ou outra tendência e não poderá seguir a ambas mais do que poderá servir a Deus e a Mamon. Se os dois impulsos são neutralizados dentro dele, o resultado será que ele simplesmente ficará sem qualquer grande motivo intelectual. De fato, não há razão para supor que, em sua própria natureza, a questão lógica não seja passível de solução. Mas a via para sair da dificuldade passa por entre os mais espinhosos labirintos de uma ciência tão árida quanto a matemática. Há uma demanda atual pela matemática. Ela ajuda a construir pontes e dirigir motores e, portanto, alguém acaba por tomar como tarefa estudá-la rigorosamente. Mas ter uma filosofia é uma questão de luxo cuja única utilidade é nos proporcionar a sensação de conforto e tranquilidade. A filosofia é um estudo para horas de lazer, queremos que seja dada de uma forma elegante, prazenteira e interessante. A lei da seleção natural, como o análogo preciso, em outro domínio, da lei da oferta e da demanda, tem o efeito mais imediato de fomentar as outras faculdades do entendimento, pois os homens de força mental são bem-sucedidos na luta pela vida. A faculdade de filosofar pode, todavia, ser dispensada, a não ser de maneira literária e, portanto, não se pode esperar que uma questão difícil seja resolvida até que ela tome alguma forma prática. Se alguém tivesse a boa sorte de encontrar a solução, ninguém mais teria o trabalho de [487] entendê-la. No entanto, embora a questão do realismo e do nominalismo tenha suas raízes nas tecnicidades da lógica, as suas ramificações chegam à beira da nossa vida. A questão de saber se o *genus homo* tem qualquer existência além daquela dos indivíduos é a de saber se há ou não qualquer coisa de maior dignidade, valor e importância do que a felicidade individual, as aspirações individuais e a vida individual. A questão prática mais fundamental, com a qual estão relacionadas todas as instituições públicas cuja constituição temos o poder de influenciar, é a seguinte: têm realmente os homens alguma coisa em comum, de modo que a *comunidade* venha a ser considerada como um fim em si mesmo? E, supondo-se que sim, qual é o valor relativo dos dois fatores?

On a New Class of Observations, suggested by the principles of Logic

MS 311: *Summer* 1877

It is usually admitted that there are two classes of mental representations, Immediate Representations or Sensations and Mediate Representations or Conceptions. The former are completely determinate or individual objects of thought; the latter are partially in determinate or general objects. Granting that both these classes of objects exist, the question of the principle of Individuation or of the respect in which the individual differs from the general becomes one of extreme difficulty. Duns Scotus after a masterly criticism of all the attempts at answering it, puts forward the theory that the distinction is a peculiar one without any general character, and therefore itself presenting this peculiar aspect of individuality. Occam denies that any general objects of thought exist, which implies that no objects of thought have any resemblances, differences, or relations of any kind. I on the other hand have undertaken to show that just the reverse of this is the case. That no object is individual but that the things the most concrete have still a certain amount of indeterminacy. Take, Phillip of Macedon for example. This object is logically divisible into Phillip drunk and Phillip saber; and so on; and you do not get down to anything completely determinate till you specify an indivisible instant of time, which is an ideal limit not attained in thought or in *re.*

It follows from this doctrine that we have no pure sensations, but only sensational elements of thought. Thus, the difference between *blue* and *red,* since it contains a sensational element, cannot be fully represented by any general description. As the sensational element is in this case very large, the failure

Sobre uma nova classe de observações, sugerida pelos princípios da lógica[cii]

Normalmente, admite-se a existência de duas classes de representações mentais, as Representações Imediatas, ou Sensações, e as Representações Mediadas, ou Concepções. As primeiras são completamente determinadas, ou objetos de pensamento individuais, ao passo que as últimas são parcialmente indeterminadas, ou objetos gerais. Aceitando que essas duas classes de objetos existem, torna-se extremamente difícil a questão do princípio de Individuação, ou do aspecto em que o individual difere do geral. Duns Scotus, após uma magistral crítica de todas as tentativas de respondê-la, propõe a teoria de que se trata de uma distinção peculiar, sem qualquer característica geral e, portanto, uma questão que apresenta esse aspecto peculiar de individualidade. Ockham nega a existência de quaisquer objetos gerais de pensamento, o que implica que não há quaisquer semelhanças, diferenças ou relações de qualquer espécie entre quaisquer objetos de pensamento. Eu, por outro lado, incumbi-me de mostrar que se trata justamente do caso inverso, ou seja, que nenhum objeto é individual, mas as coisas mais concretas ainda têm certa quantidade de indeterminação. Tome-se, por exemplo, Filipe da Macedônia. Esse objeto é logicamente divisível em Filipe bêbado e Filipe sóbrio, e assim por diante. E você não precisa chegar a nada de absolutamente determinado até que você especifique um instante indivisível de tempo, o que é um limite ideal não atingido em pensamento ou *in re*.

Dessa doutrina, segue-se que não temos sensações puras, mas unicamente elementos sensoriais de pensamento. Assim, a diferença entre *azul* e *vermelho*, já que contém um elemento sensorial, não pode ser inteiramente representada por qualquer descri-

of any attempt to describe the difference between *blue* & *red* in general terms is very striking. But, according to my theory of logic, since no pure sensations or individ- | -ual objects exist, it follows that there must be some relation between *blue* & *red* & some general respect in which they differ, & therefore a step can be made towards a general description of their difference and if that general description is unsatisfactory, as it must be, then another relation must exist between the two colors, & an addition based on it may be made to the general description, & so on *ad infinitum.*

Here, then, are two metaphysical theories; the ordinary one and mine. According to the former, there are ultimate sensations without any general relations between them; according to the latter, although the differences between different sensations can never be completely covered by a general description, yet we may make an indefinite progress toward such a result. Which is true? I have no need to make any special observations to determine that, any more than I would in a question of a Perpetual Motion. I rest upon general principles which are deduced by irrefragable reasoning, from facts so general as to be admitted by all the world. But, for those who cannot understand this reasoning, I point to some facts which are not far to seek.

Different sensations resemble one another. That is sufficiently patent, & there is already a relation between sensations which at once totally & irretrievably overthrows the ordinary theory. Different sensations also differ in intensity. There is another class of relations between them, irreconcileable with their individual character. But it is commonly said that of relations of *kind* between different elementary sensations there are none. What none? When our ordinary language classifies them according to their kinds into colors, sounds, tastes, smells, feelings? This is not commonly noticed, but it is commonly said (I mean by physicists) that there is no *meaning* in the comparison of the intensity of a red and green light. Here I have 74 pieces of

ção geral. Como, nesse caso, o elemento sensorial é muito grande, é muito surpreendente o fracasso de qualquer tentativa de descrever a diferença entre *azul* e *vermelho* em termos gerais. No entanto, de acordo com a minha teoria da lógica, uma vez que não existem sensações puras ou objetos individuais, [236] segue-se que necessariamente deve haver alguma relação entre *azul* e *vermelho* e algum aspecto geral em que difiram, e, portanto, um passo pode ser dado para uma descrição geral de sua diferença, e, se essa descrição geral for insatisfatória, como tem de ser, então outra relação deve existir entre as duas cores, e uma adição baseada nela pode ser feita para a descrição geral, e assim por diante *ad infinitum*.

Aqui, então, estão duas teorias metafísicas, a ordinária e a minha. De acordo com a primeira, há sensações últimas sem quaisquer relações gerais entre elas; de acordo com a última, embora as diferenças entre as diferentes sensações nunca possam ser completamente cobertas por uma descrição geral, no entanto, podemos fazer um progresso indefinido para esse resultado. Qual é a verdadeira? Não preciso fazer quaisquer observações específicas para determinar essa resposta, não mais do que eu faria em uma questão a respeito de um Movimento Perpétuo. Baseio-me em princípios gerais que são deduzidos, por raciocínio irrefragável, de fatos tão gerais que podem ser admitidos por todo o mundo. Para aqueles, porém, que não conseguem entender esse raciocínio, indico alguns fatos que podem ser buscados não muito longe.

Sensações diferentes se assemelham umas às outras. Isso é suficientemente patente, e já há uma relação entre as sensações que derruba total e irrecuperavelmente a teoria ordinária de um só golpe. Sensações diferentes também diferem em intensidade. Há outra classe de relações entre elas, irreconciliáveis com seu caráter individual. Mas é comum dizer que não há nenhuma relação de *espécie* entre sensações elementares diferentes. Como assim nenhuma? Quando nossa linguagem ordinária as classifica segundo suas espécies em cores, sons, gostos, odores, tatos[ciii]? Não é comum isso ser notado, mas é comum (refiro-me aos médicos) dizer que a com-

different coloured ribbons each one numbered upon which I have made frequent photometric experiments extending over a period of 12 months. Now / say that a red and green can be compared in intensity with a considerable degree of accuracy. On another occasion, when the figures are relevant, I will give them. They are not so now, because you can all see that that red is darker than that blue & that that blue is darker than that red. There is an uncertainty in the judgment, a probable error. But that probable error is only another fact, another numerically determinate relation between the two sensations. So with a light & a sound. They can also | be compared in intensity. Consider with equal attention the sound of a cannon or the appearance of a sixth magnitude star. Which is most intense? Can there be any doubt. Consider the light of the sun, & the sound of a falling pin. In the laws of these relations of intensity between different sensations there is an immense research, a branch of science. These are not the only relations between sensations but they are the most tangible and the natural starting point.

Here then is a whole world of observation, to which we have been systematically blind, simply because of a wrong metaphysical prejudice. One of the most accomplished men of science in the country went so far as to say to me the other day, that there was no reason to suppose that the sensations of calor of one person had *any resemblance* to those of another! Violently as this flies in the face of the principles of inductive reasoning, I was not surprized to hear it said, because as Aristotle says εἴτε φιλοσοφητέον φιλοσοφητέον εἴτε μὴ φιλοσοφητέον φιλοσοφητέον, πάντος δὲ φιλοσοφητέον. Whether we have an antimetaphysical metaphysics or a pro-metaphysical metaphysics, a metaphysics we are sure to have. And the less pains we take with it the more crudely metaphysical it will be.

paração da intensidade de uma luz vermelha e de uma verde não tem *significado*. Tenho aqui 74 peças de fitas de diferentes cores, cada uma delas numerada, sobre as quais fiz frequentes experimentos fotométricos durante um período de mais de 12 meses. Assim, *eu* digo que um vermelho e um verde podem ser comparados em intensidade com um grau considerável de exatidão. Em outra ocasião, quando as figuras forem relevantes, eu as darei. Elas não são relevantes agora, porque vocês todos podem ver que esse vermelho é mais escuro do que aquele azul e que esse azul é mais escuro do que aquele vermelho. Mas esse erro provável é apenas outro fato, outra relação numericamente determinada entre as duas sensações. Assim também se dá com uma luz e um som. Estes também podem [**237**] ser comparados em intensidade. Considere-se com igual atenção o som de um canhão ou a aparição de uma estrela de sexta magnitude. Qual é a mais intensa? Como se pudesse haver qualquer dúvida. Considere-se a luz do sol e o som de um alfinete que cai. Há uma imensa pesquisa, um ramo da ciência, sobre as leis dessas relações de intensidade entre sensações diferentes. Elas não são as únicas relações entre as sensações, mas são as mais tangíveis e o ponto de partida natural.

Aqui, então, há todo um mundo de observações, para o qual temos sido sistematicamente cegos, simplesmente por causa de um preconceito metafísico errôneo. Um dos mais preparados homens de ciência do país chegou ao ponto de me dizer, outro dia, que não havia razão para supor que as sensações de cor de uma pessoa tivessem *qualquer semelhança* com as de outra! Por mais violentamente que isso voe na cara dos princípios do raciocínio indutivo, eu não me surpreendi em ouvi-lo dizer, porque, como dizia Aristóteles, εἴτε φιλοσοφητέον φιλοσοφητέον εἴτε μὴ φιλοσοφητέον φιλοσοφητέον, πάντος δὲ φιλοσοφητέον[civ]. Se temos uma metafísica antimetafísica ou uma metafísica pró-metafísica, é seguro que tenhamos uma metafísica. E quanto menos nos importarmos com ela, tanto mais grosseiramente metafísica ela será.

Bibliografia de obras usadas por Peirce

Abelardo, Pedro. *Ouvrages Inédits d'Abélard pour servir a l'Histoire de la Philosophie scolastique en France.* Publiés par M. Victor Cousin. Paris: Imprimerie Royale, 1836.

Aldrich, Henry. *Artis logicae rudimenta,* from the text of Aldrich, with notes and marginal references by the Rev. H. L. Mansel. 4.th edition, corrected and enlarged. Oxford: Henry Hammans, Whittaker and Co. London, 1862.

Anselmo de Cantuária. *Monologium et Proslogium nec non liber pro insipiente cum libro apologetico.* Volume 1 de *Sancti Anselmi Cantuariensis opuscula philosophico-theologica selecta.* Edidit Carolus Haas, philosophiae doctor. Tubingae, in bibliopolio Lauppiano, 1863. Tradução consultada: Monológio. Tradução e notas de Angelo Ricci. São Paulo: Abril S. A. Cultural e Industrial, 1973, p. 07-99. (Coleção *Os Pensadores,* volume VII).

Aristóteles. *Aristoteles Graece.* Ex recensione Immanuelis Bekkeri. Edidit Academia Regia Borussica. Berolini: *apud* Georgium Reimerum, 1831. 5 vv. Traduções consultadas: 1. *Órganon.* Tradução, textos adicionais e notas Edson Bini. Bauru, SP: EDIPRO, 2005; 2. *De Anima.* Tradução, apresentação e notas Maria Cecília Gomes dos Reis. São Paulo: Editora 34, 2006; 3. *Protréptico. In: Fragmentos dos Diálogos e Obras Exortativas.* Tradução de textos e textos introdutórios António de Castro Caeiro. Revisão Científica: António Pedro Mesquita. Notas: António de Castro Caeiro, António Pedro Mesquita. Volume X das *Obras Completas de Aristóteles.* Coordenação de António Pedro Mesquita. Lisboa: Centro de Filosofia da Universidade de Lisboa; Imprensa Nacional – Casa da Moeda, 2014.

Beneke, Friedrich Eduard. *System der Logik als Kunstlehre des Denkens.* 2 vv. Berlim: Ferdinand Dümmler, 1842.

Berengário de Tours. *De sacra coena adversus Lanfrancum liber posterior.* A. F. und F. Th. Vischer hrsg. Berlim: Haude und Spener, 1834.

Berkeley, George. *The Works of George Berkeley.* Ed. by Alexander Bell Fraser. Oxford: Clarendon, 1871. 4 vv. Traduções consultadas: 1. *Obras filosóficas.* Tradução, apresentação e notas: Jaimir Conte. São Paulo: Editora Unesp, 2010; 2. *Ensaio para uma Nova teoria da Visão e A Teoria da Visão Confirmada e Explicada.* Tradução e apresentação de José Oscar de Almeida Marques. (Coleção Clássicos da Filosofia – Cadernos de Tradução). Campinas, SP: IFCH – UNICAMP, março de 2008 (revisão janeiro de 2010).

Boole, George. *An Investigation of the Laws of Thought, on which are founded the Mathematical Theories of Logic and Probabilities.* London: Walton and Maberly; Cambridge, UK: Macmillan and Co., 1854.

Brown, Thomas. *Lectures on the Philosophy of the Human Mind.* Andover, UK: Mark Newman, 1822.

Chauvin, Étienne. *Lexicon rationale sive thesaurus philosophicus.* 1. ed.: Roterdão: Petrus vander Slaart, 1692. 2. ed.: *Lexicon Philosophicum secundis curis Stephani Chauvini.* Leovardiae: excudit Franciscus Halma, Ordinum Frisiae Typographicus Ordinarius, 1713.

Descartes, René. *Oeuvres Choisies.* Édition nouvelle. Paris: Garnier Frères, 1865. Tradução consultada: *Regras para a Direção do Espírito.* tradução: João Gama. Lisboa: Edições 70, 1985.

De Morgan, Augustus. On the Syllogism No. IV and on the Logic of Relations. *Transactions of the Cambridge Philosophical Society,* v. X, parte II, Cambridge: Cambridge University Press, 1864, p. 331-358.

Duns Scotus, João. *Ordinatio (Opus Oxoniensis).* 12 vv. Editada por C. Balic *et al.* Città del Vaticano: Typis Polyglottis Vaticanis, 1950-2015.

Duns Scotus, João. *Opera Omnia.* Editio Lucae Waddingi. Lugduni (Lyon): Sumptibus L. Durand, 1639. 12 vv. Reimpressão (incluindo as obras espúrias): Hildesheim: Georg Olms Verlagsbuchhandlung, 1968.

Duns Scotus, João. *Opera Omnia.* Editio Nova juxta editionem Waddingi XII tomos continentem a patribus franciscanis de observantia accurate recognita. Parisiis: *apud* Ludovicum Vivès, bibliopolam editorem, 1891-1895. 26 vv. A *Editio Nova* de Vivès é uma reimpressão levemente revista da edição de Wadding. Reimpressão: Farnborough, UK: Gregg International Publishers, 1969.

Duns Scotus, João. *Oxoniense Scriptum in Librum Primum Sententiarum Magistri Petri Lombardi.* Ed.: Joannes ab Incarnatione. Conimbricae, 1609. Republicado na edição Vaticana, vv. XVI-XVII.

Duns Scotus, João. *Scriptum in quatuor libros Sententiarum.* Venetiis, J. de Colonia, c. 1477. 3vv. Republicado em: volume I (Opera philosophica) de Opera Omnia, editio 3 vv. a cura di G. Lauriola. Bari: Ed. AGA Alberobello, 1996-2001.

Duns Scotus, João. *Quaestiones subtilissimae Scoti in metaphysicam Aristotelis.* Veneza, 20 de novembro 1497. Republicado em Editio Nova (Vivès), v. 7. Traduções parciais consultadas: 1. John Duns Scot *et al. Seleção de Textos.* Tradução: Carlos Arthur Ribeiro do Nascimento. 1. ed. São Paulo: Abril S.A. Cultural e Industrial, 1973, p. 339-404. (Coleção *Os Pensadores,* volume VIII); 2. *Lectura* II, d. 3, p. 2, q. 2; e 3. *Ordinatio* II, d. 3, p. 2, q. 2, traduções gentilmente cedidas por Roberto H. Pich, não publicadas.

Durand de Saint Pourçain. *In Sententias Theologicas Petri Lombardi Comentariorum libri quartuor*. Lugdugni, *apud* Guglielmum Rovillium, sub scuto Veneto, 1587.

Hallam, Henry. *View of the State of Europe during the Middle Ages*. Reprint of the fourth edition. As revised and corrected. London: Alex Murray & Son, 1869. 1. ed.: 1818.

Hamilton, William S. *Lectures on Metaphysics and Logic*. Edited by the Rev. H. L. Mansel and John Veitch. Edinburgh and London: William Blackwood and sons, 1860. 4 vv.

Hamilton, William S. Additional notes to Reid's works, from Sir W. Hamilton's Manuscripts, under the editorship of H. L. Mansel. In: *The works of Thomas Reid*. Now fully collected with selections from its unpublished letters. Preface, Notes and supplementary Dissertations, by Sir William Hamilton. Edinburgh; London: Maclachlan & Stewart-Longman, Green, Longman, Roberts & Green, 1872.

Hartley, David. *Observations on Man, his Frame, his Duty, and his Expectations*. 4th edition. London: First printed in 1749. Reprinted for J. Johnson, 1801.

Hegel, Georg Wilhelm Friedrich. *Wissenschaft der Logik*. Volumes 3, 4 e 5 de: Werke: *Vollständige Ausgabe durch einen Verein von Freunden des Verewigten*. Herausgegeben von Philipp Marheineke et al. Berlin: Verlag von Duncker und Humblot, 1832-1840; 2ª ed., 1840-1844. 18 vv. Tradução consultada: *Ciência da Lógica 1: A Doutrina do Ser*. Tradução: Christian G. Iber, Marloren L. Miranda e Federico Orsini. Coordenador: Agemir Bavaresco. Colaboradores: Michela Bordignon, Tomás Farcic Menk, Danilo Costa e Karl-Heinz Efken. Petrópolis, RJ: Vozes; Bragança Paulista, SP: Editora Universitária São Francisco, 2016; *Ciência da Lógica 2: A Doutrina da Essência*. Tradução: Christian G. Iber e Federico Orsini. Coordenador: Agemir Bavaresco. Colaboradores: Marloren L. Miranda e Michela Bordignon. Revisor: Francisco Jozivan Guedes de Lima. Petrópolis, RJ: Vozes; Bragança Paulista, SP: Editora Universitária São Francisco, 2017; *Ciência da Lógica 3: A Doutrina do Conceito*. Tradução: Christian G. Iber e Federico Orsini. Coordenador: Agemir Bavaresco. Colaboradores: Marloren L. Miranda e Michela Bordignon. Revisor: Francisco Jozivan Guedes de Lima. Petrópolis: Vozes; Bragança Paulista: Editora Universitária São Francisco, 2018.

Helmholtz, Hermann Ludwig Ferdinand von. *Handbuch der physiologischen Optik*. Leipzig: Leopold Voss, 1867.

Herbart, Johann Friedrich. *Lehrbuch zur Einleitung in die Philosophie*. In: *Sämmtliche Werke*, Band 1. Herausgegeben von G. Hartenstein. Leipzig: Leopold Voss, 1850.

Hobbes, Thomas. *Leviathan, or Matter, Form, and Power of a Commonwealth, Ecclesiastical and Civil*. Volume 3 de *The English Works of Thomas Hobbes of Malmesbury*; now first collected and edited by Sir William Molesworth. London: John Bohn, 1839. Tradução consultada: *Leviatã ou Matéria, Forma e Poder de um Estado Eclesiástico e Civil*. Tradução: João Paulo Monteiro e Maria Bea-

triz Nizza da Silva. São Paulo: Abril S.A. Cultural e Industrial, 1974. (Coleção *Os Pensadores*, volume XIV).

Hobbes, Thomas. *Elements of Philosophy*. Volume 1 de *The English Works of Thomas Hobbes of Malmesbury*; now first collected and edited by Sir William Molesworth. London: John Bohn, 1839. Traduções consultadas: 1. *Do Corpo. Parte I: Computação ou Lógica*. Edição em latim e português. Tradução e notas: Maria Isabel Limongi, Vivianne de Castilho Moreira. Campinas: Editora da Unicamp, 2009; 2. *Elementos da Filosofia*. Tradução (do inglês): Marsely de Marco Martins Dantas. São Paulo: Ícone, 2012.

Hume, David. *An Enquiry concerning Human Understanding*. Volume 2 de *Essays and Treatises on Several Subjects*. New ed. London: Printed for T. Cadell et al. 1788. Tradução consultada: *Investigações sobre o entendimento humano e sobre os princípios da moral*. Tradução: José Oscar de Almeida Marques. São Paulo: Unesp, 2004.

Hume, David. *A Treatise of Human Nature*: Being and Attempt to Introduce the Experimental Method of Reasoning into Moral Subjects. New ed. 2 vols. London: Printed for Thomas and Joseph Allman, 1817. Tradução consultada: *Tratado da natureza humana*. Uma tentativa de introduzir o método experimental de raciocínio nos assuntos morais. Tradução: Déborah Danowski. Elaboração dos índices analítico e onomástico: Amadio de Jesus Gomes. 2. ed. revista e ampliada. São Paulo: Editora Unesp, 2000.

Kant, Immanuel. *Sämmtliche Werke*. 12 Teile in 14 Bänden. Herausgegeben von Karl Rosenkranz und Friedrich Wilhelm Schubert. Leipzig: Leopold Voss, 1838-1842. Traduções consultadas das seguintes obras: 1. *Forma e princípios do mundo sensível e do mundo inteligível* (Dissertação de 1770). Tradução: Paulo Licht dos Santos. In: I. Kant. *Escritos pré-críticos*. Tradução: Jair Barboza et al. São Paulo: Editora UNESP, 2005, p. 219-282; 2. *Crítica da Razão Pura*. Tradução e notas: Fernando Costa Mattos. Petrópolis: Vozes; Bragança Paulista: Editora Universitária São Francisco, 2012; 3. *Manual dos cursos de Lógica Geral*. Edição em alemão e português. Tradução, apresentação e guia de leitura: Fausto Castilho. 3. ed. Campinas: Editora da Unicamp, 2014. *Antropologia de um ponto de vista pragmático*. Tradução: Clélia Aparecida Martins. São Paulo: Iluminuras, 2006.

Leibniz, Gottfried Wilhelm. *Opera Philosophica quae exstant latina gallica germanica omnia*. Edita recognovit e temporum rationibus disposta pluribus ineditis auxit introductione critica atque indigibus instruxit Joannes Eduardus Erdmann. Pars prior. Berolini: Sumtibus G. Eichleri, 1840. Tradução consultada da seguinte obra: *Novos Ensaios sobre o Entendimento Humano pelo autor do Sistema da Harmonia Pré-estabelecida*. Tradução: Luiz João Baraúna. In: Gottfried Wilhelm Leibniz et al. *A Monadologia; Discurso de Metafísica e outras obras*. São Paulo: Abril S. A. Cultural e Industrial, 1974, p. 111-389. (Coleção *Os Pensadores*, volume XIX).

Libellus Sophistarum ad Usum Oxoniensium. London: Pynson, 1499-1500. Não foi possível identificar a edição exata desse manual consultada por Peirce, e mesmo os editores de **W** sequer o mencionam. Muito provavelmente, porém, ele conhecia tanto o manual de Oxford quanto o de Cambridge. A edição aqui citada do primeiro foi digitalizada pela biblioteca da Universidade de Regensburg e pode ser consultada por via do enlace: https://nbn-resolving.org/urn:nbn:de:bvb:355-ubr09385-1. Acesso em 20/01/2023.

Locke, John. *An Essay Concerning Human Understanding*; with Thoughts on the Conduct of the Understanding. 3vv. London: Printed for C. Bathurst et al., 1795. Tradução consultada: *Ensaio sobre o entendimento humano*. Tradução, apresentação e notas: Pedro Paulo Garrido Pimenta. Revisão técnica: Bento Prado. São Paulo: Martins Fontes, Selo Martins, 2012.

Mansel, Henry Longueville. *Prolegomena Logica: An Inquiry into the Psychological Character of Logical Processes*. 2. ed. Oxford: Henry Hammans, 1860.

McCosh, James. *The Intuitions of the Mind Inductively Investigated*. New York: Robert Carter and Brothers, 1860.

Mill, James. *Analysis of the Phenomena of the Human Mind*. A new edition with notes by Alexander Bain, Andrew Findlater, and George Grote; edited with additional notes by John Stuart Mill. London: Longmans Green Reader and Dyer, 1869. 2vv. 1. ed.: 1829.

Mill, John Stuart. *System of Logic, Ratiocinative and Inductive: Being a Connected View of the Principles of Evidence, and the Methods of Scientific Investigation*. 6th ed. London: Longmans, Green, and Co., 1865. 1. ed. 1843. 2vv. Tradução consultada: *Sistema de Lógica Dedutiva e Indutiva: Exposição dos princípios da prova e dos métodos de investigação científica* (seleção). Tradução: João Marcos Coelho. São Paulo: Abril S. A. Cultural e Industrial, 1974, p. 77-287. (Coleção Os Pensadores, volume XXXIV).

Newton, Isaac. *Philosophiae Naturalis Principia Mathematica*. 2 vv. Edited by Thomas Le Seur and Franciscus Jacquier. Glasgow: T. T. and J. Tegg, 1833. Tradução consultada: *Principia: Princípios Matemáticos de Filosofia Natural*. Livro I, tradução: Triete Ricci; Leonardo Gregory Brunet; Sônia Terezinha Gehring; Maria Helena Curcio Célia; livros II e III, tradução: André Koch Torres Assis; "O sistema do mundo", tradução: Fábio Duarte Joly. 2. ed. São Paulo: Editora da Universidade de São Paulo, 2016.

Ockham, Guilherme de. *Summa Logicae*. Paris: Johannes Higman, 1488. Tradução parcial consultada: William of Ockham *et al*. *Seleção de Textos*. Tradução: Carlos Lopes de Mattos. São Paulo: Abril S.A. Cultural e Industrial, 1973, p. 339-404. (Coleção *Os Pensadores*, volume VIII).

Paulus Venetus. *Sophismata aurea et perutilia*. Pavia: Nicolaus Girardengus, 1483.

Petrus Hispanus. *Summulae Logicales.* Veneza, 1597. Não foi possível identificar essa edição, indicada pelos editores de **W**. Escrito c. 1230, esse "sumário de lógica" conheceu inúmeras cópias e edições. A edição impressa mais antiga parece ter sido *Textus Summularum*, Alosti (Aalst), BE: Joannes de Westphalia & Theodoricus Martini, 1474. Há uma edição publicada em Veneza, mas em 1572, a cargo de Iohannes Versor, intitulada *Petri Hispani Summulae Logicales cum Versorii Parisiensis Clarissima expositione.* Venetiis: apud F. Sansovinum. Há outras edições mais recentes, do século XX. Ver Abranches 1952 e Meirinhos 2016. Os editores de **W** indicam que Peirce possuiu um exemplar de um compêndio reunindo escritos de Pedro Hispano e de Marsílio de Ingen (c. 1335 e 1340-1396), o qual seja: *Compendiarus parvorum logicalium continens perutiles Petri Hispani Tractatus priores sex & clarissimi philosophi Marsilij dialectices documenta.* Editado por Konrad Pschlacher. Viena: Vietor und Singriener, 1512.

Prantl, Karl von. *Geschichte der Logik im Abendlande.* Leipzig: S. Hirzel, 1855-1867. 3vv.

Priestley, Joseph. *A Free Discussion of the Doctrines of Materialism, and Philosophical Necessity.* London: Printed for J. Johnson, 1778.

Salisbúria. João de. *Ioannes Saresberiensis Metalogicus.* E codice Ms. Academiae Cantabrigiensis. Nunc primus editus. Parisiis: Apud Hadrianum Beys, 1610.

Smith, Adam. *The Theory of Moral Sentiments; or, An Essay towards an Analysis of the Principles by which Men naturally judge concerning the Conduct and Character, first of their Neighbours, and afterwards of themselves.* To which is added, *A Dissertation on the Origins of Languages.* New Edition. With biographical and critical Memoir of the Author, by Dugald Stewart. London: Henry G. Bohn, 1853. Tradução consultada: *A teoria dos sentimentos morais, ou Ensaio para uma análise dos princípios pelos quais os homens naturalmente julgam a conduta e o caráter, primeiro de seus próximos, depois de si mesmos.* Acrescida de uma *Dissertação sobre a origem das línguas*, de Adam Smith. Biografia crítica: Dugald Stewart. Tradução: Lya Luft. Revisão: Eunice Ostrensky. São Paulo: Martins Fontes, 1999.

Stewart, Dugald. *Elements of the Philosophy of the Human Mind. In: The Collected Works of Dugald Stewart*, volume 3. Edited by William Hamilton. Edinburgh: Thomas Constable and Co., 1854.

Swift, Jonathan. *Travels into several remote nations of the world, by Lemuel Gulliver.* Philadelphia: Porter & Coates, s.d. Tradução consultada: *Viagens de Gulliver.* Tradução: Octavio Mendes Cajado. Introdução de Rui Barbosa. Estudo introdutivo: Eugênio Gomes. Ilustrações: Thomas Morten. Rio de Janeiro: Ediouro Grupo Coquetel, 1992.

Notas da tradução

[i] Em inglês, neste artigo, Peirce grafa *prescision*. No entanto, no ano seguinte, ele mesmo alerta para o fato de que a grafia *prescission* deveria ser preferida por razões etimológicas (**W** 2: 94, nota 11). Mais raramente, ele também usou *precision*, ou mesmo "*precisive abstraction*", isto é, "abstração precisiva", para o mesmo conceito. Ver **CP** 2.428, 1893; **CP** 2.364, 1902; **EP** 2: 270, 1903. A edição brasileira do *Dicionário de Filosofia* de Nicola Abbagnano traz "prescindência" para traduzir o italiano "prescisione", tradução essa do inglês "precision" Cf. Abbagnano 2007, p. 925; Abbagnano 1971, p. 691. Em Portugal, António Machuco Rosa usou simplesmente "precisão", palavra correlata de "precision", pois são ambas vernaculares em seus respectivos idiomas, e traduziu "to prescind" por "prescindir". De minha parte, uma vez que "prescissão" me pareceu uma grafia muito artificial em língua portuguesa, usei "prescisão" para preservar o conceito, mesmo que essa palavra não exista no léxico, pois, de toda forma, nem todas as grafias excogitadas por Peirce fazem parte do léxico inglês. *Gradim Alves*: "prescisão". *McNabb*: "prescisión". *Criado e Romero*: "precisión". *Balat e Deledalle-Rhodes*: "préscission". *Bonfantini, Grassi e Grazia; Maddalena*: "prescissione".

Talvez ponderando sobre esse tipo de peculiaridade terminológica, os editores dos *Collected Papers* tenham inserido, em nota a esse ponto do texto, um excerto do verbete "Precision" escrito por Peirce para o *Dictionary of Philosophy and Psychology*, editado por James M. Baldwin. Traduzo, aqui, o verbete completo, constante em Baldwin 1901, p. 323-324:

"Precisão [lat. *praecisio*, pelo fr.]: al. *Präcision*; fr. *précision* (em todos os sentidos da palavra em inglês; mas, no sentido técnico de lógica, é obsoleto em francês); ital. *Precisione*. (1) Um alto grau de aproximação, atingível unicamente pela aplicação completa dos mais refinados métodos de ciência.
(2) Seu significado inicial, ainda mais ou menos usado pelos lógicos, é derivado de um significado dado a *praecisio* por Scotus e outros escolásticos: o ato de supor (seja com consciência da ficção ou não) algo a respeito de um único elemento de um percepto sobre o qual o pensamento se demora, sem prestar qualquer atenção aos outros elementos. A precisão implica mais do que a mera discriminação. Essa última relaciona-se apenas com a essência de um termo. Assim, posso, por um ato de discriminação, separar a cor da extensão, mas não posso fazer isso por *precisão*, já que não sou capaz de supor que, em qualquer universo possível, a cor (não a sensação de cor, mas a cor como uma qualidade de um objeto) exista sem a extensão. Assim é com a *triangularidade* e a *trilateralidade*. Por outro lado, a precisão implica muito menos do que a dissociação, visto que essa segunda, de fato, não é um termo de lógica, mas de psicologia. É duvidoso que uma pessoa que não seja desprovida do sentido da visão possa separar o espaço da cor por dissociação, ou, de toda forma, não sem grande

dificuldade. Contudo, essa pessoa pode e, de fato, assim o faz, [realizar essa separação] por *precisão*, se pensar que o vácuo não é colorido. Dá-se o mesmo, também, com o espaço e a tridimensionalidade.

Alguns escritores deram o nome de *precisão* a toda descrição de uma abstração, dividindo a precisão em real e mental, e, essa última, em negativa e positiva. Contudo, o melhor uso as chama de *abstração*, dividida em *real* e *intencional*, e, essa última, em *negativa* (em que imaginamos que a característica da qual a abstração é feita é *negável* ao sujeito prescindido) e *abstração precisiva* ou *precisão*, em que o sujeito prescindido é suposto (em algum estado hipotético de coisas) sem qualquer suposição — afirmativa ou negativa — relativa à característica abstraída. Daí o *brocardo*: *abstrahentium non est mendacium* [abstrair não é mentir] (geralmente enunciado em conexão com o De Anima, III, vii, 7 [431b24-432a2, trad. bras., p. 121]). Scotus (em II *Physic.*, *Expositio 20 textus* 18 [*Editio Nova* (Vivès), v. 2, p. 536]) declara: 'Et si aliquis dicat, quod Mathematici tunc faciunt mendacium: quia considerant ista, quasi essent abstracta a motu, et materia; quae tamen sunt coniuncta materiae. Respondet, quod non faciunt mendacium: quia Mathematicus non considerat, utrum id, de quo demonstrat suas passiones, sit coniunctum materiae, vel abstractum a materia [*E se alguém disser que os matemáticos então mentem porque consideram as coisas como se fossem abstraídas do movimento e da matéria, não obstante elas sejam juntas com as coisas materiais, responda-se que eles não mentem: porque o matemático não considera se isso, sobre o que ele demonstra o que se lhe acomete, está junto com a matéria ou é abstraído da matéria].* Mesmo que o assunto leve diretamente à questão do nominalismo e do realismo, aqui não é o lugar para tratar das muitas e interessantes discussões lógicas, bem como das psicológicas, que aconteceram a respeito da precisão, um dos assuntos que os escolásticos trataram de uma maneira comparativamente moderna. No entanto, podemos mencionar que Scotus, em muitos lugares, fez uma distinção — variegadamente denominada, por ele e por seus seguidores — disputada principalmente pelos tomistas (a natureza e aplicação dessa distinção talvez esteja mais clara do que em qualquer outro lugar na *Opus Oxon.*, III, xxii, qu. unica, 'Utrum Christus fuerit homo in triduo' [*se Cristo foi homem nos três dias*; *Editio Nova* (Vivès), v. 14, p. 754 *et seq.*], quer dizer, entre a crucificação e a ressurreição). Há alguma explicação dessa matéria em Chauvinus, *Lexicon* (2. ed.), sob "Praecisio".

Hamilton tem algumas observações sobre o uso das palavras *abstrato* e *prescindir*, as quais dificilmente poderiam vir de qualquer outro homem de igual erudição e capacidade, porque nenhum outro está sujeito a ficar tão completamente confuso por uma leve complicação. As observações são mencionadas aqui por terem levado alguns estudantes ao equívoco (*Lects. On Met.*, xxxv; *Lects. on Logic*, vii)".

[ii] Minha opção de tradução, neste ponto, baseia-se na ideia que será defendida no próximo artigo: não há concepção do absolutamente incognoscível porque o próprio ato de nomeá-lo já o traz para o domínio do simbólico, tornando-o, portanto, cognoscível, isto é, relacionando-o a outras cognições. O período original, no entanto,

não é de legibilidade patente, o que se mostra pelo desacordo entre as traduções. *Machuco Rosa*: "Assim as impressões [...] não podem ser compreendidas de modo definido negligenciando os conceitos elementares que as reduzem à unidade". *Gradim Alves*: "Donde as impressões [...] não podem ser claramente concebidas ou objecto de atenção, negligenciando um conceito elementar que as reduz à unidade". *McNabb*: "Por tanto, no pueden concebirse las impresiones [...] ni se puede atender a ellas de manera definitiva sin que haya un concepto elemental que las reduzca a unidad". *Criado*: "De donde se deduce que las impresiones [...] no pueden ni ser concebidas ni objeto de atención sin el concurso de um concepto elemental que las reduzca a la unidad". *Romero*: "De aquí que las impresiones [...] no pueden ser definitivamente concebidas o atendidas, para descuidar una concepción elemental que las reduce a la unidad". *Balat e Deledalle-Rhodes*: "L'on ne peut dès lors ni concevoir les impressions [...] ni leur prêter attention de façon définie en négligeant une conception élémentaire que les réduit à l'unité". *Bonfantini, Grassi e Grazia*: "Per conseguenza, non si possono concepire in modo definito le impressioni [...], o non si può prestare a esse attenzione, senza un concetto elementare che le riduca a unità". *Maddalena*: "Non si possono, quindi, concepire compiutamente le impressioni [...] né vi si può prestare attenzione senza che un concetto elementare le riduca a unità".

[iii] Em outra nota de 1868, Peirce acrescentou a esse ponto: "É possível duvidar se foi filosófico basear essa questão sobre a psicologia empírica. A questão é extremamente difícil". Ver **W** 2: 94, nota 12.

[iv] O *De generibus et speciebus* foi atribuído a Abelardo por Victor Cousin, mas essa atribuição não deixou de ser disputada já naquela época. Sinal disso é como Peirce, por vezes, remete ao autor sem nomeá-lo. Atualmente, esse tratado é atribuído a Pseudo-Juscelino, quer dizer, considera-se incerto se foi escrito por outro autor ou por Juscelino de Soisson (morto em 24/10/1152), considerado o principal adversário teórico de Abelardo. Ver King 2014.

[v] O verbo composto "to stand for", usualmente traduzido por representar, tem sentido mais definido de substituir, ficar no lugar de algo ou alguém por tempo determinado, o que talvez equivalha a apresentar esse algo ou alguém uma nova vez, se considerarmos a etimologia de representar. Além disso, no contexto, o verbo é usado para elucidar o próprio conceito de representação simbólica. Usar "representar", aqui, apagaria essa sutileza, além de me parecer redundar em tautologia. Por isso, busquei manter a tradução composta ou semântica, aqui e em outros contextos. *Machuco Rosa*: "Um outro exemplo. Pensemos num assassino como encontrando-se em uma certa relação com uma pessoa assassinada; concebemos então o acto de assassinar, e nessa concepção está representado que correspondendo a cada assassino (assim como a cada assassínio) existe uma pessoa assassinada; também aqui recorremos a uma representação mediadora que representa o relato como estando em relação com um correlato, e com o qual a representação mediadora está ela própria em relação". *Gradim Alves*: "Novamente, suponhamos que pensamos num assassino como estando em relação com uma pessoa assassinada; neste caso concebemos o acto do assassínio, e nesta concepção é representado que

correspondendo a todo o assassino (bem como a todo o assassínio) existe uma pessoa assassinada; e assim recorremos novamente a uma representação mediadora que representa o relacionado como estando por um correlato com o qual a representação mediadora está ela própria em relação". *McNabb*: "Para usar otro ejemplo, supongamos que pensamos en un asesino como estando em relación con una persona asesinada; en este caso, concebimos el acto del asesinato, y lo que está representado en este concepto es que, correspondiendo a todo asesino (así como a todo asesinato), hay una persona asesinada; y así acudimos de nuevo a uma representación mediadora que representa al relato como estando en lugar de un correlato, con el que la representación mediadora misma está en relación". *Criado*: "Supongamos ahora que pensamos en un asesino como alguien que está en relación con una persona asesinada; en este caso, estamos pensando en el acto del asesinato y en este concepto está representado el que a todo asesino (como a todo asesinato) corresponde una persona asesinada, con lo que volvemos de nuevo a una representación mediadora que representa al relato como algo que está por un correlato con el que a su vez dicha representación se halla en relación". *Romero*: "Más todavía, supongamos que pensamos que un asesino está en relación con una persona asesinada; en este caso, concebimos el acto del asesinato, y en esta concepción está representado que en correspondencia a cada asesino (así como a cada asesinato) hay una persona asesinada, y así pasamos de nuevo a una representación mediadora que representa al relativo como estando frente a un correlativo, con el cual también está en relación la representación mediadora". *Balat e Deledalle-Rhodes*: "Supposons encore que nous pensions à un assassin dans sa relation à une personne assassinée ; nous concevons dans ce cas l'acte d'assassinat, et ce qui est représenté dans cette conception est le fait qu'à tout assassin (de même qu'à tout assassinat) correspond une personne assassinée; ainsi nous avons à nouveau recours à une représentation médiatrice qui représente le relat comme tenant lieu d'un corrélat avec lequel la représentation médiatrice se trouve elle-même en relation". *Bonfantini, Grassi e Grazia*: "Altro esempio: supponiamo di pensare un assassino in rapporto a una persona assassinata; in tal modo veniamo a concepire l'azione dell'assassinio; e in questo concetto viene rappresentato che in corrispondenza di ogni assassino (come di ogni assassinio) c'è una persona assassinata; e anche qui ricorriamo dunque a una rappresentazione mediatrice che rappresenta il relato come rinviante a un correlato con il quale la rappresentazione mediatrice è essa stessa in rapporto". *Maddalena*: "Si immagini ancora di pensare all'assassino in relazione all'assassinato; così concepiamo l'atto dell'assassinio e in questo concetto viene rappresentata la relazione tra un assassino (o un assassinio) e la presenza di un assassinato; così ricorriamo ancora una volta a una rappresentazione mediatrice, che rappresenta il relato in quanto sta per un correlato, con il quale la rappresentazione mediatrice è in relazione a sua volta".

[vi] Termo há muito registrado no VOLP, segundo o *Grande Dicionário Houaiss*, "self" significa: "1. sentimento difuso da unidade da personalidade (suas atitudes e predisposições de comportamento); 2. indivíduo, tal como se revela e se conhece, representado em sua própria consciência". Essas acepções parecem recobrir perfeitamente o sentido

do termo tal como Peirce o emprega, aqui e nos outros artigos. Preferi, então, manter a palavra original, evitando igualá-la aos pronomes retos ou oblíquos. Para o plural, usei *selves*, como em inglês e sempre em itálico. Não encontrei a mesma orientação nas demais traduções consultadas. *Machuco Rosa*: "eu". *Gradim Alves*: "si próprio". *McNabb*; *Criado*: "yo". *Romero*: "el mismo". *Balat e Deledalle-Rhodes*: "moi" ou "soi(-même)", a depender do contexto. *Bonfantini, Grassi e Grazia*: "stesso". *Maddalena*: "io".

[vii] Aqui, não se trata exatamente de coincidir no mesmo sentido que o mencionado anteriormente no parágrafo 12, mas no de coincidência como "comunidade na posse de uma qualidade", conforme definido logo adiante. Sobre a tradução de "concurrence", ver nota x infra. *Machuco Rosa*; *Gradim Alves*: "concorrência". *McNabb*; *Criado*; *Romero*: "concurrencia". *Balat e Deledalle-Rhodes*: "concordance". *Bonfantini, Grassi e Grazia*; *Maddalena*: "concorrenza"

[viii] Optei pela tradução mais literal, o que nem sempre outros tradutores fizeram. *Machuco Rosa*: "as condições formais da força dos símbolos, ou o seu poder em convencer a mente". *Gradim Alves*: "condições formais da força dos símbolos, ou do seu poder de apelar a uma mente". *McNabb*: "condiciones formales de la fuerza de los símbolos, o su poder de atraer a una mente". *Criado*: "condiciones formales de la fuerza de los símbolos, o de su capacidad de apelar a la mente". *Romero*: "condiciones formales de la fuerza de los símbolos o su poder de apelar a una mente". *Balat e Deledalle-Rhodes*: "conditions formelles de la force des symboles, ou encore de leur pouvoir d'en appeler à un esprit". *Bonfantini, Grassi e Grazia*: "condizioni formali del valore dei simboli, ovvero del loro potere di fare appello a una mente". *Maddalena*: "condizioni formali della forza dei simboli, della loro capacità di riferirsi a una mente".

[ix] A expressão "oratio indicativa" é encontrada nos dois manuais de lógica ingleses que, na aurora da modernidade, compilaram os tratados manuscritos medievais, muitos dos quais atualmente são considerados perdidos. Intitulados *Libellus sophistarum ad usum cantabrigiensium* e *Libellus sophistarum ad usum oxoniensium*, esses manuais destinavam-se aos alunos de Cambridge e de Oxford, respectivamente, e foram os primeiros manuais de lógica impressos de que se tem notícia, com várias reimpressões ao longo de anos. Segundo Ashworth 1979, os textos são, em parte, idênticos. Ambos trazem a definição citada por Peirce. No manual de Oxford, por exemplo, ela aparece no *incipit* assim: "Propositio est oratio indicativa, congrua et perfecta, verum vel falsum significans", isto é, "a proposição é uma oração indicativa, una e perfeita, que significa o verdadeiro e o falso" (*Libellus sophistarum ad usum oxoniensium*, 1499-1500, p. V).

[x] "On the natural classification of arguments", apresentado à AMACAD em 9 de abril de 1867 e publicado nos seus *Proceedings* n. 7, 1868; republicado em *W* 2: 23-48. A distinção que Peirce tem em mente, aqui, parece ser aquela, comum na filosofia moderna, entre proposições — ou juízos, segundo a terminologia psicologista que Peirce critica — analíticas e sintéticas. Proposições analíticas são aquelas definidas pela ausência de contradição entre os termos sujeito e predicado, de modo que um é capaz de incluir o outro. Daí que possam ser chamadas proposições de coinci-

dência, ou seja, os termos coincidem, isto é, não significam ou denotam nada de diferente. Assim, *p é q* seria equivalente a *p é o mesmo que q*, ou *p coincide com q*. Proposições sintéticas, por outro lado, admitem a inconsistência entre os termos sujeito e predicado, de modo que um não está contido no outro, ou seja, os termos não coincidem. Talvez por isso, Peirce use "proposições de oposição", o que remete ao quadrado lógico tradicional. Isso esclarece os usos anteriores do mesmo termo neste escrito; em outros, não consegui localizar a mesma expressão. Apesar de "concorrência", em português, admitir o sentido de comparecimento simultâneo no mesmo lugar, preferi o termo "coincidência", por remeter a Leibniz exatamente no tocante à problemática mencionada. Ver Malink e Vasudevan 2019.

[xi] "Upon logical comprehension and extension", apresentado à AMACAD em 13 de novembro de 1867 e publicado nos seus *Proceedings* n. 7, 1868. Republicado em **W** 2: 70-86.

[xii] Em inglês, "actual" é sinônimo de real, mas com uma distinção sutil e importante: "actual" remete à existência de fato, e não apenas potencial, quer dizer, à existência efetiva ou concretamente objetiva, aqui e agora, ao passo que real pode ser caracterizado como uma confirmação da verdade, mesmo que apenas virtualmente. Por isso, é difícil traduzir "actual" sempre da mesma maneira, já que, em língua inglesa, esse termo só indiretamente assume a acepção de atualidade temporal, mais corrente em língua portuguesa. *Teixeira Coelho*: "a discrepância entre os fatos reais e as declarações de uma testemunha inteligente". *Mora D'Oliveira*: "a discrepância entre os fatos reais e o depoimento de uma testemunha inteligente". *McNabb*: "la discrepancia entre los hechos reales y lo que afirma um testigo inteligente". *Alcalde e Prelooker*: "la discrepancia entre los hechos reales y la declaración de un testigo inteligente". *Ruiz*: "la discrepancia entre los hechos reales y la declaración de un testigo inteligente". *Balat e Deledalle-Rhodes*: "l'écart qu'il y a entre les actions qu'il a effectivement exécutées et les affirmations d'un témoin inteligente". *Tiercelin e Thibaud*: "l'écart entre les faits réels et le récit qu'en donne un témoin intelligent". *Maddalena*: "discrepanza tra i fatti reali (*actual*) e le affermazioni di un testimone inteligente".

[xiii] Segundo os editores de **W**, provavelmente trata-se de J. M. MacAllister, pseudônimo artístico de John Mawer (1837-1899), um mágico inglês que obteve algum sucesso nos EUA.

[xiv] Tentei exprimir, aqui, a ideia diretamente veiculada em inglês por "each", "every" e "all", isto é, a distinção entre cada ponto nervoso individualmente considerado, todos eles como partes singulares de um conjunto e o conjunto total, respectivamente. *Teixeira Coelho*: "Pois a excitação de cada uma produz alguma impressão (conforme as analogias do sistema nervoso) e, por conseguinte, a soma dessas impressões é uma condição necessária de toda percepção produzida pela excitação de cada um". *McNabb*: "Puesto que la excitación de cada uno produce alguna impresión (según las analogías del sistema nervioso), por tanto, la suma de essas impresiones es condición necesaria para cualquier percepción producida por la excitación de

Escritos da Série Cognitiva   345

todos; o, em otras palabras, una percepción producida por la excitación de todos está determinada por las impresiones mentales producidas por la excitación de cada uno". *Alcalde e Prelooker*: "Pues la excitación de cada uno de los puntos produce uma cierta impresión (de acuerdo con las analogías del sistema nervioso) y, en consecuencia, la suma de tales impresiones resulta una condición necesaria de cualquier percepción producida por la excitación de todos los puntos; en otros términos, una percepción producida por la excitación de todos estos puntos queda determinada por las impresiones mentales originadas por la excitación de cada uno". *Ruiz*: "Pues la excitación de cada una produce cierta impresión (según las analogías del sistema nervioso), y por tanto, la suma de estas impresiones es una condición necesaria de cualquier percepción producida por la excitación de todas [las terminaciones]; o, en otros términos, una percepción producida por la excitación de todas [las terminaciones] está determinada por las impresiones mentales producidas por la excitación de cada una". *Balat e Deledalle-Rhodes*: "Si l'excitation d'aucune de ces terminaisons nerveuses ne peut donner immédiatement l'impression d'espace, l'excitation de toutes ne le peut pas non plus. Car selon les analogies du système nerveux, l'excitation de chacune produit quelque impression, par conséquent, la somme de toutes ces impressions est une condition nécessaire de toute perception produite par l'excitation de toutes; ou, en d'autres termes, une perception produite par l'excitation de toutes est déterminée par les impressions mentales produites par l'excitation de chacune". *Tiercelin e Thibaud*: "Si l'excitation d'aucune de ces terminaisons nerveuses ne peut véhiculer immédiatement l'impression d'espace, l'excitation de toutes ne le peut davantage. Car l'excitation de chacune d'elles produit une impression (conformément aux analogies du système nerveux); en conséquence, la somme de ces impressions est une condition nécessaire de n'importe quelle perception produite par l'excitation de toutes; en d'autres termes, une perception produite par l'excitation de toutes est déterminée par les impressions mentales produites par l'excitation de chacune". *Maddalena*: "Se l'impressione dello spazio non può essere realizzata da nessuno dei singoli punti nervosi, tanto meno può essere realizzata da tutti i punti messi insieme. Infatti, l'eccitazione di ciascuno produce qualche impressione (secondo l'analogia con il sistema nervoso) e dunque la somma di queste impressioni è una condizione necessaria di ogni eccitazione prodotta dall'eccitazione di tutti; in altre parole, una percezione prodotta dall'eccitazione di tutti è determinata dalle impressioni mentali prodotte dall'eccitazione di ciascun punto".

[xv] A respeito da tradução de "actualization of fact", ver nota xii, acima. A seguir, registro as soluções das traduções consultadas. *Teixeira Coelho*: "concreção do fato". *Mora D'Oliveira*: "atualização do fato". *McNabb*: "actualización de un hecho". *Alcalde e Prelooker*: "materialización del hecho". *Ruiz*: "la realización de un hecho". *Balat e Deledalle-Rhodes*: "actualisation de faits". *Tiercelin e Thibaud*: "actualisation du fait". *Maddalena*: "attualizzazione di un fatto".

[xvi] O trecho destacado quer dizer que a necessidade da conclusão depende da necessidade a ela conferida pelas premissas — *nem mais nem menos*. No artigo seguinte, Peirce retoma essa ideia com a metáfora da corda cuja força vem da união das fibras,

346   Charles Sanders Peirce

ainda que cada uma delas seja muito fina. Talvez pela sintaxe um tanto esdrúxula, nem todas as traduções, todavia, apresentam a mesma compreensão. *Teixeira Coelho*: "Uma conclusão não pode ser mais certa do que algum dos fatos cujo suporte é verdadeiro, mas ela pode facilmente ser mais certa do que qualquer um daqueles fatos". *Mora D'Oliveira*: "É verdadeiro que uma conclusão não pode ser mais certa que algum dos fatos que a sustentam, mas pode ser facilmente mais certa que qualquer um desses fatos". *McNabb*: "Una conclusión no puede ser más cierta que el que algunos de los hechos que la apoyan sea verdadero, pero puede fácilmente ser más cierta que uno cualquiera de esos hechos". *Alcalde e Prelooker*: "Uma conclusión no puede ser más válida que algunos de los hechos que la sustentan, pero puede ser con facilidad más válida que cualquiera de esos hechos". *Ruiz*: "Una conclusión no puede ser más cierta que alguno de los hechos que la confirman como verdadera, pero fácilmente puede ser más cierta que cualquiera de estos hechos". *Balat e Deledalle-Rhodes*: "Une conclusion ne peut pas être plus certaine que le fait que l'un ou l'autre des faits qui la prouvent est vrai, mais elle peut facilement être plus certaine que n'importe lequel de ces faits". *Tiercelin e Thibaud*: "Une conclusion ne peut pas être plus certaine que le fait qu'est vrai l'un quelconque des faits qui la justifient; en revanche elle peut aisément être plus certaine que n'importe lequel d'entre eux". *Maddalena*: "È vero che una conclusione non può essere più certa dei fatti che la supportano, ma è facile che sia più certa di ciascuno di quei fatti".

[xvii] Há uma sutileza do idioma inglês que consiste em usar os étimos de raiz latina para designar mais precisamente conceitos, ao passo que os étimos de outras raízes — línguas germânicas, anglo-frísias etc. — são utilizados para concepções mais próximas do sensível. Assim, interpretei essa passagem entendendo que *cognoscer* é *ter uma cognição*, ou seja, um caso específico de *conhecer*, cuja polissemia pode incluir ter percepções sensíveis, por exemplo. Evidentemente, a língua portuguesa não funciona da mesma maneira, mas a opção se justifica, uma vez que a grafia do verbo *cognoscer*, antigo sinônimo de *conhecer*, indica mais claramente as suas raízes etimológicas. Essa compreensão não é generalizada entre as demais traduções. *Teixeira Coelho*: "Mas já vimos que é só através dos fatos externos é que o pensamento pode ser em geral conhecido. Desta forma, o único pensamento possivelmente conhecível é o pensamento em signos. Mas um pensamento que não se pode conhecer não existe". *Mora D'Oliveira*: "Vimos que o pensamento só pode ser conhecido através de fatos externos. O único pensamento que pode conhecer-se é pensamento-dentro-de-signos. Mas pensamento que não possa conhecer-se não existe". *McNabb*: "Pero hemos visto que sólo puede conocerse el pensamiento a través de hechos externos. El único pensamiento, entonces, que puede posiblemente conocerse es el pensamiento en signos. Pero un pensamiento que no puede conocerse no existe". *Alcalde e Prelooker*: "Pero hemos visto que sólo se puede conocer de algún modo el pensamiento a través de los hechos externos. Por consiguiente, el único pensamiento que puede ser conocido es el pensamiento en signos. Pero un pensamiento que no pueda ser conocido no existe". *Ruiz*: "Pero hemos visto que el pensamiento sólo puede ser conocido en absoluto por medio de hechos externos. El único pensamiento, entonces, que posiblemente puede ser

conocido es el pensamiento en signos. Pero no existe un pensamiento que no pueda conocerse". *Balat e Deledalle-Rhodes*: "Mais nous avons vu que c'est seulement grâce aux faits externes que l'on peut connaître la pensée. La seule pensée donc dont on puisse avoir la cognition est la pensée par signes. Mais la pensée dont on ne peut pas avoir la cognition n'existe pas". *Tiercelin e Thibaud*: "Mais nous avons vu que c'est seulement par les faits externes que l'on peut connaître la pensée. Donc la seule pensée dont il soit possible d'avoir la cognition est la pensée par signes. Mais la pensée dont on ne peut avoir la cognition n'existe pas". *Maddalena*: "Ma abbiamo visto che il pensiero può essere conosciuto solo ed esclusivamente per fatti esteriori. Il solo pensiero, allora, che può essere conosciuto è il pensiero attraverso i segni. Ma il pensiero che non può essere conosciuto non esiste".

[xviii] Conforme indicam Linde e Noeth 2014, a frase em latim é como uma citação parafrásica de um verso da quinta *Sátira* do poeta romano Pérsio. O verso completo é: *vive memor leti. Fugit hora: hoc quod loquor, inde est.* Uma tradução possível é: "Vive lembrando-te sempre da morte. O tempo foge, o que eu falo já pertence ao passado" (Bruno 1980, p. 153). Das traduções consultadas, apenas a espanhola, de 1987, apresenta uma tradução da expressão, feita pelo organizador do volume, Armando Sercovich: "En tanto hablo, él es" (p. 53, nota).

[xix] Aqui, a pontuação pode levar a equívoco, aliada à extrema concisão sintática do período. Os tradutores invariável e inevitavelmente recorreram à paráfrase. *Teixeira Coelho*: "O fato de que a partir de um pensamento deve ter havido um outro pensamento tem um análogo no fato de que a partir de um momento passado qualquer, deve ter havido uma série infinita de momentos". *Mora D'Oliveira*: "Qualquer pensamento requer o ter havido outro pensamento, da mesma forma que o momento passado requer uma série infinita de momentos". *McNabb*: "La idea de que desde cualquier pensamiento debe haber habido otro pensamiento, tiene su análogo en el hecho de que, desde cualquier tiempo pasado, debe haber habido una serie infinita de tiempos". *Alcalde e Prelooker*: "Pues inferir que puesto que existe un pensamiento debe haber habido un pensamiento tiene su análogo en inferir de cualquier tiempo pasado la existencia de una infinita de tiempos". *Ruiz*: "Que, si hay algún pensamiento debe haber habido un pensamiento, tiene su análogo en el hecho de que si hay un tiempo pasado, debe haber una serie infinita de tiempos". *Balat e Deledalle- -Rhodes*: "Que, après toute pensée, il doit y avoir eu une autre pensée, a son analogue dans le fait que, après tout temps passé, il doit y avoir eu une série de temps infinie". *Tiercelin e Thibaud*: "Le fait qu'après n'importe quelle pensée il a dû y avoir une autre pensée a son analogue dans le fait que, après n'importe quel moment passé, il doit y avoir eu une série de temps infinie". *Maddalena*: "Il fatto che dal momento che vi è un pensiero debba esserci stato un pensiero ha il suo analogo nel fatto che dal momento che c'è un tempo passato deve esserci un'infinita serie di tempi passati".

[xx] Ver *Tratado sobre os princípios do conhecimento humano*, §§ 1-6.

[xxi] Aqui, é interessante observar que Peirce usa "real", e não "actual", como anteriormente já apareceu, para qualificar ambos os termos, "knowledge" e "truth", os quais,

aliás, não parecem ser, nesse ponto, tomados em sentido absoluto, o que se entende pelo artigo indefinido. Além disso, parece clara a ideia de que a cognição efetiva encontra seu limite na alteridade do real, ao passo que o limite do pensável é dado por contradição lógica. As traduções consultadas, porém, não parecem convergir exatamente para tal entendimento. *Teixeira Coelho*: "Assim, a ignorância e o erro só podem ser concebidos como correlativos a um conhecimento real e à verdade, sendo estes da natureza das cognições. Contra qualquer cognição há uma realidade desconhecida, porém conhecível; mas contra todas as possíveis cognições há apenas aquilo que é autocontraditório". *McNabb*: "De este modo, la ignorancia y el error pueden concebirse sólo como correlativos al conocimiento y la verdad reales, siendo estos últimos de la naturaleza de las cogniciones. Más allá de cualquier cognición, existe una realidad desconocida pero cognoscible; pero más allá de toda cognición posible, sólo existe lo autocontradictorio". *Alcalde e Prelooker*: "De este modo, sólo se pueden concebir la ignorancia y el error como correlativos de un conocimiento y una verdad reales, siendo estos últimos de naturaleza cognoscitiva. Frente a toda cognición hay una realidade desconocida, pero cognoscible; pero frente a toda cognición posible sólo existe lo contradictorio en sí mismo". *Ruiz*: "De este modo, la ignorancia y el error sólo pueden concebirse como correlativos a un conocimiento y verdad reales, siendo estos últimos de la naturaleza de las cogniciones. Frente a toda cognición, existe una realidad desconocida pero cognoscible, pero frente a toda cognición posible, sólo existe lo contradictorio en sí mismo". *Balat e Deledalle-Rhodes*: "Ainsi, l'ignorance et l'erreur ne peuvent être conçues qu'en corrélation avec une connaissance et une vérité réelles, et celles-ci sont de la nature des cognitions. Par opposition à toute cognition, il y a une réalité inconnue mais connaissable; mais par opposition à toute cognition possible, il n'y a que l'auto-contradictoire". *Tiercelin e Thibaud*: "Ainsi l'ignorance et l'erreur ne peuvent-elles être conçues qu'en corrélation avec une connaissance et une vérité réelles, lesquelles sont de la nature des cognitions. Face à toute cognition, il y a une réalité inconnue, mais connaissable; mais face à toute cognition possible, il n'y a que le contradictoire en soi". *Maddalena*: "Così, ignoranza ed errore possono solo essere concepiti come correlativi della conoscenza reale e della verità, e questi ultimi hanno una natura cognitiva. Al di là di una qualsiasi cognizione c'è una realtà ignota ma conoscibile; ma oltre ogni cognizione possibile, c'è solo l'autocontradditorietà".

[xxii] Optei, aqui, por traduzir pela ideia, e não pela letra, uma vez que "autoengano" para "self-deception" talvez leve a um conceito psicológico que não parece adequado. *Teixeira Coelho*: "Por conseguinte, esse ceticismo inicial será mero autoengano, e não dúvida real". *Machuco Rosa*: "Por isso, esse cepticismo inicial será uma mera autoilusão, e não uma dúvida real". *Mora D'Oliveira*: "O ceticismo inicial acaba por ser autoilusão, não é uma dúvida real". *McNabb*: "Por tanto, este escepticismo inicial será un mero autoengaño, y no una duda real". *Alcalde e Prelooker*: "Por ende, este escepticismo inicial sera un simple autoengaño, y no una duda verdadera". *Vericat*: "De ahí que este escepticismo inicial sea un mero autoengaño, y no una duda real". *Balat e Deledalle-Rhodes*: "Par conséquent ce scepticisme préalable sera totalement illusoire; ce ne sera pas un doute réel". *Tiercelin e Thibaud*: "Ce scepticisme initial ne sera donc que duperie sur soi: ce ne sera pas un doute

réel". *Bonfantini, Grassi e Grazia*: "Quindi questo scetticismo iniziale sarebbe mero autoinganno, e non dubbio reale". *Maddalena*: "Questo scetticismo iniziale sarebbe un mero auto-inganno e non un dubbio reale".

[xxiii] Ver o artigo anterior, sobre a nova lista de categorias.

[xxiv] Em inglês, a letra *w* tem sempre som de dois *uu* — *double u* — e nunca dois *vv*, como em português.

[xxv] Os editores do *Peirce Edition Project* remetem a Aristóteles, *Primeiros Analíticos*, 68b15-17 e 69a16-19, para exemplos de indução. A leitura feita por Peirce de Aristóteles levanta questões relativas à potência heurística de raciocínios indutivos e ao que Peirce considera equívocos de Aristóteles, tomando por base especialmente o livro II dos *Segundos Analíticos*, como indiquei na *Introdução*. Ver Rodrigues 2020.

[xxvi] Tanto quanto possível, as edições usadas por Peirce foram indicadas na bibliografia. Vale lembrar, como fazem os editores de **W**, que Peirce não tinha conhecimento de que a *Synopsis*, de Pselo, era, na verdade, uma tradução das *Summulae*, de Pedro Hispano, feita por Georgios Kourtesios Scholarios.

[xxvii] Segundo os editores de **W**, a referência é a J. S. Mill, *Sistema de Lógica*, livro II: *On reasoning*, cap. 3, §3.

[xxviii] A sintaxe do período é complicada, mas a ideia é simples. Como se diz atualmente, as premissas devem trazer todas as informações relevantes para estabelecer a conclusão. *Teixeira Coelho*: "Vimos que não se pode derivar legitimamente conclusão alguma que não possa ser alcançada através de sucessões de argumentos que têm, cada um, duas premissas, e que não implicam em nenhum fato não afirmado". *Machuco Rosa*: "Vimos que qualquer conclusão válida pode ser obtida por sucessões de argumentos possuindo cada um duas premissas e não tendo implícitos factos não asseridos". *McNabb*: "Hemos visto que no puede obtenerse legitimamente ninguna conclusión que no hubiera podido alcanzarse mediante una sucesión de argumentos de dos premisas cada uno, y sin implicar hechos que no hayan sido afirmados". *Alcalde e Prelooker*: "Hemos visto que no se puede derivar en forma legítima una conclusión que no se haya alcanzado por sucesiones de argumentos con dos premisas cada uno, y que no impliquen un hecho no afirmado". *Vericat*: "Hemos visto que no podemos derivar legítimamente ninguna conclusión que no pudiese haberse alcanzado mediante sucesiones de argumentos de dos premisas cada uno, y no implicando hechos que no hayan sido afirmados". *Balat e Deledalle-Rhodes*: "Nous avons vu qu'aucune conclusion ne peut être inférée de manière légitime qui n'aurait pu être atteinte par des suites d'arguments ayant chacun deux prémisses et n'impliquant aucun fait non asserté". *Tiercelin e Thibaud*: "Nous avons vu que l'on ne peut légitimement tirer aucune conclusion qui n'aurait pu être obtenue par des successions d'arguments comportant chacun deux prémisses et n'impliquant aucun fait non affirmé". *Bonfantini, Grassi e Grazia*: "Abbiamo visto che non si può legittimamente derivare nessuna conclusione che non sia tale da poter essere raggiunta per una successione di argomenti che abbiano ognuno due premesse, e che

implichino sempre fatti asseriti". *Maddalena*: "Abbiamo visto che non si può trarre una conclusione valida che non sia stata ottenuta per argomenti successivi formati ciascuno da due premesse, nessuna delle quali implica fatti non asseriti".

ˣˣⁱˣ Observe-se, aqui, a tradução de "distinctness". Adiante, no exemplo de Toussaint, essa mesma palavra é traduzida por "característica distintiva", assim como na resenha das obras de Berkeley, em **W** 2: 471, p. 287 desta tradução. *Teixeira Coelho*: "perfeita clareza" e "distintividade". *Machuco Rosa*: "perfeita distinção" e "distintamente". *Mora D'Oliveira*: primeira ocorrência omitida; "característica". *McNabb*: "forma perfectamente distinta" e "distinción". *Alcalde e Prelooker*: "perfecta precisión" e "clara distinción". *Vericat*: "forma perfectamente distinta" e "distintividad". *Balat e Deledalle-Rhodes*: "manière parfaitement distincte" e "distinction". *Tiercelin e Thibaud*: "façon parfaitement distincte" e "distinctement". *Bonfantini, Grassi e Grazia*: "perfetta chiarezza" e "elemento distinto". *Maddalena*: "perfetta distinzione" e "distinzione".

ˣˣˣ Pela sua importância, essa passagem merece atenção. Tentei manter o rigor na tradução das preposições ao máximo, tendo em vista a apropriação, por Peirce, da teoria medieval da *suppositio*. Ver meu Ensaio de leitura, p. 411 *seq*. *Teixeira Coelho*: "Ora, um signo tem, como tal, três referências: primeiro, é um signo para algum pensamento que o interpreta; segundo, é um signo de algum objeto ao qual, naquele pensamento, é equivalente; terceiro, é um signo, em algum aspecto ou qualidade, que o põe em conexão com seu objeto". *Machuco Rosa*: "Ora um signo tem, enquanto tal, três referências: primeiro, é um signo *para* algum pensamento que o interpreta; segundo, é um signo *de* algum objeto ao qual, nesse pensamento, ele é equivalente; terceiro, é um signo, *nalgum* aspecto ou qualidade, que o põe em conexão com o seu objeto". *Mora D'Oliveira*: "Ora, um signo possui três referências: *primeiro*, é signo *para* algum pensamento que o interpreta; *segundo*, é signo *para* algum objeto que se lhe equivale nesse pensamento; *terceiro*, é signo *sob algum* aspecto ou qualidade que o liga ao seu objeto". *McNabb*: "Ahora bien, un signo tiene, como tal, tres referencias: 1°, es un signo *para* algún pensamiento que lo interpreta; 2°, es un signo *de* algún objeto del que es equivalente en ese pensamiento; 3°, es un signo *en* algún aspecto o cualidad, que lo pone en conexión con su objeto". *Alcalde e Prelooker*: "Ahora bien, un signo, como tal, tiene tres referencias: primero, es un signo *hacia* algún pensamiento que lo interpreta; segundo, es un signo *para* algún objeto al cual es equivalente en ese pensamiento; tercero, es um signo, *en* algún sentido o cualidad, que nos pone en conexión con su objeto". *Vericat*: "Ahora bien, un signo en cuanto tal tiene tres referencias: primero, es signo *para* algún pensamiento que lo interpreta; segundo, es signo *por* [en lugar de] un cierto objeto del que es equivalente en este pensamiento; tercero, es un signo *en* algún respecto o cualidad, que lo pone en conexión con su objeto". *Balat e Deledalle-Rhodes*: "Or un signe a, en tant que tel, trois références: la première, c'est un signe *pour* quelque pensée qui l'interprète; la seconde, c'est un signe *pour* quelque objet dont il est dans cette pensée l'équivalent ; la troisième, c'est un signe *sous* un certain rapport ou *dans* une certaine qualité qui le met en liaison avec son objet". *Tiercelin e Thibaud*: "Or un signe a comme tel trois références: en premier lieu, c'est un signe *pour* quelque pensée qui l'interprète; en deuxième lieu, c'est un

signe *mis pour* un objet auquel pour cette pensée il est equivalent; en troisième lieu, c'est un signe, *sous* quelque aspect ou qualité, qui le met en liaison avec son objet". *Bonfantini, Grassi e Grazia*: "Ora un segno, in quanto tale, ha tre riferimenti: primo, è un segno *per* un pensiero che lo interpreta; secondo, è un segno *in luogo di* un oggetto a cui in quel pensiero è equivalente; terzo, è un segno *sotto* qualche rispetto o qualità che porta il segno stesso in connessione con il suo oggetto". *Maddalena*: "Ora un segno, in quanto tale, ha tre riferimenti: 1) è un segno *per* (*to*) qualche pensiero che lo interpreta; 2) è un segno *di* (*for*) qualche oggetto di cui il segno è l'equivalente; 3) è un segno, *secondo* (*in*) qualche aspetto o qualità che lo mette in connessione con il suo oggetto".

[xxxi] Usei "signo-pensamento", e não vice-versa, basicamente por duas razões: primeira, a regra, em inglês, é os adjetivos virem antes dos substantivos; segunda, o contexto é o da definição do conceito de signo, do qual o pensamento é um caso específico. Pode ser que não faça diferença, ou apenas pouca. Das traduções para a língua portuguesa consultadas, a de Teixeira Coelho usa sempre "signo-pensamento", ao passo que a de Mora D'Oliveira usa "signo-pensamento" e "pensamento-signo", embora Peirce nunca troque a ordem das palavras. Todas as outras mantêm a ordem das palavras como em inglês. *McNabb, Alcalde e Prelooker, Vericat*: "pensamiento-signo". *Balat e Deledalle-Rhodes, Tiercelin e Thibaud*: "pensée-signe". *Bonfantini, Grassi e Grazia, Maddalena*: "pensiero-signo".

[xxxii] Toussaint-L'Ouverture foi incluído por Peirce na lista de nomes para o curso de psicologia dos grandes homens, dado em Johns Hopkins em 1883, como um estudo de "biografia comparada". Ver **W** 5: xxiii e **W** 8: 258-270. Evidentemente, essa maneira de caracterizar Toussaint-L'Ouverture primeiro como negro, depois como homem, depois como general, indica uma mentalidade racista.

[xxxiii] Aqui, entendo tratar-se do pensamento específico do objeto e não do pensamento entendido como processo geral.

[xxxiv] Trata-se do conceito lógico de *compreensão*, ou, como Peirce prefere, *profundidade*, par conceitual do conceito de *extensão*, ou *largura*. O artigo mencionado por Peirce na nota 2 é "Upon logical comprehension and extension" (**W** 2: 70-86). A extensão de um termo ou proposição diz respeito a todos os itens (ou fatos) de que o termo é predicável ou que a proposição pode representar. A compreensão, por sua vez, diz respeito às características que podem ser predicadas a objetos quaisquer que caiam sob a extensão desse termo ou proposição. A terminologia está relacionada, no caso da extensão, ao raciocínio *indutivo* e, no caso da compreensão, ao raciocínio *hipotético*.

[xxxv] Trata-se do exemplo do som no artigo "Questões concernentes a certas faculdades reivindicadas para o homem".

[xxxvi] Talvez faça pouca ou nenhuma diferença afirmar "a sensação do belo" ou como está no texto. De toda forma, tentei não substantivar o que no texto não aparece substantivado. *Teixeira Coelho*: "a sensação de belo". *Machuco Rosa*: "o sentimento

do belo". *Mora D'Oliveira*: "a sensação-bela". *McNabb*; *Alcalde e Prelooker*; *Vericat*: "la sensación de lo bello". *Balat e Deledalle-Rhodes*: "la sensation de beauté". *Tiercelin e Thibaud*: "la sensation du beau". *Bonfantini, Grassi e Grazia*: "la sensazione del bello". *Maddalena*: "una bella sensazione".

[xxxvii] Peirce parafraseou a passagem para citá-la. Ver *Tratado sobre os princípios do conhecimento humano*, introdução, §10, trad. bras. p. 39.

[xxxviii] Ver *Ensaio sobre o entendimento humano*, v. 3, livro 4, cap. 7, §9, trad. bras. p. 655. Das traduções consultadas, apenas a de Vericat entende o verbo "to scout", no contexto, em sentido de *explorar* (*explotar*, em espanhol). Todas as demais seguem aproximadamente o mesmo entendimento aqui adotado. *Teixeira Coelho* e *Machuco Rosa*: "desprezar". *McNabb*: "ridicularizar". *Alcalde e Prelooker*: "vilipendiar". *Balat e Deledalle-Rhodes*: "répousser avec dédain". *Tiercelin e Thibaud*: "réjeter avec mépris". *Bonfantini, Grassi e Grazia*: "respintere recisamente". *Maddalena*: "rifiutare".

[xxxix] Hume, *Uma investigação sobre o entendimento humano*, seção 2, trad. bras., p. 34: "Quando refletimos sobre nossas experiências e afecções passadas, nosso pensamento atua como um espelho fiel e copia corretamente os objetos, mas as cores que emprega são pálidas e sem brilho em comparação com as que revestiram nossas percepções originais". Os editores de **W** advertem que Peirce modificou levemente o texto de Hume, sem que isso tenha alterado o sentido geral.

[xl] Hume, *Tratado da natureza humana*, livro I, parte 1, seção 4; Uma investigação sobre o entendimento humano, seção 3.

[xli] "Disso", quer dizer, do objeto do signo ao qual são atribuídas as qualidades. É possível ver, aqui, a correspondência com as categorias do artigo de 1867: atribuição absoluta — qualidade; relativa — relação; por imputação geral e convencional — representação. *Teixeira Coelho*: "Tudo tem suas qualidades subjetivas ou emocionais, que são atribuídas de um modo absoluto ou de um modo relativo, ou através de uma imputação convencional a tudo aquilo que for um signo dessa coisa". *Machuco Rosa*: "Cada coisa tem as suas qualidades subjetivas ou emocionais que são atribuídas absolutamente ou relativamente, ou então por uma imputação convencional, a algo que é um signo dessa coisa". *Mora D'Oliveira*: "Todas as coisas possuem qualidades subjetivas ou emotivas atribuídas, absoluta ou relativamente, ou por imputação convencional ao signo". *McNabb*: "Todo tiene sus cualidades subjetivas o emocionales, que se atribuyen ya sea absoluta o relativamente, o por imputación convencional, a cualquier cosa que sea un signo suyo". *Alcalde e Prelooker*: "Toda asociación se efectúa por medio de signos. Todo tiene sus cualidades subjetivas o emocionales, que se atribuyen absoluta o relativamente o por una imputación convencional a algo que es signo". *Vericat*: "Todo tiene sus cualidades subjetivas o emocionales, que se atribuyen bien absoluta o relativamente, bien por imputación convencional, a todo lo que es un signo de ello". *Balat e Deledalle-Rhodes*: "Toute association se fait au moyen de signes. Chaque chose possède ses propres qualités subjectives ou émotionnelles qui sont attribuées, soit de ma-

nière absolue, soit de manière relative, soit par imputation conventionnelle, à tout ce qui en est le signe". *Tiercelin e Thibaud*: "Toute association se fait par signes. Toute chose a ses qualités subjectives ou émotionnelles qui sont attribuées soit absolument, soit relativement, soit par convention à tout ce qui en est le signe". *Bonfantini, Grassi e Grazia*: "Ogni cosa ha le sue qualità soggettive, ossia emozionali, che vengono attribuite, o assolutamente o relativamente o per imputazione convenzionale, a qualsiasi cosa che sia un segno di essa". *Maddalena*: "Ogni cosa ha qualità soggettive o emotive, che sono attribuite assolutamente, relativamente o per imputazione convenzionale a qualcosa che è segno di essa".

[xlii] Shakespeare, *Medida por medida*, ato 2, cena 2, versos 117-120. Minha tradução. Essa é uma citação repetida por Peirce algumas vezes, preferivelmente sem o verso 118 ("vestido em uma breve e pequena autoridade"). O sentido de "glassy" é debatido. O *Oxford English Dictionary* registra a palavra muito similarmente a "vítreo" em português, isto é, relativo a vidro, da natureza ou que tem as propriedades do vidro. Pérez 2015, p. 122, argumenta que, dado o sentido shakespeariano de *glass* como espelho, deveríamos ler a expressão, aqui, como *essência reflexiva, especular*. De fato, a interpretação é coerente com a ideia de recursividade ou circuito hermenêutico-semiótico que aparece no final do artigo, embora deixe de lado a ideia de fragilidade quebradiça que a analogia também carrega. Por isso, preferi manter o cognato mais próximo em língua portuguesa.

[xliii] Ver o texto anterior, "Algumas consequências de quatro incapacidades".

[xliv] A passagem é algo críptica, para o que a pontuação peculiar da época contribui. A chave está em entender que o ceticismo absoluto é uma postura fechada a qualquer possibilidade de crença: o cético absoluto não aceita sequer a lei de contradição, isto é, se, de duas proposições contraditórias, uma delas tem de ser verdadeira e a outra falsa, então o cético absoluto guarda posição e não aceita afirmar a verdade nem de uma nem da outra. As traduções que melhor transmitiram a ideia aparentemente foram a italiana e a francesa, justamente as que evitaram a literalidade. *McNabb*: "A menudo se ha afirmado que el escepticismo absoluto es autocontradictorio; pero esto es un error: e incluso si no fuera así, no sería argumento contra el escéptico absoluto, en tanto que él no admite que ninguna proposición contradictoria sea verdadera". *Aguerri*: "Se ha afirmado con frecuencia que el escepticismo absoluto es auto-contradictorio; pero esto es un error; e incluso, si no fuera así, no sería un argumento en contra del escéptico absoluto, en tanto que éste no admite que ninguna proposición contradictoria sea verdadera". *Tiercelin e Thibaud*: "On a souvent défendu l'idée que le scepticisme absolu est une contradiction dans les termes; mais c'est une erreur: et même si ce n'était pas le cas, ce ne serait pas un argument contre le sceptique absolu, dans la mesure où il n'admet pas qu'aucune proposition contradictoire n'est vraie". *Maddalena*: "Spesso si è detto che l'assoluto scetticismo è autocontraddittorio, ma è un errore e, anche se non lo fosse, non ci sarebbe lo stesso un argomento contro lo scettico assoluto perché egli non ammette la verità di una delle proposizioni contraddittorie".

xlv Na revisão que fez em 1893, Peirce substituiu "não há" por "não possa haver".

xlvi Neste volume, "Questões concernentes a certas faculdades reivindicadas para o homem", e "Algumas consequências de quatro incapacidades".

xlvii Aqui, o mais provável é que a alusão seja a Paulo de Veneza. 1475, p. 22, onde consta a definição de *suppositio* como *acceptio*.

xlviii Neste volume, o artigo imediatamente anterior, "Algumas consequências de quatro incapacidades". As próximas alusões, a não ser que especificadas, também remetem a esse artigo.

xlix Em 1893, Peirce substituiu "e" por "*mais*": "... é idêntica a cães *mais* ratos-que--são-camundongos".

l Na revisão de 1893, a palavra "possibilidade" foi sublinhada por Peirce.

li Em 1893, Peirce adicionou uma nota a esse trecho: "Isto é, no sentido kantiano. Ver a discussão sobre a natureza da continuidade no *Ensaio XVII* (de *Em busca de um método*)"; ou seja, seu artigo "A lei da mente", de 1892, publicado em EP 1: 312-333 e traduzido em *Antologia Filosófica*, pp. 243-266.

lii A referência é ao artigo imediatamente anterior a este, "Algumas consequências de quatro incapacidades".

liii *Ensaio sobre o entendimento humano*, livro 4, cap. 17, seção 4, trad. bras. p. 736-746.

liv Preferi manter o termo original insight, já oficialmente incorporado ao léxico da língua portuguesa. Nesse mesmo parágrafo, observe-se que as diferentes traduções para o verbo "to state" e para o substantivo "statement" tentam dar conta das sutilezas de acepção. *McNabb*: "intuición natural"; "enunciar", "afirmar" e "afirmación". *Aguerri*: "intuición natural"; "declarar", "afirmar" e "afirmación". *Tiercelin e Thibaud*: "intuition naturelle"; "établir" e "affirmation". *Maddalena*: "intuito naturale"; "affermare" e "affermazione".

lv *Viagens de Gulliver*, trad. bras. p. 201. Peirce adaptou o trecho à sua escrita, sem alterar a ideia principal, trocando a frase original "by his contrivance [por meio de *seu* invento]" por "by this contrivance [por meio *deste* invento]".

lvi *Ciência da Lógica*, 2ª parte, "Do conceito em geral", p. 28 da edição alemã de 1841, trad. bras., p. 55. A expressão exata é "einseitige Erkenntniss", vertido por "conhecimento unilateral" na tradução consultada.

lvii Na revisão de 1893, Peirce modificou o trecho conforme segue: "Isso, entretanto, não contradiz minimamente o fato de que tudo é cognoscível; contradiz somente uma proposição que ninguém pode sustentar, a de que é possível cognoscer [*to cognize*] tudo*, isto é, que em algum tempo todas as coisas serão conhecidas". Em *, Peirce inseriu uma nota explicativa: "A diferença entre as duas declarações é como aquela entre 'Todo homem é o filho de alguma mulher' e 'Alguma mulher é a mulher de todo homem'".

Escritos da Série Cognitiva 355

[lviii] Na revisão de 1893, Peirce adicionou uma nota a essa passagem: "Tanto quanto haja qualquer validade nessa concepção".

[lix] Hegel, *Ciência da Lógica*, 2ª parte, 1ª seção: A subjetividade, cap. 3: O silogismo.

[lx] Ver Aristóteles, *Física* 9.239b5, ou Plutarco, *Moralia*, 6:167, cap. 43.

[lxi] Em 1893, Peirce fez uma modificação nesse trecho: "...a conclusão supostamente decorre do fato indubitado de que...".

[lxii] Em 1893, Peirce adicionou uma nota a essa passagem: "De novo, a distinção é análoga àquela entre 'Todo homem é o filho de uma ou outra mulher' e 'Alguma mulher é a mãe de todos os homens'".

[lxiii] Aqui, preferi traduzir "common sense" pelo espírito e não pela letra, já que "senso comum" é uma expressão que, em língua portuguesa, parece estar mais ligada ao sentido de preconceito ou conhecimento pouco elaborado do que ao de razoabilidade ou saber prático básico. *McNabb*: "Ningún hombre de sentido común". *Aguerri*: "Ningún hombre con sentido común". *Tiercelin e Thibaud*: "Aucun homme de bons sens". *Maddalena*: "Nessun uomo di buon senso".

[lxiv] Sobre as razões de traduzir "deception" por "erro" aqui, ver nota xxii ao artigo anterior, "Algumas consequências de quatro incapacidades". O que parece estar em questão, nesse caso, é a forma lógica das proposições categóricas quantificadas, tema candente para os lógicos britânicos do século XIX, principalmente após a matematização da lógica por Boole. Ver Rodrigues (2017). Devido à peculiaridade dos verbos modais na língua inglesa, reproduzo as outras escolhas dos tradutores estrangeiros. *Mcnabb*: "El principio de la *reductio ad absurdum* también ocasiona engaños de otra manera, debido al hecho de que tenemos muchas palabras, tales como *poder, ser posible, deber*, etc., que implican más o menos vagamente una condición no expresada de otra manera, de modo que estas proposiciones son, de hecho, hipotéticas". *Aguerri*: "El principio de la *reductio ad absurdum* ocasiona también engaños en otro sentido, debido al hecho de que tenemos muchas palabras, tales como *poder, ser posible, deber...* que implican más o menos vagamente una condición de otro modo inexpresada, de modo que estas proposiciones son, de hecho, hipotéticas". *Tiercelin e Thibaud*: "Le principe de la réduction à l'absurde est aussi l'occasion d'induire en erreurs d'un autre genre, qui tiennent au fait que nous avons de nombreux mots tels que 'peut' (*can*), il 'se peut' (*may*), 'doit' (*must*), etc., qui impliquent plus ou moins vaguement une condition par ailleurs inexprimée, en sorte que ces propositions son en fait des propositions hypothétiques". *Maddalena*: "Il principio della *reductio ad absurdum* provoca anche errori in un altro modo, dovuto al fatto che ci sono molte parole come *can* (potere di fatto), *may* (potere di diritto), *must* (dovere) ecc., che implicano più o meno vagamente una condizione altrimenti inespressa, cosicché queste proposizioni sono di fatto ipotetiche".

[lxv] Nesse trecho, "consciência" se refere à consciência moral do que é certo ou errado, e não à consciência no sentido de se estar alerta, ou ciente de si mesmo. Evitei

a perífrase por crer que o uso da palavra no contexto já permite entender qual é a *suppositio* correta, para utilizar o termo preferido de Peirce. *McNabb*: "conciencia moral". *Aguerri*: "consciencia". *Tiercelin e Thibaud*: "conscience". *Maddalena*: "coscienza".

[lxvi] Na revisão de 1893, Peirce substituiu o que está escrito na nota — "o que me parece irrefutável" — por "em 1869 parecia".

[lxvii] Registro outras traduções desse trecho, já que delas divirjo. *McNabb*: "que la proposición es igual a la de que esa proposición no es verdadera". *Aguerri*: "Es decir, que la proposición es la misma a la de que la proposición no es verdadera". *Tiercelin e Thibaud*: "C'est que la proposition est identique à celle qui dit que cette proposition n'est pas vraie". *Maddalena*: "Questa premessa è che la proposizione è come se dicesse di non essere vera".

[lxviii] Os editores do *Peirce Edition Project* informam que o sofisma 50 é o último do livro *Sophismata aurea*, adquirido por Peirce em 20 de maio de 1867. Na capa interna, Peirce escreveu sobre o autor desse livro, Paulo de Veneza: "estudou em Oxford em 1390 e em Pádua, tornou-se doutor de Teologia e Filosofia na universidade dessa segunda cidade em 1408 e de Medicina e Lógica em 1411. Doutor em Siena, em 1422, reitor da universidade de Peruggia, em 1423, morreu em Pádua, em 1429. Escreveu muitas obras sobre Lógica. Esta é a primeira e única edição do presente trabalho".

[lxix] Alusão à expressão "virtus dormitiva", cunhada por Molière no terceiro *intermezzo* de *O doente imaginário*. Trata-se da cena de um exame oral na faculdade de Medicina, no qual um doutor pergunta a um candidato a bacharel qual "a causa e a razão" de o ópio fazer as pessoas dormirem. Cheio de si, o bacharel responde com o seu melhor latim: — *Quia est in eo virtus dormitiva*, isto é, "porque há nele uma força que faz dormir". Ele é então aplaudido pelo coro e aceito como membro no corpo dos doutores. Molière fez uma sátira crítica à pretensão de explicar com palavras belas, porém vazias, o que na verdade não se sabe como explicar. Como é evidente, Peirce inverte a intenção do exemplo, de modo a indicar que mesmo de uma declaração como essa é possível extrair algum conhecimento, já que ela afirma que há alguma explicação para o fato, além do próprio fato, isto é, que "há *alguma* peculiaridade no ópio a que o sono tem de ser devido, e isso não é sugerido meramente ao se dizer que o ópio faz as pessoas dormirem". (CP 5.534, 1905). Posteriormente, essa cena tornou-se o exemplo preferido de Peirce para ilustrar o seu conceito de "abstração hipostática". Ver Short 1997; Rodrigues 2005. Vale lembrar que Bachelard 1938, trad. bras., p. 121, retoma esse mesmo exemplo para (psico-)analisar a tese defendida por Peirce.

[lxx] *Crítica da Razão Pura*, B 19.

[lxxi] Para traduzir as duas "partes", optei pela forma interrogativa, o que me parece soar melhor em língua portuguesa. As traduções, porém, divergem, especialmente no tocante à primeira parte. *McNabb*: "por qué es válida la generalidad de todas las inducciones para las que ocurren premisas". *Aguerri*: "por qué debería ser cor-

recta la generalidad de todas las premisas para inducciones que ocurren". *Tiercelin e Thibaud*: "pourquoi, de toutes les inductions pour lesquelles des prémisses se trouvent réalisés, la généralité devrait-elle continuer à valoir". *Maddalena*: "perché la generalità dovrebbe valere per tutte le induzioni di cui conosciamo le premesse".

[lxxii] "Algumas consequências de quatro incapacidades", **W** 2: 239, p. 72 deste volume.

[lxxiii] Pelo contexto, parece claro que as companhias de seguro sabem que são elas mesmas que não correm riscos em longo prazo. Ver Kinouchi 2019. No entanto, as traduções divergiram quanto a essa interpretação. *McNabb*: "De hecho, las compañías de seguros utilizan la inducción; no saben lo que pasará con este o aquel asegurado, sólo saben que están seguros a largo plazo". *Aguerri*: "De hecho, las compañías de seguros proceden según la inducción; no saben lo que pasará con éste o aquel asegurado; sólo saben que están seguros a largo plazo". *Tiercelin e Thibaud*: "En fait, les compagnies d'assurances procèdent par induction; — elles ignorant ce qui arrivera à tel out tel assuré, elles savent seulement qu'à long terme elles n'ont rien à craindre". *Maddalena*: "Di fatto, le compagnie assicurative procedono in virtù di un'induzione: esse non sanno che cosa accadrà all'uno o all'altro assicurato, sanno soltanto che alla lunga non corrono rischi".

[lxxiv] A outra teoria da realidade, isto é, a apresentada no artigo anterior, "Algumas consequências de quatro incapacidades".

[lxxv] Uma das falas mais famosas de Jesus, encontrada em *Mateus* 16: 26, *Marcos* 8: 36 e *Lucas* 9: 25. Peirce cita o versículo do Evangelho de S. Marcos segundo a versão do rei Jaime I, publicada pela primeira vez em 1611. Por isso, segui um procedimento análogo e usei a tradução do Novo Testamento mais antiga da língua portuguesa, feita por João Ferreira de Almeida e publicada pela primeira vez em 1681. Uma tradução mais atualizada, segundo a *Tradução Ecumênica* da Bíblia, seria: "E que proveito terá o homem em ganhar o mundo inteiro, se o paga com a própria vida?" Em nota, a *Tradução Ecumênica* ainda explica que o grego bíblico, por mimetismo do hebraico, frequentemente usa a palavra alma em lugar dos pronomes pessoais. Dessa forma, no contexto, "perder a própria alma" poderia ser traduzido como arruinar-se, perder a si mesmo.

[lxxvi] As traduções divergem significativamente nessa passagem. *McNabb*: "Que la lógica requiere rigurosamente, antes de cualquier otra cosa, que ningún hecho determinado, nada que pueda pasarle al yo de un hombre, le sea de mayor consecuencia que todo lo demás". *Aguerri*: "Que la lógica requiere rigurosamente, antes de cualquier otra cosa, que ningún hecho determinado, nada que pueda pasarle al hombre, sea para él de una consecuencia mayor que todo lo demás". *Tiercelin e Thibaud*: "Que la logique exige rigoureusement, avant toute autre chose, qu'aucun fait déterminé, que rien qui puisse atteindre un homme au plus profond de lui--même ne soit pour lui plus lourd de conséquences que tout le reste". *Maddalena*: "Che la logica richiede, innanzi tutto, che nessun fatto determinante, nulla che possa accadere a un singolo, debba essere per lui più importante di tutto il resto".

[lxxvii] Com essa formulação, Peirce afirma a inevitabilidade do "otimismo" como expressão do instinto de sobrevivência humano.

[lxxviii] *Segundos Analíticos*, 83a33, trad. bras., p. 291-292.

[lxxix] O reinado de Eduardo I durou de 1272 até 1307. Boa parte desse período foi dedicada a reformar a administração real e as leis, com a promulgação de estatutos referentes ao direito penal e ao de propriedade, tendo em vista coibir abusos de poder e estabelecer garantias para liberdades particulares.

[lxxx] Pelo contexto, Peirce não se refere aqui ao *common law* inglês, mas ao *ius commune* europeu, isto é, ao sistema jurídico desenvolvido na Europa continental a partir do século XI, com raízes que remontam a uma mescla de direito canônico e direito romano e estabelecido principalmente por glosadores e comentadores dos respectivos códigos. O *ius commune* diz respeito aos direitos concernentes à coletividade, contrapondo-se, assim, ao *ius specialis*, quer dizer, ao direito particular ou específico próprio. Na Baixa Idade Média, o conceito de *ius commune* consolida-se, uma vez que se consuma a fragmentação territorial, e o princípio do *unum imperium, unum ius* do Sacro Império Romano Germânico precisa ser complementado com leis locais. Daí que, em inglês, o *ius commune* seja por vezes chamado "the law of the land". Por tudo isso, pode o *ius commune* ser considerado como parte de uma proto-história dos direitos difusos e coletivos, como atualmente registra a expressão corrente. Já o *common law*, cujo desenvolvimento se deu nas ilhas britânicas de maneira independente do direito romano, opõe-se ao *civil law*, isto é, ao direito positivado em códigos, e diz respeito ao conjunto de decisões e jurisprudências estabelecidas no julgamento de casos específicos nos tribunais. *Teixeira Coelho*: "lei comum". *McNabb*; *Alcalde e Prelooker*; *Vericat*: "derecho común". *Tiercelin e Thibaud*: "droit commun".

[lxxxi] Provavelmente, Peirce pensa aqui na ordem dos dominicanos, à qual pertenceu Tomás de Aquino, e na ordem dos franciscanos, à qual pertenceram João Duns Scotus e Guilherme de Ockham.

[lxxxii] Hallam 1869, p. 684.

[lxxxiii] "Drift" pode significar impulso, como a força de uma correnteza que leva de arrastão o que encontrar pela frente. Assim, também pode significar deriva, desvio de rota. Aqui, interpreto que o termo exprime a ideia de que a mente humana pode desviar-se da rota da verdade, mas será puxada de volta a ela mais cedo ou mais tarde. Não é, então, uma deriva, mas um retorno à direção original. Já a escolha da expressão "consenso católico" não é, obviamente, gratuita no contexto, embora o sentido não seja o de consenso da religião católica, antes, o de um consenso universal, segundo a etimologia da palavra. *Teixeira Coelho*: "há um *impulso* geral na história do pensamento humano que o conduz a um acordo geral, um consenso católico". *McNabb*: "hay una tendencia general en la historia del pensamiento humano que conducirá a éste a un solo acuerdo general, un consentimiento católico". *Alcalde e Prelooker*: "hay una tendencia general en la historia del pensa-

miento humano que la conduce a un único acuerdo general, a un único consenso católico". *Vericat*: "en la historia del pensamiento humano hay una deriva general que lo arrastra hacia un acuerdo católico". *Tiercelin e Thibaud*: "il y a une *tendance générale* dans l'histoire de la pensée humaine qui la conduira à un accord général, à un consensus universel".

[lxxxiv] *Crítica da Razão Pura*, B 16.

[lxxxv] O contexto parece indicar claramente que a universalidade é uma relação que se dá entre os sujeitos e seus atributos, mas as traduções não convergiram para esse entendimento. De fato, se tomada isoladamente, a frase pode significar que a universalidade é ela mesma predicada dos sujeitos. Isso não faria o menor sentido, dado tudo o que Peirce defende no texto. *Teixeira Coelho*: "Universalidade é uma relação de um predicado com os sujeitos de que é predicado". *McNabb*: "La universalidad es una relación de un predicado con los sujetos de los que es predicado". *Vericat*: "La universalidad es una relación de un predicado con los sujetos de los que se predica". *Tiercelin e Thibaud*: "L'universalité est une relation d'un prédicat aux sujets desquels elle est prédiquée".

[lxxxvi] *In re*, quer dizer, na coisa; adiante, *in re extra*, na coisa externa. *Habitualiter* e *actualiter* são advérbios comparativos e querem dizer, respectivamente, "habitualmente" e "atualmente", ou melhor, à maneira de hábito e de ato. Adiante, igualmente para *realiter* e *formaliter*. E *species intelligibilis*, obviamente, significa espécie inteligível, isto é, a forma mental representativa oposta à *species sensibilis*. Vale lembrar que a teoria medieval das espécies sensíveis e inteligíveis visava explicar como é possível o intelecto se relacionar com a realidade sensível como objeto de conhecimento. Os conceitos remontam à tradução feita por Cícero do termo platônico *idea* como *species*, termos estes, aliás, frequentemente usados como sinônimos na Idade Média. Na filosofia moderna, o termo *species* foi abandonado quase totalmente em favor das ideias. Daí o problema para o entendimento das modalidades de existência. De certa maneira, a discussão semiótica proposta por Peirce pode ser entendida como uma retomada do debate medieval.

[lxxxvii] A redundância entre *actualiter* e *actually* é praticamente impossível de reproduzir em língua portuguesa. Ver nota xii *supra*, referente ao artigo "Algumas consequências de quatro incapacidades". *Teixeira Coelho*: "Uma noção está na mente *actualiter* quando é concretamente concebida; está na mente *habitualiter* quando pode produzir diretamente uma concepção". *McNabb*: "Una noción está en la mente *actualiter* cuando es concebida en la actualidad; está en la mente *habitualiter* cuando puede producir directamente una concepción". *Vericat*: "Una idea está en la mente *actualiter* cuando está concebida actualmente; está en la mente *habitualiter* cuando puede producir directamente un concepto". *Tiercelin e Thibaud*: "Une notion est dans l'esprit *actualiter* quand elle est actuellement conçue; elle est dans l'esprit *habitualiter* quand elle peut directement produire une conception".

[lxxxviii] Minha tradução, da versão para o inglês feita pelo próprio Peirce, de *Summa Totius Logicae*, p. I, cap. 14. Ver, a seguir, original e trad. bras., p. 354-355.

360   Charles Sanders Peirce

Est autem primo sciendum quod 'singulare' dupliciter accipitur. Uno modo hoc nomen 'singulare' significat omne illud quod est unum et non plura. Et isto modo tenentes quod universale est quaedam qualitas mentis praedicabilis de pluribus, non tamen pro se sed pro illis pluribus, dicere habent quod quodlibet universale est vere et realiter singulare: quia sicut quaelibet vox, quantumcumque communis per institutionem, est vere et realiter singularis et una numero quia est una et non plures, ita intentio animae, significans plures res extra, est vere et realiter singularis et una numero, quia est una et non plures res, quamvis significet plures res. Aliter accipitur hoc nomen 'singulare' pro omni illo quod est unum et non plura, nec est natum esse signum plurium. Et sic accipiendo 'singulare' nullum universale est singulare, quia quodlibet universale natum est esse signum plurium et natum est praedicari de pluribus. Unde vocando universale aliquid quod non est unum numero, — quam acceptionem multi attribuunt universali —, dico quod nihil est universale nisi forte abuteris isto vocabulo, dicendo populum esse unum universale, quia non est unum sed multa; sed illud puerile esset. Dicendum est igitur quod quodlibet universale est una res singularis, et ideo non est universale nisi per significationem, quia est signum plurium.

Saiba-se, pois, primeiramente, que se toma "singular" em dois sentidos. Na primeira acepção, o vocábulo "singular" significa tudo quanto é uma coisa e não várias. Compreendido "singular" desta maneira, aqueles que julgam ser o universal uma qualidade da mente, predicável de muitas coisas (representando-as e não a si mesma), precisam dizer que todo universal é verdadeira e realmente singular. Com efeito, assim como toda palavra, por mais comum que seja por convenção, é verdadeira e realmente singular e numericamente uma, visto ser uma só e não várias, também a intenção mental que significa muitas coisas é verdadeira e realmente singular e numericamente uma, visto ser uma só coisa e não várias, ainda que signifique muitas coisas. Na segunda acepção, toma-se "singular" como aquilo que é uma só coisa e não várias, sem ser, por natureza, sinal de muitas coisas. Neste sentido, nenhum universal é singular, porque todo universal destina-se a ser aquilo que não é numericamente uno (acepção que muitos dão a universal), digo que nenhuma coisa é universal, a não ser empregando-se abusivamente o vocábulo e dizendo-se que um povo é um universal, porque não é um, mas muitos. Isso seria, contudo, pueril. Diga-se, portanto, que todo universal é uma coisa singular, e por isso não há universal senão pela significação, enquanto é sinal de muitas coisas.

lxxxix *Elementos de Filosofia*, 1ª seção: Do corpo. Parte I: Computação ou Lógica, cap. 3, parágrafo 8, trad. bras. 2009, p. 79.

xc *Elementos de Filosofia*, 1ª seção: Do corpo, 2ª parte: Os primeiros fundamentos de filosofia, cap 8: Do corpo e do acidente, parágrafo 24., p. 118 do volume 1 da edição de Molesworth, trad. bras. 2012, p. 121-122, ligeiramente modificada.

xci *Ensaio sobre o entendimento humano*, livro 4, cap. 7, seção 9; trad. bras. p. 654-655.

xcii *Princípios*, §14 da Introdução, trad. bras. p. 45-46. Peirce suprimiu um pequeno trecho do meio do parágrafo. O período completo é: "No entanto, desejaria muito saber em que momento da vida os homens se empenham em superar essa dificuldade e adquirem os recursos necessários para pensar".

xciii *Comentários filosóficos*, edição Fraser, v. I: 38, trad. bras. p. 501, ligeiramente adaptada. O editor relaciona esse trecho com *Princípios*, §13 da Introdução, trad. bras. p. 44-45.

xciv Essas palavras exatas não parecem ser do próprio Berkeley, mas uma paráfrase para transmitir uma ideia geral de sua filosofia. De fato, "externality" é um termo usado várias vezes por A. Fraser para explicar as teses de Berkeley, seja nas introduções que escreve a cada texto, seja nas notas.

xcv *Segundo diálogo entre Hylas e Philonus*, ed. Fraser, v. I: 304, trad. bras., p. 237. A citação correta é "um espírito infinito onipresente".

xcvi Em *Observations on Man, his Frame, his Duty, and his Expectations* [Observações sobre o homem, sua estrutura, seu dever e suas expectativas], Hartley expõe uma teoria da "substância medular branca" do cérebro, a qual relacionaria pensamentos, sensações, imaginações etc.

xcvii Os editores de **W** informam que a referência dada por Peirce remete a uma edição mais antiga do que a de Fraser, mas não indicam qual. Seja como for, o texto está correto. As passagens correspondem a *Princípios*, Parte I, §§ 102, 106, 107, trad. bras., p. 124, 126, 127.

xcviii Segundo os editores de **W**, a afirmação é de Archer Butler, *apud* Fraser (ed.), *The Works of George Berkeley*, v. 4, p. 407.

xcix Minha tradução, da versão para o inglês feita pelo próprio Peirce, de Helmholtz 1867, p. 796.

c A primeira edição de *A Teoria dos Sentimentos Morais*, de Adam Smith, é de 1759.

ci Uma possível referência para o materialismo de Priestley é *A Free Discussion of the Doctrines of Materialism, and Philosophical Necessity* [Uma discussão livre das doutrinas do materialismo e da necessidade filosófica], cuja primeira edição é de 1778.

[cii] Os editores de **W** indicam que esse texto foi escrito "quase certamente no verão de 1877" [W 3: 526], ou seja, entre os meses de junho e agosto de 1877, e está dentro de um envelope, no qual se lê: "74 pedaços de Fita – Numeradas em ordem de luminosidade aparente por CSP em um dia escuro". São as fitas mencionadas no texto, que estão junto com o manuscrito, dentro do envelope.

[ciii] As outras traduções desse texto apresentam uma versão mais literal. *McNabb*: "¿Cómo que no hay, considerando que nuestro lenguaje ordinario las clasifica según sus clases, en colores, sonidos, sabores, olores y sentimientos?". *Marco*: "¿Y cuándo nuestro lenguaje ordinario las clasifica según su género en colores, sonidos, gustos, olores, sentimientos?".

[civ] Conforme notoriamente reportado por Alexandre de Afrodísias, essa frase consta no *Protréptico* de Aristóteles. Ver *Protréptico*, trad. port., p. 102: "uma vez que o próprio ato de investigar se é necessário ou não filosofar já se chama 'filosofar' (como o próprio *[Aristóteles]* disse no *Protréptico*)". Esse enunciado é um exemplo da *consequentia mirabilis*, também chamada Lei de Clavius, o jesuíta do século XVI que tornou esse padrão de inferência conhecido nos tempos modernos: se uma proposição resulta da sua própria falsidade, então, por consistência, essa proposição é verdadeira $((\neg\, p \supset p) \supset p)$. Ver Gomes e D'Ottaviano 2017, p. 83.

Ensaio de leitura:
Realidade, lógica e verdade nos artigos da Série Cognitiva de C. S. Peirce

Cassiano Terra Rodrigues

Como já observado, os textos aqui traduzidos lançam as bases teóricas que Peirce aproveitará para o desenvolvimento de sua filosofia. Não é fácil mostrar como e quanto a filosofia madura de Peirce se relaciona com o conteúdo desses artigos de juventude. É possível, ao menos, indicar alguns pontos fulcrais para delinear um percurso de leitura que possa inspirar outros a serem feitos. Para tanto, farei comentários sobre cada um dos textos traduzidos, ressaltando o que me parece essencial em cada um deles.

Categorias lógicas, e não psicológicas

Na série de artigos de 1867 para a AMACAD, Peirce apresenta uma leitura própria de vários assuntos de lógica. É neles que o filósofo busca contemplar, pela primeira vez de maneira sistemática, os desenvolvimentos da lógica matematizada apresentados por Boole, mais especificamente, os avanços relativos à maneira de trabalhar a predicação e a quantificação. Com base nesses avanços é que Peirce argumentará, no artigo sobre uma nova lista de categorias, que, para reduzir o múltiplo das impressões dos sentidos à unidade conceitual, é desnecessário recorrer ao psicologismo característico da filosofia moderna. Aliás, desde pelo menos 1865, Peirce já definira sua recusa ao psicologismo na lógica, portanto, até onde se sabe, um ano antes de Erdmann cunhar o próprio termo *psychologismus*.[1]

---

[1] Kusch 1995, p. 101. De fato, já em 1865, Peirce defendia uma perspectiva "não psicológica" da lógica (**W** 1: 305-321). É importante lembrar que o projeto de Peirce não

Mesmo a concepção de lógica de Kant — como a ciência da forma do pensamento em geral — não escapa de ser psicologista, uma vez que toma como objeto básico de análise os juízos, isto é, os atos mentais fundamentais.

É possível afirmar que o artigo sobre as categorias consolida os resultados desses primeiros trabalhos de Peirce, no seu esforço de abandonar o psicologismo que atravessa toda a filosofia moderna: as categorias da nova lista não são extraídas do funcionamento das nossas faculdades cognitivas, mas da estrutura da predicação, visto que esta se dá independentemente de a exprimirmos em signos escritos, falados ou pensados. Se a lógica, realmente, não se apoia em observações introspectivas, constatações puramente subjetivas de certos estados mentais, sentimentos de logicidade ou o que o valha, mas é justamente o contrário, se todas as conclusões a respeito de nossos estados mentais podem ser sustentadas com base em observações objetivas, isto é, não confinadas a nenhum estado mental de nenhum sujeito específico, isso significa que a lógica é a ciência mais geral, na qual a psicologia se baseia. A lógica estuda "objetos do entendimento considerados como representações", e não os objetos dessas representações, ou seja, "as regras da lógica valem para quaisquer símbolos, para aqueles que são escritos ou falados, assim como para aqueles que são pensados". Por isso, a lógica considera essas representações como "signos que são ao menos potencialmente gerais" (**W** 2: 56, p. 49). Em outras palavras, pouco importa se as representações da operação predicativa são internas à mente do sujeito do conhecimento, efetivamente pensadas por alguém, ou externas, potencialmente inteligíveis. A conclusão é que os fundamentos da lógica não estão em qualquer "interioridade" fundamental; logo, a oposição entre externo e interno se torna irrelevante. Esse é o cer-

---

pode ser assimilado sem mais a um *anti*psicologismo nos termos do problema herdados da tradição que remonta a Frege e Husserl. Sobre o ponto, ver Bellucci 2015b e Tiercelin 2017. É impossível desenvolver, aqui, toda a síntese que o artigo sobre a nova lista de categorias representa no trabalho de Peirce. Salvo melhor conhecimento, o trabalho mais aprofundado acerca desse artigo ainda é De Tienne 1996.

ne da recusa do psicologismo por Peirce, explicado com recurso à terminologia medieval que remonta a Avicena: a lógica é uma ciência que trata de segundas intenções aplicadas a primeiras. Sumariamente, primeiras intenções são conceitos de entes extramentais (por exemplo, humano), como atualmente se diz, ao passo que segundas intenções são conceitos de conceitos (por exemplo, espécie).

Todo esse contexto teórico aparece nos dois resultados principais alcançados: primeiro, a identificação das intenções conceituais ou categorias que permitem saturar, como se diz, qualquer proposição pelo seu predicado; segundo, o entendimento de que os predicados são *representações*, isto é, *signos*, passíveis de classificação em função da sua relação com o objeto representado. Se nada poderia estar mais próximo da definição Aristotélica de universal, isso também possibilita que a lógica ganhe um estatuto de segunda ordem, vindo a estudar como é possível construir relações lógicas com objetos que são, eles mesmos, de natureza semiótica e, no entendimento de Peirce, triádica. Em outras palavras, trata-se de entender como constituir predicados em estruturas inferenciais de modo a expressar *qualidades*; e de como essas qualidades, para serem individuadas, vêm a entreter quaisquer *relações* com algum outro item; e de como tais relações implicam uma *representação* mediadora entre esses itens.

Para melhor entendimento do ponto, podemos retomar a distinção, comum na filosofia moderna, entre proposições — ou juízos, segundo a terminologia psicologista que ele critica — analíticas e sintéticas. As primeiras são definidas pela ausência de contradição entre os termos sujeito e predicado, de modo que um é capaz de incluir o outro. Daí que possam ser chamadas proposições de coincidência, ou seja, os termos coincidem, isto é, não significam ou denotam nada de diferente. Assim, *p é q* seria equivalente a *p é o mesmo que q*, ou *p coincide com q*, o que permite que sua verdade seja determinável independentemente dos fatos, isto é, seja uma mera questão semântica, por assim dizer. Proposições sintéticas, por outro lado, admitem a inconsistência entre os termos sujeito e predicado, de modo que um não está contido no outro, ou seja,

os termos não coincidem, o que implica que a sua verdade não depende apenas de uma definição de significado, mas de como esse significado se relaciona com o mundo.

O que informa essa compreensão é a apropriação, por Peirce, de teorias medievais, especialmente da lógica, algo notável em todos os artigos aqui traduzidos, como adiante ficará claro. Assim, em vez de simplesmente adotar a distinção entre proposições a *priori* e a *posteriori*, Peirce a abandona, retomando dos medievais o vocabulário e a motivação para estudar relações lógicas.[2] Assim, o que ele chama, no artigo sobre a nova lista de categorias, de coincidência e oposição, deve ser entendido por analogia ao que Ockham e outros medievais chamavam de equiparação e desequiparação. Por exemplo, a proposição "todos os humanos são mamíferos" indica uma relação entre indivíduos que os equipara a todos por possuírem a mesma propriedade de ser mamíferos. É possível, então, afirmar que os indivíduos coincidem na mesma propriedade: um homem é mamífero tanto quanto uma mulher; nesse sentido, não se opõem e podem ser considerados indistintamente. Já proposições de oposição estabelecem relações de "desequiparação", isto é, irredutíveis a uma relação entre dois termos, pois exigem ao menos três. Assim, uma proposição como "Algum humano ama outro humano" consiste em dois termos que indicam indivíduos diferentes e um terceiro termo que significa a relação entre esses indivíduos, denominado por Peirce de "predicado". Nesse sentido, os termos individuais não coincidem, mas se opõem, isto é, precisam ser distinguidos um do outro. O que a predicação faz é relacionar os termos de modo a reuni-los sob uma significação comum, sem, no entanto, identificá-los: dois indivíduos diferentes relacionam-se por amor.

---

[2] Em **W** 2: 418-419, 1870, Peirce cita nominalmente Ockham e Petrus Hispanus; ver Michael 1976, p. 51, para como Peirce se apropria das ideias de Ockham; ver Deledalle 1987, p. 33, para a distinção conceitual em si. Quanto às suas fontes medievais, Boler 1963 e Mayorga 2007 ressaltam, principalmente, a filosofia de Duns Scotus, o que inclui, por conseguinte, Tomás de Erfurt e, como aventa Bird 1962, p. 178, também Pseudo-Scotus, uma vez que a identidade desses últimos não estava estabelecida no século XIX.

Essas operações predicativas são exemplificadas no final do artigo, quando as três formas básicas de argumento — a dedução, a indução e a hipótese, cuja validade será estabelecida nos artigos da Série Cognitiva — são interpretadas sob a forma de mediações semióticas (**W** 2: 58-59, p. 51-55). Chamada de "redução da ilação à relação sígnica"[3], essa ideia é decisiva para a identificação peirciana da semiótica, a teoria geral dos signos, e da lógica, a teoria geral do raciocínio. Dela, é possível concluir que as premissas de um argumento são signos da conclusão, de modo que o próprio argumento é um signo da verdade da conclusão.

Com isso, ao dar um passo atrás na direção da lógica medieval, Peirce dá um passo adiante na superação dos marcos teóricos da filosofia moderna. Não obstante, embora jamais tenha deixado de respeitar a máxima kantiana de basear a metafísica na lógica, nesse texto de 1867 ele ainda não descola completamente a sua derivação lógica das categorias de toda e qualquer ação mental. De fato, há um papel central em seu argumento reservado para certo tipo de abstração denominada *prescisão*[4]. A prescisão surge da atenção seletiva a certo elemento e da concomitante negligência a outro, como uma abstração. Conforme explicado no texto, talvez de maneira não plenamente satisfatória, trata-se de separar elementos conceituais segundo sua relação de dependência lógica, estabelecendo, num procedimento que lembra o das condições de possibilidade kantianas, quais termos são prescindíveis e quais não, ou seja, quais termos são absolutamente necessários na predicação, sem os quais ela mesma torna-se impossível. Por exemplo, na proposição "Todos os humanos são mamíferos", é possível prescindir a qualidade, ou propriedade, de "ser mamífero" de "ser humano", mas não o contrário; já na proposição de oposição "Alguém ama a mãe de alguém", não é possível prescindir a relação de amar de nenhum

---

[3] Murphey 1961, p. 63. Com o tempo, Peirce passou a enfatizar cada vez mais essa ideia, conforme corretamente aponta Bellucci em SWS 11.

[4] Para a tradução do termo, ver n.t. i. Para o conceito, ver De Tienne 1996, p. 200 *et seq.*, o qual sigo aqui.

dos "alguém", já que um e outro definem-se por uma qualidade mutuamente relativa. Ora, parece, assim, que o resultado lógico dessa operação prescisiva não depende de nenhum ato mental particular, mas apenas da atenção especificamente dirigida à concepção que unifica as sensações: é possível prescindir o conceito de espaço do conceito de cor porque, para organizar a experiência da cor, precisamos supor o espaço, mas não vice-versa. Como a prescisão não é uma operação recíproca, o espaço pode ser separado como uma concepção que unifica o múltiplo sensível e, com isso, tornado objeto de estudo: que características podemos deduzir do conceito de espaço, independentemente de qualquer outra coisa?

Peirce fará, então, uma dedução metafísica das suas categorias, buscando explicar como estabelecer mediações, segundo elementos identificados como imprescindíveis ou meramente abstrativos. Assim, há dois movimentos possíveis e mutuamente relacionados: a passagem do Ser à Substância, isto é, do indefinido ao definido, e vice-versa[5]. Tomemos uma estrutura ilativa liminar, uma proposição, em sua totalidade, como uma unidade dada. O primeiro movimento consiste em individuar gradativamente os conceitos pressupostos na unificação da operação predicativa em um juízo proposicional, definindo o que é, ou seja, o Ser. Já o segundo movimento toma a Substância abstratamente e identifica os conceitos que gradualmente vão surgindo como elementos constitutivos da possibilidade da predicação. Portanto, Ser e Substância são conceitos mutuamente relacionais: não há um ser geral e último ao qual nosso conhecimento possa almejar, mas só o que é cognoscível por meio de qualificações gradativas relacionais e especificáveis; da mesma maneira, só há substância reconhecida como tal se relacionada e determinada pela qualidade do predicado (daí que as proposições sejam estruturas ilativas liminares, como dissemos, pois a cópula unifica e organiza a multiplicidade substancial sem se restringir a relações de equivalência quantitativa, como para Boole)[6]. Dessa for-

---

[5] Ver De Tienne 1996, p. 228 *et seq.*
[6] Para os conceitos de cópula e ilação, ver Rodrigues 2017.

ma, as categorias imprescindíveis para realizar a mediação são *Qualidade, Relação, Representação*. E essas três categorias intermediárias também são relacionalmente interdependentes e interdefiníveis.

É importante sublinhar a natureza eminentemente fenomenológica do processo ora descrito. Definindo a prescisão como uma espécie de atenção, Peirce fornece um enraizamento fenomenológico às suas categorias lógicas e, por conseguinte, a toda a sua filosofia, porquanto a predicação lógica ela mesma parte do que está presente sem qualquer qualificação. Essa presença não é nem a das ideias cartesianas nem a de um dado preeminente e entificado, mas tão só a dos fenômenos sensíveis e suas respectivas representações mentais, único horizonte possível dentro do qual a noção de substância pode ter algum significado. De toda forma, posteriormente, talvez reconhecendo a forte carga ontológica desses termos, Peirce abandonará os conceitos de Ser e Substância. E, à medida que desenvolver sua teoria dos métodos e sua lógica algébrica, também buscará livrar-se do vocabulário psicologista residual na definição da prescisão como um ato de atenção. As três categorias intermediárias, então, após diversas reformulações, acabarão por originar as suas mais conhecidas categorias faneroscópicas, isto é, concernentes ao *fáneron*: primeiridade, segundidade e terceiridade[7].

Nesse artigo de 1867, é evidente o interesse do jovem Charles em filosofia, particularmente no criticismo de Kant[8]. É conhecida a sua afirmação de que foi instruído por seu pai, Benjamin Peirce: "quando eu ainda era um bebê em filosofia, minha mamadeira era enchida com o leite do úbere de Kant" (**CP** 2.113, 1902). Essa nutrição fortalece a tese de que a lógica deve basear a metafísica, como fica claro no artigo. Não obstante, talvez justamente por ter estudado a *Crítica da razão pura* a ponto de sabê-la de cor, Peirce jamais deixará de criticar Kant pela falta de cuidado formal e pela negligência para com a história da lógica (**EP** 2: 423-424, 1907). Nesse sentido, é muito mais notável a observação, por Peirce, de que a

---

[7] A respeito da faneroscopia de Peirce, ver Ibri 2015 [1992], especialmente cap. 2.

[8] Para a presença da filosofia de Kant nesse artigo de 1867, ver Short 2013.

sua teoria é só uma interpretação da teoria da síntese da apercepção transcendental de Kant, tendo em vista que, como adiante será evidenciado, a apropriação da filosofia escolástica é fundamental aqui. De fato, é impossível deixar passar que Peirce aplica seu vasto conhecimento de lógica à teoria do conhecimento, isto é, que ele busca substituir a crítica subjetiva às faculdades mentais humanas por uma crítica lógica a todas as formas de inferência válida, sejam elas pensadas por alguém ou não, e valorizando as não rigorosamente dedutivas em favor das probabilísticas[9]. Ora, a lógica sempre foi um dos grandes, senão o maior interesse de Peirce, indo muito além do estudo de formas dedutivas de raciocínio ou mesmo da discussão sobre os fundamentos da matemática, embora ele tenha contribuído para ambas as áreas. Orientando-se para uma semiótica ou teoria geral dos signos, a filosofia peirciana da lógica, ao mesmo tempo em que deixa transparecer a influência medieval no pensamento do autor, ainda aparece fortemente calcada em preocupações de ordem científica, pois a ciência experimental foi sempre a principal atividade profissional de Peirce, principalmente a astronomia e a geodesia, com as quais ele angariou considerável reconhecimento internacional. Por mais que tenha se dedicado à ciência, e sem jamais ter tido uma carreira acadêmica sólida e duradoura, nem por isso Peirce deixou de sustentar um programa de pesquisa em filosofia e lógica, seu interesse principal. Ao contrário, como será visto, ele foi o primeiro a abandonar definitivamente o projeto de uma filosofia calcada na subjetividade primordial ou transcendental em nome de um projeto epistemológico semiótico.

A hipótese do self

As categorias encontradas no artigo de 1867 apresentam-se em um nível de generalidade suficientemente elevado para serem usadas em qualquer atividade de raciocínio, por mais ordinária que

---

[9] Esse ponto é ressaltado por D. Dilworth em prefácio a Ibri 2020, p. 18. A relação da filosofia de Peirce com a de Kant é pontuada por Ibri 2015 [1992], *passim*.

possa ser. Cabe, então, elucidar esse uso. Essa é a tarefa dos ensaios anticartesianos da Série Cognitiva. Em outras palavras, trata-se de mostrar que todo o nosso conhecimento é de natureza semiótica, uma vez que a lógica da predicação e das relações inferenciais já foi elucidada.

Dividido em questões e respostas, à moda escolástica, como bem cabe a uma crítica dirigida à filosofia moderna, o primeiro artigo intitula-se, justamente, "Questões concernentes a certas faculdades reivindicadas para o homem"[10]. O artigo visa sobretudo a refutar a reivindicação de que nós, seres humanos, temos uma espécie de conhecimento absolutamente não mediado por signos, o qual, tal como o estalo do Padre Vieira, causaria em nossa mente uma transformação que volveria lúcido e fixo na consciência o que antes pudesse parecer-nos obscuro e inacessível, seja isso nós mesmos, os nossos estados mentais, a coisa em si mesma ou a essência ideal do universo. Com exatidão inconfundível e rigorosa, esse estalo tornaria o trabalho intelectual, no fim das contas, desnecessário. Assim, a crítica de Peirce visa mesmo a refutar tal espécie mais desejada do que realmente possuída de acesso direto e fundamental à verdade, independentemente de quaisquer esforços investigativos, à qual a tradição dá o nome de intuição, isto é, "cognição não determinada por uma cognição prévia do mesmo objeto" (**W** 2: 195, p. 57). A intuição é frequentemente ligada à introspecção, ou seja, o conhecimento do nosso mundo interno não é determinado pelas cognições do mundo externo. Sobre esses conceitos, sustenta-se a dualidade de natureza entre sujeito e objeto.

Peirce operará então a desconstrução, no sentido propriamente filosófico do termo, de ambas as reivindicações, a de que temos intuição e a de que a intuição é reconhecível introspectivamente. O primeiro passo é remontar o conceito de intuição à interpretação feita por Anselmo de Cantuária de I *Cor* 13,12: há um conhecimen-

---

[10] "Peirce se pergunta, à maneira de Kant e sob uma forma escolástica, quais são as condições de possibilidade do conhecimento", nas palavras de Deledalle 1987, p. 15.

to que é como um abrir de olhos para a verdade pura. A refutação dessa ideia atinge ainda outra tese, muito mais antiga: todo conhecimento humano se baseia em premissas fundamentais ou últimas. Como se sabe, Aristóteles depositava no raciocínio indutivo a via para alcançar essas premissas primeiras, isto é, no sentido de que seriam insuscetíveis de demonstração. Ao mesmo tempo em que todas as demonstrações delas derivariam em última instância, elas seriam imediatamente cognoscíveis quando as atingíssemos ao alcançarmos um alto grau de abstração intelectual. Se não são cognoscíveis por raciocínio, mas, como se expressava Tomás de Aquino, são evidentes por si mesmas, tais premissas devem então ser originárias, isto é, devem, de alguma maneira espontânea, imediata e indemonstrável, brotar da nossa própria mente. Alguma divindade as teria implantado em nós? Seria a nossa mente capaz de engendrá-las pelo seu próprio *modus operandi*? Seja qual for a sua origem, tal conhecimento inapreciável revelar-nos-ia como em um pulo não apenas *o que* conhecemos, mas também *como* o conhecemos.

Ora, a força dessas teses mostra-se facilmente com exemplos, pois até mesmo um lógico do porte de Frege, recusando qualquer explicação genética do nosso processo cognitivo por temer recair em empirismo ou psicologismo, deixou-se siderar pela ideia de que somos capazes de captar sentidos proposicionais, chamando-os de pensamentos e considerando-os como entidades objetivas atemporais, sem, contudo, conseguir definir de maneira satisfatória que misteriosa captação é essa por meio da qual nossas mentes se apoderam de entidades que, para ele, habitariam um terceiro e incerto reino à parte dos já conhecidos mundos interno e externo. Todavia, a tese do acesso privilegiado e intransferível a dados imediatos de conhecimento não fascina apenas a filosofia ocidental. Nos grandes sistemas místicos-especulativos orientais, do budismo ao daoísmo, essa ideia também açula especulações, tão magníficas quanto vagas (o que talvez seja um aspecto positivo). Basta lembrar, como mais um último exemplo, que Laozi, o venerável mestre chinês que viveu em algum momento entre os séculos 6 e 4 AEC, ao qual é atri-

buída a escrita do *Tao Te Ching*, ou *Daodejing*, *O livro do Caminho e da Virtude*, propunha como chave para a iluminação o esvaziamento total da mente. Se o Dao é absoluto e ao mesmo tempo nada, a razão e a linguagem pouco podem nos ajudar a compreendê-lo. A única via para o Dao só pode então ser a experiência direta, como uma introspecção que, todavia, não deixa de ser transcendente em certo sentido, por implicar um descolamento da imediatez mundana e permitir o reencontro com a harmonia indizível do cosmos. Aí, então, a união entre self e não self se consumaria no Dao e todas as dualidades se resolveriam. Seria essa uma experiência intuitiva? Uma epifania mística? Estaria além ou aquém de toda racionalidade? Já que o Dao é, a uma só vez, caminho e meta, essencialmente inexplicável, talvez perguntas assim sequer façam sentido. Contudo, seria tal experiência humanamente possível *em vida*? Como não desejo incorrer em qualquer sorte de orientalismo ou essencialismo, de modo a exagerar uma rígida e dicotômica oposição entre conhecimento lógico, *portanto*, *racional*, de um lado, e outras diferentes, *portanto*, *irracionais*, espécies de conhecimento, de outro, calo-me sobre o Dao[11].

Ora, se o movimento de levantar as camadas historicamente sedimentadas de acepções do conceito de intuição estabelece um diálogo de arco longo com a história do pensamento humano, o interesse de Peirce nesse debate, a bem falar, não pode ser desvinculado do contexto dos EUA no século XIX[12], pois, então, o debate sobre a intuição como uma faculdade cognitiva privilegiada de conhecimento, tanto do mundo exterior quanto do interior, toca-

---

[11] É a melhor atitude, segundo Laozi (2003). Essa dicotomia, aliás, o próprio Peirce jamais aceitou, e nem poderia aceitar, como deverá ficar mais claro adiante. Ver Bueno e Czepula 2020, para uma esclarecedora contextualização da recepção ocidental do pensamento chinês, particularmente no Brasil.

[12] É impossível, aqui, aprofundar esses temas. Ver Miller 1965, Menand 2001 e Kuklick 2001. Para as implicações políticas do pensamento de Peirce, ver Anderson 1997; Westbrook 2005, cap. 1, nos quais me baseei amplamente. Hamner 2003 apresenta um estudo aprofundado sobre como a filosofia de Peirce se insere no contexto do "imaginário puritano" dos EUA no século XIX.

va em pontos sensíveis relativos à autonomia intelectual da nação emergente. Em 15 de julho de 1838, Emerson deu uma palestra para a turma de formandos da *Divinity School* [Colégio da Divindade] de Harvard, na qual, em nome de seu transcendentalismo, ele atacou impiedosamente a pretensão de atribuir historicidade às narrativas da Bíblia. Essa palestra ficou conhecida pelo nome comum de "Divinity School Address" e foi considerada radical para a sua época. Nela, Emerson defendeu a primazia da intuição moral sobre a religião, insistindo que cada indivíduo traz dentro de si um genuíno e veraz sentimento moral que torna desnecessária a crença em dogmas religiosos. "A intuição do sentimento moral", Emerson afirma, "é um insight da perfeição das leis da alma. [...] Ela não pode ser recebida de segunda mão"[13], e o que uma pessoa recebe de outra não é instrução, senão provocação — ou é algo que ela encontra verdadeiramente em si ou o rejeita completamente. Com isso, Emerson buscava fundamentar uma filosofia autenticamente estadunidense que não apenas repetisse a tradição europeia, mas que dialogasse crítica e autonomamente com ela. Daí a defesa da intuição como um conhecimento imediato e não discursivo, isto é, um conhecimento que prescindiria das mediações sedimentadas do senso comum europeu e permitiria o florescimento de uma nova e autossuficiente personalidade na América (do Norte, bem entendido). Ao tirar a intuição da cartola e exibi-la às vistas públicas, Emerson fez a apologia da independência intelectual da jovem nação ao mesmo tempo em que atualizou o debate filosófico estadunidense. A vitalidade do debate sobre a intuição pode ser evidenciada ainda com a lembrança de que James McCosh, proeminente filósofo escocês da tradição do senso comum, escreveria alguns anos depois, em 1860, um livro intitulado *The Intuitions of the Mind Inductively Investigated* [As intuições da mente investigadas indutivamente], no qual defendia o primado epistêmico da intuição como base para fundamentar a crença no cristianismo, justamente o alvo

---

[13] Emerson 2000, pp. 64 e 66.

das severas críticas de Emerson na referida palestra. Lá da Escócia, é improvável que McCosh conhecesse Emerson, mas, em 1868, ele imigraria para os EUA para se tornar presidente da *College of New Jersey* [Faculdade de Nova Jérsei], embrião da futura Universidade Princeton, vindo a ocupar esse cargo durante vinte anos.

Ao recuperar o principal sentido de intuição na tradição filosófica ocidental, Peirce deixa tais concepções para trás. De fato, em latim, quem diz *intuere* quer dizer olhar, contemplar. O que está em questão, dessa maneira, é o conhecimento definido como uma visão instantânea seja do que for, de objetos externos ou de nossa manifestação fenomênica para nós mesmos. No uso de Peirce, os termos "cognição" e "pensamento" aparecem, aqui, como sinônimos, usados de maneira a indicar ou o processo de conhecimento ou uma sua manifestação específica. Em certas ocasiões, Peirce entende por "pensamento" ou "cognição" o ato de pensar ou conhecer, ao passo que, em outras, ele se refere a um caso particular desse ato, de modo que "cognição" passa a significar uma instância de conhecimento, ou seja, uma experiência de conhecimento. Nesses termos, torna-se insustentável a tese do ato ou experiência cognitiva primordial e única, absolutamente isolada e fora de qualquer processo cognoscitivo. A refutação operada por Peirce, então, atinge agudamente pontos impressivos das mais diversas tradições filosóficas, desferindo um golpe decisivo contra diversas pretensões filosóficas e ideológicas de atingir uma visão clara e inequívoca de uma verdade estática, última e inquestionável. Isso não implica, porém, que o seu próprio posicionamento não fosse, nessa época e em certos pontos, menos ideológico, o que deve ficar mais claro adiante, quando discutirmos a sua teoria social da lógica.

Antes, é necessário entender bem a crítica ao intuicionismo, formulada em perguntas e respostas, à moda da *quaestio* medieval. A todas as sete questões elencadas, Peirce responde negativamente. Esse procedimento permite-lhe avançar uma radical crítica à ideia de intuição, por ele identificada como eixo em torno ao qual giram os preconceitos filosóficos de sua época, mas não só.

É importante enfatizar que Peirce recusa a ideia de intuição em

um sentido bem específico, como origem e premissa infalível do conhecimento[14]. Esse é o ponto de maior alcance. Ao menos desde Aristóteles, a pressuposição da necessidade de primeiros princípios fundantes, indubitáveis e infalíveis para o conhecimento (e também para a ação), aos quais teríamos acesso por meios igualmente indubitáveis e infalíveis, é hegemônica na filosofia. Consoante ao movimento de desconstrução conceitual, Peirce lembra que nem sempre houve consenso quanto às primeiras premissas do conhecimento. Na Idade Média, por exemplo, a premissa da autoridade era considerada primeira relativamente à razão individual, o que o faz perguntar, retoricamente, é claro, se o mesmo destino não poderia advir à autoridade *interna*, tão considerada em seu meio, como já anotado (**W** 2: 195, p. 61).

Assim, se existe alguma intuição, e em que sentido, isso só pode ser determinado por pesquisa, ou seja, não intuitivamente. Essa é, em resumo, a resposta à primeira questão (**W** 2: 193, p. 57 *et seq.*): se não somos capazes de distinguir correta e indubitavelmente entre cognições intuitivas e não intuitivas apenas contemplando-as, temos de investigar. Em primeiro lugar, chega a ser tolo tentar provar o contrário pelo recurso a algum sentimento especial, como se de alguma maneira essa peculiar percepção ou intuição da verdade fosse como o conhecimento sensível. Baseando-se nos escritos de Berkeley sobre a visão, Peirce elabora uma detalhada argumentação relativa à necessidade de aprender a distinguir entre *o que* sabemos e *como* sabemos. Para ser claro, essa diferença só pode ser estabelecida se o processo mesmo de conhecer for submetido a exame raciocinado *de fora*, o que implica um princípio de parcimônia, como uma navalha de Ockham, e, simultaneamente, um princípio de impessoalidade, já que o próprio sujeito, imerso em seu fluxo mental, é incapaz de objetivamente realizar a distinção. Mas, se é assim, por que então invocar uma faculdade intuitiva especial para explicar o que, de fato, pode ser explicado como um processo inferencial já conhecido?

---

[14] Conforme elucida Santaella 2004, p. 47; ver também Santaella 2006.

A melhor conjectura é supor que toda nossa vida mental resulta de inferências que fazemos a partir da percepção sensível. Tomando, então, a via contrária à dos filósofos modernos, em vez de chegar ao conhecimento do mundo externo pela análise dos nossos conteúdos de consciência, Peirce preconiza que só conseguimos adquirir conhecimento da nossa interioridade pela análise dos fatos externos. Daí que ele explique a cognição como um gradual tomar consciência do objeto de conhecimento, descrevendo o processo em termos de diferenças cognitivas infinitesimalmente imperceptíveis, uma passagem gradual do indefinido ao definido, tal qual o artigo sobre as novas categorias descrevia logicamente. Trata-se, em suma, de um ponto de partida metodológico: toda explicação do que se passa internamente em nossas mentes deve ser dada em termos de exterioridade, ou seja, de objetos publicamente acessíveis. Esse é o ponto ao qual chegará a resposta à segunda questão (**W** 2: 200, p. 77 *et seq.*), pouco menos de dez anos após a publicação do livro de Darwin e antecipando, em publicação, em pelo menos vinte, a tese da cognição situada e incorporada, a qual fará Nietzsche famoso: nosso *self* é um signo, porquanto é uma concepção que, por resultar não de qualquer raciocínio, mas de um raciocínio hipotético, isto é, "raciocínio baseado em signos" (**W** 2: 213, p. 109)[15], dá consistência e unifica nossas experiências. Vemos em gérmen, aqui, o conceito de abdução, pelo qual Peirce distingue-se na filosofia da ciência: raciocinar com base em signos não é sinônimo de raciocinar, simplesmente, mas um tipo específico de raciocínio explicativo: "aduzir a cognição pela qual uma dada cognição foi determinada é explicar as determinações dessa cognição. E essa é a única maneira de explicá-las" (**W** 2: 209, p. 97), pois, desde os primeiros momentos da infância, interagimos corporalmente com o mundo externo, sem exatamente distinguir entre o interior e o exterior. Os fatos e as coisas externas, porém, são irredutíveis às nossas internas idiossincrasias, o que compreendemos rapidamen-

---

[15] Agradeço a Douglas Niño chamar-me a atenção para a necessidade de enfatizar esse ponto.

te ao recusar o testemunho alheio e procurar investigar, por nós mesmos, a natureza da alteridade física externa. A construção do self é obtida pela *experiência* própria do erro — deve haver alguém que está errado, *eu* estou errado — e pelo *testemunho* alheio. Por exemplo, ao tocarmos um ferro quente, compreendemos a natureza da alteridade física ao sentirmos a brutal experiência da dor; a diferença entre a minha vontade e a vontade alheia é inferida das recusas aos meus desejos.

Aqui, além de apontar a semelhança com o que foi feito na filosofia do século XX a respeito dos mesmos pontos, que seja feita, então, justiça histórica a Peirce na crítica ao cartesianismo e ao pressuposto dogmático de primeiros princípios e apercepções transcendentais fundantes. Há também que se lembrar que Peirce reconhece ao testemunho uma força tão grande ou até mesmo maior, por vezes, do que a dos fatos na formação de nossa vida psíquica. Com efeito, isso também o afasta de um comportamentalismo ingênuo, por não depositar confiança excessiva no poder objetal da realidade em moldar a nossa conduta mental e chamar atenção, justamente, à importância da confiança como um valor epistêmico essencial. Afirmando, com todo rigor, que "o testemunho é uma marca do fato muito mais forte do que *os próprios fatos*, ou, antes, das próprias *aparências*", afirmando ainda que o testemunho alheio pode convencer alguém de sua própria loucura (**W** 2: 202, p. 81), Peirce descreve a emergência da autoconsciência a partir da ignorância e do erro, conforme interagimos com os objetos e uns com os outros, e vamos urdindo uma trama que, é bem verdade, continuamos a tecer, gradual e inferencialmente, por toda a nossa vida. Nesse enredo contínuo, afecções e cognições não se distinguem em essência. E, se é assim, o nosso *self* não é e jamais poderia ser uma concepção absolutamente primeira ou fundamental, mas só seria a última, isto é, a conclusão — sempre parcial e passível de ser modificada — de uma sequência inferencial cujas premissas esteiam-se na interação com a alteridade do mundo exterior. O *self* nomeia um processo e não uma substância, ou seja, ele é um signo geral ao

qual chegamos por sucessivas inferências relativas à distinção entre "identidade" e "diferença"[16]. Isso é o que, nesse contexto, Peirce quer dizer com *hipótese*: o self é uma concepção formulada *a posteriori* para explicar — ou justificar? — a falibilidade nossa, nada mais do que uma ideia, uma representação que nos ajuda, afinal, a sobreviver. À vista disso, a consciência emerge como a manifestação superficial de nossa vida mental, toda ela de natureza inferencial, fluida, contínua e processual, embora disso não nos apercebamos. O que Peirce descreve, então, é um processo contínuo de comunicação que não separa corpo e mente, mas os associa em interação com a ambientação externa, tendo em vista a nossa persistência no mundo[17]. Com essa conjectura, revoga-se a interdição mecanicista que exclui do âmbito da personalidade a ideia de autocriação, no sentido de uma emergência gradual e constante na qual comparecem diversos fatores, individuais, sociais e, sobretudo, semióticos.

As respostas às demais cinco perguntas são, em grande medida, consequências das duas primeiras, como já deve ser possível perceber. A resposta à terceira questão (**W** 2: 204, p. 85 *et seq.*) assenta que não conseguimos identificar, intuitivamente, quaisquer elementos subjetivos de consciência. Com isso, Peirce prepara o caminho para refutar a tese de que somos capazes de introspecção, como uma cognição ou percepção direta do mundo interior totalmente desvinculada de observação externa (quarta questão, **W** 2: 205, p. 89 *et seq.*). De fato, se nossa subjetividade não pode ser examinada intuitivamente, tampouco podemos, pelo mesmo expediente, chegar a saber se temos qualquer capacidade introspectiva. É interessantíssimo, nessa perspectiva, o argumento de Peirce quanto às nossas emoções, ou, *grosso modo*, as *paixões da alma*, como dizia Descartes (e, com ele, praticamente todos os filósofos

---

[16] Ver Ibri 2015 [1992], pp. 23-29, que enfatiza a alteridade objetal nesse processo, mas oblitera o testemunho alheio. Sobre esse último ponto, e a natureza linguística do self, ver Short 1997.

[17] Como bem enfatizado por Trout 2010, que também incansavelmente reforça a dimensão sensível e primordialmente afetiva das nossas cognições.

modernos, a bem da verdade). Descartes considerava as paixões segundo seu dualismo característico, como ações do corpo sobre a alma, a ameaçar a nossa racionalidade. Peirce, diferentemente, as considera como resultados de uma operação predicativa dúplice, dirigida primeiramente ao mundo externo, e, em seguida, ao interno. Muito resumidamente, as nossas emoções resultariam da nossa capacidade racional de atribuir qualidades positivas ou negativas à alteridade que nos limita ou nos perturba de alguma maneira. Assim como o self, as emoções são inferidas, isto é, são um resultado consciente do que se passa na nossa vida mental quando nos deparamos com o exterior. Logo, se toda a nossa vida psíquica, inclusive a emocional, é inferida de fora para dentro, fica demonstrado porque é desnecessário supor uma faculdade especial para explicá-la.

A quinta questão (**W** 2: 207, p. 41) introduz a teoria dos signos como uma consequência lógica da refutação da intuição. Seguindo fielmente a lógica de sua argumentação até esse momento, Peirce introduz a ideia de que não há cognição sem signos, porquanto toda cognição é inferencial e não há inferência sem signos. Isso não apenas significa que o pensamento é externalizável em signos, mas, sobretudo, que esse processo não é feito de elementos individuais discretos, mas apenas individualizáveis. O pensar é um fluxo contínuo de origem externa, dos signos de fora para os de dentro. No vocabulário de sua maturidade, Peirce diria que pensar é *semiose* na qual estamos. Esse tema será expandido e aprofundado no artigo seguinte.

A sexta questão (**W** 2: 208, p. 95 *et seq.*) trata do problema do incognoscível. De acordo com a suposição de uma faculdade intuitiva e introspectiva, necessariamente a fonte de nossas cognições primordiais deveria ser ela mesma incognoscível. Em outras palavras, a própria origem de nossa capacidade de conhecer não poderia ser conhecida, o que, todavia, não faria o menor sentido, porque o incognoscível, ao ser nomeado, passaria a ser significado como tal e, consequentemente, passaria a ser cognoscível, pois, se é possível identificá-lo com algum signo,

ele passa ao âmbito do interpretável e deixa, com isso, de ser incognoscível.

A sétima e última questão (**W** 2: 209, p. 97 *et seq.*) aborda talvez o ponto mais importante, do qual depende, em grande medida, a própria argumentação, que é o da gênese do conhecimento. De fato, a resposta de Peirce pode parecer insatisfatória a quem ainda deseje uma resposta cabal a essa indagação, uma vez que ele afirma que não podemos saber, com certeza, se uma cognição é ou não originária. O que é possível supor — e isso é o que o exemplo do triângulo invertido busca evidenciar — é que o nosso conhecimento se dá processual e gradualmente, sem que consigamos distinguir especificamente o ponto exato em que o objeto externo entra na nossa vida cognitiva. Para saber, por conseguinte, se o nosso conhecimento tem uma origem específica e pontualmente identificável no tempo, é necessário raciocinar e, em consequência, até mesmo essa cognição resultaria de outras. Com isso, é possível então entender o self, ou a consciência, em termos de um processo gradualmente emergente na direção de um incremento de informação consistente proporcionalmente maior à medida que avança no tempo. A divisa entre o subjetivo e o objetivo, o mental e o material é inexata, portanto, embora sem deixar de ser determinável. E se essa é a suposição mais cabível, cai por terra, então, a postulação aristotélica — admitida quase sem discordância durante praticamente 2.000 anos de filosofia ocidental — de que as premissas primeiras da demonstração seriam elas mesmas indemonstráveis e mais cognoscíveis que as conclusões, isto é, não cognoscíveis por raciocínio.

Evidentemente, nada disso significa que as questões não possam ser respondidas de outra maneira e que os intuicionistas não tenham argumentos em contrário. Seja como for, essa réplica parece muito difícil de ser feita sem repetir justamente o que Peirce recusa, pois, em consequência dessas críticas, resulta que o cartesianismo — ou, para falar inequivocamente, toda forma de intuicionismo — baseia-se em certezas de natureza puramente psicológica para fundamentar o método lógico da pesquisa científica. Em

Escritos da Série Cognitiva   383

outras palavras, fazendo uso de uma dúvida de papel, meramente fictícia, o intuicionismo de inspiração cartesiana forja um caminho pelo qual torna possível recuperar todas as certezas que são postas em dúvida, em um procedimento que, no fim das contas, é fingido. Por isso, Peirce afirma que para duvidar não basta querer duvidar: a dúvida precisa ser genuinamente vivida.

Agora, fica então claro quais são as quatro capacidades negadas: 1º. não temos capacidade alguma de qualquer conhecimento introspectivo, mas, na verdade, todo conhecimento que temos de nosso mundo interior é uma construção hipotética baseada no conhecimento de fatos exteriores; 2º. não possuímos nenhuma faculdade de intuição, no sentido de cognição não determinada por cognições anteriores; 3º. só conseguimos pensar utilizando signos de alguma espécie; e 4º. não temos qualquer concepção do incognoscível. (**W** 2: 213, p. 109). Essas negações, das quais diversas consequências serão tratadas nos próximos artigos, permitem desenvolvimentos que extrapolam a crítica ao espírito do cartesianismo em outras direções. Pensando na referência à filosofia medieval, é possível afirmar que esse artigo estabelece a *pars destruens* da questão, ao passo que os próximos se encarregarão da *pars construens.*

Consumado, então, o percurso crítico, uma constatação se impõe: entre o mundo externo e o interno, há mais continuidade do que separação. A negação de qualquer função originária ou fundamental ao nosso mundo mental, ao fim e ao cabo, resulta em que este nada mais é que um produto inferencial de nossas ações no mundo externo, tendo em vista que sentimos as nossas próprias limitações por sermos forçados ou ensinados a reconhecê-las. Assim, a formação do self caminha par a par com o aprendizado da linguagem, com um momento decisivo na comunicação interpessoal. Esta, a bem da verdade, é o próprio contexto de formação dos pensamentos, logicamente anterior a processos mentais individuais. Não que o real não fixe a crença, mas isso talvez valha para a crença científica produzida pela investigação coletiva mais do que para a adoção individual de opiniões circunstanciais, pois,

em ambos os casos, o papel da mediação semiótica é essencial. Sem a comunicação por signos, é impossível à comunidade científica estabelecer critérios de interpretação dos fatos; da mesma maneira, ninguém isoladamente cria os signos com os quais dá sentido à própria experiência de mundo, antes aprende a utilizar os signos já existentes ao entrar no fluxo das mediações já estabelecidas. Assim descrito, o processo semiótico de criação e interpretação é verdadeiramente um processo orgânico, de contínua assimilação e adaptação dos *selves* individuais na semiose geral. Ao mesmo tempo, porém, em que aponta para a superação dos pressupostos dicotômicos da filosofia moderna, o inferencialismo de Peirce precisa ao menos sugerir como superar outras e novas dificuldades. Senão, vejamos.

Esse último aspecto mencionado da epistemologia de Peirce, ainda que comumente enfatizado pelos comentadores, parece não chamar a devida atenção na sua relação com a moldagem e fixação das crenças, cuja explicação mormente preferida se dá pela via da categoria da segundidade, isto é, pela ênfase na característica de alteridade do real em sua natureza objetiva e *a fortiori* moldadora do signo.[18] Todavia, como já assinalado, a teoria de Peirce concede à crença prioridade relativa não apenas à dúvida, como a todo o conhecimento, de modo que a consistência construída do self, mediada por outros *selves*, ganha estatuto equiparável ao dos fatos na fixação de hábitos de pensamento (e, por conseguinte, de ação). Nós, humanos, somos crédulos. Se quisermos usar a fórmula consagrada, é inevitável constatar que, para nos desenvolvermos como "animais racionais", crer é um pressuposto: viver implica não se deixar paralisar pela dúvida, uma vez que esta é como uma irritação para o self. Ao mesmo tempo em que interrompe a crédu-

---

[18] Como exemplos, cito Ibri 2015 [1992]; Santaella 2004 e 2006; Silveira 2003; Hookway 2004. O papel do testemunho é lembrado por Colapietro 1989, cap. 4; Short 1997; De Waal 2006; uma comparação com Wittgenstein é feita por Calcaterra 2005. Ver Tiercelin 1989, pp. 213-214, para a ligação desse ponto com a filosofia do senso comum.

la tranquilidade que nos permite levar a vida adiante, o estado de dúvida impele à sua própria eliminação. Usando de todos os meios disponíveis para aplacar essa irritação, o self procura a crença, não importa se verdadeira ou não, de modo que jamais podemos nos considerar, cada um de nós, permanentemente livres de toda dúvida. Devemos, então, simplesmente reconhecer a falta de validade de todo e qualquer conhecimento? Se parece aterradora a simples hipótese de uma vida em permanente dúvida, seria a perspectiva das certezas apenas momentaneamente apaziguadora, jamais definitiva, menos angustiante? Essas são perguntas que Peirce tentará responder, justamente, na *pars construens* de seu questionamento.

Esse princípio de credulidade, se podemos assim chamá-lo, conecta Peirce a Thomas Reid, o maior representante da tradição da filosofia do senso comum escocesa. Embora não desenvolvido nesse momento, esse ponto é de suma importância, pois faz da alteridade do real *um* de *dois* elementos essenciais da teoria social da lógica, junto com a exigência *lógica* de identificação dos interesses individuais com os comunitários, elementos que serão decisivos para superar as limitações identificadas na formação do self. Com efeito, o tema da fixação da crença será o primeiro abordado na série de seis artigos agrupados sob o rótulo de *Ilustrações da lógica da ciência*[19], publicados cerca de dez anos após a Série Cognitiva, nos quais a chamada "máxima pragmática" aparece pela primeira vez, ainda que assim não denominada. William James batizou-a de "o princípio do praticalismo — ou pragmatismo", ou ainda "o princípio de Peirce"[20]. Segundo seu próprio autor, trata-se, em primeiro lugar, de um princípio lógico de boa prática científica. Como já foi sugerido, a proposta de Peirce ousa confiar à construção coletiva do conhecimento — o que se chama, para ele, *ciência* — a tarefa de fixar, se não todas, algumas crenças, e de dirimir, se não todas, algumas dúvidas, ainda que de maneira falível, parcial e provisória. Com isso, Peirce

---

[19] A série das *Ilustrações* foi traduzida no Brasil integralmente por Renato R. Kinouchi; ver Peirce 2008.

[20] James 1898, p. 290.

evita recair no idealismo subjetivo dos filósofos modernos, o qual reduzia situações objetivamente indeterminadas e, portanto, duvidosas, ao mero desconforto individual. Se bem que, nesse momento de fins dos anos de 1860, restassem esses pontos mais sugeridos do que de fato estabelecidos, e isso até mesmo pela linguagem ainda tributária do jargão da filosofia moderna, é bem verdade que Peirce já demonstrava a sua preferência pelo realismo como doutrina metafísica. Subsequentemente, ele buscará fortalecer essa posição. Sinal disso é que submeterá ao teste científico os resultados a que chegou nesses escritos de juventude, quando, em 1884, em parceria com seu estudante Joseph Jastrow, realizará um estudo pioneiro de psicologia experimental cuja conclusão afirmará a incapacidade humana de identificar precisamente o limiar entre a consciência e a inconsciência[21].

Vale ressaltar, mais do que antecipar um fenômeno amplamente reconhecido nos dias de hoje, que talvez possamos chamar de "viés" ou "reforço de crença" a essa inflexão do inferencialismo peirciano[22] que parece representar considerável objeção às teorias deliberativas da democracia e da vida social, cuja ênfase na racionalidade discursiva dos cidadãos individuais como fonte de legitimidade para o ordenamento jurídico-político é evidentemente uma herança cartesiana. E, é justo reconhecer, as implicações políticas de tais críticas ao subjetivismo moderno não passaram mesmo despercebidas ao próprio Peirce. O tema da política será abordado mais adiante. Antes, é preciso entender o segundo artigo.

---

[21] O experimento foi descrito em Peirce e Jastrow 1885, artigo publicado nos *Memoirs of the National Academy of Sciences* e republicado em **W** 5: 122-135. Além de introduzir a técnica de aleatoriedade na psicologia experimental, o experimento de Peirce e Jastrow foi a primeira demonstração científica de que não percebemos conscientemente todas as nossas atividades cerebrais. Ver Hacking 1988.

[22] Com efeito, a filosofia inferencialista da mente de Peirce é entendida por vários comentadores em oposição ao intuicionismo e ao externalismo, comumente relacionados ao behaviorismo. Ver Beeson 2008, especialmente cap. 3, para um balanço da discussão.

Escritos da Série Cognitiva   387

A *teoria semiótica da subjetividade*

A expressão "espírito do cartesianismo" aparece no início do segundo artigo da Série Cognitiva, "Algumas consequências de quatro incapacidades", em comparação com quatro pontos distintos da filosofia medieval. A ideia é mostrar, pelo contraste histórico, a artificialidade da posição cartesiana, o que fica evidente pela acusação de "formalismo" (**W** 2: 212, p. 107). Mais do que isso, recusar o espírito do cartesianismo se mostrava necessário, para Peirce, em função da necessidade de fazer jus às transformações da lógica e da ciência modernas.

Primeiro, quanto ao método da dúvida, Peirce recupera o argumento em defesa do senso comum, tomado de empréstimo a Reid: é impossível duvidar em filosofia do que ninguém duvida na vida prática, no coração. Para filosofar é necessário estar no mundo, e só é possível filosofar com as certezas já conhecidas, conforme já visto, pois o conhecimento depende da apropriação do repertório de saber já existente para combiná-lo à aprendizagem empírica autônoma. Desse modo, só a continuação do processo chamado por Peirce de *inquiry*, isto é, a inquirição ou investigação, será capaz não apenas de fixar mais seguramente crenças, como também de fazer brotar alguma dúvida em nossas crenças, inferências, modos de pensar e agir, em todos os nossos preconceitos adquiridos, em suma.

Segundo, quanto ao critério de evidência subjetiva, isso significaria, no fim das contas, desistir de raciocinar, pondo a investigação de lado antes mesmo de começá-la, como se fosse um acessório inadequado a ser suplantado pela certeza individual. Como o artigo anterior estabelecera, trata-se, porém, justamente do contrário: a certeza individual é propensa demais ao erro e, além disso, está em franca oposição ao modo eminentemente social ou coletivo como o conhecimento é construído.

Terceiro, quanto à relação da filosofia com as outras ciências, reaparece o veto à credibilidade de uma cognição cabal e inultrapassável, tal como a desejada intuição direta da verdade. A bem

dizer, os critérios partilhados de confiabilidade inferencial são muito mais importantes e eficazes do que quaisquer outros individualmente estabelecidos. Em outras palavras, o quanto o conhecimento se mantém coeso depende de como as inferências se combinam umas com as outras tendo em vista a explicação que fornecem dos fenômenos. Por isso, com uma metáfora que, aliás, será usada com finalidade parecida por Wittgenstein[23], Peirce prescreve que o conhecimento "não deve formar uma corrente que não seja mais forte do que seu elo mais fraco, mas um cabo cujas fibras podem ser finíssimas, contanto que sejam suficientemente numerosas e estejam intimamente conectadas" (**W** 2: 213, p. 48).

Por fim, o quarto ponto ressalta que a suposição de inexplicabilidade, no fim das contas, significa obstruir a investigação. De fato, já a suposição de uma faculdade intuitiva sugere algum dado cognitivo último e insuscetível de análise. Todavia, essa suposição, como já estabelecido, só pode ser feita por raciocínio, o que leva ao seu natural desmentido. De fato, cerca de três décadas mais tarde, em 1898, Peirce estabelecerá como primeira regra da lógica e da razão justamente uma consequência dessa teoria: para aprender, é preciso querer aprender, isto é, não se contentar com o que já se sabe e não supor nada de inexplicável, regra essa cujo corolário é *não bloquear o caminho da investigação* (**EP** 2: 48).

Com esse preâmbulo, em si mesmo bastante profícuo, Peirce começa a *pars construens* de seu programa de pesquisa, retomando as quatro negações apresentadas ao final do artigo anterior e adotando-as, então, como pontos de partida ou princípios a serem desenvolvidos.

Uma das mais interessantes consequências desenvolvidas é a ideia de que a mente humana não funciona falaciosamente. Com efeito, se toda cognição decorre de outra, como parte de um processo contínuo, esse movimento pode ser descrito como o da passagem das premissas à conclusão em uma inferência válida. Como ficará mais

---

[23] Wittgenstein 2009, pp. 36-37; parágrafo 67.

claro no segundo artigo, da perspectiva inferencialista adotada por Peirce, não se vislumbra uma unidade mental básica, nenhuma entidade noética ou noemática, como uma ideia, um juízo ou qualquer espécie de representação mental, mas apenas o próprio processo de raciocinar, tomado como "equivalente ao processo silogístico" (W 2: 214, p. 111). Pode parecer duvidoso que todo conhecimento se dê de tal forma. De fato, Peirce analisa quatro alegações de possíveis falácias cometidas pela mente humana, mostrando como os erros inferenciais não podem ser atribuídos a alguma forma de pensamento contrário às leis da lógica, mas são apenas e tão só erros que independem do raciocínio, tais como aceitar como verdadeiras certas premissas sem saber que são de fato falsas (ou vice-versa, é claro). Esse ponto, que lembra a afirmação de Frege de que seria uma espécie bastante inusitada de loucura pensar contrariamente às leis da lógica, reaparecerá com relevância estratégica no terceiro artigo do JSP. Aqui, ele comparece para justificar a constatação empírica de que, se alguém crê em certas premissas, "no sentido de que agirá com base nelas e dirá que são verdadeiras" (*idem*), em condições favoráveis isso significa uma prontidão a aceitar a verdade da conclusão, isto é, uma prontidão para crer nela e moldar suas ações conforme essa crença. De fato, se lidarmos apenas com a linguagem natural, a ilogia é sempre possível. Contudo, isso de modo algum significa que haja algum defeito congênito nas nossas atividades mentais ou mesmo no algoritmo, pois qualquer pessoa que considere com calma e cuidado as mesmas premissas chegará às mesmas conclusões, de forma a treinar o hábito de inferir corretamente (W 2: 222, p. 133). Essa nada mais é que a suposição considerada por Peirce como basilar ao pragmatismo, a saber, a de que crenças formam hábitos de pensamento e conduta, em um sentido evolucionista ainda não totalmente claro, todavia já suficientemente identificável, de que esses hábitos incorporados são padrões e tendências para agir oriundos das nossas elaborações cognitivas, de sorte que mesmo pensar é uma forma de agir. Não obstante, como será visto na resenha das obras de Berkeley, há crenças verdadeiras e crenças falsas. "Ciladas linguísticas" podem dificultar a sua diferen-

ciação. Para distingui-las, então, o melhor é dar razão aos fatos, isto é, remetê-las ao real, de forma que meras confusões de linguagem sejam consideradas apenas como tais (**W** 2: 483, p. 319)[24].

As consequências relativas à vida mental desenvolvidas até aqui têm um efeito devastador para a filosofia moderna. O argumento também acaba por refutar a correspondência biunívoca entre cognições e objetos externos. Como já entendido, o self é uma hipótese final, não um ponto de partida. Além e em consequência disso, a desobrigação de supor uma faculdade ou processo mental outro que os já conhecidos implica, no fim das contas, a necessidade da hipótese de que todas as espécies de ação mental possam ser reduzidas a um único tipo geral (**W** 2: 214, p. 111). Apenas para lembrar um exemplo, se as ações mentais são de uma mesma e suficiente natureza, tanto para o conhecimento do mundo externo quanto do interno, não há razão para supor, como o fizera Kant, por exemplo, uma separação das faculdades cognitivas humanas — sensibilidade e razão, intelecto e vontade, imaginação e faculdade de julgar. E, com efeito, este é o ponto principal, pelo qual Peirce nem sempre é reconhecido: o abandono dos pressupostos epistêmicos da filosofia moderna implica, *a fortiori*, em considerar como dualismos insustentáveis todas as distinções consideradas como constitutivas e fundamentais da filosofia da Europa moderna — sujeito e objeto, uso prático e uso especulativo da razão, criatividade imaginativa e racionalidade lógica, dentre outras. Na verdade, oposições assim tão esquemáticas devem ser dispensadas em favor da teoria que postula uma só atividade a englobar a operação da significação: a contínua cria-

---

[24] Essa ideia, aliás, é retomada por um notório bom leitor de Peirce, Frank P. Ramsey, em crítica à tese, defendida por Wittgenstein, de que as proposições da linguagem ordinária estão em ordem e não seria possível raciocinar de modo ilógico. Se é assim, alguém que erra as regras de um jogo de cartas, como o truco, estaria então jogando *não truco*? Ver Ramsey 1929, p. 7. Sobre Ramsey como elo entre Peirce e Wittgenstein, ver Nubiola 1996 e Misak 2020. Agradeço a R. Kinouchi a lembrança desse ponto.

ção e a interpretação de signos, numa palavra, a semiose[25]. Isso, é claro, implica uma reordenação em âmbito deontológico, como será visto mais adiante.

É então que, ao buscar tirar as consequências do terceiro princípio, Peirce apresenta a primeira formulação da teoria semiótica do pensamento, a qual levará a uma de suas mais famosas declarações, a de que o ser humano é um signo. Para falar mais adequadamente, essa é a conclusão mais óbvia do raciocínio segundo o qual, quando pensamos, somos primordialmente uma manifestação fenomênica de nós mesmos, de modo que aparecemos, nesse momento, para nós mesmos, não de maneira imediata e instantânea, mas como um signo, isto é, representando algo para nós mesmos — cada um de nós para si mesmo bem como para os outros, é claro. A partir disso, Peirce procederá a uma tão aprofundada quanto possível descrição da continuidade temporal do processo inferencial como um caso específico de processo semiótico, ou melhor, como uma ação sígnica que se desenrola no tempo, semiose contínua. Nesse ponto, reaparece a importância do artigo de 1867. No final do artigo, recuperando a análise das sensações, sentimentos, emoções e percepções, e buscando, nesse momento, mostrar por que são de natureza semiótica, Peirce os interpreta como *predicados*, isto é, como cognições de natureza simbólica previamente determinadas por outras, que constituem a cognição propriamente dita, pois reduzem à unidade proposicional coerente diversas características qualitativas de uma existência específica. Como é bem verdade, isso é feito sem pressupor uma diferença de natureza entre essas diferentes ações cognitivas. O resultado a que o texto chega é o postulado da continuidade entre a produção dos afetos e a intelecção e vice-versa, de modo que a teoria das emoções de Peirce é cognitivista, semioticamente estruturada. Das mais elementares às mais elaboradas, todas

---

[25] Sobre esse ponto, ver Rosenthal 1990, p. 197. Na exposição da teoria do signo-pensamento, baseio-me, ainda, em Apel 1981, pp. 21-22; Santaella 2004, p. 50 *et seq*. Sobre a relação da teoria da cognição com as últimas 66 classes de signos elaboradas por Peirce, ver Borges e Angelim 2021.

as ações mentais são descritíveis conforme as três formas básicas de inferência — dedução, indução e hipótese —, já conhecidas desde o artigo sobre as categorias. Toda cognição humana pode ser considerada, então, segundo a denominação de *signo-pensamento*.

Assim, sob o termo *signo-pensamento* Peirce entende a cognição em geral, isto é, qualquer ação cognitiva, de qualquer natureza, seja sensorial ou intelectual. Esse é um ponto importante no rompimento com a filosofia moderna. Com efeito, um pressuposto nem sempre esclarecido, aliás, dos filósofos modernos — de Descartes aos empiristas e, de certa maneira, até mesmo Hegel — é a identificação de "impressões sensíveis" com processos de conhecimento. Peirce, diferentemente, pretende evitar confundir a própria cognição com as condições psicofisiológicas de possibilidade para que ela se realize na mente, pois uma coisa é a afecção sensorial causal, outra bem diferente é a elaboração dessa afecção, e só essa elaboração, para ele, pode ser considerada propriamente como conhecimento, pois só ela pode ser expressa em signos comunicáveis. Isso significa, então, que a cognição não é algo que se abstraia do momento da sensação ou do sentimento — ambos significados, nesse escrito, por *feeling* —, apenas que, por ser inalienável desse momento, a cognição propriamente dita não pode ser reduzida a uma série de "impressões sensíveis" particulares e desconexas. Assim, descrita com as categorias da nova lista como um processo contínuo, a cognição tem três dimensões, ou seja, o signo-pensamento é definido pelas suas relações com: 1) outro signo-pensamento que o interpreta como tal, segundo a categoria da representação. Essa é a dimensão *representativa* da cognição, definida pelas "relações de razão" que se dão entre as cognições; 2) o objeto que o signo-pensamento representa, seu relato, que pode ser tanto externo quanto interno, ou seja, um objeto semiótico. É a dimensão *denotativa* da cognição; e 3) o aspecto ou *qualidade* específica de seu objeto que o signo significa, uma vez que é impossível significar todos os seus aspectos. É a dimensão *material* da cognição, ligada ao sentimento ou à sensação.

Escritos da Série Cognitiva 393

Peirce não é muito rigoroso com essas denominações e às vezes usa "pensamento complexo" ou simplesmente "pensamento" para a dimensão representativa da cognição. O processo geral, não obstante, é rigorosamente definido: um signo-pensamento dirige-se *para* algum outro signo-pensamento que o interpreta, de modo que, quando pensamos, o processo se desenrola temporal e sucessivamente; relativamente a esse signo-pensamento *interpretante*, aquele outro está *por* algum objeto, ou seja, ele salienta do objeto algum *aspecto* ou *qualidade* em que encontra o *fundamento* da representação, interpretada como tal pelo signo-interpretante (**W** 2: 223-224, pp. 133-134). As maneiras como essas relações significativas se dão — se o signo representa seu objeto por semelhança formal, por alguma característica partilhada ou por simples convenção — também serão, posteriormente, base das classificações de signos definidas por Peirce, notadamente, da famosa tricotomia *ícone, índice, símbolo*.

Um ponto importante a observar, aqui, é como Peirce busca evitar descrever esse processo segundo parâmetros cartesianos, isto é, em termos de uma intersubjetividade que se estabelece entre duas pessoas individuais cujas mentes estariam como que vedadas uma à outra. Ora, se é certo que o modelo apresentado por Peirce serve para descrever o que se passa dentro de nós, isso, de modo algum, significa que seja um modelo solipsista. Na verdade, é bem o contrário. Desse modo, o *interpretante* é primeiro caracterizado como um signo-pensamento subsequente *nosso*, ou seja, os signos-pensamentos são descritos como interpretantes uns dos outros, em vez de as pessoas serem afirmadas como *intérpretes* de códigos simbólicos. De fato, é indiferente ao processo a existência de intérpretes individuais, porquanto o fluxo de continuidade semiótica desconhece a possibilidade de interrupção; ele é tão só um evento que se desenrola no tempo, sem um momento inicial ou final absoluto, e passível de se dar independentemente de quaisquer subjetividades específicas. Nas palavras do poeta, *não há no meu pensamento senão não poder parar.* A interrupção definitiva do pen-

sar, para um indivíduo, vem apenas com a morte. Mesmo assim, o processo em si não acaba definitivamente, pois outras materializações sígnicas continuarão a acontecer fora das mentes individuais, como a crítica ao psicologismo já mostrara. Como o vento preso ar, o pensamento está preso aos signos sem poder se libertar. Com isso, está garantida a continuidade do processo de pensamento, uma continuidade indefinida *a parte ante logice* (**W** 2: 239, p. 175), o que concorda com os princípios de que, embora deva ter começado em algum momento e deva vir a terminar em outro, não é possível especificar nem aquela cognição primeira e originária nem tampouco uma cognição definitiva do processo, de forma que todas as cognições são determinadas por cognições prévias e continuarão a determinar outras subsequentemente.

Talvez essa ideia fique menos obscura atentando para o que Peirce afirma, quase ao final do artigo, sobre a relação dos seres humanos com a linguagem. Seu raciocínio é o seguinte: nós, humanos, criamos as palavras — signos, enfim — e estas, por sua vez, determinam nosso autoconhecimento, de modo que somos o que as palavras que criamos dizem que somos, ou seja, ao mesmo tempo, criadores e criaturas da linguagem, sujeitos e objetos semióticos, em constante processo de crescimento e complexidade, sem que isso permita afirmar um progresso linear ou melhoria específica, como o exemplo de Benjamin Franklin e a eletricidade permitem bem entender (**W** 2: 241, p. 179). Essas considerações também elucidam o sentido da expressão *a parte ante logice*, cuja tradução aproximada seria algo como "desde a parte anterior à lógica". "A parte ante" e "a parte post" eram, aliás, expressões comumente usadas na literatura escolástica, especialmente para falar da eternidade da alma ou de Deus, que sempre existiram, até mesmo antes da criação do tempo, e sempre existirão, mesmo depois do fim do mundo. Então, é assim que Peirce entende o fluxo semiótico do pensamento — ele existe antes mesmo de nós, indivíduos, nascermos, e continuará a existir mesmo depois de nós, indivíduos, morrermos. Em nosso desenvolvimento orgânico, cada um de nós, individualmente,

adentra nesse fluxo e aprende a pensar nele e com os signos dele, o que possivelmente ocorre muito antes de o self se desenvolver e continuará a ocorrer depois que deixar de existir. Esse processo, evidentemente, não precisa restringir-se aos seres humanos. Daí que deveríamos dizer que nós estamos em pensamento, em vez de dizer, como é cartesianamente comum, que o pensamento está em nós (**W** 2: 227, p. 145).

Assim, em frontal contraste com o espírito do cartesianismo, a cognição é definida pela sua não momentaneidade, isto é, pela impossibilidade de qualquer conhecimento instantâneo ou diretamente apreensível. Se toda e qualquer ação mental é de natureza inferencial, indireta ou mediada, por meio de ações mentais que são signos — das mais simples e rudimentares às mais complexas —, isso significa, no fim das contas, que só pode haver cognição e representação na relação de diferentes estados mentais em diferentes momentos do tempo. De fato, como defendia Kant, o tempo é condição *sine qua non* do conhecimento, embora na filosofia de Peirce não exista nada parecido com formas puras de um sentido interno ou uma intuição introspectivamente apreensível. É impossível apreender qualquer coisa imediatamente, nem mesmo os nossos pensamentos conseguimos captar dessa maneira. Jamais deixa de ser necessário cercar o que se busca conhecer e, para isso, qualquer sujeito cognoscente mobiliza todas as suas cognições, todos os signos-pensamentos disponíveis, conforme for capaz de fazer. A ação mental é semiose contínua no tempo, independentemente de como cada sujeito individual a desempenha. A cognição só se consuma virtual ou potencialmente na experiência qualitativamente possível, isto é, na hipótese que identifica o real a uma realidade *in futuro* cognoscível não por qualquer sujeito individual, mas apenas em um contexto tal que determinados critérios de objetividade sejam partilhados e avaliáveis pública e coletivamente por uma comunidade cujo repertório semiótico possa aumentar e se complexar indefinidamente. Por conseguinte, é claro, enquanto houver semiose, ela é inacabada, parcial, falível, o que, na

prática individual e na maioria das vezes, não é um problema. Essa é a própria antítese da epistemologia de espírito cartesiano, a qual, fundamentada sobre uma autocognição solipsista, mais parece uma epifania de si mesma.

Junto com o artigo sobre a nova lista de categorias, Peirce considerava "Algumas consequências de quatro incapacidades" como um de seus mais fortes escritos filosóficos *publicados*. No entanto, ele também relata ter produzido "um bom montante de trabalhos melhores, mas nada disso foi publicado"[26], o que confirma a afirmação inicial sobre a natureza embrionária das ideias contidas nesses escritos, tendo em vista o desenvolvimento teórico do filósofo. Seja como for, por mais truncado que o texto possa parecer — e, de fato, a linguagem se torna tanto mais complicada quanto mais o texto avança para o seu final—, não é possível deixar de considerar que uma parte da dificuldade pode ser atribuída à nossa dificuldade — nossa, de leitores — de entender e mesmo de aceitar a radical proposta peirciana de recusa do cartesianismo. De fato, não é pequeno o fascínio que a ideia de uma cognição imediata pode exercer, porquanto isso resolveria muitos de nossos problemas, no mínimo, livrando-nos da dureza de aprender qualquer coisa da única maneira até hoje por nós conhecida, isto é, livrando-nos da pergunta: *por que erramos?*

A validade objetiva das leis da lógica

Resta, ainda, tirar as consequências do quarto princípio, aquele que veda a postulação de um incognoscível absoluto. Então,

---

[26] Tais afirmações foram corretamente transcritas por Rosensohn 1974, p. 32, e têm sido repetidas amplamente desde então, sem citação textual direta. Rosensohn as cita como constantes no manuscrito 845 (segundo a numeração de Robin 1967), datado de entre junho e setembro de 1905, pp. A26-A27 na numeração do próprio Peirce, mas Robin registra que elas compõem o conjunto de L 338, o qual não foi publicado e não se encontra digitalizado. Isso se deve às diversas reorganizações dos manuscritos de Peirce anteriores à criação do *Peirce Edition Project*, na década de 1970.

Escritos da Série Cognitiva   397

aproximando-se do fim do segundo artigo, Peirce afirma sua adesão a certa espécie de "realismo escolástico" que, segundo ele, está intimamente relacionado com a ideia de uma comunidade indefinida de investigadores. Essa mesma ideia reaparecerá no terceiro artigo do JSP, "Fundamentos de validade das leis da lógica", no qual, talvez seja melhor afirmar, consequências ulteriores são extraídas dessas consequências aqui descritas. Como assim?

Esse terceiro texto da Série Cognitiva, sem querer exagerar o fato de que suas ideias centrais podem ser consideradas até simples, é um dos mais complexos escritos de Peirce, e, talvez por isso mesmo, também é um de seus trabalhos mais famosos. Sua principal finalidade é defender a validade objetiva de todas as inferências mentais. As teorias da cognição e da realidade desenvolvidas nos artigos anteriores devem fornecer as bases para isso, de modo a ser possível justificar tanto os argumentos dedutivos quanto, de modo mais amplo, os argumentos indutivos e, também, os hipotéticos. Tradicionalmente, a matemática foi comumente considerada como uma ciência dedutiva, ao passo que as ciências empíricas seriam indutivas. No entanto, com o desenvolvimento do experimentalismo, tornou-se evidente que boa parte da atividade científica empírica está na elaboração e no teste experimental de *hipóteses*, o que poderia ser remontado pelo menos até Huygens. Mesmo assim, até hoje, considerar a hipótese como uma forma de argumento autônoma relativamente à indução ou à dedução é sinal de heterodoxia em filosofia da ciência. Ora, Peirce era um heterodoxo, nesse sentido[27].

A sua primeira descoberta significativa no âmbito da lógica relaciona-se justamente com uma peculiar interpretação das formas de argumento. Tendo em vista descrever logicamente o processo de investigação, Peirce interpreta a premissa maior de um silogismo

---

[27] Não pretendo, com essa afirmação, menosprezar a importância de outros filósofos, particularmente Whewell, para Peirce, nesse ponto. Não é possível, porém, nos limites deste ensaio, abordar esse tema. Para uma introdução, ver Brown 1983 e Cowles 2016.

como a expressão de uma *regra* geral, a premissa menor como a de um *caso* particular ao qual essa regra é aplicada, e a conclusão como um *resultado* específico[28]. Nesses termos, a distinção entre as formas de raciocínio é fundamentalmente metodológica. Além disso, o silogismo é uma estrutura passível de ser modificada da seguinte maneira: se as sentenças de um silogismo forem permutadas umas pelas outras, resultarão diferentes formas de raciocinar, ou seja, diferentes inferências serão descritas. Essa interpretação, sustentada por Peirce desde ao menos 1865, foi publicada pela primeira vez em 1866, em um memorando interno do Lowell Institute, e, no ano seguinte, em um artigo sobre a classificação dos argumentos[29]. Ali, Peirce parte da distinção entre argumentos ou inferências apodíticas, isto é, dedutivas, por um lado, e prováveis, isto é, ampliativas, por outro, as quais compreendem tanto as indutivas quanto as hipotéticas. Ainda que tal distinção seja equivalente, aliás, àquela feita por Kant, entre juízos analíticos e sintéticos, as raízes da interpretação de Peirce podem ser buscadas nos *Segundos Analíticos*, de Aristóteles, e na sua longa tradição de comentadores medievais, precisamente na distinção entre a inferência que vai das causas aos efeitos, denominada *compositio*, ou *demonstrativo propter quid*, e a que vai dos efeitos às causas, denominada *resolutio*, ou *demonstrativo quia*[30]. Juntamente com outras teorias medievais, tratadas logo adiante, es-

---

[28] Sobre a terminologia *regra, caso, resultado*, as fontes de Peirce parecem ter sido Boole (1854, p. 176, por exemplo) e a lógica medieval. Moody 1953, p. 108, sem identificar qualquer nome ou teoria em particular, sugere que "casus" pode significar, para certos lógicos medievais e em certos contextos, "suposição empírica" na premissa menor. No que segue, retomo e desenvolvo o ponto, brevemente apresentado, em Kinouchi, Vicentini e Rodrigues 2023.

[29] "Memoranda concerning the Aristotelian Syllogism", impresso e distribuído no *Lowell Institute* em novembro de 1866 e republicado em **W** 2: 505-514, e "On the natural classification of arguments", apresentado à AMACAD em 9 de abril de 1867 e publicado nos seus *Proceedings* nº 7, 1868. Republicado em W 2: 23-48; ver **W** 1: xxxii-xxxv.

[30] Ver Aristóteles, *Segundos Analíticos*, I, 13, 34. Sobre a importância da distinção entre os dois tipos de explicação, na filosofia medieval e na aurora da ciência moderna, ver Nascimento 1998 e 2019.

ses pontos permanecem como pano de fundo a praticamente todo posterior desenvolvimento intelectual de Peirce e são, de fato, de importância decisiva para "Algumas consequências de quatro incapacidades" e "Fundamentos de validade das leis da lógica".

Cabe desenvolver o ponto. Como visto, cada forma lógica expressa uma inferência diferente, uma maneira específica de chegar à conclusão. Assim, inferências apodíticas são expressas no modo *Barbara* da 1ª figura, na qual a conclusão é obtida em aderência estrita à lei de contradição, uma vez que a validade de uma dedução depende incondicionalmente da relação entre as premissas e a conclusão. O resultado do raciocínio nada mais exprime do que a aplicação da regra no entendimento de casos particulares, de modo que qualquer outro conhecimento não declarado nas premissas é irrelevante para estabelecer a conclusão. Diferentemente, a validade dos argumentos prováveis não depende exclusivamente das premissas, mas *também* da existência de algum outro conhecimento, de modo que as premissas não bastam para estabelecer a conclusão. Partindo disso, com a comutação de premissas e conclusão e negações proposicionais específicas em cada forma de raciocínio, Peirce relaciona a indução com o modo *Bocardo*, da 3ª figura silogística, e a hipótese com o modo *Baroco*, da 2ª figura, mostrando, com isso, que a diferença entre elas está na maneira como as premissas garantem a conclusão, ou seja, cada forma de inferência segue um princípio lógico próprio[31].

Evidentemente, isso diz respeito apenas à *forma*, jamais à *matéria*, de cada raciocinio[32]. Em outros termos, mais simplesmen-

---

[31] Ver Rodrigues 2020, p. 11.

[32] No artigo sobre a classificação dos argumentos, Peirce distinguia entre o "princípio diretor" (*leading principle*), que complementa as premissas e permite explicitar a passagem das premissas à conclusão, e o princípio propriamente lógico, que está tacitamente contido no princípio diretor, mas nada acrescenta às premissas e apenas regula as relações entre as proposições, sendo, ainda, essencial a elas (**W 2**: 23-25). Por exemplo, pensemos no uso do princípio do *ex falso* para analisar a implicação material por Ockham, o que explicaremos adiante. No sentido de Peirce, o *ex falso* seria um princípio lógico, ao passo que a regra da implicação seria um

te, lógicas diferentes guiam tacitamente diferentes inferências na passagem das premissas à conclusão. Se essa passagem é feita corretamente, um argumento é dito válido, isto é, efetivamente passa de premissas verdadeiras a uma conclusão verdadeira. Observe-se que a noção de validade lógica, para Peirce, não se restringe a formas inferenciais monotônicas, como hoje em dia é comum falar, mas estende-se às formas chamadas derrotáveis de raciocínio, sem que ele negue, no entanto, que a verdade da conclusão está atrelada à verdade da conclusão. Em termos gerais, uma dedução é válida porque as premissas levam necessária e forçosamente à conclusão. No caso da indução, a validade está em que, se repetida suficientemente, a inferência tende a levar a uma conclusão verdadeira. Por fim, uma inferência para a hipótese sugere uma conclusão verdadeira, se houver verdade a ser descoberta.

A bem dizer, o que Peirce busca estabelecer, já neste momento, é uma classificação dos argumentos relativamente ao grau de "segurança", "confiança" ou "força"[33] que as premissas conferem à conclusão, conforme posteriormente ele veio a exprimir. A mais fraca é *Baroco*, correspondente, na verdade, à inferência *para* a hipótese, isto é, uma inferência que sugere uma ideia nova à investigação. Caracterizada como a suposição de que "todas as características requeridas para a determinação de certo objeto ou classe" são conhecidas, essa é a única inferência dotada de capacidade explicativa, ou "potência heurística"[34], pois sugere a suposição de que há outras características além dessas, ou seja, é a inferência que conclui pela premissa menor de um silogismo (**W** 2: 218, p. 121). A inferência indutiva, por sua vez, é expressa por *Bocardo* e serve para determinar o âmbito de objetos que podem ter certas características. Em outras palavras, é a inferência que conclui pela premis-

---

princípio diretor da inferência, do qual o *ex falso* pode ser extraído. Essa distinção foi constantemente retomada por Peirce e é impossível aprofundá-la aqui. De toda forma, os comentadores concordam que ela se baseia na filosofia medieval. Ver Bird 1962; Bellucci 2015.

[33] Ver Peirce 1911, p. 216; **EP** 2: 260, 1903; 472, 1913.

[34] A expressão é de Ibri 2005. Ver também Ibri 2020, pp. 140-151.

Escritos da Série Cognitiva 401

sa *maior* de um silogismo, e, por isso, é mais forte do que a hipótese, mas ainda não tanto quanto a dedução. Peirce entende que a força dessa forma de raciocinar vem de sua aplicação experimental. Na prática, essa inferência serve para testar as hipóteses e, por conseguinte, quais itens pertencem ao universo de discurso. Esse procedimento pode, sim, resultar em ganho de conhecimento, e, por isso, a indução é epistemicamente válida; mas, por si, uma indução não sugere novas ideias, apenas define um âmbito de validade objetiva e, no máximo, corrobora para fortalecer a aceitação de uma hipótese ao delimitar o universo de discurso da investigação. Se essas duas formas de raciocinar — a indução e a inferência para a hipótese — têm em comum a capacidade de levar a conclusões equivocadas, já que a passagem das premissas à conclusão não é garantida apenas pelas próprias premissas, elas podem, portanto, ser consideradas ampliativas, embora não pelas mesmas razões. Ora, ainda que nenhuma ilogia seja cometida, é possível chegar a uma conclusão falsa partindo de premissas verdadeiras, já que as premissas garantem apenas parcialmente a conclusão: podemos supor características inexistentes para certos itens conhecidos, ou atribuí-las equivocadamente a certos itens. Em outras palavras, a relação entre os predicados e os sujeitos não é uma relação de ordem definida em nenhuma dessas inferências. O mesmo não se dá em uma dedução em *Barbara*, na qual, ao contrário, a predicação é estabelecida em uma conclusão necessária. Por isso, a inferência dedutiva é logicamente a mais forte, mas a menos heurística, uma vez que não depende de e não visa introduzir qualquer nova ideia além do que as premissas já contêm. Deduções, como se sabe, podem ser usadas para prever as consequências de uma hipótese, desenvolvendo-a logicamente. Não obstante, se as premissas bastam para estabelecer a conclusão e não há princípio algum que seja necessário supor além do que as premissas já exprimem, nenhuma informação nova alterará a relação entre sujeito e predicado, ou entre as premissas e a conclusão, de modo que sua potência heurística é inversamente proporcional à sua força lógica. E, como se

sabe, essa força nem sempre garante a verdade da conclusão, mas apenas na dedução, pois, se as premissas forem falsas, em qualquer caso, *quodlibet*.

Nesse momento inicial de seu desenvolvimento filosófico, Peirce considerava a indução e a hipótese como espécies de raciocínio provável, isto é, ampliativas de nosso conhecimento. Mais tarde, após alguns passos decisivos de autocrítica, chegando perto da virada do século XIX para o XX, ele concederá exclusividade heurística à *retrodução*, mais comumente conhecida como *abdução*, reservando à *indução* o papel de triagem experimental das hipóteses, distinguindo, assim, mais claramente entre a conjectura hipotética de uma nova ideia e a sua adoção como explicação científica estabelecida. Como já sugerido, essa distinção de maturidade já se faz notar em gérmen nos anos de 1860, uma vez que a restrição dos raciocínios indutivos à determinação do domínio de objetividade experimental das teorias, isto é, à delimitação do universo de discurso dentro do qual as hipóteses podem vir a ser testadas, é compreensível pela sua interpretação em *Bocardo*. A expressão da hipótese em *Baroco* igualmente evidencia a sua função explicativa, ou unificadora, visto que apresenta a hipótese como uma forma de raciocinar que, por encontrar um termo médio, busca subsumir diversos predicados aparentemente desconexos a um único, mais geral, que pode ser predicado de itens individuais ainda desconhecidos. Esse é o sentido dos exemplos das porcentagens das letras de um texto e dos feijões na sacola.

De especial importância é a forma como Peirce justifica a validade da indução. O seu argumento é eminentemente pragmático e não diz respeito a uma impossível fundamentação lógica da indução. Ao contrário: a lógica da indução mostra que a única justificativa aceitável para essa forma de raciocinar é relativa ao seu uso em contextos de investigação. Concentrando-se na forma estatística de indução, ele a define como o argumento que supõe que as características de todo o conjunto serão também as características de todos os itens desse conjunto. Essa é a principal razão: a validade objetiva dos argumentos indutivos depende, no fim das contas,

"simplesmente do fato de que as partes compõem e constituem o todo" (**W** 2: 268, p. 251). Em outras palavras, a validade da indução depende, primeiramente, da predefinição das características a serem investigadas: se não soubermos qual é a cor dos feijões na sacola, teremos de *supor* com base no que a experiência revelar, e isso é uma hipótese, justamente o tipo de raciocínio que estabelece quais características merecem ser indutivamente investigadas (**W** 2: 217-218, pp. 117-119). Em segundo lugar, a validade indutiva depende de as observações serem independentes, isto é, de o processo de amostragem ser aleatório. Só assim, em longo prazo, sucessivas inferências indutivas podem levar a conclusões bastante corretas se as premissas forem verdadeiras, isto é, se o conjunto possuir realmente tais e tais características que a hipótese sugeriu. Se não possuir, isso poderá ser descoberto pela repetição do procedimento *ad infinitum*, de modo a ser possível corrigir as suposições iniciais. Com efeito, trata-se de um procedimento de amostragem conforme a uma concepção frequentista de probabilidade, isto é, um procedimento que determina a probabilidade de certo evento acontecer pela frequência relativa com que esse evento se verifica em uma série infinita de repetições experimentais que possam justamente levar a esse evento[35]. A ideia geral é que a indução obedece à (uma versão da) lei dos grandes números, isto é, quanto mais amostras forem aleatoriamente tiradas, mais o resultado tende a se aproximar de um valor médio esperado, ou seja, mais as amostras mostrarão as características presumidas do conjunto de onde foram toma-

---

[35] A respeito da concepção de probabilidade de Peirce, ver Kinouchi 2019. Sobre esse ponto e o falibilismo do autor, ver Kinouchi, Vicentini e Rodrigues 2023. Como aponta Putnam (**RLT**, p. 61), Peirce não conseguiu dar uma definição satisfatória de aleatoriedade, como também não distinguiu entre probabilidade como grau de confirmação e como frequência relativa, mas tratou de diferentes problemas no contexto de uma mesma problemática geral. Mas Putnam também lembra que Peirce sequer poderia ter chegado a tais distinções, uma vez que só com o desenvolvimento da teoria matemática da recursão, no século XX, os conceitos foram satisfatoriamente esclarecidos. A profundidade com que trabalhou os problemas mostra bem a originalidade de Peirce, a despeito de suas respostas a eles nem sempre serem satisfatórias.

das, e quaisquer desvios serão descobertos, ainda que possam ser considerados como estatisticamente irrelevantes. Ou *seriam* descobertos, como Peirce posteriormente preferiu registrar, de modo a enfatizar a falibilidade do processo (por exemplo, **EP** 2: 402, 1907). Como uma operação idempotente, se for lícito aqui usar a propriedade algébrica descoberta, na mesma época, aliás, por Benjamin Peirce, a indução é uma forma de inferência cujo resultado será sempre reiterado se ela for iterada *ad nauseam*, o que pode ser escrito na forma de uma indução matemática[36]. É claro, se uma indução matemática chega a ter rigor dedutivo, o mesmo não pode ser exigido em experimentações com fenômenos naturais. E esse é precisamente o ponto principal. Peirce entende que, em qualquer raciocínio, as premissas só podem transmitir à conclusão o mesmo tanto de necessidade que contenham em si, de modo que a probabilidade indutiva parece mais ser extraída do procedimento de amostragem do que definida por ele. A persistência renitente do real aparece como a condição *sine qua non* da mediação, condição necessária, embora talvez não suficiente, da inteligibilidade descoberta pela indução, e não simplesmente representada por ela. Daí que ser e cognoscibilidade sejam termos sinônimos, segundo a formulação encontrada no final da questão 6 do artigo anterior. Esse ponto, de fato, Peirce nunca abandonou, apenas reformulando-o, com o passar dos anos, para ajustá-lo a um falibilismo cada vez mais radical. Ao mesmo tempo, a garantia de objetividade das previsões esteia-se na permanência do real no tempo, a sua alteridade que faz frente a veleidades subjetivas fortuitas e passageiras. Ao contrário do que pensava Kant, então, uma universalidade que seja apenas análoga à definição teórica de universalidade não é sinal de menos racionalidade ou irracionalidade. Isso significa tão só que a indução depende de o mundo não ser redutível de qualquer maneira, por um lado, a itens ou eventos atômicos e isolados, e, por outro, à subjetividade do mundo interior. De tal forma, a re-

---

[36] Sobre a idempotência e sua importância para a lógica de C. S. Peirce, bem como sobre o conceito de universo de discurso, ver Rodrigues 2017.

gularidade fenomênica constatada aparece como a contrapartida real da generalidade semiótica inferida. Afinal, como seria possível o conhecimento se sujeito e objeto fossem absolutamente diferentes? A identificação entre ser e cognoscibilidade deve, então, ser entendida nesses termos, isto é, sobre essa base de conaturalidade eidética entre a cognição e o real, que nos habilita a conceber itens individuais unicamente por meio de termos gerais[37]. Não é outro o sentido da afirmação exemplar lavrada na resenha das obras de Berkeley: "A universalidade é uma relação de um predicado com os sujeitos dos quais é predicado" (**W** 2: 472, p. 289).

Peirce pode, então, recusar a suposição de uma ordem preexistente da natureza para justificar a indução, o que era defendido no século XIX notoriamente por J. S. Mill, ao mesmo tempo em que pode encaminhar seu realismo escolástico *pari passu* à sua teoria social da lógica, pois não é apenas uma ordem preexistente do cosmos que pode ser recusada, mas também a ideia de um cosmos caótico, ou, no mínimo, de um mundo completamente desprovido de relações gerais entre particulares individuais. Não fossem as relações gerais reais, como seria possível reunir os múltiplos individuais em mediações simbólicas? Deveríamos explicar a nossa capacidade de generalização de maneira totalmente desligada da nossa única fonte plausível de conhecimento — a nossa experiência mundana? Como explicaríamos o raciocínio do conhecido para o desconhecido? Como deveríamos entender a mensuração de probabilidades objetivas e o incremento do conhecimento?

Ora, a existência de diferentes estados de coisas e a possibilidade de diferentes combinações entre coisas e eventos individuais deve ser entendida como casualidade, no sentido de que não é plausível supor qualquer predeterminação específica. Toda e qualquer relação necessária entre eles tem de ser descoberta, inferida após a inquirição. Para afirmar a realidade de qualquer ordem cósmica determinada, teríamos, no mínimo, de já conhecê-la, isto é, de já

---

[37] Conforme a expressão de Ibri 2019.

saber qual é a relação entre os fatos conhecidos com base nos quais raciocinamos e os fatos desconhecidos para os quais raciocinamos. Isso, contudo, invalidaria qualquer explicação do incremento do nosso conhecimento. A suposição mais plausível, por conseguinte, é recusar a existência de um ordenamento predefinido e investigar para saber como os estados de coisas conhecidos vieram a se constituir tais como se mostram, sem excluir a possibilidade de que, conforme seja possível inferir, as causas sejam pontuais, probabilisticamente mensuráveis, e não absolutas e definitivas.

Por tais elementos, o realismo de Peirce o opõe frontalmente a todos os que tomam o modelo de indução de Hume por base. Ora, não é difícil entender que, em boa parte da filosofia do século XX, a ausência de relações gerais na realidade fenomênica é um postulado praticamente de honra. A abordagem do problema da indução na filosofia contemporânea se dá, via de regra, sem que o pressuposto ontológico básico da realidade indubitável dos indivíduos e da correspondente ficcionalidade ou exterioridade das relações seja sequer questionado. Com efeito, desde as mais tradicionais às mais heterodoxas, as tentativas mais recentes de tratar esse problema ou buscaram problematizar a impossível justificativa racional dos raciocínios indutivos ou mesmo negar a existência da indução. Na proposta peirciana, diferentemente, é a economia da pesquisa que fornece a única justificativa plausível para a indução, e uma justificativa de ordem pragmática: conclusões indutivas podem ser admitidas, contanto que certas suposições acerca da constituição geral da realidade sejam provisoriamente assumidas. Inferências indutivas são válidas, portanto, dentro de um contexto de hipóteses que possibilitam o conhecimento empírico, já que, dada a capacidade autocorretiva do método, em longo prazo, a sua aplicação tenderá a revelar quaisquer erros nas conclusões previamente admitidas. Para que isso aconteça, o processo de amostragem indutiva deve, em primeiro lugar, ser aplicado indefinidamente, e, além disso, deve ser aleatório, isto é, cada amostra deve poder ser tirada com a

mesma frequência que qualquer outra. Assim, os erros de amostragem inadequada paulatinamente viriam a anular-se, e, com a continuação do processo, um melhor ajuste dos parâmetros definidores de uma distribuição estatística pode ser alcançado. Por fim, o raciocínio científico não busca reconhecer padrões previamente estabelecidos, mas busca justamente o contrário, a saber, colige dados para saber se há algum padrão e se isso está de acordo com o que supõem as hipóteses iniciais. Assim, a indução, em última instância, fornece evidências para justificar a aceitação ou a recusa de hipóteses. E, como visto, o processo todo é garantido pela inteligibilidade do real, calcada na sua persistente e contínua alteridade[38].

A abordagem de Peirce difere radicalmente das abordagens contemporâneas mais conhecidas, nas quais predomina uma concepção atomística e, consequentemente, nominalista do processo, uma vez que a ideia de um objeto *extra mentem* como causa última de impressões sensíveis singulares permanece mormente inquestionada. O inferencialismo de Peirce não aceita essa caracterização, pois a recolocação da cognição no âmbito da semiose exige reconhecer a continuidade temporal como pressuposto da possibilidade de individuação em todos os níveis, sem que isso implique reduzir a realidade a uma harmonia preestabelecida, muito menos conceber a generalidade como mera abstração de entes individuais. Assim como Mill precisava postular uma ordem *a priori* para que sua interpretação da indução fizesse sentido, o pressuposto da continuidade temporal do real deve ser tacitamente assumido para que tanto o ceticismo indutivo quanto o falsificacionismo possam fun-

---

[38] A negativa, por Popper, da própria existência da indução é bastante mencionada; ver Popper 2008, p. 41. Menos citada é a mesma negativa por Russell (Russell 1903, p. 11). De uma perspectiva baseada no inferencialismo de Peirce, tanto Russell como Popper parecem confundir problemas psicológicos com problemas lógicos, por um lado, e epistemológicos, por outro. O mesmo pode ser afirmado da solução de Goodman para o que ele chama de "novo enigma da indução", especificamente no tocante à confirmação e ao teste de hipóteses; a respeito, ver Harris e Hoover 1980; Ibri 1999.

cionar. Afinal, ao articular quaisquer objeções de maneira significativa, tanto o cético nominalista quanto o dedutivista falsificacionista já pressupõem a ideia de que o futuro se assemelha ao passado e de que as partes constituem o todo, pois, se assim não o fizessem, sequer conseguiriam enunciar as suas objeções, uma vez que a própria enunciação se desenrola no tempo.

Isso inevitavelmente leva a considerar a bastante generalizada recusa da filosofia do século XX em tratar da lógica da *descoberta* científica em termos não exclusivamente psicológicos ou dedutivistas e em reconhecer a especificidade dos raciocínios hipotéticos além da dicotomia neo- ou pós-positivista entre contexto de descoberta e contexto de justificação[39]. Não à toa, a dificuldade em explicar a capacidade preditiva da ciência pode ser remontada a uma recusa de ordem metafísica cuja consequência mais direta é a restrição de toda e qualquer generalidade e universalidade à linguagem humana, reduzindo os fenômenos do mundo externo, portanto, a peças de uma rígida máquina. Daí que as principais teorias metodológicas do século XX podem, pelas lentes de Peirce, ser consideradas nominalistas, pois é bem verdade que a recusa das diversas formas de nominalismo são uma consequência que Peirce extrai do segundo princípio anticartesiano.

Mas o que é o nominalismo? Isso será visto mais detidamente no exame da resenha das *Obras* de Berkeley. Antes, é preciso examinar o último artigo da Série Cognitiva.

Qual universalidade? E para quem?

No final de "Algumas consequências de quatro incapacidades", Peirce afirma que a realidade é articulada e afirmada de ma-

---

[39] É impossível aprofundar o tema aqui. Sobre a distinção entre descoberta e justificação, ver Reichenbach 1951; para o diálogo nem sempre profícuo entre a filosofia de Peirce e a filosofia da ciência do século XX, ver Silveira 1993. Mais recentemente, o debate voltou-se às relações entre a abdução peirciana e a inferência para a melhor explicação. Sobre isso, ver Niiniluoto 2018.

neira *comunal*, isto é, o seu realismo envolve a ideia de uma comunidade aberta de *inquirers* capaz de aumentar indefinidamente o seu repertório, de forma a reiteradamente afirmar a diferença entre verdade e falsidade, ou seja, entre as cognições que representam o real tal como ele é e as que não representam. Tendo em vista que o real, pela sua característica de permanecer no tempo, é capaz de fixar a verdade ou falsidade das crenças, a atividade científica continua sempre em movimento e a asserção definitiva da verdade permanece postergada ao futuro. Essa é uma consequência da teoria semiótica do pensamento, especificamente da recusa em conceder às percepções sensíveis, à disposição emocional e à intuição introspectiva individual o mesmo estatuto gnoseológico de argumentos lógicos objetivamente avaliáveis. Esse é o ponto de partida do artigo "Fundamentos de validade das leis da lógica", o terceiro da Série Cognitiva. Ao final dele, o realismo já anunciado, a par de servir de base para justificar nossas concepções gerais indutivamente formadas, aparecerá relacionado a uma teoria social da lógica, cujas ressonâncias políticas podem ser claramente especificadas com alguma contextualização sócio-histórica.

O artigo começa, então, por considerar uma noção que, àquela época, parecia não ser muito bem compreendida e que, de fato, até hoje, não se encontra em qualquer esquina filosófica: validade lógica. Peirce não usa a expressão consistentemente tal como se faz na atualidade, ou seja, exclusivamente como uma propriedade de argumentos dedutivos regidos pela lei de contradição. Sem deixar de reconhecer essa característica definidora da dedução — de fato, esse é o *princípio lógico* que não apenas guia, como define o raciocínio dedutivo —, ele entende validade lógica de maneira mais ampla, em vista da relação entre as premissas e a conclusão em qualquer forma de raciocínio, inclusive os indutivos e os hipotéticos, e não apenas os dedutivos. Assim, uma indução pode ser declarada *válida*, em vez de somente mais ou menos provável, tendo em vista que, para ele, probabilidade é algo mais específico, uma noção matemática, como visto. Ora, é claro que alguém pode fazer uma in-

dução errada, ou parcialmente errada, mas isso não modifica o fato de que a lógica do raciocínio retém a sua validade: em longo prazo, a iteração do raciocínio tende a levar à verdade.

Novamente, o conhecimento da filosofia medieval mostra-se decisivo nas interpretações de Peirce. De fato, a divisão das áreas de estudo da lógica no artigo das categorias, o empréstimo da estratégia da *quaestio* para refutar o intuicionismo e as citações específicas a diversos autores medievais, tudo isso já dava claramente a entender o contexto ampliado da argumentação de Peirce. Nesse artigo, as menções iniciais a Pedro Hispano e Paulo de Veneza não deixam dúvidas quanto ao contexto mais específico. Destes (e de outros) autores escolásticos, Peirce aproveita ao menos três pontos: a divisão da lógica em estudo dos termos, das proposições e dos argumentos; a relação entre *suppositio* e *significatio*; e a teoria das *consequentiae*[40].

Começando com a relação entre signo e objeto, é necessário lembrar que um signo *está por* seu objeto. Agora, nesse terceiro artigo, fica claro que a maneira como Peirce se expressa vem da teoria da *suppositio*. Paulo de Veneza, por exemplo, define a suposição como uma propriedade dos termos categoremáticos — sujeito e predicado — que "estão por" (*supponit pro*) alguma coisa ou coisas em uma proposição[41]. Como exemplos, o escolástico dá as proposições "o homem é um animal" e "o homem é uma espécie", nas quais fica clara a distinção entre *significatio* e *suppositio*: se o termo "homem" pode significar muitas coisas, para definir a sua referência específica nos contextos em que ocorre, é necessário indicar a *suposição* em que o termo significa. Assim, cada termo ou expressão *substitui* os seus objetos, os itens que significa e aos quais se refere em proposições nas quais o termo aparece relacionado com outros.

---

[40] Ver n. 2 *supra*. Para esses pontos, Perreiah 1989 fornece uma introdução panorâmica; Bellucci 2015 trata especificamente da teoria das *consequentiae*; Martins Junqueira 2020 apresenta uma revisão bibliográfica sobre Peirce e os Conimbricenses, inclusive os trabalhos importantes de M. Beuchot e J. Deely.

[41] Paulo de Veneza 1971, p. 2.

Escritos da Série Cognitiva   411

Pode parecer banal, mas, em latim, essa relação de *supponere* é evidenciada até pela própria gramática (a relação do nominativo com o ablativo, no exemplo dado) e informa o sentido mais básico da teoria da suposição, passível de ser encontrado *passim* nos textos dos autores citados por Peirce. Já a teoria da *significatio* foi principalmente desenvolvida pelos gramáticos *modistae*, aqueles que se preocupavam com os modos de significar (*modi significandi*). Um texto dessa corrente frequentemente citado por Peirce é a *Grammatica Speculativa* de Tomás de Erfurt, um tratado relativo aos modos de significar que durante séculos foi atribuído a Duns Scotus, uma confusão desfeita apenas no século XX[42]. Questionando a distinção entre os diversos modos como cada língua significa as coisas, isto é, como itens específicos podem ser significados diferentemente por diferentes idiomas ou diferentes partes do mesmo idioma, esses gramáticos buscavam definir as características essenciais de todas as línguas, aquelas sem as quais a significação não aconteceria, distinguindo-as das inessenciais, aquelas que acrescentariam *modi* particulares à operação da significação. Em suma, em termos muito gerais, a *significatio* tem a ver com a relação do signo com o objeto, e a *suppositio* com a determinação lógica ou conceitual do signo em um contexto proposicional, isto é, com o âmbito de possíveis *supposita* dos termos conforme aparecem em diferentes proposições. E isso está plenamente de acordo com o que Peirce afirma relativamente à substituição de *suppositio* por *acceptio* (**W** 2: 243-244 *n.*, pp. 185-187)[43].

Esses dois pontos relacionam-se, ainda, com a teoria das *consequentiae*. Em que pesem as diferenças entre os diversos autores, a teoria das *consequentiae* tem em comum com a da *suppositio* também o fato de que há um entendimento básico generalizado. A diferença a ressaltar é que, felizmente, é bem mais fácil definir uma *consequentia* do que uma *suppositio*. O que os lógicos medie-

---

[42] Ver Beccari 2019.

[43] Ver Magnavacca 2005, pp. 635-636; 674-676; ver ainda Dutilh-Novaes 2007, p. 17 *et seq.* para essa interpretação da teoria da *suppositio*.

vais chamavam de *consequências* é verdadeiramente uma parte do que atualmente se estuda em lógica proposicional ou sentencial, restrita ao estudo das relações que podem ser estabelecidas entre diferentes proposições, principalmente as *condicionais*, uma vez que nelas a noção de *implicação* é mais evidente. Em geral, uma consequência é uma proposição ligada a outras de tal forma que, se admitida a verdade da primeira, a das demais — "premissas", "hipóteses", "princípios" etc. — decorre direta e necessariamente segundo os princípios de não contradição e do terceiro excluído, indistintamente considerados[44]. Daí que o estudo da validade lógica seja um assunto destacado pela teoria das consequências, pois os lógicos medievais comumente exprimiam argumentos na forma de proposições condicionais, nas quais as premissas e a conclusão eram expressas, respectivamente, como a antecedente e a consequente.

Primeiramente, devemos distinguir entre a *matéria* e a *forma* das *consequentiae*. Essa distinção consta nas obras de Scotus conhecidas por Peirce e, analisada em termos claramente verofuncionais, é também feita por Ockham. Assim, a *matéria* de uma *consequentia* diz respeito ao conteúdo dos termos categoremáticos, ou seja, aqueles cujos significados independem dos de outros termos, ao passo que a *forma* é uma função dos *sincategoremáticos*, ou seja, os termos que vinculam uma proposição à outra e, por conseguinte, cujo significado depende da sintaxe, mais ou menos como atualmente se entende que funcionem os operadores do cálculo sentencial. Embora o *venerabilis inceptor* não esclareça muito bem as consequências materiais, parece que até mesmo a ordem — se o termo vem antes ou depois de determinado sincategoremático — e, como já é possível antever, sobretudo a *suppositio*

---

[44] Ver Magnavacca 2005, pp. 162-163. Em **LF** 1: p. 142, 1910, Peirce afirma que os lógicos medievais não tinham um entendimento claro da separação desses princípios, distinguidos de forma geral apenas na modernidade. Esse entendimento é controverso e Peirce está bem ciente disso. Ver, por exemplo, Read 2020 para a interpretação feita por Rogério de Swineshead da regra dos pares contraditórios, mencionada por Peirce nesse contexto.

Escritos da Série Cognitiva 413

dos categoremáticos — se um termo está por x ou por y — influencia a verdade ou a falsidade de uma consequência. Seja como for, de modo geral, demonstrar uma consequência é mostrar qual é a relação estabelecida entre o antecedente e o consequente, ou, então, entre as premissas e a conclusão de um argumento de uma perspectiva formal perfeitamente condizente com o entendimento atual. Em suma, trata-se de reduzir a matéria à forma. E, de fato, baseado no princípio do *ex falso*, especificamente na fórmula que afirma que premissas falsas não sustentam *per se* uma conclusão verdadeira, já que a falsidade não pode ser causa da verdade, Ockham trata de inferências entimemáticas segundo a regra da implicação material, aliás, em plena harmonia com o entendimento atual dessa regra. Não é difícil perceber que esse tipo de análise inevitavelmente sugere a lógica relacional que foi independente e simultaneamente desenvolvida por Peirce e De Morgan, uma vez que se trata de deslindar raciocínios formalmente válidos nem sempre exprimíveis em forma silogística. Por exemplo: "Assim, se há sequência em: 'Todo animal corre: logo, todo homem corre', tudo quanto se deduz de: 'Todo homem corre', se segue à frase: 'Todo animal corre'"[45]. É a partir disso que a identificação, por Peirce, da *illatio* como a relação lógica primordial, aquela que habita o coração da teoria das *consequentia*, deve ser entendida, pois demonstrar uma *illatio* é mostrar, por exemplo, se e como ela obedece ou não ao princípio de não contradição e ao do terceiro excluído, se e o quanto a passagem das premissas à conclusão equivale à relação de antecedente e consequente expressa em proposições condicionais[46].

---

[45] *Summa totius logicae*, parte III, livro 3, cap. 36, trad. bras. p. 378. Sobre a fórmula do *ex falso*, ver Magnavacca 2005, p. 776. Gomes e D'Ottaviano 2017, cap. 2, apresentam uma monumental recuperação da história medieval do *ex falso*, na qual tratam de Boécio, Abelardo, Ockham e de Pseudo-Scotus. Essa abordagem permite relações frutíferas com Peirce, o que infelizmente os autores não fazem.
[46] Para a diferença entre as lógicas de Peirce e De Morgan, ver Rodrigues 2017, onde apresentei o tema da generalização da cópula na operação ilativa. Para a história da teoria das *consequentiae*, ver Dutilh-Novaes 2007, pp. 81-84.

Nesse entendimento, saliente sobretudo no terceiro artigo, "silogismo" e "raciocínio" são tratados como praticamente sinônimos, uma vez que o ato de raciocinar é definido em termos de ilação (*illatio*). Comumente falando, raciocinar é o mesmo que inferir, ou seja, é o mero ato de extrair uma conclusão de premissas dadas, o qual pode ser corretamente realizado, caso em que, de premissas verdadeiras, infere-se uma conclusão verdadeira, ou não, caso em que, de premissas verdadeiras, infere-se uma conclusão falsa. Assim, nem todo raciocínio necessariamente equivale a uma ilação no sentido lógico especificado por Peirce, tributário da teoria medieval das consequências, pois, se é possível tomar uma ou outra parte da expressão do raciocínio e construir proposições de diversas naturezas, por exemplo, combinando uma das premissas de um raciocínio com a conclusão de outro, a validade lógica desse procedimento dependerá, ao fim e ao cabo, da possibilidade de o movimento que vai das premissas à conclusão ser reduzido à uma *consequentia formalis*, ou seja, a uma ilação expressa por uma proposição condicional, tal como visto, por exemplo, na abordagem de Ockham. Com efeito, a proposta de Peirce contempla claramente a imbricação medieval entre *illatio* e *consequentia* com base em dois aspectos principais, a saber: primeiro, toda inferência supõe um princípio que garante a passagem *consistente* das premissas à conclusão, mesmo que a execução efetiva do raciocínio seja inconsistente; e, segundo, se é assim, então há um aspecto *modal* que deve ser distinguido mais rigorosamente de uma simples implicação material e que diz respeito à condicionalidade em sentido amplo. Esse ponto já está na lógica de Boole e é fulcral para Peirce, cuja lógica, da notação algébrica ao último sistema dos grafos, é toda baseada nele[47].

Chegamos, então, ao ponto fundamental para mostrar por que as leis da lógica valem, isto é, o que permite identificar a incoerência ou inconsistência entre premissas e conclusão: inferir é um hábito de relacionar premissas e conclusão que aprendemos, e toda

---

[47] Ver Bellucci 2015, p. 20; para Boole e a importância da ideia para Peirce, ver Rodrigues 2017, pp. 424 e 466.

inferência, independentemente de qualquer ato efetivo de raciocínio que a materialize, isto é, independentemente de alguém inferir corretamente a conclusão ou não, supõe uma consequência, uma relação lógica essencial, objetivamente identificável e exprimível em signos[48]. Assim, como já preconizava Aristóteles, aprendemos a inferir corretamente mesmo que não saibamos explicitar as relações lógicas que garantem a passagem não falaciosa das premissas à conclusão. Com efeito, tais relações lógicas que ligam as diferentes sentenças podem ser escritas em um papel e servir de guia para que cada pessoa realize, individualmente, as próprias inferências (obviamente, uma pessoa só pode realizar as próprias inferências, jamais as de outrem). Passar de maneira logicamente válida de premissas verdadeiras a uma conclusão verdadeira não é uma exclusividade de inferências dedutivas, tendo em vista que uma ilação exprime uma consequência apenas quando liga uma proposição à outra de forma a necessariamente estabelecer um nexo rigorosamente lógico entre antecedente e consequente. Continuando, então, Peirce refuta as falácias que possam advir de equívocos ou de ambiguidades, argumentando que, uma vez que a denotação dos termos não mude, não há razão alguma para supor qualquer problema com a maneira como os raciocínios procedem. Em outras palavras, se o universo de discurso ou âmbito de referência dos termos permanecer o mesmo, a transitividade da predicação — a ilação — está garantida. Essa ideia está no cerne da lógica que opera com relações e termos relativos, e exemplifica bem o débito de Peirce tanto para com os lógicos medievais como para com De Morgan[49].

---

[48] Ver Magnavacca 2005, pp. 163 e 340, e King 2001, para a teoria medieval. O entendimento de Peirce, de certa forma, difere do entendimento mais atual, pois nem os medievais nem Peirce buscavam apresentar seus sistemas lógicos axiomaticamente, isto é, segundo uma única regra de inferência. Ver Dutilh-Novaes 2007, p. 87. Apesar de não o citar, a autora entende a distinção entre inferência e consequência em termos da distinção entre *type* e *token*, inventada por Peirce, a qual, aliás, pode ser identificada já nessa sua primeira versão do inferencialismo.
[49] Ver Rodrigues 2017.

Assim sendo, induções são raciocínios formalmente lícitos e corretos, ainda que sem a força de necessidade dos dedutivos. Daí que Peirce entenda, também à maneira escolástica e atualmente nada ortodoxa, as proposições singulares como as universais, apresentando a questão em termos de definição de uma *suppositio communis*. Esse ponto permitirá a ele refutar a redução das leis da inferência lógica ao psicologismo ou a qualquer "subjetividade" que se rebele inutilmente contra as regras da lógica, algo identificável em formulações de Hegel (**W** 2: 250-254, p. 205 et seq.). Disso, Peirce inicia, então, a refutação de todo e qualquer idealismo subjetivo, cujas raízes ele identifica no nominalismo medieval, em um movimento que ficará mais claro na resenha das obras de Berkeley.

A bem falar, não é difícil encontrar, ainda hoje, algumas objeções ao raciocínio lógico consideradas por Peirce em 1868. Por exemplo, ele considera a objeção de que o raciocínio lógico é mecânico e, portanto, algo artificial, incapaz de representar a realidade. Ora, mas é isso mesmo, não é um problema o signo não ser a imagem exata de seu objeto. Se a identificação entre signo e objeto fosse absoluta, jamais conseguiríamos distinguir entre um e outro, e a cognição só seria possível *facie ad faciem*. Para mostrar a vacuidade desse tipo de argumento, Peirce imagina a situação de um topógrafo diante da objeção de que, na natureza, não existem linhas retas e curvas perfeitas. Um mapa, por ser feito de abstrações matemáticas, não representa verdadeiramente a terra. A isso, o topógrafo responde que é exatamente assim, não se trata de objeção alguma: o valor do mapa está em ser *diferente* do território mapeado, o que permite a sua utilização como uma descrição convencional do território, e, portanto, capaz de ser comunicada e interpretada por outras pessoas. A correspondência ponto a ponto entre mapa e território não é necessária, não precisamos de exatidão absoluta para nos fazermos entender, alguma já é suficiente[50].

---

[50] É notável, aliás, como o exemplo de Peirce se parece com a história do mapa em escala 1:1, narrado jocosamente por Lewis Carroll em seu romance *As aventuras de Silvia e Bruno*, cuja primeira parte foi publicada em 1889, e a segunda, em 1893.

Em seguida, Peirce passa a considerar outros problemas, chamados por ele de *sofismas*, como os paradoxos de Zenão e o problema da implicação existencial. Na verdade, ele distingue três tipos de sofismas, a saber, os relativos à continuidade, os relativos às consequências de se supor que as coisas não são o que são e, por último, os relativos às proposições que implicam a sua própria falsidade.

O paradoxo de Aquiles e a tartaruga faz parte do primeiro grupo. Para esse tipo de paradoxo, a solução proposta depende da suposição de que a continuidade é real e anterior às suas partes, o que implica que não há partes últimas, como se fossem átomos isolados. Essa suposição, afirma Peirce de maneira um tanto quanto wittgensteiniana *avant la lettre*, não passa de uma confusão originada na nossa maneira de expressão, o que resulta em ambiguidade (**W** 2: 257, p. 105). Uma formulação diferente da linguagem resolveria o problema e mostraria que ali, onde nada existe, nada há a procurar. Isso é o que pretende mostrar o exemplo do "verdadeiro Górgias", a paródia de diálogo platônico com a qual Peirce expõe a que confusões pode levar uma demonstração por absurdo.

O problema do conteúdo existencial é um exemplo de paradoxo pertencente ao segundo grupo. Interpretado nessa mesma chave, mas, dessa vez, com base nas teorias da *significatio* e da *suppositio*, o paradoxo se desfaz, segundo Peirce, pela distinção de dois tipos de universais, os que não afirmam a existência do sujeito e, portanto, não implicam proposições particulares subordinadas, e os que afirmam a existência do sujeito e, portanto, não admitem

---

A história de Carroll é conhecida inspiração do igualmente famoso conto "Do rigor em ciência", de Jorge Luís Borges. Não se tem notícia de que Peirce tivesse conhecimento dos escritos de Carroll, ao passo que este, bem-informado como era, conheceu pelo menos o volume que Peirce organizou quando foi professor de lógica na Universidade Johns Hopkins, intitulado *Studies in logic by members of the Johns Hopkins University* (1883). Borges, por sua vez, conhecia bem os escritos de Carroll, como é notório, e há razões para crer que também conhecia algo de Peirce, dado seu conhecimento nada superficial de William James e Josiah Royce. A esse último, aliás, Borges tipicamente refere as suas próprias especulações sobre o problema do mapa. Ver Carroll 1997, pp. 213-214; 1986, pp. 477-478; Borges 1974, pp. 669 e 847.

contradição (**W** 2: 258, p. 223-225). Então, é possível afirmar que, dada essa distinção, duas condicionais diferentes - $A \rightarrow \neg B$ e $A \rightarrow B$ - podem realmente não ser contraditórias, como o exemplo do tinteiro pretende ilustrar. Trata-se de distinguir entre uma condicional - ou implicação, como dizemos atualmente seguindo a terminologia de Russell[51] - material, isto é, uma condicional que é falsa somente quando a antecedente - A - for verdadeira e a consequente - B - for falsa, e uma condicional estrita, isto é, uma condicional que considera a realidade das coisas, de modo que é impossível A ser verdadeira e ao mesmo tempo B ser falsa. Em outras palavras, Peirce está, aqui, tratando do problema atualmente conhecido pelo rótulo de paradoxos da implicação. O sofisma, segundo ele, está em confundir condicionais materiais e estritas, isto é, confundir casos em que a verdade de uma proposição implica necessariamente a verdade de outra, e casos em que não, isto é, casos em que a verdade ou a falsidade das proposições dependem dos fatos. Um ponto a ser notado, nessa passagem, é o entendimento de Peirce da "lei de contradição". O exemplo do tinteiro, afirma Peirce, não viola a lei de contradição, pois não se trata de atribuir propriedades contraditórias a um objeto definido, isto é, de afirmar que o tinteiro possui tinta e ao mesmo tempo não possui tinta, mas de evitar que a pessoa derrame a tinta do tinteiro[52].

Das teorias medievais mencionadas, a ideia de que diferentes formulações da mesma proposição permitem desenvolver as mesmas inferências constitui o ponto de partida para a solução oferecida ao paradoxo do mentiroso, pertencente à terceira espécie de paradoxos. A estratégia de Peirce, aqui, pode ser considerada uma espécie de teoria da redundância, pois parte da afirmação já conhecida do artigo anterior, segundo a qual todo signo em primeiro lu-

---

[51] O *locus classicus* para a definição da implicação, na obra de Russell, é o cap. 3 de *The Principles of Mathematics*, publicado originalmente em 1903. Ver Russell 1903, pp. 14-15.
[52] Ver Lane 2018, p. 139 *et seq.* Esse entendimento, a par ser similar ao de Aristóteles, como observa Lane, é suposto para a ideia de indeterminação semiótica.

Escritos da Série Cognitiva

gar significa a si mesmo, para sustentar a afirmação de que toda proposição, em primeiro lugar, assere a sua própria verdade, ainda que implicitamente. Disso decorre que a proposição do mentiroso "é verdadeira em todos os outros aspectos, exceto no de implicar a sua própria verdade" (**W** 2: 263, p. 237). Já que toda proposição assere a sua própria verdade, e a proposição do mentiroso faz justamente o contrário, isto é, assere explicitamente a sua própria falsidade, ela acaba, com isso, por se autocontradizer, asserindo a uma só vez a própria verdade e a própria falsidade. *Ergo*, ela explode, *ergo* é falsa[53].

Nesse ponto, as referências à filosofia antiga ficam mais claras, tendo em vista que as críticas de Peirce acabam por mostrar que a linguagem é capaz de criar confusões quanto ao que é real ou não, mas não de criar a própria realidade. É como tentar encontrar grifos onde só existem ornitorrincos, ou procurar pelos em ovos, como é comum dizer. Supor uma realidade inteligível cuja existência independe completamente da realidade perceptível, como já argumentava Aristóteles, não é uma boa metafísica, parece mais o resultado de um mal entendimento de como funciona a linguagem.

A distância entre a proposta de Peirce e a filosofia moderna fica em um ponto mais clara. Pelo menos desde Francis Bacon, a acusação de que a mente humana é como um espelho que reflete as coisas do mundo de maneira distorcida é moeda corrente em

---

[53] Como se sabe, a primeira tentativa de sistematizar uma teoria deflacionista da verdade em termos de redundância foi realizada por Ramsey 1927. A história mais comum remonta a tentativa de Ramsey a Frege. No entanto, como já observado, Ramsey foi um bom leitor de Peirce e, dadas as evidências textuais, é bastante plausível supor também quanto a este ponto um aproveitamento de leitura. Já a interpretação do mentiroso, por Peirce, suscitou uma bibliografia considerável e mereceria muito mais do que aqui é possível expor. Em 1865, ele propôs uma solução ao paradoxo que pode ser considerada paraconsistente (**W** 1: 202-204), mas que foi substituída por esta ora apresentada. Após 1896, Peirce revê novamente o paradoxo e, em nome de outras considerações que, de certa maneira, retomam alguns elementos presumivelmente paraconsistentes, relacionados a considerações de ordem pragmática no que concerne à asserção e à verdade, ele adota uma interpretação que poderia ser atualmente aproximada a uma teoria dos jogos. Ver, a título meramente exemplificativo, Michael 1975; Rivetti Barbò 1986; Moraes, da Silva e Teixeira 2009; Atkins 2011.

filosofia. Ecos dessa opinião podem ser reconhecidos, por exemplo, na afirmação de um Henri Bergson de que o pensamento é como um cinematógrafo, pois procede segundo uma sucessão automática de imagens discretas, reproduzindo de maneira mecânica, portanto, ilusória e falsa, o movimento do real[54]. Ora, Peirce não admite que haja qualquer coisa de errado com o funcionamento da nossa mente, de todas as nossas faculdades, de todo nosso aparelho cognitivo. Ao contrário! Como já examinado, Peirce preconiza que a mente humana não pode proceder falaciosamente, mas seu funcionamento segue as leis lógicas da inferência válida. A razão para isso fica, agora, mais clara. Se a essência da atividade mental, entendida semioticamente, consiste em inferir, isto é, em relacionar premissas e conclusão segundo um princípio ilativo que pode ser materializado em signos de quaisquer naturezas, e, assim, formalizado por diferentes raciocinadores, então, é natural inferir que onde certas relações se dão, certas outras também se dão em decorrência das primeiras. Tal característica propriamente ilativa da atividade mental permite entender que as inferências indutivas e hipotéticas são justamente as mais interessantes de uma perspectiva relativa ao ganho de conhecimento, pois são aquelas em que a conclusão pode extrapolar o âmbito delimitado pelas premissas. Não obstante, nem por isso precisamos explicar o erro atribuindo-o à alguma falha na lógica da nossa cognição, tendo em vista que é muito mais plausível supor desconhecimento, ou ambiguidade ou falta de informação nas premissas. É claro que sempre podemos inferir uma conclusão equivocada de dadas premissas, mas isso não constitui objeção à lógica, absolutamente, apenas ao raciocinador individual. Outro raciocinador poderia não cometer o mesmo erro, pois mesmo assim, em caso de erro, supor desvio de lógica no raciocínio isso seria como supor uma entidade especial onde há apenas confusão,

---

[54] Bergson 1995, pp. 329-333. Não surpreende, então, Bergson defender alhures a intuição como certo conhecimento absoluto, o único capaz de nos conferir acesso às coisas em si, além de nos permitir imergir em nós mesmos. Esse tipo de alegação é justamente o que Peirce recusa.

Escritos da Série Cognitiva   421

ou adoção de uma regra equivocada de inferência (uma forma de confusão, afinal), ambiguidade ou premissas parciais, ou mero desconhecimento. Se, posteriormente, o pragmatismo será definido como a lógica da abdução, aqui vemos a razão inicial disso: para explicar nossos ganhos de conhecimento, não precisamos multiplicar entidades ou supor intervenções metafísicas na nossa maneira de raciocinar, basta seguir a lógica.

Com efeito, essa é a tranca sobre a porta da filosofia que Peirce pretende remover: como explicar a possibilidade dos juízos sintéticos em geral? (**W** 2: 268, p. 249) Em outras palavras, como explicar o progresso da ciência, os ganhos de conhecimento, o aumento de informação e de complexidade semiótica? Já anunciada no final de "Algumas consequências de quatro incapacidades", essa pergunta marca o ponto de virada do artigo e introduz definitivamente a consideração quanto à natureza da verdade e da realidade.

Ao responder a uma última objeção, que é a da necessidade de haver qualquer realidade, Peirce, como já seria de se esperar, não se preocupará em demonstrar a existência do mundo exterior. Em vez disso, ele lembra que qualquer pessoa que pretenda negar ou provar a existência do mundo exterior já a pressupõe, o que mostra a artificialidade da objeção, tendo em vista que é impossível assumir um ponto de vista exterior ao mundo para provar a sua existência (**W** 2: 270, pp. 255-257). Mais uma vez, para destravar a porta da filosofia, Peirce evidencia que a busca por fundamentos absolutos e indubitáveis para o conhecimento não faz sentido e exclui toda e qualquer intenção de fundamentação *a priori*. Em vez disso, ele enfatiza a pergunta pela validade objetiva de nossas inferências em geral ao questionar se todas as inquirições se pautam pelos métodos corretos, tendo em vista a possibilidade inelidível do erro. A questão da verdade jamais pode ser considerada definitiva e sempre fica a ser decidida *a posteriori*, já que todas as opiniões presentes são apenas provisórias, certezas assumidas em vista da necessidade de agir e, de certo ângulo, incontornáveis, mas jamais além de toda dúvida. Se todo o conhecimento presente é provisório, é inevitável

que cada um de nós assuma riscos, como o faz uma companhia de seguros. Por isso, confiar nas inferências coletivas da comunidade é a melhor aposta, pois a longo prazo e no todo elas se aproximarão da verdade (*id.*). Essa comunidade não tem delimitação presente e é definível apenas pela sua capacidade de aprendizagem, isto é, de incorporar informação e conhecimento, de modo que, no geral, ela está em permanente processo, baseado na autocorreção dos erros e orientado à descoberta da verdade. Daí que a integração de quaisquer desvios no repertório coletivo de inferências os dissolva na generalidade da conclusão final a ser alcançada. Essa é a teoria social da lógica de Peirce, como se diz. No entanto, que comunidade é essa afinal, na qual os indivíduos devem se integrar a ponto de se anularem? Para responder a essa pergunta, fornecerei alguns elementos contextuais e extratextuais para um entendimento mais matizado da teoria social da lógica.

Primeiramente, cabe retomar o tema do autocontrole, evocado em uma nota de rodapé de comentário à filosofia de Hobbes, antecedendo a discussão do paradoxo do mentiroso: autocontrole é "a capacidade de nos alçarmos a uma visão ampliada de um assunto prático em vez de vermos somente a urgência temporal" (**W** 2: 261, p. 231, nota de rodapé nº 6). Essa é, sem dúvida, uma afirmação bastante contrária ao espírito do hobbesianismo, de acordo com o qual o medo impele as pessoas a raciocinar e a agir. Como a questão central, nesse ponto, é mostrar que não raciocinamos falaciosamente, a argumentação busca estabelecer que somos capazes de chegar consciente e deliberadamente a certas conclusões e recusar outras. À fria objetividade da razão abstrata iluminista, Peirce sempre opôs um ideal de uma razoabilidade falível, pois atravessada por sentimentos, parcialidades, contingências e formada tanto por crenças quanto por dúvidas, não obstante temperada por uma lógica rigorosa. Assim, somos livres para adotar um ou outro curso de ação em função do que deliberadamente aceitamos como conclusão racional. Peirce afirma mesmo que essa liberdade é a única de que podemos nos orgulhar, uma afirmação que orgulharia tanto a um

Tomás quanto a um Kant, sem dúvida. Todavia, o mais notável — e, diga-se, em verdade nada surpreendente, dado o espírito romântico da época — é a relação que Peirce estabelece com o *cristianismo*, na qual ressoa o sentido etimológico do catolicismo, isto é, o universalismo, diretamente ligado ao tema da ágape, isto é, o amor universal, um tema que Peirce retomará, em 1892, no ensaio chamado "Amor evolucionário"[55].

Todo esse sentimento religioso a influir em sua filosofia parece ter sido fortalecido em Peirce por sua primeira esposa, Harriet Melusina Fay, ou Melusina Fay Peirce, como passou a assinar após o casamento, ou simplesmente Zina, como ela era chamada[56]. Zina teria sido a principal responsável pela conversão do jovem Peirce ao episcopalismo trinitarista, confissão que ele manteria, embora heterodoxamente, mesmo depois de sua separação e divórcio. Conforme relatam as biografias, em certo momento, ainda antes de

---

[55] Publicado originalmente em *The Monist*, v. 3, n° 2, 1 de janeiro de 1893, pp. 176-200; republicado em **W 8**: 184-205; traduzido para o português, em duas partes, por Basílio João Sá Ramalho Antônio, em *Cognitio: Revista de Filosofia*, v. 11, n° 1, pp. 162-182, e v. 11, n° 2, pp. 347-360, 2010.

[56] As informações aqui reproduzidas a respeito de Zina constam de **W 2**: xxviii--xxx, introdução escrita por Max H. Fisch, bem como de Brent 1998, pp. 61-66. Fisch afirma que as ideias de Peirce devem algo a ela; Brent apenas as relata, dando a entender que a influência de Zina teria sido especificamente sobre a religiosidade de Peirce, independentemente de outros tópicos, quer dizer, eles partilhavam da mesma visão de mundo dominante em seu meio social. É discutível se e o quanto Peirce veio a mudar de ideia posteriormente. Seja como for, o silêncio dos comentadores a respeito desses pontos é realmente ensurdecedor, como se diz. A exceção admirável é Trout 2010, cujo argumento geral sigo aqui. A mesma autora também ressalva que, após anos de pobreza e penúria, envelhecido e marginalizado, Peirce tornou-se mais sensível a questões de injustiça social, o que realmente transparece em seus escritos de maturidade, embora sem abandonar completamente muitos preconceitos. Mais recentemente, Neville 2018 argumentou enfaticamente sobre uma mudança no pragmatismo de Peirce considerando esses pontos; e Viola 2020 dedica um capítulo inteiro (pp. 131-158) ao pensamento social de Peirce, enfatizando a continuidade de suas ideias ao longo do tempo. Hamner 2003, sem ser uma exegeta de Peirce, faz considerações importantes a respeito do contexto ideológico e religioso dos EUA no século XIX. Tomo o argumento da epistocracia, adiante, de Westbrook 2005, mas com uma contextualização própria.

se casar com Peirce, Zina passara por uma experiência mística na qual tivera a revelação de que o Paráclito, o Espírito Santo, seria o Eterno Feminino Infinito da Eterna Trindade Infinita. É possível ver ecos da religiosidade de Zina também nas três categorias de Peirce, mas não só. É claro que o uso de "homem" como sinônimo de "humanidade" é uma marca do tempo e do lugar, o que não exclui a legitimidade de se questionar quão inclusiva é essa universalidade, mesmo que, sem dúvida, abstrata. Se, na resenha dedicada a Berkeley, Peirce de fato levanta a sua voz contra a exploração a que as mulheres eram submetidas *na Inglaterra*, em relação às opressões sofridas por milhares de mulheres nos EUA ele silencia completamente.

Talvez a preocupação manifestada por Peirce com a situação das mulheres inglesas deva-se a Zina, feminista engajada cujas preocupações incluíam a redução do fardo do trabalho doméstico, que recaía exclusivamente sobre as mulheres, sem qualquer reconhecimento financeiro. Para acabar com essa situação, ela defendia a cooperação — entre homens e mulheres, e não apenas da mesma família — nesses trabalhos, a criação de instituições privadas para promover essa cooperação, bem como a participação feminina no debate público, de forma a evitar a competição entre os gêneros, e, enfim, a educação superior para mulheres[57]. Na mesma época em que apareciam os artigos de Peirce da Série Cognitiva, entre 1868 e 1869, Zina teve alguns de seus artigos publicados no periódico *Atlantic Monthly*, os quais foram, em 1870, recolhidos em livro, algo aliás que seu marido jamais conseguiu. A par de tudo isso, Zina também era uma nacionalista xenófoba, fortemente contrária à imigração, principalmente a irlandesa. Ora, desde a Grande Fome de 1845-1852, centenas de milhares de irlandeses emigraram da Irlanda para os EUA, fugindo da miséria em busca de uma vida não reduzida a comer batatas. Zina acreditava que esses paupérrimos imigrantes, em sua imensa maioria católicos, destruiriam a

---

[57] Quanto a esses pontos, ver M. Fay Peirce 1884, p. 17 *et seq.*; p. 85 *et seq.*; p. 105 *et seq.*

civilização da Nova Inglaterra. E, para completar, apesar de não ser antiabolicionista, ela tampouco deixava de ser racista, acreditando na ideologia segregacionista de raças inferiores e superiores.

Não admira, então, que tampouco Zina tenha levantado a sua voz contra a violência sofrida nos EUA por mulheres pobres, imigrantes, negras e indígenas, embora pudesse muito bem tê-lo feito, uma vez que inúmeras convenções aconteceram nesse país no século XIX, em que as desigualdades sociais de gênero, de raça e de classe foram denunciadas. Em uma delas, em Ohio, em 1851, Sojourner Truth, a mulher que fugiu da escravidão para se tornar uma das mais famosas ativistas feministas de seu tempo, proferiu o discurso: "E eu não sou uma mulher?"[58]. Esse discurso, feito de improviso e registrado por outras pessoas, ganhou notoriedade nacional durante a Guerra Civil, mesma época, portanto, em que Peirce amadurecia as ideias que seriam publicadas nos artigos ora traduzidos. Nesse famoso discurso, Sojourner Truth denunciava não apenas a exclusão das mulheres negras, como o rebaixamento de sua humanidade e sua feminilidade à mera força de trabalho animal. "Eu posso trabalhar tanto e comer tanto quanto um homem — quando consigo comida — e também aguentar o chicote! E eu não sou uma mulher?", são um exemplo das suas palavras incisivas.

E isso sem mencionar, ainda, a fama transnacional alcançada por Frederick Douglass, o homem mais fotografado no seu país em sua época, dono de oratória inigualável, alguém que se opôs vivamente ao nacionalismo estadunidense ao afirmar: "eu não pertenço a nenhuma nação"[59]. Autor de contundentes escritos abolicionistas, Douglass atacou agudamente a consciência infeliz das pretensões universalistas lavradas na Declaração de Independência dos Estados Unidos, ao criticar o discurso da liberdade natural enquanto a

---

[58] Truth e Gilbert 2020.

[59] *Apud* Brito 2019, p. 202. De fato, como aponta a pesquisadora, Douglass fez muitas menções ao Brasil e a outros países das Américas em seus escritos jornalísticos, a ponto de a *Gazeta da Tarde*, jornal de José do Patrocínio, traduzir e publicar uma das autobiografias de Douglass.

riqueza da nação se construía com a exploração da força produtiva de trabalhadores escravizados: "O Quatro de Julho pertence a *vocês*, não a *mim*. A *vocês* cabe a alegria; a *mim* cabe o lamento"[60]. Com declarações como essa, Douglass personificou, em carne e osso, a contradição dos argumentos dos senhores de escravos, segundo os quais os afro-americanos escravizados, dada sua natural inferioridade racial, jamais desenvolveriam o nível intelectual necessário para exercer a plena e autônoma cidadania estadunidense.

É muito improvável, e afirmo mesmo que é totalmente implausível, que Zina e seu marido sequer tivessem conhecimento dessas pessoas. Embora não seja possível, é claro, supor acordo absoluto entre Zina e Charles, a adesão pessoal dele à mesma visão de mundo dela é evidente, principalmente na última palestra que, em 1866, ele proferiu no *Lowell Institute* (**W** 1: 499-504). A intencionalidade do texto é inequívoca e não permite duvidar dos preconceitos do então jovem filósofo, nem de sua ideologia política. É verdade que Peirce retirou as passagens mais flagrantemente sexistas e racistas dos artigos enviados para publicação, o que pode indicar a divergência entre o casal. No entanto, ele deixou intactos os trechos condizentes com a ideologia do destino manifesto, então hegemônica nos EUA (**W** 2: 271, p. 259). Quando apareceu a oportunidade de revisar novamente esse escrito, em 1893, essas passagens permaneceram intactas. Por elas, é possível supor que a comunidade sem nome e sem self, imaginada por Peirce como infinitamente capaz de aprender, seria a nação estadunidense, a mais apta a aglutinar indistintamente em seu seio quaisquer individualidades ou particularidades e, assim, apaziguar divergências na mesma medida em que conseguiria dissolver ou anular diferenças. Dado o elogio ao realismo escolástico na resenha das *Obras* de Berkeley, não é difícil identificar, aqui, algo como uma síntese conciliadora, ou silenciadora, de inspiração hegeliana, ainda que a dialética pareça ter sido deixada de lado.

---

[60] Douglass 2021, p. 368.

Seja como for, essa retórica ufanista é tão mais impressionante por estar entrelaçada à do autossacrifício cristão. Como aceitar uma exortação à abnegação individual em prol de uma causa coletiva vinda de alguém que, como muitos filhos afortunados de sua geração, conseguiu não ser convocado para lutar na Guerra de Secessão por pertencer a uma tradicional e, em boa medida, abonada família da Nova Inglaterra? Para não deixar dúvidas quanto ao contexto histórico saturado de nacionalismos imaginários, lembremos ainda mais um fato. Joel Tyler Headley, historiador e político que testemunhou, em Nova Iorque, levantes de trabalhadores contra os recrutamentos obrigatórios, relata que os privilégios de classe foram denunciados em larga medida por organizações de trabalhadores imigrantes irlandeses. Ao mesmo tempo em que acusavam a elite rica de comprar a fuga do recrutamento, causando, com isso, medos terríveis em Zina Peirce, esses trabalhadores também se ressentiam dos negros, por julgarem que eles mesmos, irlandeses, eram recrutados para morrer em nome da liberdade alheia, a dos afro-americanos, justamente[61].

Em 1868, a memória da Guerra Civil ainda era muito forte na vida social dos EUA. O assassinato de Abraham Lincoln, ocorrido apenas três anos antes, forçou o fim da guerra, mas as feridas profundas causadas pelo conflito na sociedade estadunidense continuaram abertas e há quem defenda que até hoje não cicatrizaram. Pelos registros conhecidos, a violenta sangreira levou à morte aproximadamente 1 milhão de pessoas. Como consequência, a maior parte da população do país teve de se arranjar com uma realidade brutal. Segundo o relato de H. Zinn (2003, p. 222):

> As cidades para as quais os soldados voltavam eram armadilhas mortais de tifo, tuberculose, fome e incêndio. Em Nova York, 100.000 pessoas viviam nos porões das favelas; 12.000 mulheres trabalhavam em casas de prostituição para não morrer de fome; o lixo, espalhando-se a uma profundidade de 60 centímetros pelas

---

[61] Joel Tyler Headley *apud* Zinn e Arnove 2009, pp. 204-207.

ruas, estava cheio de ratos. Na Filadélfia, enquanto os ricos captavam água potável do rio Schuylkill, todos os demais bebiam do Delaware, onde 13 milhões de galões de esgoto eram despejados todos os dias. No Grande Incêndio de Chicago de 1871, os cortiços caíram tão rápido, um após o outro, que as pessoas disseram que parecia um terremoto.

Se assim era o presente daqueles dias, não admira nada que Peirce apele fortemente à identificação dos interesses individuais aos de uma comunidade cujas esperanças estavam depositadas em um futuro indeterminado. O tom de sua enunciação, nesse artigo, e a aguda consciência da importância cultural e histórica da querela dos universais, demonstrada na resenha das *Obras* de Berkeley, não permitem supor que ele ignorava completamente que a sua apologia do sacrifício individual se prestava muito bem a disfarçar interesses particulares, dentre os quais o de classes sociais bastante poderosas, sob a capa de uma universalidade de fachada. Peirce não demonstra qualquer preocupação com isso, o que é compreensível, já que ele se via como membro da comunidade que imaginava. Dado todo esse contexto, porém, é inegável que o elogio ao heroísmo guerreiro presente nesses seus textos precoces parece, no mínimo, cabotino, pois, se é questionável tomar por certo "aquilo de que já duvidam muitos homens sãos, bem informados e sérios" (W 2: 195, p. 61), é possível da mesma maneira perguntar: quem são esses homens sãos, bem informados e sérios, *cara-pálida*? Dos exemplos dados de identificação individual à comunidade, depreende-se que os interesses supostamente universais compensariam os mais terríveis sacrifícios pessoais, de forma que seria irracional alguém não se sacrificar em nome do crescimento da comunidade, ou seja, da nação. O fundamento último da lógica, realmente, guarda uma dimensão moral para justificar a validade da indução e da nova concepção semiótica da mente[62]. Por isso, não causa surpresa alguma que a oportunidade de reprovar ironicamente o "caráter nacio-

---

[62] Como observa Deledalle 1987, p. 27.

nal" inglês seja aproveitada sem hesitação, réproba essa, aliás, cujo teor é muito parecido com o das críticas posteriormente feitas ao pragmatismo como expressão filosófica do caráter nacional estadunidense por Bertrand Russell, Max Horkheimer e outros. Nessa disputa, como nas de 1776, parece inútil tentar definir qual lado não cometeu o *tu quoque* falacioso.

Diante do exposto, é possível entender por que, em 1893, ao revisar o artigo sobre as leis da lógica visando publicá-lo em livro, Peirce fez umas poucas observações pontuais, meramente de esclarecimento, cujas mais significativas serviram para fortalecer o falibilismo metodológico, mas não fez nenhuma autocrítica, nenhuma observação sequer para mitigar ou relativizar a retórica nacionalista. Parece-me tão claro quanto compreensível, então, que Peirce se aproprie da versão estadunidense de nacionalismo romântico que, na Europa, inspirou as revoluções de unificação nacional no século XIX. A sua nota original a essa narrativa está, na leitura que proponho, na ênfase sobre a natureza epistêmica da comunidade, cujos limites são indefinidos e potencialmente abertos à complexidade semiótica — de fato, não poderia deixar de ser assim. Voltarei a esse ponto posteriormente, não sem antes reforçar a nota crítica. Eu não li tudo o que Peirce escreveu, mas, ao menos por esses escritos, não vejo como discordar de que ele parecia mesmo ter orgulho da consequência nacionalista de seu inferencialismo, isto é, da identificação, ao menos no plano imaginário, da comunidade sem limites definidos baseada no conhecimento com uma nação baseada na sua capacidade indefinida de expansão.

Que fazer, então, com a filosofia de Peirce? Não me parece inteligente jogar fora a criança junto com a água do banho, quero dizer, não precisamos aceitar as suas declarações *por atacado* (de nenhum filósofo, é claro). Evidentemente, as opiniões pessoais de Peirce só interessam aqui, uma vez que ele as publicou como consequências dos princípios epistemológicos por ele adotados. Também me parece evidente que essas consequências não são necessariamente as únicas e corretas. De fato, a ideia de uma comunidade aberta e

capaz de incremento *a posteriori* de conhecimento, se não contradiz terminantemente a ideologia do destino manifesto, pode servir a refutá-la. Se a comunidade científica de Peirce é tão imaginada quanto qualquer nação[63], ainda mais quando comparada a uma específica, é inegável que ser imaginado não é em si necessariamente ruim. Absolutamente nada implica que a comunidade de *inquirers* deva ser terminantemente identificada a um projeto nacional específico, muito menos servir a um ou outro projeto político. Com efeito, nos argumentos críticos de Peirce a Hobbes, a possibilidade de superação do particularismo resulta mais importante do que a adesão a uma ou outra ideologia específica. Sem qualquer pretensão de fechar a questão, arrisco-me a apresentar, a seguir, apenas mais algumas pistas para que outras correlações possam ser feitas.

Realidade e verdade

As esperanças de universalismo de Peirce estão depositadas no conhecimento, e não nas suas formas reificadas, pois é a ciência, melhor dizendo, a investigação científica que pode sustentar projetos políticos, e não o contrário. Isso seria uma forma de raciocínio fingido, como Peirce posteriormente viria a definir: o genuíno espírito científico conclui por ter investigado, ao passo que investigar tendo em vista justificar uma conclusão previamente adotada é fingir raciocinar (CP 1.56, *c.* 1896)[64]. Então, se quisermos ser de alguma forma fiéis ao espírito do peircismo, devemos recusar a ideologia ufanista e tentar entender qual é o lugar de Peirce na história da filosofia pelos argumentos que ele assume, ressaltando os elementos de sua filosofia que ainda podem ter valor para um futuro humanitário comum. Como afirmava Frederick Douglass, e Peirce sabia muito bem, "temos de tratar com o passado só até onde podemos fazê-lo útil ao presente e ao futuro"[65].

---

[63] Sobre o conceito de comunidade imaginada, ver Anderson 2008 (1983).

[64] Sobre o tema, ver S. Haack 2011.

[65] Douglass 2021, p. 364. Raposa 2021 argumenta no mesmo sentido, distinguindo a posição pessoal de Peirce, por um lado, e as suas ideias filosóficas, por outro. Em

Dessa forma, na resenha das obras de Berkeley, Peirce declara como entende a sua própria inserção na história da filosofia ocidental. Ali, ele se autodenomina um "realista escolástico", mas de certa estirpe, não exatamente como Duns Scotus, embora por ele inspirado (para Peirce, só um fio de cabelo separava Duns Scotus do nominalismo). A par disso, ele também afirma que o realismo envolve um fenomenalismo como o de Kant, e não como o de Hume, uma vez que a posição realista não separa em dois âmbitos distintos e incomunicáveis a cognição e o seu objeto real. O que Peirce pretende, então, é defender um realismo que faça jus às exigências epistemológicas nominalistas, não desprezando o idealismo, sem tampouco confiná-lo estritamente ao âmbito da consciência egotista. Daí a importância por ele atribuída à filosofia de Berkeley na querela, interpretando-a como um passo a meio caminho entre o nominalismo e o realismo. Por um lado, a doutrina do *esse est percipii* representa um avanço, incorporado pelos nominalistas posteriores, o qual consiste em abandonar a suposição de que o conhecimento pode ser explicado por causas metafísicas sem qualquer relação com a experiência dos sentidos. Por outro, não obstante, mesclar a realidade do mundo exterior à percepção em ato de objetos individuais é, sem dúvida, um equívoco reducionista. Essa leitura permite a Peirce enquadrar toda a filosofia moderna no ponto de fuga da perspectiva medieval e recusar coerentemente remontá-la à divergência entre platonismo e aristotelismo sem a devida mediação histórica.

O problema dos universais, por conseguinte, surge como um dos mais importantes, senão como o mais importante da história da filosofia. Com efeito, a contextualização histórica feita por Peirce indica exatamente isso. Ao comparar as catedrais góticas com a estrutura da *quaestio* escolástica[66], o filósofo evidencia o quanto a

---

linhas gerais, é a posição com a qual, em geral, concordo, mas com ressalvas, como espero que seja compreensível.

[66] *Circa* 80 anos antes de Erwin Panofsky. Ver Panofsky 1991 [1951]. Segundo Viola 2020, p. 28, essa comparação não era novidade no tempo de Peirce, embora não seja possível identificar exatamente as suas fontes. Ao mesmo tempo, Viola também indica (p. 211 *et seq.*) que há uma linha, se bem que indireta, ligando Panofsky

querela envolvia, mais do que epistemologia, fundamentalmente um posicionamento em relação ao mundo social. Assim, dado o que foi exposto antes, não é possível deixar de supor que o conservadorismo com o qual Peirce identifica a posição realista talvez seja o mesmo com o qual ele próprio, naquele momento, se identificava, a saber, um posicionamento político marcado pela confiança nas instituições e por uma correspondente aversão às transformações sociais. Não admira, então, que o nominalismo seja entendido como a raiz histórica profunda dos males da modernidade.

Para Peirce, o nominalismo se caracteriza pela redução da realidade à existência ao sustentar que apenas entes individuais são reais e os gerais são ficções, *flati voci*, conforme a expressão do mestre de Abelardo, Roscelino de Compiège (**W** 2: 481, p. 481-483). Essa postulação pode ser identificada nas obras de Abelardo, como é notório, e, como Peirce reitera, evidentemente também nas de Ockham, pois esse último esclarece definitivamente a transferência de toda e qualquer universalidade à linguagem (**W** 2: 474, p. 293). Leis gerais, pensamentos e conceitos não fazem parte da realidade porque, em suma, não podem ser percebidos pelas sensações como objetos individuais, mas devem ser admitidos como hábitos de associação e comparação das ideias ou funções lógicas. Peirce ainda identifica algum nominalismo na teoria das formalidades de Scotus, uma vez que, apesar de reconhecer a realidade tanto de entes individuais quanto de relações gerais, o *Doctor Subtilis* afirmava que, na existência efetiva, é o universal que se contrai, ou seja, reduz-se aos itens individuais. Scotus insiste que, embora *realmente* inseparável da *haecceitas* dos indivíduos, o universal em si é incompatível com o existente *qua* existente, pois é *formalmente* separável da individualidade e, de todo modo, irredutível à linguagem ou a

---

(e, talvez surpreendentemente, Bourdieu) a Peirce, por meio de Edgar Wind. O ponto é a relação entre diferentes manifestações culturais em determinada época e sua importância para o senso-comum, isto é, padrões de crenças inconscientes que se repetem historicamente.

quaisquer ficções produzidas pela mente humana. Assim não fosse, a ciência não seria possível e o conhecimento teria de ser reduzido às sensações, o que tanto Scotus quanto Peirce terminantemente recusam. Em consequência, uma distinção formal, como a feita entre o indivíduo Sócrates e o homem Sócrates — isto é, *o indivíduo considerado em sua humanidade* —, não é como uma distinção real entre dois indivíduos distintos, como aquela entre Sócrates e Platão, nem como uma distinção mental entre duas maneiras de se referir ao mesmo indivíduo — "Sócrates" e "mestre de Platão", por exemplo. Dessa maneira, a contração da *formalitas* à *haecceitas* parece ambígua, já que pode ser entendida como uma concessão ao nominalismo, mas ainda indefinida relativamente à doutrina platônica[67].

Isso permite entender por que Peirce afirma que o seu realismo é mais radical do que o de Scotus, pois, em contraponto à doutrina do escolástico, ele defende que a individualidade é contraída na universalidade, de forma a dissolver-se nela a ponto de só ser ressaltada no momento em que é identificada como tal. A bem da verdade, essa ideia constitui o cerne do realismo de Peirce e está na base da sua filosofia da continuidade. Esta, posteriormente, será entendida segundo o princípio do *sinequismo*, segundo o qual a continuidade é real e está difundida por toda a experiência[68]. Esse ponto

---

[67] Ver, por exemplo, a distinção scotista entre cognição intuitiva e cognição abstrativa, na qual, aliás, é nítido o sentido de intuição identificado por Peirce, *Lectura* II, d. 3, p. 2, q. 2; a relação do universal em si, ou em ato, com a existência efetiva, *Op. Oxon.* IV, d. 43, q. 2, trad. bras. 1973, p. 320; o tratamento da natureza comum na demonstração da unidade de Deus. *Ordinatio* I, parte 1, q. 3, trad. bras. 1973, pp. 305-312. Para a comparação entre Peirce e Scotus, ver Boler 1963; Mayorga 2007; Cárdenas 2018.

[68] Ver **EP** 2: 1-3, 1893, para uma apresentação sucinta do sinequismo pelo próprio Peirce. Esse é um dos temas mais importantes da sua filosofia e tem suscitado as mais diversas abordagens, do tratamento matemático à filosofia da religião. A título meramente exemplificativo, ver Potter 1997, especialmente parte II; Parker 1998 e Machuco Rosa 2003 fazem da continuidade a própria chave de leitura da filosofia de Peirce; Havenel 2008; Buckley 2012; Ibri 2015 [1992], cap. 4; Zalamea 2012; Atkins 2016, especialmente cap. 4.

aparecerá mais claramente no exame do texto sobre a nova classe de observações. Seja como for, a transposição dessa ideia para o plano político já parece suficientemente clara. Com esse realismo, Peirce sustenta que a sua filosofia consegue explicar o que o antigo realismo escolástico sequer tinha meios para sustentar. Dada toda a crítica ao espírito do cartesianismo, os passos que levam do nominalismo ao solipsismo e ao relativismo parecem suficientemente compreensíveis. Aí está, segundo Peirce, o principal problema: sobre bases puramente psicológicas, e não lógicas, o nominalismo redunda em uma separação absoluta entre o sujeito e o objeto que inviabiliza a explicação do sucesso do conhecimento objetivo, uma vez que o objeto externo se torna causa incognoscível da cognição. Por conseguinte, os nominalistas veem-se obrigados a eliminar o que há de normativo na investigação científica e não conseguem explicar como é possível prever a conduta futura dos acontecimentos, ou confinando toda idealidade dentro do receptáculo da mente individual ou relegando-a à linguagem. Meramente constatar, como Hume, que há uniformidades ou regularidades na experiência não basta, é necessário ainda tirar consequências definidas de tais constatações. E isso a posição realista conseguiria fazer. Em resumo, dadas as suas bases semióticas, o realismo de Peirce, segundo o próprio, conseguiria evitar tanto a redução da realidade à consciência subjetiva, operada pelos filósofos modernos, quanto o dogmatismo metafísico dos filósofos antigos e medievais[69].

Nesse ponto, mostra-se crucial a correlação entre realidade, verdade e investigação, visto que, além de pressuposto da atividade científica, o realismo aparece como hipótese, a única que, segundo Peirce, permite explicar como podemos nos autocorrigir. Por conseguinte, a posição realista favorece o autocontrole e a ado-

---

[69] Como bem aponta Nascimento 1983, e também Peirce, na resenha das *Obras* de Berkeley, a querela dos universais sempre implicou ideologias e atitudes políticas. Boler 2005 corretamente aponta a consciência que Peirce tinha disso e como ele mesmo via seu projeto de pesquisa nessa linha, tendo em vista que buscava se diferenciar da tendência de seus coetâneos de se verem como continuadores do humanismo renascentista.

ção refletida de crenças e inferências para além da idiossincrasia individual, jogando para a comunidade a responsabilidade de julgar esteticamente e criticar logicamente a verdade ou a falsidade das asserções[70]. Isso significa que, se há uma realidade, a repetição das inferências levará ao descarte das induções errôneas no geral, ainda que individual ou circunstancialmente nunca possamos nos isentar completamente do erro (**W** 2: 468, p. 279). A verdade não é uma narrativa como outra qualquer que podemos preferir inconsequentemente. Nem por isso ela deixa de ser, sim, uma opinião e, como tal, um objeto semiótico, um signo: no fim último e ideal de todas as inquirições, essa opinião deverá estar, para a comunidade, pelo real[71]. Por conseguinte, se a verdade consiste no acordo do signo com o seu objeto, então esse acordo não está dado, mas será descoberto — ou, como Peirce veio a reconhecer anos depois, *há a esperança* de que seja descoberto.

Essa é, então, a famosa teoria da verdade como meta da investigação, a opinião verdadeira a respeito do real com a qual esperamos que a investigação coletiva venha a convergir. Objeto de várias críticas e leituras[72], essa teoria ocupa lugar central no siste-

---

[70] Conforme a expressão de Hamner 2003, p. 112. Esse é mais um ponto em que a comparação do pensamento de Peirce com romantismo político do século XIX mereceria mais atenção do que posso dar aqui. Basta apontar que, assim como a legitimidade de uma nação se dá pela unidade – seja ela racial, cultural, linguística etc. – dos governados que nela nasceram, a legitimidade da comunidade sobre os *inquirers*, no pensamento de Peirce, se dá em função da maneira como o conhecimento é produzido.

[71] Como afirma Boler 1963, p. 128, esse é o cerne da interpretação pragmática realizada por Peirce da teoria das formalidades de Scotus. Boler 2005, p. 19, aponta que, posteriormente, Peirce passou a enfatizar a teoria da *haecceitas*, o que pode ser visto já no texto sobre a nova classe de observações. Para a relação do sistema filosófico maduro de Peirce com a sua apropriação da filosofia medieval, ver Mayorga 2007 e Cárdenas 2018.

[72] Há bibliotecas escritas sobre o assunto. As principais objeções à ideia geral, e não particularmente a Peirce, parecem estar bem resumidas em Laudan 1981 e Plastino 2000. É impossível decidir, aqui, se a teoria de Peirce resiste ou não às críticas. Para o resumo aqui apresentado, baseei-me principalmente em Hookway 2004, Legg 2014 e Hynes 2016; adoto a ideia de uma parúsia da verdade de Derrida 1996; para o tema da razoabilidade da dúvida, um dos que mais mobiliza os co-

ma de Peirce, como é possível bem entender. Em seu aspecto mais amplo, a teoria afirma o valor da verdade como um ideal regulativo, um horizonte ao mesmo tempo inatingível e instável, porém consistente, de normatividade, relativamente ao qual podemos avaliar nossa conduta.

Especificamente, há três possíveis sentidos, diferentes, complementares dessa teoria, todos eles plenamente reconhecíveis nos artigos aqui traduzidos. Em primeiro lugar, conforme o falibilismo, a verdade é uma tarefa constante, uma meta almejada, ainda que possivelmente jamais de fato alcançada, seja porque errar é sempre uma possibilidade, seja porque a morte também o é. Portanto, se a verdade absoluta é um ideal inatingível, ainda assim verdades parciais e pontuais podem ser obtidas pelos únicos meios humanamente cabíveis: suposição, investigação, análise, interpretação etc. Por conseguinte, é possível afirmar que *alguém*, em *algum* momento, pode chegar a conhecer *alguma* verdade. Em segundo lugar, convergência à verdade significa aproximação à verdade como o *limite* de nossos esforços para conhecer a realidade. Verdadeiras, então, são as asserções para as quais não há razões para descrer ou duvidar, uma vez que a investigação chegou ao seu limite razoável. E isso implica, evidentemente, um adiamento infinito da verdade em vista de nossos modos falíveis de percepção e raciocínio. Nesse sentido, a teoria afirma que o fato de muitas pesquisas serem feitas concomitantemente faz com que cada uma contribua com uma parcela ao corpo de conhecimento que ficará disponível às gerações futuras. Aqui parece estar, também, a melhor interpretação do argumento em favor do autocontrole: se não somos individualmente capazes de enunciar, sempre e sem erro, a verdade dos fatos junto com as condições que legitimam ou possibilitam essa enunciação, sempre é possível que outros o façam, de forma que seja possível obter uma consciência ampliada quanto aos critérios

---

mentadores da obra de Peirce, Misak 1991 e a reformulação contida em Misak 2007 são referências incontornáveis, com as quais debatem Bernstein 2010, Cárdenas 2017 e Liszka 2019.

e as escolhas interpretativas, indo além das certezas individuais. O reconhecimento dessa situação leva diretamente ao terceiro sentido, como o processo gradual pelo qual a comunidade dos investigadores chegará, no limite ideal da pesquisa, a asserir a correlação entre as opiniões verdadeiras e o real. De fato, a teoria de Peirce não é incompatível com uma teoria semântica da verdade, muito menos da perspectiva de outros sistemas lógicos não triviais[73]. E o próprio Peirce afirmará que o limite da investigação é dado pelas conclusões que a comunidade científica estabelece além da dúvida razoável (**CP** 1.60, *c.* 1896), isto é, aquelas opiniões coletivamente partilhadas que, por mais que a pesquisa prossiga, permanecem infensas à dúvida porque refletem a realidade dos fatos. Por conseguinte, a verdade só pode ser uma opinião pública, pois uma verdade que não seja objetiva não pode ser chamada pelo nome.

Definida em termos da correspondência entre o signo e o seu objeto, independentemente de qualquer opinião limitada, social ou ideologicamente, a verdade na filosofia de Peirce aparece como um signo de natureza geral ora desconhecido, não obstante cognoscível: *se* a inquirição for prolongada suficientemente e segundo os métodos corretos, é possível vir a conhecê-lo. Nota-se, também nesse ponto, a inegável influência do milenarismo cristão no pensamento do autor, o que se evidencia pelo próprio vocabulário escolhido: "consenso católico", "conclusão destinada", "realidade absoluta" (**W** 2: 469-470, p. 281-283). É inevitável, então, ver na teoria da verdade de Peirce, ao menos nesses escritos precoces, algo como uma parúsia da verdade, na qual a interdição da continuação da mentira seria essencial. No entanto, dada a ênfase de Peirce nos processos investigativos de constatação e eliminação do erro, não é possível afirmar que a sua teoria reserve o papel de meros coadjuvantes à falsidade e ao engano. Uma vez que a verdade idealmente almejada permanece eminentemente falível, porquanto semioticamente mediada, não há determinação *a priori* quanto ao âmbito de seu dever ser. Tendo em vista que a de-

---

[73] Por exemplo, da Costa 1989.

terminação dos lugares e momentos onde a verdade falta é essencial para a construção do conhecimento[74]. Anos mais tarde, Peirce descreverá como *acaso objetivo* o elemento ontológico de indefinida possibilidade lançada ao futuro, segundo a categoria da *primeiridade*; a alteridade renitente do real será caracterizada frequentemente com a expressão "fatos brutos" e remetida à categoria da *segundidade*; e a hipótese da imanência real das relações gerais será afirmada como *realidade da terceiridade*, isto é, como uma hipótese metafísica sobre a realidade não apenas de termos gerais, mas de *processos contínuos* nos quais toda aleatoriedade e discrepância poderiam, em princípio, ser idealmente absorvidas. Não obstante, o princípio de acaso impede a afirmação de uma necessidade absoluta e favorece a posição falibilista[75]. Se, na filosofia de Peirce, tudo é verdade *e* caminho, ao mesmo tempo é irrazoável supor que o desvio da mente da rota em busca da verdade arruíne a própria busca. Permanece aberta, então, a questão sobre a relação entre o *falso* e o *falível* de uma perspectiva peirciana.

Indeterminação semiótica

O último texto ora traduzido, "Sobre uma nova classe de observações, sugerida pelos princípios da lógica", é um fragmento, e não um artigo terminado e preparado para ser publicado. Deve, portanto, ser lido como tal, isto é, sem a exigência de que apresente o mesmo rigor argumentativo dos outros textos aqui traduzidos. A bem da verdade, o que esse fragmento apresenta é tão só uma questão ou uma hipótese a ser desenvolvida, baseada no inferencialismo e no realismo dos artigos escritos quase uma década antes.

O texto inicia, justamente, com uma recapitulação do realismo. Peirce declara que a sua própria originalidade nesse debate, em oposição direta a Ockham, é ter mostrado que até mesmo objetos individuais "ainda têm certa quantidade de indeterminação" (**W** 3:

---

[74] Conforme a interpretação de Silveira 2000.

[75] Ver Salatiel 2009 sobre a realidade da terceiridade; ver Ibri 2015 [1992], especialmente cap. 2; e Lane 2020.

235, p. 329). Em outras palavras, mesmo uma *haecceitas* identificada ainda admite ulterior especificação. Recuperando um de seus exemplos preferidos, ele afirma que um mesmo indivíduo pode ser logicamente subdividido *ad infinitum*. Assim, Filipe de Macedônia pode ser separado em Filipe sóbrio e Filipe bêbado, e cada uma dessas subdivisões pode ser ainda subdividida ulteriormente, até que uma determinação final seja especificada, isto é, até que seja determinado um momento em que não é possível mais prosseguir nas subdivisões. Só aí atingimos o indivisível, em si mesmo um limite ideal e apenas isso.

Nesse exemplo, reaparecem, então, algumas concepções já conhecidas dos artigos da Série Cognitiva. A primeira que vem à lembrança é a definição de continuidade pela infinita divisibilidade. Essa ideia baseia a teoria semiótica da cognição, bem como a resolução do paradoxo de Aquiles e a tartaruga e a versão extremada do realismo apresentada na resenha das *Obras,* de Berkeley. A divisibilidade infinitesimal, de fato, é condição necessária para a definição de continuidade, embora não suficiente, como Peirce posteriormente chegou a concluir. A divisibilidade indefinida não leva a qualquer conjunto coeso, apenas dissolve um conjunto conhecido em uma multiplicidade desconexa de partes individualizadas. Daí que a definição da genuína continuidade exija ainda que cada parte tenha limites em comum com cada outra[76]. Embora tal ideia ainda não apareça nesse esboço de 1877, ela já se anuncia na indicação de que a individualidade é uma descontinuidade determinada na generalidade do contínuo, mas não preexistente a ele.

O exemplo de Filipe da Macedônia é importante também porque permite compreender melhor a concepção de generalidade com a qual Peirce trabalhava nos artigos aqui traduzidos. Até que a sua lógica de primeira ordem fosse plenamente desenvolvida, Peirce considerava a generalidade segundo a ideia de indeterminação, isto é, de falta de especificação ou delimitação. Esse é o sentido depreendido da sua correspondência com Harris sobre o conceito

---

[76] Ver Ibri 2015 [1992], pp. 100-101.

de determinação na filosofia de Hegel e que reaparece no artigo sobre a lista de categorias (**W** 2: 56, p. 49), e reiteradamente nos artigos do JSP, para servir de base à ideia de que a generalidade absoluta é absolutamente indeterminada, ou seja, sem qualquer especificação *a priori*, e, portanto, cognoscível apenas *a posteriori*, isto é, indutivamente (**W** 2: 209, pp. 97-99). Toda e qualquer determinação que ela venha a conter é devida a um ato discricionário relativo a uma negação: *é isto, e não aquilo*[77].

Assim sendo, pela teoria exposta nesses artigos, a determinação absoluta é impossível, seja ela ontológica ou semiótica, pois um signo absolutamente determinado é um signo cujo significado resulte de uma interpretação absolutamente definitiva, o que é impossível. Como consequência da teoria da cognição, pela qual a cognição instantânea é impossível, e consoante à teoria da verdade, pela qual a verdade é um limite ideal e os *inquirers* atuais trabalham com verdades parciais e provisórias, a interdição da determinação absoluta implica que é possível apenas estabelecer graus de determinação, isto é, graus de especificação interpretativa, mas não a interpretação cabal e definitiva, a verdade última e inquestionável. Daí que a generalidade, nesses escritos, não se contraponha à individualidade *de fato*, à existência concreta, como se diz, mas à individualidade *absoluta*. O nome *Filipe da Macedônia* se refere a um indivíduo específico, concreto, que realmente viveu em certa época histórica e não em outra etc. Contudo, assim como qualquer outro indivíduo, como poderia ele ser absolutamente determinado "em todos os seus infinitos por-

---

[77] No que concordam inteiramente Ibri 2015 [1992], especialmente p. 58 *et seq.*; e Lane 2020, especialmente p. 123 *et seq.* Essa é a famosa tese, de imensas implicações metafísicas e atribuída por Hegel a Espinosa, de que toda determinação é uma negação. É impossível desenvolver o tema aqui. Para as relações entre Peirce e Espinosa, ver Dea 2014, autora que escreveu diversos artigos sobre o assunto; ver ainda Fabbrichesi Leo 2019, para algumas analogias mais explicitamente políticas. A bibliografia sobre Peirce e Hegel é muito mais extensa. A título meramente exemplificativo, ver Fisch 1974; Stern 2009, parte III; Dilworth 2015; Colapietro 2018. Além disso, esse ponto está na base da teoria dos atos de fala de Peirce, sua interpretação do ato de asserção, ponto ao qual Santaella alude no Prefácio a este livro. A título meramente exemplificativo, ver Tuzet 2006; Rodrigues 2023.

menores" (**W** 2: 233, p. 67)? Como sequer conseguimos imaginar um indivíduo assim, decorre que a individualidade absolutamente determinada, por ser incognoscível, é impossível. Torna-se compreensível, então, a afirmação de Peirce de que termos singulares, como os nomes próprios, ou qualquer outro signo que possa cumprir a função de sujeito em uma proposição, devem ser entendidos da mesma maneira que os termos gerais, o que permite tratar sentenças singulares como universais. A bem dizer, Peirce interpreta signos individuais como possuidores de *largura* lógica, isto é, como passíveis de ulterior especificação, de serem mais *aprofundados*, conforme o vocabulário por ele adotado na época e que, atualmente, pode ser traduzido em termos de extensão e intensão[78]. Esse ponto é mais um a aproximá-lo dos lógicos medievais e a afastá-lo não apenas da filosofia moderna, como também de boa parte da contemporânea, já que tomar sentenças universais e singulares como logicamente equivalentes não é exatamente sinal de ortodoxia lógica. Além disso, a indeterminação interpretativa tende atualmente a ser remetida, como se diz, às competências ou habilidades linguísticas de diferentes intérpretes, e não à natureza dos próprios termos.

Essas considerações permitem entender, então, o título desse fragmento, bem como a citação de Aristóteles no último parágrafo. Consoante ao inferencialismo semiótico da ação mental estabelecido na Série Cognitiva, Peirce sustenta que a diferença entre quaisquer sensações, por exemplo, entre a sensação de azul e a de vermelho, pode ser descrita em termos gerais e quantitativos. E, se é assim, é possível também sustentar que, se uma descrição geral for insatisfatória, outra, mais específica, pode ser dada. Isso vale, inclusive, apenas para as sensações de espécies diferentes, como um som e uma cor, e não apenas para as de mesma espécie, como as de duas cores distintas. Daí a nova classe de observações a que alude o título: é possível comparar diferentes espécies de sensações, mesmo que de

---

[78] Peirce dedicou um trabalho completo a essa distinção, publicado nos *Proceedings* da AMACAD em 1868. É o artigo intitulado "Upon logical comprehension and extension", republicado em W 2: 70-86.

diferentes intensidades, sem desconsiderar as diferenças e segundo um mesmo critério, de maneira suficientemente satisfatória.

Em 1877, pela terceira de cinco vezes, Peirce viajou à Europa como pesquisador da *US Coast and Geodetic Survey*. A sua primeira viagem durou de junho de 1870 a março de 1871, quase todo o período da Guerra Franco-Prussiana, com retorno aos EUA apenas duas semanas antes da sublevação que instaurou a Comuna em Paris, mas também pouco tempo depois de um tumulto emocional devido à separação de Zina. Por ocasião da segunda viagem, de abril de 1875 a agosto de 1876, a separação veio a se consumar. Segundo os relatos biográficos[79], essas duas primeiras viagens representaram uma experiência pessoal equiparável a poucas outras na vida Peirce, tendo em vista que ele levou adiante a sua agenda profissional sob o efeito de forte abalo emocional. Além de levar Zina a abandoná-lo em certo momento, o que resultou imediatamente em um colapso psíquico e, anos mais tarde, em um conturbado divórcio, essas viagens europeias possibilitaram a Peirce experimentar o tipo interação em uma comunidade investigativa, conforme teorizava em seus escritos.

O objetivo da primeira viagem era localizar possíveis lugares de observação do eclipse total do Sol que viria a acontecer em 22 de dezembro de 1870. Viajando como representante da *US Coast and Geodetic Survey*, o jovem cientista Charles S. Peirce pôde entrar em contato com algumas das principais instituições e pesquisadores da Europa de então. Com isso, teve a oportunidade de vislumbrar o que, da sua provinciana Nova Inglaterra *post bellum*, poderia parecer um outro universo por detrás do espelho. Aportando em Londres, Peirce imediatamente procurou De Morgan para entregar-lhe em mãos uma cópia

---

[79] Para as informações biográficas, baseei-me na introdução escrita por Max H. Fisch a **W** 2, em Brent 1998, e em Barrena e Nubiola 2016, cujo relato da primeira viagem de Peirce à Europa o humaniza e agrega informações interessantíssimas de uma perspectiva estética, como seu assombro com a variedade idiomática, suas impressões sobre as catedrais e seu interesse por Balzac. No mesmo sentido, é recomendadíssimo consultar, inclusive para as outras viagens de Peirce à Europa, o monumental trabalho recém-publicado Barrena e Nubiola 2022.

de um de seus artigos sobre a aplicação da álgebra de Boole à lógica dos relativos[80]. O velho lógico inglês viria a falecer poucos meses depois, no mesmo dia, aliás, em que a Comuna de Paris foi instaurada, em 18 de março de 1871. Da Inglaterra, Peirce viajou por quase toda a Europa, indo à Turquia após ter passado por França, Espanha, Alemanha, Bulgária, Itália e Grécia, e chegando, enfim, aos pés do vulcão Etna, em Catania, Sicília, onde uniu-se à equipe da *Survey* para assistir ao eclipse. Já na segunda viagem, Peirce desenvolveu seu trabalho de gravimetria com pêndulos, fazendo medições em Genebra, Paris, Berlim e Londres para comparar com aquelas feitas nos EUA. Todas essas viagens mostraram-se, posteriormente, decisivas para a elaboração de seu pensamento maduro, principalmente a sua ideia de ciência como um *modo de vida*, da qual não poucos elementos qualitativos, genuinamente estéticos, fazem parte.

Na sua primeira temporada em Paris, Peirce estreitou amizade com Henry James, irmão mais novo de seu melhor amigo, William. Em sua correspondência com este, Henry relata que fez de tudo para introduzir um instável Charles em seu círculo social, composto de jornalistas, artistas e literatos de toda sorte, e, após alguns primeiros encontros um pouco desajeitados, tornaram-se bons amigos. Não me parece descabido imaginar que, em alguma galeria da capital decadentista do século XIX, Henry e Charles tenham se encontrado e conversado a respeito das correspondências de Charles Baudelaire:

Il est des parfums frais comme de chairs d'enfants,
Doux comme les hautbois, verts comme les prairies,
—Et d'autres, corrompus, riches et triomphants,
Ayant l'expansion des choses infinies,
Comme l'ambre, le musc, le benjoin et l'encens,
Qui chantent les transports de l'esprit et des sens.[81]

---

[80] Conto essa história em Rodrigues 2017.
[81] Na tradução de Júlio Castañon Guimarães (Baudelaire 2019, pp. 77-80): "Há per-

Semiótica, racionalidade e conhecimento

Segundo a leitura de Apel, o ideal de "uma comunidade indefinida" que emerge dos textos de Peirce é uma "incorporação da própria razão" cuja tarefa é realizar o que os sujeitos individuais, por mais autoconscientes que sejam, ou comunidades particulares, por mais inclusivas, jamais conseguiriam realizar[82]. Nessa leitura, a comunidade se torna equivalente a um interpretante literalmente final e último do processo semiótico, uma síntese cabal do conhecimento e da experiência, agora não mais como um sujeito transcendental, mas como uma ampliação deste, uma comunidade intersubjetiva transcendental. Incorporação da razão, ou seja, a própria divindade encarnada, o análogo secularizado do Cristo feito homem. Disso, sem surpresa alguma, Apel espera poder extrair os fundamentos de uma normatividade ética que, embora falível, não deixaria de ser universalizável.

A leitura de Apel certamente é das mais influentes e não foi a última a identificar na filosofia de Peirce uma intencionalidade normativa. Tendo como pano de fundo o puritanismo estadunidense dos séculos XVII e XVIII, Hamner apresenta uma leitura parecida. Para a autora, assim como James, Peirce teria buscado responder às questões levantadas pelos puritanos pela via do questionamento das crenças, e não apenas da fé religiosa, invertendo, com isso, o eixo da relação entre ética e política em favor daquela[83]. Se evita europeizar exageradamente o pensamento de Peirce, a leitura de Hamner nem por isso deixa de trilhar o caminho aberto por Apel, já que busca identificar no pensamento do filósofo uma fonte de normatividade transcendente a questões sociais.

Mas será que a comunidade defendida por Peirce condiz com esse desejo teológico-normativista? Porque uma coisa são

---

fumes tão frescos como tez de criança,/ Suaves como oboés ou verdes como um prado/ — E outros, falseados, ricos, cheios de pujança,// Tendo a expansão de tudo o que é ilimitado,/ Que cantam, como o incenso e o âmbar, desabridos,/ Os arroubos do espírito e os dos sentidos".

[82] Apel, 1981, pp. 28-29.

[83] Hamner 2011, p. 172 *et seq.*

alegações relativas à verdade das nossas asserções, e essas podem mesmo ser definidas intersubjetivamente em termos de inferências, mas outra bem diferente é supor que a comunidade investigativa será equivalente a um estado ou situação ideal de informação ou conhecimento em que todas as inconsistências interpretativas sejam resolvidas. É um passo ainda ulterior afirmar que, desse estado ou interpretante ideal, seria possível deduzir normas de eticidade suficientemente universais para serem consideradas lícitas por todos os sujeitos finitos e situados no presente — nós mesmos que, aqui e agora, preparamos o que acontecerá no futuro, embora sem plena consciência desse processo. É claro, não é possível deixar de reconhecer a tensão existente entre a concretude irredutível do self como reagente à alteridade do mundo e o elogio da abnegação desinteressada em nome de abstratos ou virtuais ideais comunitários. Mesmo assim, não me parece possível identificar uma escatologia da verdade na filosofia de Peirce, uma vez que isso dependeria da postulação de uma cognição última e ideal que, ao fim e ao cabo, apareceria desvinculada da realidade dos fenômenos efetivos, algo como a desconsideração do fato bruto da existência criticada por Peirce no idealismo de Hegel. Afinal, o avanço do conhecimento se dá sobre a capacidade de autorreprodução dos signos, desde a gênese da própria atividade mental até as induções mais sofisticadas, uma capacidade que o exemplo do mapa e o paradoxo de Epimênides ressaltam muito bem: por revelar o erro, apenas a autorreferencialidade iterativa é capaz de produzir a autoconsciência, e, assim, propiciar algum autocontrole. Uma faculdade de introspecção intuitiva, como uma cognição cabalmente completa e pontualmente definida, seria absolutamente incapaz disso, uma vez que há um elemento volitivo irredutível, de disposição para aprender, na construção do conhecimento, como Peirce buscará reforçar posteriormente[84].

---

[84] Oehler 1987, pp. 52-53. Ver ainda Ibri 2015 [1992], cap. 6, pp. 137-170, para a importância da consolidação ontológica dos hábitos na epistemologia pragmatista

Nos textos aqui publicados, a ideia de que a comunidade científica chegará à verdade ainda não aparece mitigada pela introdução da cláusula falibilista da esperança, esta sim, uma condição transcendental da inquirição — pois quem continuaria a investigar se não tivesse sequer a esperança de descobrir qualquer verdade? Talvez a identificação da comunidade científica com a concretização de um reino dos fins em moldes kantianos se baseie na falta dessa cláusula. Se a possibilidade de crescimento indefinido do conhecimento não depende de nenhuma faculdade especial, apenas das faculdades humanas comuns, logicamente válidas e plenamente reconhecidas, o que poderia obstar a investigação, a não ser nós mesmos? Da mesma forma, o argumento em favor do autocontrole pode ser interpretado como uma tentativa de Peirce de responder às exigências de normatividade deontológica diante da crítica ao empirismo e da própria ideia de consciência de si. Contudo, identificar a comunidade como uma encarnação da razão transcendental significaria afirmar que ela é uma fonte, se não infalível, ao menos inquestionável de normatividade, o que parece bastante difícil de harmonizar com a descrição da indução aqui oferecida, por mais que a capacidade autocorretiva do método seja enfatizada. Se a verdade científica é caracterizável como um *limite*, a afirmação mais plausível parece ser a de que o conhecimento disponível pode ser usado agora para realizar o que for possível, sem que isso se dê necessariamente como uma obrigação transcendentalmente justificada, muito menos como uma inevitabilidade histórica. Essa não é uma regra de ação ético-moral de natureza transcendental, mas um princípio de logicidade *ad hoc*, que deixa em aberto à deliberação de agentes atuais *o que* deve ser realizado e *como* decidir. De fato, como Peirce incansavelmente enfatizava, é a vontade de aprender, e não o apego ao saber adquirido, que caracteriza a genuína atividade científica. A tentativa de transcendentalizar a doutrina de Peirce, então, repisa os erros do nominalismo e do dedutivismo: em vez de atestar a possibilidade da construção coletiva e investigativa da semioticidade, supõe um ideal

---

de Peirce. É interessante contrastar esse ponto com a crítica à dúvida voluntária cartesiana; ver Tiercelin 2013, cap. 1.

de racionalidade anterior à investigação para justificar a direção que a própria investigação deveria seguir.

É natural que questões dessa natureza surjam. Se levarmos em conta o que Peirce afirma sobre a relação do realista com as instituições, a dúvida nunca é a primeira alternativa, de modo que, para agir, aqui e agora, a base deve ser a crença conhecida, e não uma incerta verdade, por mais almejada que seja. E a ideia de dissolução da individualidade na generalidade abstrata de uma comunidade indefinida também não parece muito simpática. Ao mesmo tempo, a teoria também reconhece que a única opinião que pode ser razoavelmente definida como verdadeira concerne à facticidade presente cujas possibilidades de efetivação nunca estão esgotadas, o que a torna falível, isto é, revisável e passível de adaptação diante não apenas da dureza dos fatos, mas também de diferentes mediações interpretativas, aqui, agora e no futuro. Por isso, permanece fundamental e permanentemente aberta a questão de como integrar conhecimentos para que componham realmente o repertório de aprendizado coletivo. E, com efeito, este é o ponto principal pelo qual Peirce nem sempre é reconhecido: a separação entre faculdades mentais e usos distintos da razão — o prático, o especulativo, o imaginativo etc. — deixa de fazer sentido em função do abandono dos pressupostos metafísicos nominalistas aplicados pelos filósofos modernos ao entendimento da natureza humana, visto que sujeito e objeto, criatividade imaginativa e racionalidade lógica, teoria e prática, entendidos de forma antagônica, como átomos irredutíveis uns aos outros, constituem nada mais que dualismos insustentáveis. Na verdade, oposições assim rígidas, na teoria de Peirce, desaparecem e passam a integrar-se em um só domínio, uma só atividade — a semiose[85]. Uma vez que o conhecimento é semioticamente mediado, a criação de mediações entre o geral e o particular é, ao mesmo tempo, um fato incontornável e uma tarefa inesgotável. Se é verdade que nenhum indivíduo isolado é capaz de a consumar definitivamente, não é menos verdadeiro que, sem a ação e

---

[85] Rosenthal 1990, p. 197. Ver **EP** 2: 411, 1907; **CP** 5.473, 1907.

engajamento efetivos de indivíduos reais nessa criação, a tarefa tampouco pode ser realizada. Assim, o acaso, a temporalidade e a circunstância particular assumem um lugar essencial na construção do conhecimento e na constituição da própria comunidade, sem que isso necessariamente signifique um processo consciente, pois esse é justamente o problema que precisa ser enfrentado, isto é, em que medida esse processo é ou não consciente e, também, se pode ou deve ser.

Cabe ainda lembrar que Peirce interpreta essa construção em termos lógicos tradicionais de *consistência*, seja como critério de unicidade do self, seja como critério de identificação de contradição entre premissas e conclusão. Assim, se quisermos pensar a comunidade investigativa como um reino dos fins supremos da moralidade, da metafísica e da religião, é forçoso reconhecer que esses fins igualmente não podem ser considerados como distintos entre si, antes dependem de um contexto inferencial geral no qual possam fazer sentido. Isso implica, evidentemente, a reabilitação dos imperativos hipotéticos, ainda que apenas como definidores de um horizonte de normatividade pragmática. Para ser verdadeiramente universalista, a teoria ainda deveria afirmar que tal contexto depende da consistência lógica do pensamento de todos os envolvidos — no limite, de toda a humanidade —, consistência essa obtida somente com a adesão e a confiança de cada indivíduo nas inferências coletivas, em um processo sempre passível de autocorreção indutiva, o que daria a esse horizonte uma estabilidade apenas relativa e provisória, jamais definitiva, como é próprio, aliás, de qualquer linha do horizonte.

Isso parece ser impossível nos dias que correm, em que fenômenos como a pulverização de crenças e o abandono de todo horizonte possível de finalidades em nome do gerenciamento do imediato apresentam-se como naturalmente consumados. Seja como for, uma consideração sobre a política, do ponto de vista peirciano, indo além da tentativa de atualizar o tema, de inspiração medieval, da unidade de crença coletiva, teria de incorporar realmente a ciência como uma atividade comunicativa, de maneira a privilegiar os meios públicos e coletivos de questionamento das asserções e resultados da

inquirição. Em outras palavras, é crucial entender como chegamos a ter as crenças que temos. Dessa perspectiva, a relação entre a teoria e a prática pode ser desdobrada em duas direções complementares. Na primeira, as preocupações imediatas, como as individuais ou as de uma comunidade determinada, não são últimas, no sentido mais amplo da palavra, pois embora possam ser *vitais* para o indivíduo, como de fato sempre são, elas não são *definitivas* para a coletividade. Na segunda, a *inquirição*, e não a *aplicação* de seus resultados, é orientada teleonomicamente para o futuro, e, por isso, não *precisa* seguir sempre quaisquer objetivos definidos no presente, quaisquer que sejam esses objetivos e qualquer que seja a comunidade que os defina[86]. Confluem, assim, a tese da verdade como um ideal regulativo e a da definição de um horizonte pragmático normativo para as ações atuais, sem que o falibilismo e o elemento de indeterminação, isto é, de liberdade, sejam eliminados. Isso é, de fato, o que constantemente fazemos, para o bem e para o mal — criamos, inventamos, descobrimos, significamos tal horizonte, embora nem sempre de maneira genuinamente pública ou autocontrolada.

Até onde é de meu conhecimento, esses são os melhores argumentos em favor da perspectiva realista defendida por Peirce, pois mantêm o que pode haver de democrático na teoria sem incorrer em um cego instrumentalismo, como se o conhecimento fosse uma ferramenta para fazer a máquina do mundo se curvar a uma universalidade formal e matematicamente quantificável.

Tudo isso parece, aliás, ser bem ao gosto de uma elite epistocrática. O próprio Peirce acreditava fazer parte de uma tal elite, ao menos até certa altura de sua vida. Talvez tenha mesmo desejado contribuir para determinado projeto de poder, conquanto calcado no conhecimento, e não na arbitrariedade política de poderes particulares. Seja como for, a sua própria filosofia continua a autorizar a crítica, o questionamento e a distinção *a quem quer que seja.*

---

[86] Anderson 1997, p. 227.

450   Charles Sanders Peirce

Bibliografia

Edições das obras de Peirce utilizadas

Collected Papers of Charles Sanders Peirce. Ed. by: C. Hartshorne & P. Weiss (v. 1-6); A. Burks (v. 7-8). Cambridge, MA: Harvard University Press, 1931-58. 8 v. Citado como **CP**, seguido dos números do volume e do parágrafo.

The Essential Peirce: Selected Philosophical Writings. Volume 1: 1867-1893. Ed. by Nathan Houser and Christian Kloesel; Volume 2: 1893-1913. Ed. by the Peirce Edition Project. Bloomington; Indianapolis: Indiana University Press, 1992-98. 2 v. Citado como **EP**, seguido dos números do volume e da página.

Reasoning and the Logic of Things: The Cambridge conference lectures of 1898. Ed. by Kenneth Laine Ketner, with an introduction by Kenneth Laine Ketner and Hilary Putnam. Cambridge, MA; London: Harvard University Press, 1992. Citado como **RLT**, seguido do número da página.

Selected Writings on Semiotics, 1894-1912. Edited by Francesco Bellucci. Berlim; Boston: De Gruyter Mouton, 2020. Citado como **SWS**, seguido do número da página.

Writings of Charles Sanders Peirce: A Chronological Edition. Ed. by "The Peirce Edition Project". Bloomington; Indianapolis: Indiana University Press, 1982-2010. 7 vv. Citado como **W**, seguido dos números do volume e da página.

Logic of the Future: Writings on existential graphs. Ed. by Ahti-Veikko Pietarinen. Berlim; Boston: Walter de Gruyter GmbH., 2020. 3 vv. Citado como **LF**, seguido do número do volume e da página.

Demais traduções consultadas

Português

Charles S. Peirce. *Antologia filosófica.* Prefácio, seleção, tradução e notas de António Machuco Rosa. Lisboa: Imprensa Nacional-Casa da Moeda, 1998.

Charles S. Peirce. *Semiótica.* Tradução: José Teixeira Coelho Neto. São Paulo: Perspectiva, 1977.

Charles S. Peirce. *Escritos coligidos.* Seleção de Armando Mora D'Oliveira. Tradução: Armando Mora D'Oliveira, Sergio Pomerangblum. São Paulo: Abril S. A. Cultural e Industrial, 1974, p. 7-192. (Coleção *Os Pensadores*, volume XXXVI).

Charles Sanders Peirce. Sobre uma nova lista de categorias. Tradução: Anabela Gradim Alves. Biblioteca On-line de Ciências da Comunicação. Disponível em: http://bocc.ubi.pt/pag/peirce-charles-lista-categorias.html. Acesso em 20 mar. 2021.

Espanhol

Charles S. Peirce. *Escritos lógicos*. Introducción, selección y traducción: Pilar Castrillo Criado. Madrid: Alianza Editorial, 1988, p. 65-84.

Charles S. Peirce. *Escritos filosóficos*. Traducción, Introducción y notas: Fernando C. Vevia Romero. México: El Colegio de Michoacán, 1997, p. 303-320.

Charles Sanders Peirce. *Obra filosófica reunida*. Tomo I (1867-1893). Tomo II (1893-1913). Traducción: Darin McNabb. México, DF: Fondo de Cultura Económica, 2012.

Charles S. Peirce. *Charles S. Peirce. El hombre, un signo (El pragmatismo de Peirce)*. Traducción, introducción y notas: José Vericat. Barcelona: Crítica, 1988, p. 88-122.

Charles S. Peirce. *Obra lógico-semiótica*. Edición de Armando Sercovich. Versión castellana: Ramón Alcalde, Mauricio Prelooker. Madrid: Taurus Ediciones, 1987.

Charles S. Peirce. Fundamentos de la validez de las leyes de la lógica: otras consecuencias de cuatro incapacidades. Traducción castellana: Mónica Aguerri. 2003. Disponível em: https://www.unav.es/gep/GroundsValidity.html. Acesso em 28 mar. 2021.

Charles S. Peirce. Acerca de una nueva clase de observaciones, sugeridas por los principios de la lógica. Traducción castellana: Carmela Marco. 2000. Disponível em: https://www.unav.es/gep/nueva.html. Acesso em 23 mar.2021.

Charles S. Peirce. Cuestiones acerca de ciertas facultades atribuidas al hombre. Traducción castellana: Carmen Ruiz. 2001. Disponível em: https://www.unav.es/gep/QuestionsConcerning.html. Acesso em 28 jan. 2021.

Italiano

Charles Sanders Peirce. *Semiotica: I fondamenti della semiotica cognitive*. Testi scelti e introdotti da Massimo A. Bonfantini, Letizia Grassi, Roberto Grazia. Torino: Giulio Einaudi editore s.p.a., 1980.

Charles Sanders Peirce. *Le leggi dell'ipotesi. Antologia dai* Collected Papers. Testi scelti e introdotti da Massima A. Bonfantini, Roberto Grazia, Giampaolo Proni con la collaborazione di Mauro Ferraresi. Milano: Bompiani, 1984.

Charles Sanders Peirce. *Scritti scelti di Charles Sanders Peirce*. A cura di Giovanni Maddalena. Torino: Unione Tipografico-Editrice Torinese, 2005.

Francês

Charles S. Peirce. *À la recherche d'une méthode*. Édition de Gérard Deledalle, Michel Balat et Janice Deledalle-Rhodes. Traduction de Michel Balat et Janice Deledalle-Rhodes. Perpinhã, França: Presses Universitaires de Perpignan, 1993.

Charles Sanders Peirce. *Pragmatisme et pragmaticisme. Oeuvres philosophiques – volume I*. Traduction de l'anglais et édition établie par Claudine Tiercelin et Pierre Thibaud. Paris: Les Éditions du CERF, 2002.

Dicionários, obras de referência e recursos on-line

Abbagnano, Nicola. *Dicionário de Filosofia*. Edição revista e ampliada. Tradução da 1ª edição brasileira coordenada e revista por Alfredo Bosi; revisão da tradução e tradução dos novos textos: Ivone Castilho Benedetti. 5. ed. São Paulo: Martins Fontes, 2007.

Abbagnano, Nicola. 1971. *Dizionario di Filosofia*. Seconda edizione riveduta e accresciuta. Torino: Unione Tipografico-Editrice Torinese.

Academia Brasileira de Letras. 2009. *Vocabulário Ortográfico da Língua Portuguesa*. 5. ed. Rio de Janeiro: Academia Brasileira de Letras. Disponível em: https://www.academia.org.br/nossa-lingua/vocabulario-ortografico.

Azevedo, Francisco Ferreira dos Santos. *Dicionário Analógico da língua portuguesa. Ideias afins / Thesaurus*. 2. edição atualizada e revista. 2. reimpressão. São Paulo: Lexikon, 2010.

Bíblia – Tradução Ecumênica. São Paulo: Edições Loyola, 1994.

Glare, Peter G. W. (ed.). *Oxford Latin Dictionary*. 2. ed. Oxford: Oxford University Press, 2012.

Houaiss, Antônio (ed.); Ismael Cardim (co-ed.). *Dicionário Inglês-Português*. Rio de Janeiro: Record, 1982.

Houaiss, Antonio; Villar, Mauro de Salles. *Grande Dicionário Houaiss*. Elaborado pelo Instituto Antonio Houaiss de Lexicografia e Banco de Dados da Língua Portuguesa S/C Ltda. Rio de Janeiro: Objetiva 2009.

Instituto Antônio Houaiss. *Dicionário Houaiss: sinônimos e antônimos*. 2. ed. São Paulo: PubliFolha, 2008.

Escritos da Série Cognitiva   453

Internet Archive: Digital Library of Free & Borrowable Books. Disponível em: https://archive.org.

Lexico. Disponível em: https://www.lexico.com.

Luft, Celso Pedro. *Dicionário prático de regência verbal.* 8. ed. 12. impr. São Paulo: Ática, 2008.

Luft, Celso Pedro. *Dicionário Prático de Regência Nominal.* 2. ed. São Paulo: Ática, 1997.

Magnavacca, Silvia. *Léxico Técnico de Filosofía Medieval.* Madrid; Buenos Aires: Miño y Dávila, 2005.

Novo Testamento. Isto he O Novo Concerto de nosso Fiel Senhor e Redemptor Iesu Christo. Agora traduzido em Portugues pelo Padre João Ferreira A. D'Almeida, Ministro Pregador do Sancto Evangelho. Com todas as Licenças necessárias. Amsterdam: Viúva de J. V. Someren, 1681. Disponível em: https://archive.org/details/ned-kbn-all-00001230-001/mode/1up. Acesso em: 12 abr. 2023.

Sci-Hub: Removing Barriers in the way of Science. Temporariamente disponível em: sci-bub.se. Acesso em: 20 fev. 2021.

Taylor, James L. *Portuguese-English Dictionary;* with corrections and additions by the author and Priscilla Clark Martin. 18. ed. Rio de Janeiro: Record, 2007.

WikiDiff. Disponível em: https://wikidiff.com.

Wikipedia: The Free Encyclopedia. Disponível em: http://pt.wikipedia.org.

Demais referências

Abranches, Cassiano. Pedro Hispano e as "Summulae Logicales". *Revista Portuguesa de Filosofia,* t. 8, fasc. 3 especial: "Pedro Hispano: no 675º aniversário de sua morte, 1277-1952", p. 243-259, 1952.

Agler, David W. e Marco Stango. W.T. Harris, Peirce, and the charge of nominalism. *Hegel Bulletin,* Cambridge, UK, v. 36, n. 2, p. 135-158, 2015.

Anderson, Benedict. *Comunidades imaginadas: reflexões sobre a difusão do nacionalismo.* Tradução: Denise Bottman. São Paulo: Companhia das Letras, 2008 (1983).

Anderson, Douglas R. A political dimension of fixing belief. Brunning, Jacqueline; Forster, Paul (ed.). *The Rule of Reason: The Philosophy of Charles Sanders Peirce.* Toronto; Buffalo, NY; London: University of Toronto Press, 1997, p. 223-240.

Apel, Karl-Otto. *Charles S. Peirce: From pragmatism to pragmaticism.* Translated by John Michael Krois. Amherst, MA: University of Massachusetts Press. Paperback edition with new introduction by the author. Atlantic Highlands, NJ: Humanities Press, 1995 (1981).

Ashworth, E. Jennifer. The "Libelli Sophistarum" and the use of medieval logic texts at Oxford and Cambridge in the early sixteenth century. *Vivarium*, v. XVII, n. 2 , p. 134-158, 1979.

Atkins, Richard K. This proposition is not true: C.S. Peirce and the liar paradox. *Transactions of the Charles S. Peirce Society*, Buffalo, NY, v. 47, n. 4, p. 421-444, 2011.

Atkins, Richard K. *Peirce and the Conduct of Life: Sentiment and instinct in ethics and religion.* Cambridge, UK: Cambridge University Press, 2016.

Bachelard, Gaston. *La formation de l'esprit scientifique: contribution à une psychanalyse de la connaissance objective.* Paris: Vrin, 1938. Tradução consultada: *A formação do espírito científico: contribuição para uma psicanálise do conhecimento.* Tradução: Estela dos Santos Abreu. Rio de Janeiro: Contraponto, 2005 (1996).

Baldwin, James M. (ed.). *Dictionary of Philosophy and Psychology*, including many of the principal conceptions of ethics, logic, aesthetics, philosophy of religion, mental pathology, anthropology, biology, neurology, physiology, economics, political and social philosophy, philology, physical science, and education; and giving a terminology in English, French, German, and Italian. Written by many hands and edited by James Mark Baldwin. Volume 2. New York: The Macmillan Company; London: Macmillan and Co., lted, 1901. Disponível em: https://archive.org/details/dictionaryofphil21bald. Acesso em: 20 fev. 2021.

Barrena, Sara; Nubiola, Jaime. Charles S. Peirce en Europa, 1870-71: experiencia artística y estética. *In*: Hynes, Catalina y Nubiola, Jaime (ed.). *Charles S. Peirce: Ciencia, filosofía y verdad.* San Miguel de Tucumán, AR: La Monteagudo, 2016, p. 169-181.

Barrena, Sara; Nubiola, Jaime. *Los viajes europeos de Charles S. Peirce, 1870-1883.* Pamplona: Ediciones Universidad de Navarra, S.A. (EUNSA), 2022.

Baudelaire, Charles. *As flores do mal.* Tradução e organização: Júlio Castañon Guimarães. São Paulo: Penguin-Companhia das Letras, 2019.

Beccari, Alessandro Jocelito. *Tratado sobre os modos de significar ou Gramática Especulativa, de Tomás de Erfurt.* Curitiba: Ed. UFPR, 2019.

Beeson, Robert J. *Peirce on the Passions: The role of instinct, emotion, and sentiment in inquiry and action* . Tese (Doutorado) – Department of Philosophy-College of Arts and Sciences-University of South Florida, Tampa, FL, 2008.

Bellucci, Francesco. Charles S. Peirce and the medieval doctrine of *consequentiae*. *History and philosophy of logic*, v. 37, n. 3, 2015 (2016), p. 244-268. DOI: 10.1080/01445340.2015.1118338

Bellucci, Francesco. Logic, psychology, and apperception: Charles S. Peirce and Johann F. Herbart. *Journal of the History of Ideas*, v. 76, n. 1, 2015b (2015), p. 69-91. Disponível em: http://www.jstor.org/stable/43948725.

Bergson, Henri. *A evolução criadora*. Tradução: Bento Prado Neto. São Paulo: Martins Fontes, 1995 (1907).

Bernstein, Richard J. Pragmatism, objectivity, and truth. *In: The Pragmatic Turn*. Cambridge, UK: Polity Press, 2010 (2008).

Boler, John F. *Charles Peirce and Scholastic Realism: A study of Peirce's relation to John Duns Scotus*. Seattle: University of Washington Press, 1963.

Boler, John F. Peirce on the medievals: realism, power and form. *Cognitio: Revista de Filosofia*, São Paulo, v. 6, n.1, jan./jun. 2005, p. 13-24.

Borges, Jorge Luís. *Obras completas 1923-1972*. Buenos Aires: Emecé Editores, 1974.

Borges, Priscila; Lethícia Angelim. Continuidade em e entre cognição, signos e classes. *deSignis*. Publicación de la Federación Latinoamericana de Semiótica (FELS), n. 35, 2021, p. 59-71. http://dx.doi.org/10.35659/designis.i35p59-71.

Brent, Joseph. *Charles Sanders Peirce: A Life*. Revised and enlarged edition. Bloomington e Indianapolis: Indiana University Press, 1998.

Brito, Luciana da Cruz. O Brasil por Frederick Douglass: impressões sobre escravidão e relações raciais no Império. *Estudos Avançados* [online], v. 33, n. 96, 2019, p. 199-222. Disponível em: https://doi.org/10.1590/s0103-4014.2019.3396.0012. Acesso em 3/12/2020.

Brown, W. M. The economy of Peirce's abduction. *Transactions of the Charles S. Peirce Society*, Buffalo, NY, v. 19, n° 4, 1983, p. 397 - 411.

Bruno, Haroldo. *Pérsio. Introdução, tradução e notas*. Monografia de mestrado em Latim apresentada ao Departamento de Letras Clássicas e Vernáculas da Faculdade de Filosofia, Letras e Ciências Humanas da Universidade de São Paulo. São Paulo, 1980.

Buckley, Benjamin Lee. *The Continuity Debate: Dedekind, Cantor, Du Bois-Reymond, and Peirce on continuity and infinitesimals*. Boston: Docent Press, 2012.

Bueno, André; Czepula, Kamila. Uma estranha razão: leituras sobre o daoísmo entre pensadores brasileiros, 1879-1982. *Prajna: Revista de culturas orientais*, Londrina, PR, v. 1, n. 1, jul.-dez. 2020, p. 53-79.

Calcaterra, Rosa. Wittgenstein and Peirce on inner experience (2005). *In*: M. Bergman; J. Queiroz (ed.), *The Commens Encyclopedia: The Digital Encyclopedia of*

Peirce Studies. New Edition. Pub. 130511-2303a. Disponível em: http://www.commens.org/encyclopedia/article/calcaterra-rosa-wittgenstein-and-peirce--inner-experience. Acesso em 20/02/2021.

Cárdenas, Paniel O. R. Truth, inquiry and the settlement of belief: pragmatist accounts. *Revista de Filosofía Open Insight,* v. VIII, n. 14, 2017, p. 231-242.

Cárdenas, Paniel O. R. *Scholastic Realism: A key to understanding Peirce's philosophy.* Oxford: Peter Lang, 2018.

Carroll, Lewis. *Algumas aventuras de Silvia e Bruno.* Tradução e introdução: Sérgio Medeiros. São Paulo: Iluminuras, 1997 (1889-1893).

Carroll, Lewis. *Symbolic Logic.* Part I: Elementary, 1896, 6th ed. Part II: Advanced, 2nd ed. Edited, with annotations and an introduction by William Warren Bartley III. 2nd ppback. ed. New York: Clarkson N. Potter Publishers, inc, 1986.

Colapietro, Vincent. *Peirce's Approach to the Self: A semiotic perspective on human subjectivity.* Albany, NY: State University of New York, 1989. Tradução brasileira: *Peirce e a abordagem do Self: Uma perspectiva semiótica sobre a subjetividade humana.* Trad. Newton Milanez, revisão técnica Cecília Almeida Salles. São Paulo: Intermeios, 2014.

Colapietro, Vincent. Actuality *and* intelligibility: Hegel and Peirce vis-à-vis reason. *European Journal of Pragmatism and American Philosophy* [online], v. X, n. 2, 2018. online since 11 January 2019. URL: http://journals.openedition.org/ejpap/1311; DOI: https://doi.org/10.4000/ejpap.1311. Acesso em: 20 nov. 2021.

da Costa, Newton C. A. Logic and pragmatic truth. *In:* Jens Erik Fenstad, Ivan T. Frolov, Risto Hilpinen (ed.). *Logic, methodology and philosophy of science VIII.* Proceedings of the 8th International Congress of Logic, Methodology and Philosophy of Science, Moscow 1987. Amesterdão; Nova Iorque: Elsevier Science, 1989, p. 247-261. Série *Studies in Logic and the Foundations of Mathematics,* v. 126. https://doi.org/10.1016/S0049-237X(08)70049-1.

Cowles, Henry M. The Age of Methods: William Whewell, Charles Peirce, and Scientific Kinds. *Isis: A Journal of the History of Science Society,* Chicago, IL, v. 107, n° 4, 2016, p. 722-737.

De Risi, Vincenzo (ed.). *Leibniz and the Structure of Sciences.* Cham, CH: Springer Nature Switzerland AG. Col. *Boston Studies in the Philosophy and History of Science,* v. 337, 2019. https://doi.org/10.1007/978-3-030-25572-5.

De Waal, Cornelis. Science beyond the Self: Remarks on Charles S. Peirce's Social Epistemology. *Cognitio: Revista de Filosofia,* São Paulo, v. 7, n. 1, 2006, p. 149-163.

Dea, Shannon. Peirce and Spinoza's pragmaticist metaphysics. *Cognitio: Revista de Filosofia,* São Paulo, v. 15, n. 1, jan./jun. 2014, p. 15-26.

Deely, John. "To find our way in these dark woods" versus coming up Short. *Recherches Sémiotiques / Semiotic Inquiry*, v. 26, n. 2-3, 2006, p. 57-126.

Delaney, Cornelius. The Journal of Speculative Philosophy Papers. *In*: **W** 2, Introduction, 1984. p. xxxvi-xlii.

Deledalle, Gérard. *Charles S. Peirce, phénoménologue et sémioticien*. Amesterdão; Filadélfia, PA: Johns Benjamins Publishing Company, 1987.

Derrida, Jacques. História da mentira: prolegômenos. *Estudos Avançados*, São Paulo, v. 10, n. 27, 1996, p. 7-39. Disponível em: https://www.revistas.usp.br/eav/article/view/8934.

De Tienne, André. *L'analytique de la représentation chez Peirce: la genèse de la théorie des catégories*. Bruxelas: Facultés universitaires Saint-Louis, 1996.

Dilworth, David A. Peirce's Schelling-fashioned critique of Hegel. *Cognitio: Revista de Filosofia*, São Paulo, v. 16, n. 1, jan./jun. 2015, p. 57-86.

Douglass, Frederick. *Narrativa da vida de Frederick Douglass e outros textos*. Tradução: Odorico Leal. Introdução: Ira Dworkin. São Paulo: Penguin-Companhia das Letras, 2021.

Dutilh-Novaes, Catarina. *Formalizing Medieval Logical Theories*: Suppositio, consequentiæ *and* obligationes. Dordrecht: Springer, 2007.

Emerson, Ralph Waldo. *The Essential Writings of Ralph Waldo Emerson*. Edited by Brooks Atkinson; with an introduction by Mary Oliver. Paperback edition. New York: The Modern Library, 2000.

Fabbrichesi, Rossella. Form vs. power: pragmatism and the wave of Spinozism. *Cognitio: Revista de Filosofia*, v. 20, n. 1, p. 48-61 (jan.-jun. 2019). DOI: http://dx.doi.org/10.23925/2316-5278.2019v20i1p48-61.

Fisch, Max H. Hegel and Peirce. *In*: *Peirce, Semeiotic, and Pragmatism: Essays by Max H. Fisch*. Edited by Kenneth Laine Ketner and Christian J. W. Kloesel. Bloomington, Indiana: Indiana University Press, 1986 (1974), p. 261-282.

Hamner, M. Gail. *American Pragmatism: A religious genealogy*. Oxford: Oxford University Press, 2003.

Gomes, Evandro; D'Ottaviano, Ítala M. L. *Para além das colunas de Hércules: uma história da paraconsistência, de Heráclito a Newton da Costa*. Campinas, SP: Editora da Unicamp, 2017.

Goodman, Nelson. *Facto, ficção e previsão*. Trad. Diogo Falcão. Lisboa: Editorial Presença, 1991 (1983).

Haack, Susan. Preposterismo e suas consequências. *In: Manifesto de uma moderada apaixonada: ensaios contra a moda irracionalista.* Tradução e apresentação: Rachel Herdy. Rio de Janeiro: Ed. PUC-Rio; Edições Loyola, 2011 (1995), p. 285-310.

Hacking, Ian. Telepathy: origins of randomization in experimental designs. *Isis: A Journal of the History of Science,* Chicago, IL, v. 79, n. 3, 1988, p. 427-451.

Harris, James F.; Hoover, Kevin. Abduction and the new riddle of induction. *The Monist,* La Salle, IL, v. 63, n° 3, 1980, p. 329-341.

Havenel, Jerôme. Peirce's clarifications of continuity. *In: Transactions of the Charles S. Peirce Society,* Buffalo, NY, v. 44, n. 1, 2008, p. 86-133.

Hookway, Christopher. *Peirce.* 2 ed. London: Routledge, 1992; 1. ed. 1985.

Hookway, Christopher. Truth, reality, and convergence. *In: The Cambridge Companion to Peirce.* Edited by Cheryl Misak. Cambridge, UK: Cambridge University Press, 2004, p. 127-149.

Hynes, Catalina. El problema de la unidad de la noción peirceana de verdad. *In:* Hynes, Catalina y Nubiola, Jaime (eds.). *Charles S. Peirce: Ciencia, filosofía y verdad.* San Miguel de Tucumán, AR: La Monteagudo, 2016, p. 83-93.

Ibri, Ivo A. *Kósmos Noëtós: A arquitetura metafísica de Charles S. Peirce.* Nova edição revista: São Paulo: Paulus, 2015 (1992).

Ibri, Ivo A. Verdade e continuum. *Hypnos,* São Paulo, ano 4, n. 5, 2" sem. 1999, p. 280-289.

Ibri, Ivo A. O amor criativo como princípio heurístico na filosofia de Peirce. *Cognitio: Revista de Filosofia,* São Paulo, v. 6, n. 2, jul./dez. 2005, p. 187-199,

Ibri, Ivo A. *Semiótica e pragmatismo: interfaces teóricas.* V. 1. Marília, SP: Oficina Universitária; São Paulo: Cultura Acadêmica, 2020.

James, William. Philosophical conceptions and practical results. *University chronicle,* Berkeley, CA, v. 1, n. 4 (September 1898), p. 287-310. Disponível em: https://archive.org/details/philosophicalcon00jameuoft. Acesso em 18, mar. 2021.

Martins Junqueira, Robert. "Charles Sanders Peirce and Coimbra", *Conimbricenses. org Encyclopedia,* Mário Santiago de Carvalho, Simone Guidi (eds.), 2020. DOI: 10.5281/zenodo.3620732. Disponível em: http://www.conimbricenses.org/encyclopedia/charles-sanderspeirce-and-coimbra; latest revision: January 20th, 2020. Acesso em 18, mar.2021.

Ketner, Kenneth L. (ed.). *The Published Works of Charles Sanders Peirce.* Lubbock, TX: Institute for Studies in Pragmaticism; College of Arts and Sciences; Texas Tech University, 2012. Disponível em: <https://www.depts.ttu.edu/pragmaticism/collections/works/>. Último acesso em 13, ago. 2023.

King, Peter. Consequence as inference: mediaeval proof theory 1300-1350. *In: Medieval Formal Logic: Obligations, insolubles and consequences.* Edited by Mikko Yrjönsuuri. Dordrecht: Kluwer Academic Publishers, 2001, p. 117-145.

King, Peter. Pseudo-Joscelin: *Treatise on Genera and Species. In: Oxford Studies in Medieval Philosophy.* Vol. 2. Ed. by Robert Pasnau. Oxford: Oxford University Press, 2014, p. 104-211.

Kinouchi, Renato R. Probability, risk, and pragmatism: an outlook on Peirce's insurance firm model. *Cognitio: Revista de Filosofia,* São Paulo, v. 16, n. 1, jan./jun. 2019, p. 67-73.

Kinouchi, Renato R.; Vicentini, Max R.; Rodrigues, Cassiano T. A lógica indutiva de Charles Sanders Peirce: o mapa de um percurso. *In:* Peirce, 2023, pp. 15-55.

Kuklick, Bruce. *A History of Philosophy in America – 1720-2000.* Oxford: Clarendon Press, 2001.

Kusch, Martin. *Psychologism: The sociology of philosophical knowledge.* London; New York: Routledge, 1995.

Lane, Robert. *Peirce on Realism and Idealism.* Cambridge, UK: Cambridge University Press, 2020.

Laudan, Larry. A confutation of convergent idealism. *Philosophy of Science,* Chicago, IL, v. 48, n. 1, 1981, p. 19-49.

Laozi. *Dao De Jing.* Tradução: Mario Bruno Sproviero. São Paulo: Hedra, 2003.

Legg, Catherine. Charles Peirce's limit concept of truth. *Philosophy Compass,* Hoboken, NJ, v. 9, n. 3, 2014, p. 204-213.

Linde, Gesche; Noeth, Winfried. A note on Peirce's quotation of Persius's half-line *hoc loquor inde est. Transactions of the Charles S. Peirce Society,* Buffalo, NY, v. 50, n. 2, 2014, p. 281-285.

Liszka, James J. Peirce's convergence theory of truth redux. *Cognitio: Revista de Filosofia,* São Paulo, v. 20, n. 1, 2019, p. 91-112.

Machuco Rosa, António. *O conceito de continuidade em Charles S. Peirce.* Lisboa: Fundação Calouste Gulbenkian, 2003.

Malink, Marko; Vasudevan, Anubav. Leibniz on the logic of conceptual containment and coincidence. *In:* De Risi, Vincenzo. (ed.) *Leibniz and the Structure of Sciences.* Cham, CH: Springer Nature Switzerland AG, 2019, p. 1-46. https://doi.org/10.1007/978-3-030-25572-5_1.

Mayorga, Rosa Maria P. T. *From Realism to "Realicism": The metaphysics of Charles Sanders Peirce.* Lanham, MD: Lexington Books, 2007.

Menand, Louis. *The Metaphysical Club: A story of ideas in America*. New York: Farrar, Straus, and Giroux, 2001.

Meirinhos, José. A project on Petrus Hispanus: edition and study of the attributed works. *Mediaevalia. Textos e estudos*, Porto, n. 35, 2016, p. 149-166.

Michael, Emily. Peirce's paradoxical solution to the Liar's Paradox. *Notre Dame Journal of Formal Logic*, Filadelfia, v. XVI, n. 3, jul. 1975, p. 369-374.

Miller, Perry. *The Life of the Mind in America from the Revolution to the Civil War*. New York: Harcourt, Brace & World, 1965.

Misak, Cheryl. *Truth and the End of Inquiry: A Peircian account of truth*. Oxford, 1991.

Misak, Cheryl. Pragmatism and Deflationism. *In*: Misak, C. (ed.) *New Pragmatists*. Oxford: Oxford University Press, 2007, p. 68-90.

Misak, Cheryl. *Frank Ramsey: A sheer excess of powers*. Oxford: Oxford University Press, 2020.

Molière. *O doente imaginário*. Tradução: Marília Toledo. Ilustrações de Laerte. Texto teatral adaptado para jovens. São Paulo: Editora 34, 2010.

Moody, Ernest A. *Truth and Consequence in Mediæval Logic*. Amesterdão: North--Holland Publishing Company, 1953.

Moraes, Lafayette de; da Silva, Adélio Alves; Teixeira, Carlos. A solução de Peirce para o "paradoxo do mentiroso". *Cognitio-Estudos: Revista Eletrônica de Filosofia*, São Paulo, v. 6, n. 1, jan./jun. 2009, p. 1-73.

Murphey, Murray G. *The Development of Peirce's Philosophy*. 1. ed. Cambridge, MA: Cambridge University Press, 1961; 2. ed. Indianapolis; Cambridge, MA: Hackett Publishing Company, Inc., 1993.

Nadin, Mihai. The logic of vagueness and the category of synechism. *In*: *The relevance of Charles Peirce*. Eugene Freeman (ed.). La Salle, Illinois: The Heggeler Institute, 1983, p. 154-166.

Nascimento, Carlos Arthur R. do. A querela dos universais revisitada. *Cadernos PUC*, São Paulo, n. 13, 1983, p. 37-73.

Nascimento, Carlos Arthur R. do. *De Tomás de Aquino a Galileu*. Campinas-SP: IFCH-Unicamp, 1998.

Nascimento, Carlos Arthur R. do. Muito pouco mais sobre Galileu e as ciências intermediárias. *Mediaevalia Americana – Revista de la Red Latinoamericana de Filosofía Medieval*, año 6, n. 1, junio 2019, p. 29-38.

Neville, Robert Cummings. How racism should cause pragmatism to change. *American Journal of Theology and Philosophy*, Chicago, IL, v. 39, n. 1, jan. 2018, p. 53-63.

Escritos da Série Cognitiva 461

Niiniluoto, Ilkka. *Truth-seeking by Abduction*. Cham, Suíça: Springer, 2018.

Nubiola, Jaime. Scholarship on the relations between Ludwig Wittgenstein and Charles S. Peirce. *Studies on the History of Logic. Proceedings of the III Symposium on History of Logic*. Edited by I. Angelelli e M. Cerezo. Berlim: De Gruyter, 1996, p. 281-294.

Oehler, Klaus. Is a transcendental foundation of semiotics possible? A Peircean consideration. *Transactions of the Charles S. Peirce Society*, Buffalo, NY, v. 23, n. 1, 1987, p. 45-63.

Panofsky, Erwin. *Arquitetura gótica e escolástica: sobre a analogia entre arte, filosofia e teologia na Idade Média*. Trad. Wolf Hörnke. São Paulo: Martins Fontes, 1991 (1951).

Parker, Kelly. *The Continuity of Charles S. Peirce Thought*. Nashville; London: Vanderbilt University Press, 1998.

Paulo de Veneza. *Logica Magna (Tractatus de suppositionibus* (1397-1398)). Edited and translated by Alan R. Perreiah. St. Bonaventure, NY: The Franciscan Institute, 1971.

Paulo de Veneza. *Logica Parva*. Perugia, 1475. Disponível em: http://hdl.library. upenn.edu/1017/d/medren/9958070733503681.

Plastino, Caetano E. A verdade como limite ideal. *Cognitio: Revista de Filosofia*, São Paulo, ano 1, n. 1, 2000, p. 79-93.

Peirce, Charles S. *Studies in Logic by Members of the Johns Hopkins University*. Ed. by Charles S. Peirce. 1st ed. Boston: Little, Brown, and Company, 1883; Fac-simile edition, with an introduction by Max H. Fisch and a preface by Achim Eschbach. Amsterdam; Philadelphia: John Benjamins Publishing Company, 1983.

Peirce, Charles S.; Jastrow, Joseph. On small differences of sensation (1885). *In: Writings of Charles Sanders Peirce: A Chronological Edition*. Volume 5: 1884-1886. Ed. by Christian J. W. Kloesel *et al.* Bloomington; Indianapolis: Indiana University Press, 1993, pp. 122-135.

Peirce, Charles S. L 75. Manuscrito parcialmente transcrito e editado por Joseph Ransdell da *Carnegie Application*, de 1902. Disponível em: http://members. door.net/arisbe/menu/library/bycsp/l75/l75.htm. Acesso em 20/01/2020.

Peirce, Charles S. Rascunho da carta a J. H. Kehler (1911). *In: Acaso, probabilidade e indução. Escritos selecionados de Charles S. Peirce*. Tradução, introdução e notas Renato Rodrigues Kinouchi, Max Rogério Vicentini e Cassiano Terra Rodrigues. Prefácio Ivo Assad Ibri. 1ª ed. São Paulo: Associação Filosófica *Scientiae Studia*, 2023, pp. 215-298.

Peirce, Charles S. *Semiótica e filosofia*. Textos escolhidos de Charles Sanders Peirce. Tradução: Octanny Silveira da Mota; Leônidas Hegenberg. São Paulo: Cultrix, 1972.

Peirce, Charles S. *Ilustrações da lógica da ciência*. Tradução e introdução: Renato Rodrigues Kinouchi. Aparecida, SP: Ideias & Letras, 2008.

Peirce, Melusina Fay. *Co-operative Housekeeping: how not to do it and how to do it. A study in sociology*. Boston: James R. Osgood and Company, 1884.

Pérez, Miguel Ángel Fernández. *La gestación del razonamiento pragmaticista en Charles S. Peirce*: Un Tratado Práctico de Lógica y Metodología (1867-1883). Investigación para optar al grado de Doctor en Filosofía. Madrid: Universidad Complutense de Madrid, 2015. 3 vv.

Popper, Karl R. *A lógica da pesquisa científica*. Trad. Leônidas Hegenberg e Octanny Silveira da Mota. 16ª ed. São Paulo: Cultrix, 2008 (1934).

Potter, Vincent G. *Charles S. Peirce on Norms and Ideals*. With a new introduction by Stanley M. Harrison. New York: Fordham University Press, 1997.

Putnam, Hilary. Comments on the lectures (1992). *In*: **RLT**, pp. 55-102.

Ramsey, Frank P. Facts and propositions (1927). *In: The Foundations of Mathematics and other Logical Essays*. 1a ed. 1931. 2a reimpr. Edited by R. B. Braithwaite. With a preface by G. E. Moore. London: Routledge & Kegan Paul, 1950, pp. 138-155.

Ramsey, Frank P. Philosophy (1929). *In: Philosophical Papers*. Edited by D. H. Mellor. Cambridge, UK: Cambridge University Press, 1990, pp. 1-7.

Ransdell, Joseph. T. L. Short on Peirce's semiotic. *Transactions of the Charles S. Peirce Society*, v. 43, n. 4, 2007, p. 654-662.

Raposa, Michael L. Peirce and racism: biographical and philosophical considerations: Presidential Address. *Transactions of the Charles S. Peirce Society*, Buffalo, NY, v. 57, n. 1, 2021, p. 32-44.

Read, Stephen. Swyneshed, Aristotle and the rule of contradictory pairs. *Logica Universalis*, v. 14, n. 1, 2020, p. 27-50.

Reichenbach, Herbert. *The Rise of Scientific Philosophy*. Berkeley, CA: University of California Press, 1951.

Rivetti-Barbò, Francesca. *L'Antinomia del Mentitore nel Pensiero Contemporaneo da Peirce a Tarski*. Studi, testi, bibliografia. Milano: Jaca Book, 1986 (1961).

Robin, Richard S. *Annotated Catalogue of the Papers of Charles S. Peirce*. Amherst, MA: University of Massachusetts Press, 1967. Disponível em: http://www.iupui.edu/~peirce/robin/robin.htm. Acesso: 20 mar.2020.

Rodrigues, Cassiano Terra. Matemática como ciência mais geral: forma da experiência e categorias. *Cognitio-Estudos: Revista Eletrônica de Filosofia*, São Paulo, v. 4, n. 1, jan./ jun. 2005, p. 37-59.

Rodrigues, Cassiano Terra. Squaring the unknown: The generalization of logic according to G. Boole, A. De Morgan, and C. S. Peirce. *South American Journal of Logic*, Campinas, SP, v. 3, n. 2, 2017, p. 1-67. Disponível em: http://www.sa-logic.org/start1.html. Acesso em 10 fev. 2021.

Rodrigues, Cassiano Terra. A leitura de Aristóteles por Peirce e a justificação da indução. *Revista De Estudos Filosóficos E Históricos Da Antiguidade*, v. 25, n. 35, 2020, p. 8-24. Disponível em: https://www.ifch.unicamp.br/ojs/index.php/cpa/article/view/4296. Acesso em 21 fev. 2021.

Rodrigues, Cassiano Terra. A semiótica das modalidades - um segundo levantamento das contribuições de Peirce à lógica. *In: Tempo da colheita: homenagem à Lúcia Santaella*. Organização Priscila Monteiro Borges e Juliana Rocha Franco. São Paulo: Editora FiloCzar, 2023, pp. 123-151.

Rosensohn, William L. *The Phenomenology of Charles S. Peirce: From the doctrine of categories to phaneroscopy*. Amesterdão: B.R. Grüner, 1974.

Rosenthal, Sandra B. Peirce's ultimate logical interpretant and dynamical object: a pragmatic perspective. *Transactions of the Charles S. Peirce Society*, Buffalo, NY, v. 26, n. 2, 1990, p. 195-210.

Russell, Bertrand. *The Principles of Mathematics*. 1st ed. Cambridge: Cambridge University Press, 1903. Nova edição: London and New York: Routledge, 2010.

Russell, Bertrand. *Os problemas da filosofia*. Trad. e notas Desidério Murcho. 1ª ed. Lisboa: Edições 70, 2008 (1912).

Russell, Francis C. Hints for the elucidation of Mr. Peirce's logical work. *The Monist*, v. 18, n. 3, 1908, p. 406-415. DOI: https://doi.org/10.5840/monist19081839.

Russell, Francis C. In memoriam Charles S. Peirce (born 1839, died 1914). *The Monist*, v. 24, n. 3, 1914, p. 469-472. DOI: https://doi.org/10.5840/monist191424318.

Salatiel, José Renato. O que Peirce quer dizer por violação das leis da natureza pelo acaso. *Cognitio: Revista de Filosofia*, São Paulo, v. 10, n. 1, 2009, p. 105-117.

Santaella, Lúcia. *O método anticartesiano de Charles S. Peirce*. São Paulo: UNESP, 2004.

Santaella, Lúcia. Os conceitos anticartesianos do Self em Peirce e Bakhtin. *Cognitio: Revista de Filosofia*, São Paulo, v. 7, n. 1, 2006, p. 121-132.

Short, Thomas L. Hypostatic abstraction in self-consciousness. *In*: Brunning, Jacqueline; Forster, Paul (ed.). *The Rule of Reason: The Philosophy of Charles Sanders Peirce*. Toronto: University of Toronto Press, 1997, p. 289-308.

Short, Thomas L. *Peirce's Theory of Signs.* Cambridge, MA: Cambridge University Press, 2007.

Short, Thomas L. Questions concerning certain claims made for the 'New List'. *Transactions of the Charles S. Peirce Society,* Buffalo, NY, v. 49, n. 3, 2013, p. 267-298.

Silveira, Lauro Frederico B. da. Charles Sanders Peirce e a contemporânea filosofia da ciência: uma difícil conversação. *Trans/Form/Ação,* Marília, SP, v. 16, 1993, p. 63-82.

Silveira, Lauro Frederico B. da. Em busca dos fundamentos da universalidade e da necessidade da semiótica e do pragmatismo de C. S. Peirce. *Cognitio: Revista de Filosofia,* São Paulo, ano 1, n. 1, 2000, p. 117-137.

Silveira, Lauro Frederico B. da. A aprendizagem como semiose. *In: Quaestio: Revista de estudos de educação,* Sorocaba, ano 5, n. 1, 2003, p. 89-94.

Stern, Robert. *Hegelian Metaphysics.* Oxford: Oxford University Press, 2009.

Tiercelin, Claudine. Reid and Peirce on Belief. *In: The Philosophy of Thomas Reid.* Edited by Melvin Dalgarno and Eric Matthews. Dordrecht, The Netherlands: Kluwer Academic Publishers, 1989, p. 204-224.

Tiercelin, Claudine. *C. S. Peirce et le pragmatisme.* Nova edição [online]. Paris: Collège de France. 2013. Disponível em: http://books.openedition.org/cdf/1985. Acesso em 20 fev. 2021. DOI: https://doi.org/10.4000/books.cdf.1985.

Tiercelin, Claudine. Was Peirce a genuine anti-psychologist in logic? *European Journal of Pragmatism and American Philosophy* [Online], v. IX, n. 1, 2017, Online since 22 July 2017, connection on 26 May 2022. Disponível em: http://journals.openedition.org/ejpap/1003; DOI: https://doi.org/10.4000/ejpap.1003.

Trout, Lara. *The Politics of Survival: Peirce, affectivity, and social criticism.* New York: Fordham University Press, 2010.

Truth, Sojourner; Gilbert, Olive. *E eu não sou uma mulher? A narrativa de Sojourner Truth.* Tradução: Carla Cardoso. São Paulo: Imã Editorial, 2020.

Tuzet, Giovanni. Responsible for Truth? Peirce on judgment and assertion. *Cognitio: Revista de Filosofia,* São Paulo, v. 7, n. 2, p. 317-336, jul.-dez. 2006.

Viola. Tullio. *Peirce on the Uses of History.* Berlim; Boston: Walter de Gruyter GmbH, 2020.

Westbrook, Robert B. *Democratic Hope: Pragmatism and the politics of truth.* Ithaca, NY: Cornell University Press, 2005.

Wittgenstein, Ludwig. *Philosophische Untersuchungen / Philosophical Investigations*. Translated by G. E. M. Anscombe, P. M. S. Hacker and Joachim Schulte. Revised fourth edition by P. M. S. Hacker and Joachim Schulte. Oxford: Wiley--Blackwell. Tradução consultada: *Investigações Filosóficas*. Tradução: Marcos G. Montagnoli; revisão da tradução e apresentação: Emmanuel Carneiro Leão. 6. ed. Petrópolis, RJ: Vozes, 2009.

Zalamea, Fernando. *Peirce's Logic of Continuity: A conceptual and mathematical approach*. Boston: Docent Press, 2012.

Zinn, Howard. *A People's History of the United States: 1492-present*. New York: HarperCollins Publishers Inc, 2003.

Zinn, Howard; Arnove, Anthony. *Voices of a People's History of the United States*. 2. ed. New York; Toronto; London; Melbourne: Seven Stories Press, 2009.

Índice onomástico

Nomes e notas biográficas
Nas páginas indicadas, não constam ocorrências em sumário, índices ou bibliografias. Apenas o texto em português foi referenciado.

Pedro **ABELARDO** (1079-1142) – filósofo nominalista do início da Escolástica, bastante conhecido também pela correspondência com a sua amante, Heloísa de Argenteuil (c. 1100-1101-1163), renomada "mulher de letras" e uma das mais famosas filósofas da Idade Média na Europa. 63, 269, 311, 342 *n.* iv, 414, 433.

Jean-Louis Rodolphe **AGASSIZ** (1807-1873) – naturalista, geólogo e zoólogo suíço, emigrou para os EUA em 1847, onde terminou sua carreira. Entre 1865-1866, esteve à frente da Expedição Thayer ao Brasil, com o intuito de encontrar argilas glaciais para refutar Darwin. 20.

Henry **ALDRICH** (1647-1710) – filósofo, teólogo e matemático inglês. Seu manual de lógica foi o mais usado na Inglaterra por 150 anos, caindo em desuso apenas após a álgebra de Boole tornar-se conhecida. 239.

ALEXANDRE DE AFRODÍSIAS (*fl.* 198-209) – filósofo peripatético, um dos mais influentes comentadores de Aristóteles da Antiguidade Tardia. Por isso, ficou conhecido como "o comentador" e "segundo Aristóteles". 363 *n.* civ.

ANSELMO de Cantuária (1033 ou 1034-1109) – filósofo e teólogo, bispo católico, conhecido sobretudo pelos seus argumentos e demonstrações da existência de Deus, especialmente o argumento ontológico. 57, 373.

ARISTÓTELES (384-322 AEC) – filósofo e polímata, aluno de Platão e fundador do Liceu de Atenas, escreveu as primeiras obras conhecidas de estudo sistemático e formal da lógica. 63, 93, 119, 123, 155, 237, 265, 273, 275, 299, 333, 350 *n.* xxv, 356 *n.* lx, 363 *n.* civ, 374, 378, 399, 416, 419-420, 442.

AVICENA (*c.* 980-1037) – nome latinizado de Abu Ali Huceine ibn'Abdala ibn'Sina, médico, filósofo e polímata persa, um dos mais importantes filósofos da tradição islâmica, se não o mais importante e influente da era pré-moderna. 367.

Gaston **BACHELARD** (1884-1962) – filósofo francês, autor de obras sobre filosofia da ciência, psicanálise e poética, criador dos conceitos de *obstáculo epistemológico* e *ruptura epistemológica*, com os quais tematizou a descontinuidade no desenvolvimento histórico da ciência. 357.

James M. **Baldwin** (1861-1934) – filósofo e psicólogo estadunidense. Fundador da primeira revista científica de psicologia moderna, *The Psychological Review*, e editor do *Dictionary of Philosophy and Psychology* (1901-1902), para o qual Peirce escreveu diversos verbetes. Inicialmente, Baldwin estudou teologia, orientado por James McCosh, no *College* de New Jersey, mas logo passou à filosofia e à psicologia, indo estudar na Alemanha com W. Wundt (1832-1920) e F. Paulsen (1846-1908). Uma das contribuições científicas de Baldwin foi descrever o efeito do comportamento aprendido na evolução, posteriormente denominado "Efeito Baldwin". 340 *n*. i.

Ermolao **Barbaro** (1454-1493), ou Hermolaus **Barbarus** – poeta e humanista da Renascença italiana, tradutor de Aristóteles. 159.

Friedrich Eduard **Beneke** (1798-1854) – psicólogo e filósofo pós-kantiano, cujas ideias podem ser aproximadas à da moderna psicologia associacionista britânica. 125.

Berengário de Tours (*c.* 1000-1088) – teólogo que defendeu o uso da dialética, isto é, da razão e da lógica, para o entendimento de questões de fé. Por isso, entrou em conflito com as autoridades da Igreja na controvérsia eucarística do século XI a respeito da doutrina da transubstanciação. 61.

Henri-Louis **Bergson** (1859-1941) – filósofo e diplomata francês, ganhador do Prêmio Nobel de literatura de 1927. Um dos primeiros entusiastas do pragmatismo na Europa, manteve correspondência com William James, com quem se encontrou pessoalmente em 1908, na Inglaterra. Bergson é autor, dentre outras obras, de *Matéria e memória*, *O riso* e *A evolução criadora*. 421.

George **Berkeley** (1685-1753) – um dos principais filósofos empiristas do Iluminismo britânico, defensor do imaterialismo, uma teoria da realidade definida pela percepção em ato, cuja expressão mais famosa se dá na afirmação *ser é ser percebido* (*esse est percipi*). Suas obras incluem *Ensaio para uma nova teoria da visão* e *Tratado sobre os princípios do conhecimento humano*. 22, 26, 67, 161, 173, 263, 265, 269, 299-325, 351 *n*. xxix, 362 *n*. xciv, 378, 390, 406, 409, 417, 425, 427, 429, 432, 435, 440.

Anício Mânlio Torquato Severino **Boécio** (*c.* 480-524) – senador romano, cônsul, *magister officiorum* e filósofo, autor do tratado *Consolação da Filosofia*, um dos livros mais lidos e debatidos na Idade Média, por ele escrito durante sua prisão política, antes de ser executado a mando de Teodorico, o Grande (454-526). 63, 414.

George **Boole** (1815-1864) – matemático, filósofo e lógico autodidata, autor de *An Investigation of the Laws of Thought on which are founded the Mathematical Theories of Logic and Probabilities*, clássico livro publicado em 1854, mais conhecido pelo título abreviado – *As leis do pensamento*. Boole foi o primeiro a interpretar matematicamente a lógica de Aristóteles. 247, 356 *n*. lxiv, 365, 370, 415, 444.

Roger Joseph **Boscovich** (1711-1787) – físico, astrônomo, matemático, filósofo, além de poeta, diplomata e padre jesuíta. Em 1753, descobriu a ausência de atmosfera na Lua. 123.

Thomas **Brown** (1778-1820) – poeta e filósofo escocês. Suas *Lectures on the Philosophy of the Human Mind*, de publicação póstuma, são citadas por Peirce na resenha das *Obras* de Berkeley. 323.

William **Archer Butler** (*c*. 1814-1848) – historiador da filosofia, pesquisador e professor na *Trinity College*, em Dublin. 315, 362 *n*. xcviii.

Guilherme de **Champeaux** (*c*. 1070-1121) – filósofo e teólogo, defensor de um realismo moderado na querela dos universais. Foi mestre e, posteriormente, oponente ferrenho de Abelardo, chegando mesmo a impedi-lo de lecionar em Paris. 269.

Stephanus **Chauvinus** (1640-1725), ou Étienne **Chauvin** – teólogo protestante francês, autor de *Lexicon Philosophicus*. 123, 341 *n*. i.

Christophorus **Clavius** (1538-1612) – jesuíta alemão, chefe dos matemáticos no *Collegio Romano*, astrônomo defensor do moderno calendário gregoriano. Clavius foi o principal responsável por estabelecer um rigoroso currículo de estudos matemáticos na Ordem Jesuítica, na época em que a matemática ainda gozava de menor prestígio do que a silogística. Ao tempo de seu falecimento, Clavius era o astrônomo mais importante da Europa, com obras traduzidas até na China. 363, *n*. civ.

Thomas **Collyns Simon** (*c*. 1811-1883) – escritor, autor de diversos livros de divulgação científica e filosófica. Foi agraciado com um doutorado *honoris causa* em Letras pela Universidade de Edimburgo. Também fez uma edição dos *Princípios*, de Berkeley (London: George Routledge and sons, 1893). Dentre seus escritos mais importantes, cabe citar *Hamilton versus Mill, a thorough discussion of each chapter in Mr. John S. Mill's Examination of Hamilton's logic and philosophy*, de 1866. 315.

Charles Robert **Darwin** (1809-1882) – naturalista, geólogo e biólogo, autor de um dos livros mais importantes da ciência desde o século XIX, *Sobre a origem das espécies* (1859), no qual apresenta as descobertas científicas – a ancestralidade comum, a teoria da seleção natural – que constituem, atualmente, a teoria unificada das ciências da vida. 20, 325, 379.

Augustus **De Morgan** (1806-1871) – matemático e lógico, inventor da expressão "indução matemática" e famoso por formular ou redescobrir as leis lógicas que levam seu nome. Junto com Boole, De Morgan foi um dos grandes responsáveis pela matematização da lógica no século XIX, ampliando a expressão simbólica de raciocínios bem além da silogística. 193, 414, 416, 443.

Escritos da Série Cognitiva 469

Jacques **Derrida** (1930-2004) – filósofo franco-argelino, inventor da filosofia da desconstrução. De sua extensa obra, é possível destacar *Gramatologia, A escritura e a diferença, Margens da filosofia, Cartão-postal: De Sócrates a Freud e além, O animal que logo sou*. 10, 436.

René **Descartes** (1596-1650) – matemático, físico e filósofo, é considerado um dos fundadores da filosofia moderna, principalmente da corrente racionalista. Descartes foi um dos primeiros pensadores europeus a abandonar o aristotelismo escolástico. Com isso, formulou a primeira versão moderna do dualismo entre mente e corpo e foi um dos inventores da geometria analítica. 10, 105, 123, 267, 382, 393.

Frederick Augustus Washington **Douglass** (1817-1895) – ativista social, abolicionista, orador, escritor e político estadunidense. Ex-escravizado, escapou do cativeiro para se tornar líder nacional do movimento abolicionista. Tornou-se famoso pela aguda oratória e pela escrita contundente. 426-427, 431.

João **Duns Scotus** (1265 ou 1266-1308) – filósofo escolástico, defensor do realismo e conhecido como *Doctor Subtilis*, em razão do rigor lógico de suas argumentações e de sua intrincada metafísica. 18, 57, 177, 269-271, 275, 289-295, 329, 341 *n*. i, 359 *n*. lxxxi, 368, 412-413, 432-434, 436.

Guillaume **Durand, ou Durandus, de Saint-Pourçain** (*c.* 1270-1233 ou 1234) – teólogo dominicano, conhecido por suas teses antitomistas. 295, 297.

Ralph Waldo **Emerson** (1803-1882) – escritor, poeta e filósofo, principal expoente do *transcendentalismo* nos Estados Unidos, corrente filosófica que ele primeiramente exprimiu em um ensaio de 1836 intitulado "Natureza". 376-377.

Eduardo I (1239-1307) – rei da Inglaterra, também conhecido como *Edward Longshanks*, Eduardo de Longas Canelas, e *Malleus Scotorum*, o Martelo dos Escoceses. 267, 359.

Johann Eduard **Erdmann** (1805-1892) – pastor protestante, historiador de filosofia e filósofo da religião, foi aluno de Hegel e é até hoje considerado um representante da direita hegeliana, o movimento que, no começo do século XIX, defendia uma orientação conservadora da filosofia em assuntos de política e religião. 365.

Tomás de **Erfurt** viveu em Erfurt por volta de 1300 e foi *Magister Regens* (diretor) e reitor das escolas de S. Severo e S. Jacó. Quase nada mais se sabe sobre sua vida. Das suas seis obras conhecidas atualmente, seu *Tractatus de modi significandi sive grammatica speculativa* – até o século XX, atribuído equivocadamente a Duns Scotus – é o trabalho mais importante da corrente dos gramáticos modistas. 368, 412.

Baruch de **Espinosa** (1632-1677) – filósofo holandês de origem sefardita portuguesa, um dos maiores autores do racionalismo moderno. Sua principal obra é a *Ética demonstrada segundo a ordem geométrica*, publicada postumamente no ano de sua morte. 441.

Harriet Melusina **Fay**, ou Melusina Fay Peirce (1836-1923) – escritora, crítica musical e ativista feminista, mais conhecida pela sua liderança no movimento da "cooperação nos trabalhos domésticos" nos EUA do final do século XIX. Primeira esposa de Charles S. Peirce. 14, 424-428, 443.

Johann Gottlieb **Fichte** (1762-1814) – filósofo pós-kantiano e um dos principais representantes do idealismo subjetivo alemão. Sua *Doutrina da Ciência* é uma das obras mais herméticas da filosofia europeia, de difícil leitura e interpretação. 173.

Filipe II da Macedônia (382-336 AEC) – imperador da Macedônia, conquistador da península grega. Pai de Alexandre, o Grande. 329, 440-441.

Benjamin **Franklin** (1706-1790) – considerado um dos "pais fundadores" dos Estados Unidos da América, conquistou importância na história da física por suas teorias e descobertas sobre a eletricidade. 179, 395.

Alexander Campbell **Fraser** (1819-1914) – teólogo e filósofo, editor de Berkeley e Locke, sucessor de William S. Hamilton na cátedra de Lógica e Metafísica na Universidade de Edimburgo. 22, 263, 315, 321, 362 *n.* xciv, xcvii.

Fredegiso de Tours (nascido no final do século VIII, falecido em Tours, *c.* 834) – autor de *De substantia nihili et de tenebris*, um pequeno tratado em forma epistolar sobre a natureza do nada e das sombras, no qual ele discute os termos negativos e a definição de negação como nome do nada. 61.

Gottlob **Frege** (1848-1925) – matemático, filósofo e lógico, foi professor de Matemática na Universidade de Jena. Pouco conhecido em sua época, pela importância atribuída à sua obra por, dentre outros, Bertrand Russell e Ludwig Wittgenstein, Frege passou a ser considerado o inaugurador da filosofia analítica. Independentemente de Peirce e poucos anos antes dele, Frege inventou uma lógica com símbolos específicos para operações de quantificação e cálculo de predicados. 366, 374, 390, 420.

Gilberto de Poitiers (1076-1154) – também conhecido como *Gilbert de la Porrée*, *Gilbertus Porretanus* ou *Pictaviensis* (de *Pictavium*, nome em latim de Poitiers), lógico e teólogo, um dos principais expoentes da Escola de Chartres, onde floresceu o chamado renascimento do século XII. Gilberto é praticamente o único dos lógicos do século XII a ter obras citadas pelos autores mais importantes do século XIII. 269.

Henry **Nelson Goodman** (1906-1998) – filósofo, defensor de um nominalismo lógico, conhecido principalmente pela sua interpretação do problema da indução. 408.

Górgias de Leontinos (*c.* 485-*c.* 380) – sofista grego, autor de "Elogio de Helena", foi eternizado por Platão como personagem de um diálogo homônimo. 225-227, 418.

Willem Jacob's **Gravesande** (1688-1742) – matemático e filósofo natural holandês, lembrado principalmente por demonstrar experimentalmente as leis da mecânica clássica. 123.

Henry **Hallam** (1777-1859) – historiador inglês, defensor de uma sorte de constitucionalismo frequentemente atribuído ao *Whig Party*. Hallam escreveu, dentre outras obras, *View of the state of Europe during the Middle Ages* e *The constitutional history of England*. 277.

Sir William **Hamilton** (1788-1856) – 9º baronete da *Fellowship of the Royal Society of Edinburgh*, filósofo e professor de lógica e metafísica na Universidade de Edimburgo. Pela sua teoria da quantificação do predicado, Hamilton envolveu-se em uma controvérsia com De Morgan que ficou notória nos meios acadêmicos britânicos da época. Por razões de saúde, deixou inacabada uma edição anotada das obras completas de Reid. Por vezes era também identificado com seu nome materno, William Stirling Hamilton, de modo a não ser confundido com seu homônimo, *Sir* William Rowan Hamilton (1805-1865), matemático e astrônomo irlandês descobridor dos quaterniões. 57, 125, 341 *n. i.*

William Torrey **Harris** (1835-1909) – co-fundador e primeiro editor do primeiro periódico de filosofia dos Estados Unidos, o *Journal of Speculative Philosophy*, e líder do grupo de filósofos hegelianos de St. Louis, Missouri. Atuando como educador e lexicógrafo, Harris implementou medidas para fortalecer a escola pública com base em princípios filosóficos, e, pouco antes de falecer, foi editor-chefe do *Webster's New International Dictionary*, no qual introduziu a página dividida. 21, 440.

David **Hartley** (*bat.* 1705, segundo o calendário juliano-1757) – filósofo, foi o primeiro a usar teorias associacionistas para explicar não só as ideias, mas também as emoções e as ações humanas. 123, 313, 323, 362 *n.* xcvi.

Joel Tyler **Headley** (1813-1897) – jornalista, aventureiro, historiador e político de Nova Iorque. Foi editor do *New York Tribune*, o mais importante veículo de imprensa do *Whig Party*, e depois do Partido Republicano, nos Estados Unidos, no século XIX. 428.

Georg Wilhelm Friedrich **Hegel** (1770-1831) – filósofo mais importante do idealismo alemão e um dos mais importantes da filosofia ocidental. Dentre suas obras, a *Fenomenologia do espírito* consta como uma das mais difíceis e influentes da filosofia. 173, 205, 209-213, 275, 356 *n.* lix, 393, 417, 441, 446.

Hermann Ludwig Ferdinand von **Helmholtz** (1821-1894) – físico, médico fisiologista e filósofo. Desenvolveu inúmeras pesquisas sobre a visão, a geometria do olho à percepção espacial. Em física, é conhecido pelas suas contribuições à termodinâmica. Em filosofia, escreveu sobre as relações entre leis da natureza e leis da percepção humana, sobre a importância da estética e sobre a função civilizatória da ciência. 321, 325, 362 *n.* xcix.

Johann Friedrich **Herbart** (1776-1841) – filósofo, psicólogo e criador da pedagogia como disciplina acadêmica. 49, 125.

Pedro **Hispano** (1215-1277) – também chamado *Petrus Hispanus Portugalensis*, autor de um *Tractatus* mais conhecido como *Summulae Logicales*, talvez o mais lido manual medieval de lógica aristotélica. O autor das *Summulae* é por vezes identificado a Pedro Julião Rebolo, Papa João XXI da Igreja Católica Romana, eleito em 1276. 187, 350 *n*. xxvi, 368, 411.

Thomas **Hobbes** de Malmesbury (1588-1679) – filósofo, um dos principais teóricos do contrato social, considerado um dos fundadores da filosofia política moderna. 231, 297-303, 423, 431.

Max **Horkheimer** (1895-1973) – filósofo e sociólogo alemão, expoente da chamada "Escola de Frankfurt". 430.

David **Hume** (1711-1776) – filósofo e historiador, um dos principais representantes do Iluminismo escocês e defensor do ceticismo filosófico moderno. Dentre suas obras, destacam-se *Tratado da natureza humana*, os vários *Ensaios*, e uma monumental *History of England*. 161, 173, 285, 319-323, 353 *n*. xxxix e xl, 407, 432, 435.

Christaan **Huygens** (1629-1695) – físico, matemático e inventor, um dos principais cientistas da Revolução Científica. É considerado um dos fundadores da física matemática moderna e fez contribuições importantes à ótica e à astronomia. A sua invenção mais conhecida é o relógio de pêndulo (1656). 398.

Papa **Inocêncio III** (1160 ou 1161-1216) – nascido Lottario dei Conti di Segni, 176º papa da Igreja Católica Apostólica de Roma. 269.

William **James** (1842-1910) – filósofo e psicólogo, primeiro educador a oferecer um curso de psicologia nos E. U. A. Esteve no Brasil, na expedição Thayer, por um curto período de tempo que o marcou profundamente. Junto com seu amigo Charles S. Peirce, de quem discordava em muitos aspectos, estabeleceu o pragmatismo como uma tradição filosófica. Das suas obras, *As variedades da experiência religiosa* estava entre os livros preferidos de L. Wittgenstein. 386, 418, 444.

Joseph **Jastrow** (1863-1944) – psicólogo, nascido na Polônia, viveu nos Estados Unidos desde os três anos de idade. Enquanto fazia seu doutorado na Johns Hopkins University, estudou sob orientação de Peirce e realizou as primeiras pesquisas com métodos experimentais de randomização em psicologia, pelo que granjearia notoriedade, posteriormente. Seu trabalho sobre ilusões de ótica é igualmente famoso e influenciou, dentre outros, Wittgenstein. 387.

João de Salisbúria (*c.* 1115/1120-1125 de outubro de 1180) – proeminente filósofo do Renascimento do século XII. Ele mesmo se autoapelidou de Johannes Parvus, isto é, "João Pequeno", apesar de ter feito importantes contribuições para a disseminação do aristotelismo e a pedagogia medieval, a ética e a filosofia política. 63, 269, 311.

Escritos da Série Cognitiva   473

Juscelino de Soisson (morto em 24/10/1152) ou de Vierzy, sua cidade natal – bispo da diocese de Soisson, França, de 1126 até sua morte, participou do Concílio de Troyes, no qual a Ordem dos Templários foi reconhecida. O *Metalogicus* de João de Salisbúria atribui a ele a tese de que os universais existem apenas coletivamente e não nos indivíduos. 342 *n.* iv.

Immanuel **Kant** (1724-1804) – considerado por muitos como o mais importante filósofo do século XVIII, autor de clássicos como a *Crítica da razão pura* e a *Fundamentação da metafísica dos costumes*, definiu o Iluminismo alemão – a *Aufklärung* – em termos de autonomia e liberdade. 57, 73-77, 125, 155, 163, 199, 249, 285, 366, 371-373, 391, 396, 399, 405, 424, 432.

Laozi (*fl.* entre os séculos 6 e 4 AEC) – filósofo taoísta chinês, cujo nome de nascimento teria sido Li Er, foi autor presumido do *Tao Te Ching*, ou *Daodejing, O livro do Caminho e da Virtude*. Personagem legendária de existência debatida, o filósofo é conhecido por incontáveis outros nomes, já que Laozi é, na verdade, um título honorífico que significa "velho mestre". Uma história conta que Laozi teria sido arquivista real durante o Período das Primaveras e Outonos, e, como tal, teria se encontrado com Confúcio, impressionando-o positivamente. O *Tao Te Ching* teria sido escrito depois desse encontro, pouco antes de Laozi se aposentar e se tornar, segundo o folclore chinês, um dos Três Puros, imortal, sob o nome de Laodjun. 374-375.

Gottfried Wilhelm **Leibniz** (1646-1716) – advogado, diplomata, lógico, filósofo e matemático, um dos mais importantes nomes da filosofia moderna. Leibniz antecipou, aproximadamente em um século e meio, as descobertas da lógica proposicional, notadamente no que tange à álgebra da lógica de Boole. No entanto, as contribuições de Leibniz à lógica só ganharam amplo reconhecimento público no século XX. 123, 345 *n.* x.

Justus von **Liebig** (1803-1873) – químico e inventor alemão, um dos mais importantes cientistas do século XIX, responsável pela institucionalização do uso pedagógico do laboratório de química e um dos descobridores da química orgânica. 325.

John **Locke** (1632-1704) – filósofo conhecido como o principal e primeiro representante do empirismo britânico, Locke é considerado ainda o fundador do liberalismo político britânico e um dos principais pensadores da teoria do contrato social. Dentre seus escritos mais importantes, constam o *Ensaio sobre o entendimento humano*, a *Carta sobre a tolerância* e os dois *Tratados sobre o governo civil*. 18, 161, 163, 197, 301-305, 313, 319.

J. M. **MacAllister** (1837-1899) – pseudônimo artístico de John Mawer, mágico que teve algum sucesso nos EUA na segunda metade do século XIX. 345 *n.*xiii.

James **McCosh** (1811-1894) – filósofo escocês da tradição do senso comum. Em seu *Christianity and positivism: a series of lectures on natural theology and apologetics* (1871-1875), McCosh tentou conciliar a teoria darwinista da evolução

natural com o cristianismo, interpretando a primeira segundo um determinismo finalista. De 1868 a 1888, foi reitor do embrião da futura Universidade Princeton, o *College of New Jersey*. 376-377.

Nicolas **MALEBRANCHE** (1638-1715) – orador, filósofo e padre, um dos principais seguidores de Descartes, cuja filosofia buscou combinar com doutrinas agostinianas. É um dos primeiros, se não o primeiro filósofo a usar a expressão "mundos possíveis", embora a noção seja mais antiga. 301.

Henry Longueville **MANSEL** (1820-1871) – filósofo, teólogo e eclesiasta inglês, lembrado principalmente por ter sido expositor da filosofia de William Stirling Hamilton. 163, 239.

Marsílio de **INGEN** (*c.* 1335 e 1340-1396) – teólogo e filósofo nominalista que estudou com Albert da Saxônia e Nicolas Oresme, sob a orientação de Jean Buridan. Marsílio escreveu diversos comentários aos trabalhos de Aristóteles, principalmente sobre lógica, filosofia natural e metafísica. ver *Petrus Hispanus*, na Bibliografia.

James **MILL** (1773-1836) – historiador, economista e filósofo escocês, um dos fundadores da escola ricardiana de economia. Pai de John Stuart Mill. 323.

John Stuart **MILL** (1806-1873) – filósofo e economista, um dos mais conhecidos pensadores do liberalismo clássico, é considerado o mais influente filósofo de língua inglesa do século XIX. 125, 199, 231, 245, 323, 325, 350 *n.* xxvii, 406, 408.

MOLIÈRE (1622-1673) – pseudônimo de Jean-Baptiste Poquelin, dramaturgo francês, grande comediógrafo satirista, autor de peças clássicas do teatro, como *O doente imaginário*, além, também, de *O avarento*, *A escola de mulheres*, *O misantropo*, dentre outras. 357 *n.* lxix.

Friedrich Wilhelm **NIETZSCHE** (1844-1900) – filólogo, filósofo, poeta e compositor alemão cujas ideias exerceram profunda influência na cultura do século XX em diversas áreas, incluindo a psicanálise, a filosofia, as artes em geral etc. Após a sua morte, sua irmã, Elisabeth, editou seus escritos, adulterando-os para fazê-los conformes à ideologia ultranacionalista alemã, pelo que Nietzsche passou a ser associado ao nazismo. Essa associação espúria foi refutada com edições corrigidas e interpretações aprofundadas da filosofia de Nietzsche, oposta ao antissemitismo e sobretudo ao nacionalismo. Dentre seus livros, destacam-se: *Assim falou Zaratustra, Além do bem e do mal* e *Para a genealogia da moral.* 9, 379.

Isaac **NEWTON** (1642-1727) – filósofo natural e matemático, considerado o maior físico moderno. Newton pode ser considerado o consolidador da Revolução Científica do Renascimento, ao mesmo tempo que um dos maiores críticos do determinismo mecanicista, que a marcou inicialmente. 123.

Guilherme de **OCKHAM** (*c.* 1287-1347) – frade franciscano, teólogo e um dos maiores filósofos da Escolástica medieval, autor de uma monumental *Summa Totius*

Escritos da Série Cognitiva   475

Logicae, quer dizer, uma súmula de toda a lógica. Defensor do nominalismo, envolveu-se profundamente em controvérsias intelectuais e políticas do século XIV. Ockham serviu de inspiração para a personagem William de Baskerville, do romance *O nome da rosa*, de Umberto Eco. 177, 239, 269, 275, 289, 293, 297-303, 329, 359 *n*. lxxxi, 368, 378, 400, 413-415, 433, 439.

José do **Patrocínio** (1853-1905) – farmacêutico, jornalista, escritor, orador e um dos principais protagonistas do abolicionismo brasileiro no século XIX. 426.

São Paulo (*c*. 5 a 10 – *c*. 64 a 67), ou Paulo de Tarso – também chamado de Apóstolo Paulo, Saulo de Tarso, São Paulo Apóstolo, dentre outras denominações. Principal apóstolo do cristianismo durante os primórdios da difusão dessa religião no Império Romano, no século I da Era Cristã. 57.

Paulo de Veneza (*c*.1368-1428/1429), ou **Paulus Venetus** – seu nome verdadeiro era Paolo Nicoletti. Foi lógico, filósofo e humanista italiano. Sua obra principal é o tratado intitulado *Logica magna* (1397-1398), considerado o maior tratado de lógica da Idade Média. 355 *n*. xlvii, 357 *n*. lxviii, 411.

Benjamin **Peirce** (1809-1880) – matemático e astrônomo, pai de Charles S. Peirce. Considerado o principal matemático estadunidense de sua época, foi professor de Harvard por quase 50 anos e fez parte do comitê que planejou e organizou o que viria a ser o *Smithsonian Institute*. Foi também um dos fundadores da *National Academy of Science*. Dentre suas obras, *A system of analytical mechanics* (1855) figura entre os mais importantes livros de matemática escritos nos Estados Unidos no século XIX. Sua obra mais conhecida é *Linear Associative Algebra* (1870), um estudo sobre os sistemas possíveis de álgebras múltiplas, no qual a propriedade da idempotência é definida pela primeira vez. 371, 405.

Pérsio, ou Aulus **Persius** Flaccus (34-62) – poeta romano de ascendência etrusca, defensor da filosofia estoica contra o que considerava os vícios de sua época. Nas suas *Sátiras*, Pérsio zomba da poesia de seu tempo (I), denuncia a falsa devoção religiosa (II), bem como a preguiça (III), a arrogância dos poderosos (IV), a ilusão de liberdade (V) e a avareza (VI). Publicadas após sua morte, suas obras foram muito populares até e durante a Idade Média. Pérsio influenciou fortemente a espiritualidade cristã medieval com sua ideia de autoconhecimento ligado ao motivo do *habitar-se a si mesmo* (*habitare secum*). 348 *n*. xviii.

Karl Raimund **Popper** (1902-1994) – um dos mais importantes filósofos da ciência do século XX, conhecido pela sua defesa de um modelo hipotético-dedutivo para a metodologia científica e por sua doutrina do falsificacionismo. 408.

Platão (428/427 ou 424/423-348 a.e.c.) – filósofo grego antigo, nascido em Atenas no período clássico. Seu nome verdadeiro teria sido Arístocles, e Platão, um pseudônimo em referência à sua forte compleição física. Seguidor de Sócrates, na juventude, Platão fundou sua escola, a Academia, em Atenas, onde estudou Aristóteles. O conjunto de sua obra é um dos mais importantes da filosofia ocidental. 434.

PLUTARCO (c. 46-depois de 119) – filósofo, historiador, biógrafo, escritor e sacerdote do Templo de Apolo em Delfos, autor de *Vidas paralelas*, biografias de gregos e romanos ilustres na Antiguidade, e uma série de escritos mesclados que, conhecidos sob o título de *Moralia*, tratam dos mais variados temas, desde ritos religiosos egípcios a tratados filosóficos. 356 *n.* lx.

Joseph PRIESTLEY (1733-1804) – químico, considerado um dos descobridores do oxigênio. Autor prolífico, escreveu copiosamente sobre teologia e filosofia, defendendo uma mescla de racionalismo e teísmo cristão, onde se fundiam materialismo e determinismo. 362 *n.* ci

Miguel PSELO (c. 1018-1078) – político, poeta, orador e filósofo bizantino. Foi professor na Universidade de Constantinopla, onde ganhou o título honorífico de "O supremo dentre os filósofos" (ὕπατος τῶν φιλοσόφων (*hypatos tōn philosophōn*)). 123, 350 *n.* xxvi.

PSEUDO-SCOTUS (séc. XIII?) – nome atribuído ao autor, ou autores, de diversas obras incluídas tardiamente entre as de Duns Scotus, uma confusão desfeita apenas no século XX. Alguns escritos atribuídos a Pseudo-Scotus parecem ser mesmo posteriores a Ockham e Buridan, por exemplo, o tratado sobre as consequências. 368, 414.

Frank Plumpton RAMSEY (1903-1930) – matemático, filósofo e economista inglês. Falecido precocemente aos 26 anos, Ramsey deixou importantes contribuições a todas as áreas que estudou. Amigo pessoal de Wittgenstein, Ramsey foi o primeiro tradutor do *Tractatus Logico-Philosophicus*. 391, 420.

Thomas REID (1710-1796) – filósofo escocês, considerado fundador da chamada "escola" escocesa da filosofia do senso comum. Reid foi realmente um dos fundadores da *Royal Society* de Edimburgo e teve importância fundamental no Iluminismo escocês, opondo-se, filosoficamente, ao racionalismo cartesiano, então dominante no continente europeu. 57, 386, 388.

ROSCELINO de Compiège (1050-1125) – filósofo e teólogo, mestre de Abelardo e considerado o fundador do nominalismo. 177, 311, 433.

Josiah ROYCE (1855-1916) – filósofo estadunidense, proponente de uma versão original de idealismo absoluto. Doutorou-se na *Johns Hopkins University* em 1878, mesmo ano em que Peirce foi contratado ali. Com efeito, pela via da lógica, Peirce influenciou fortemente o pensamento de Royce. Posteriormente, Royce inaugurou a linha de pesquisa em lógica formal em Harvard, onde orientou as pesquisas de, entre outros, T.S. Eliot (1888-1965), George Santayana (1863-1952), Henry M. Sheffer (1882-1964) e C. I. Lewis (1883-1964). 418.

Bertrand Arthur William RUSSELL (1872-1970) – matemático, filósofo e lógico inglês. Russell é certamente o mais influente e talvez o mais importante filósofo inglês do século XX. Suas contribuições estendem-se da lógica à

Escritos da Série Cognitiva   477

filosofia política, passando praticamente por todas as áreas da filosofia. 408, 419, 430.

Francis C. Russell (?) – juiz em Chicago, admirador de Peirce que se tornou seu amigo e o apresentou a Paul Carus (1852-1313) e Edward C. Heggeler (1835-1910), respectivamente, editor e proprietário do periódico *The Monist*, no qual Peirce publicou mais de uma dezena de artigos. No mesmo periódico, o próprio Russell publicou um pioneiro artigo sobre a lógica de Peirce (Russell 1908) e um obituário de seu amigo (Russell 1914). 8.

George-Louis Le Sage (1724-1803) – físico genovês, contribuidor da *Encyclopédie* de Diderot e D'Alembert. Mais lembrado pela sua teoria da gravitação, também inventou um telégrafo elétrico e antecipou a teoria cinética dos gases. 123.

Georgios Kourtesios Scholarios, ou Genádio II (*c.* 1400-*c.* 1473) – filósofo e teólogo bizantino, primeiro patriarca ecumênico de Constantinopla (1454-1464). Scholarios foi um firme defensor da filosofia aristotélica (ou alguma forma de aristotelismo) no cristianismo do Império bizantino. 350 *n.* xxvi.

João Scotus Eriugena ou Erígena (810-877) – teólogo, filósofo e tradutor, expoente máximo da Renascença Carolíngia no século IX. Seu nome advém de sua assinatura, significando *nascido na Irlanda* (*Ériu+genos*), conhecida como *Scotia Maior* naquela época. 311.

William Shakespeare (*bat.* 1564-1616) – ator, dramaturgo e poeta inglês, talvez o maior escritor de língua inglesa, segundo várias opiniões. 354 *n.* xlii.

Adam Smith (1723-1790) – filósofo e moralista, um dos fundadores da economia moderna, autor do clássico *A riqueza das nações* (1776). 323, 362 *n.* c.

Sócrates (*c.* 469 ou 470-399 AEC) – filósofo ateniense, considerado fundador da filosofia e primeiro filósofo moral da tradição ocidental da ética. 63, 197, 199, 225, 434.

Rogério Swyneshed (Swineshead) (*fl. c.* 1330-1365 (?)) – lógico e filósofo de Oxford, no século XIV, talvez monge beneditino, autor de obras sobre os exercícios universitários das *obligationes* e dos *insolubilia*. 413.

Sojourner Truth (*c.*1797-1883) – pseudônimo de Isabella Baumfree, abolicionista e ativista feminista estadunidense. Nascida em escravidão, libertou-se e, após uma experiência religiosa que a levou a se converter ao cristianismo, mudou seu nome para significar algo como "Verdade Andarilha a chamado de Deus". 426.

Dugald Stewart (1753-1828) – filósofo e matemático, importante representante tardio do Iluminismo escocês. 123.

Tomás de Aquino (1225-1274) – frade dominicano, um dos mais influentes filósofos da história e possivelmente o mais importante teólogo católico até hoje. Conhecido posteriormente pelos epítetos de *Doctor Angelicus, Doctor Communis* e *Doctor Universalis*. 269, 271, 359 *n*. lxxxi, 374, 424.

François-Dominique Toussaint-L'Ouverture (1743-1803) - maior revolucionário negro das Américas, principal líder da Revolução do Haiti, em seguida à qual tornou-se governador de Saint Domingue, denominação do Haiti à época. 137, 351 *n*. xxix, 352 *n*. xxxii.

William Whewell (1794-1866) – padre e teólogo, Whewell foi um polímata que escreveu sobre diversas áreas científicas, bem como sobre filosofia e história da ciência. Cunhou o neologismo "scientist", em inglês (1833), em substituição às antigas expressões "homem de ciência" e "filósofo natural". 325, 398.

Ludwig Wittgenstein (1889-1951) – um dos principais filósofos do século XX, autor de *Tractatus Logico-Philosophicus* e de *Investigações Filosóficas*. 385, 389, 391, 418.

Howard Zinn (1922-2010) – historiador, escritor e pensador socialista estadunidense. 428.

Tipologia: Linux Libertine
Formato: 15 x 21 cm
Papel: Chambril Avena 80 g/m²
Impresso na Gráfica CS em novembro de 2023